Triggerwarnung: In diesem Buch werden sexuelle Übergriffe geschildert. Außerdem wird gewaltsame Sprache reproduziert.

Elizabeth Flock ist Journalistin und Autorin. In ihren Texten setzt sie sich speziell mit Themen sozialer Gerechtigkeit und Genderpolitik auseinander. Sie schrieb u. a. für den *New Yorker*, die *New York Times*, die *Washington Post* und *The Atlantic*. Für ihre Dokumentation zu sexueller Belästigung und Vergeltungsmaßnahmen im U.S. Forest Service gewann sie einen Emmy Award. Sie ist IWMF- und PEN-Amerika-Stipendiatin. Flock lebt in Chicago und Los Angeles.

Dr. Stephanie Singh, geboren 1975 in München, studierte Literaturwissenschaften und Philosophie in Tübingen, Aix-en-Provence, Strasbourg und München. Sie ist Übersetzerin aus dem Englischen und Französischen. Zu ihren Schwerpunkten gehören Sachbücher aus den Bereichen Philosophie, Kultur- und Ideengeschichte sowie Werke zu feministischen Themen. Sie lebt in München.

Weitere Informationen finden Sie auf www.fischerverlage.de

ELIZABETH FLOCK

DIE FURIEN

Frauen, Rache und Gerechtigkeit

Aus dem Englischen
von Stephanie Singh

S. FISCHER

MIX
Papier | Fördert gute Waldnutzung
FSC® C014496
FSC www.fsc.org

Erschienen bei S. FISCHER

Die Originalausgabe erschien 2024 unter dem Titel
»The Furies. Women, Vengeance, and Justice«
im Verlag Harper, HarperCollins Publishers, New York.

Umschlaggestaltung: Schiller Design, Frankfurt
Satz: Dörlemann Satz, Lemförde
Druck und Bindung: GGP Media GmbH, Pößneck
ISBN 978-3-10-397631-1

Für die, die sich selbst verteidigt haben,
Und für jene, die es nicht konnten.

Ni santas, ni putas, solo mujeres /
Weder Heilige noch Huren, nur Frauen.

Feministische Parole, mit der Frauen in Mexiko, Spanien, Italien, Kanada und den Vereinigten Staaten protestieren.

INHALTSVERZEICHNIS

VORWORT

Kurz vor meinem 21. Geburtstag hatte ich genug Geld gespart, um mit meinen Freundinnen nach Rom zu fliegen. Dabei dachte ich nur an die Spanische Treppe und die guten Rigatoni. Eine von uns schlug vor, an einer Stadtführung teilzunehmen. Wir entdeckten eine Tagestour zu den Sehenswürdigkeiten, gefolgt von einer abendlichen Führung durch die Touristenbars der Stadt. Unser Stadtführer war etwas älter als wir, ein kräftiger Mittzwanziger mit Stoppelbart. Zwei meiner Freundinnen flirteten mit ihm, während wir das Kolosseum besichtigten. Ich erinnere mich nicht, irgendeine Meinung über ihn gehabt zu haben.

In der ersten Bar, die wir abends besuchten, trank ich einen Schnaps, genau wie die anderen – auch unser Stadtführer. Der Laden war kitschig und hatte labbrige Burger und fettige Chicken Wings im Angebot. Auf der Bar standen Alkoholflaschen, die von hinten angeleuchtet wurden. Ich glaube nicht, dass ich außer dem Schnaps noch etwas getrunken habe, und doch habe ich meine Erinnerungen seither mehrfach angezweifelt. Anschließend gingen wir zum Trevi-Brunnen und warfen, den Blick abgewandt, Münzen über unsere Schultern in das Wasser. Der lokale Aberglaube besagt, dass wir dadurch eines Tages in die Stadt zurückkehren würden. Das ist meine letzte Erinnerung an diesen Abend. Als Nächstes erinnere ich mich daran, wie ich in einem schwach beleuchteten Raum irgendwo in Rom aufwachte, während ich von unserem

Stadtführer vergewaltigt wurde. Er musste mir Rohypnol in den Drink gemischt haben – K.-o.-Tropfen.

Ich lernte in diesem Moment auf die harte Tour, dass Kampf oder Flucht nicht die einzigen Reaktionsmöglichkeiten in einer Bedrohungslage sind. Eine weitere ist: zu erstarren. Ich war passiv, ließ es geschehen, dissoziierte und zog mich zurück. Ich ging nicht zur Polizei, weil ich nicht glaubte, dass man mir dort helfen würde. Noch Jahre danach war ich wütend: Wütend auf ihn, weil er mir das angetan hatte, auf meine Freundinnen, weil sie mich nicht gerettet hatten, und auf mich selbst, weil ich mich nicht gewehrt hatte. Wie den meisten Frauen war auch mir in anderen Situationen und auf andere Arten Gewalt angetan worden. Doch das Ereignis in Rom war prägend. Die vergangenen 15 Jahre habe ich mich in meinem Körper nicht zu Hause gefühlt. Ich habe mich nicht wohl in meiner Haut gefühlt, die ich einst als Schutzschild empfunden hatte. Ich habe mich oft gefragt, wie jener Morgen und mein Leben seither verlaufen wären, wenn ich damals Zugriff auf ein Messer oder eine Pistole gehabt hätte.

Doch diese Phantasie führte zu noch komplizierteren Fragen. Wenn ich ihn an jenem Morgen erschossen hätte, ginge es mir jetzt besser, oder sogar noch schlechter? Hätten mir die Behörden geglaubt, wenn ich mich gewehrt hätte, oder wäre ich ins Gefängnis gekommen? Und die schmerzlichste Frage von allen: Wie vielen weiteren Frauen hat er weh getan, weil ich geschwiegen und nichts getan hatte?

Zehn Jahre nach dem Geschehnis, im Frühling 2016, beschloss ich, ihn ausfindig zu machen. Ich kannte nur seinen Vornamen und den Namen des Unternehmens, das die Stadtführungen anbot, doch als Journalistin brauchte ich nur eine Stunde, bis ich seinen vollen Namen, seine Profile in den sozialen Netzwerken und seinen Wohnort gefunden hatte. Er sah genauso aus wie in meiner Erinnerung, allerdings nicht ganz so stämmig, und hatte die rote Haut eines Alkoholikers. Sein LinkedIn-Profil verriet, dass er ein Möbelgeschäft führte. Außerdem stand dort, wo er aktuell wohnte – nämlich in der Stadt, in der ich damals lebte. Mir drehte sich der Magen um. Ich bekam Juckreiz. Ich blinzelte, wollte ganz sichergehen, dass ich richtig las. Vielleicht wohnte er in meinem Viertel. Vielleicht war ich schon einmal in seinem Geschäft gewesen, auf der Suche nach einem Sofa oder einem Stuhl.

Schon bald ertappte ich mich bei der Phantasie, seinen Laden niederzubrennen. Monatelang dachte ich darüber nach, wie ich es anstellen würde, welche Materialien ich verwenden und wie ich meine Spuren verwischen würde. Auf Facebook schickte ich ihm schließlich eine Nachricht, fragte, ob er noch wisse, was er mir angetan hatte, wie vielen weiteren Frauen er weh getan habe und ob er, wie ich, häufig nicht schlafen konnte. Er antwortete nicht. Vielleicht hat er die Nachricht gar nicht gesehen. Doch ich war nun auf der Jagd – nach Antworten und nach Frauen, die ihrem Instinkt gefolgt waren und sich gewehrt hatten.

Frauen, die Selbstjustiz praktizieren, tauchen in Medien, Literatur und in verschiedenen Kulturen häufig auf. Man denke nur an die Protagonistinnen von *Verblendung*, *Kill Bill*, *Watchmen – Die Wächter*, *Lady Vengeance*, den Song *Goodbye Earl*, an die Furien oder die Göttinnen Kali und Athene. Diese Figuren faszinieren uns vielleicht auch deshalb, weil wir gern wie sie wären. Auch ich fühlte mich von solchen Geschichten angezogen und verbrachte Jahre damit, mich mit gewalttätigen Frauen in Mythologie und Geschichte zu beschäftigen. Einige von ihnen finden in diesem Buch Erwähnung. Erst später merkte ich, dass es viele lebendige Versionen solcher Frauen gibt.

***

Meine Füße wirbelten Staub auf, als ich an einem schwülen Augusttag im Jahr 2008 eine glühend heiße Straße in Mumbai entlangging. Ich hatte in Indien meinen ersten Auftrag als Reporterin für ein Wirtschaftsmagazin erhalten. Mein Blick fiel auf ein Plakat auf dem Mittelstreifen – eines jener Plakate, die normalerweise Politikerinnen und Politiker oder Helden der Geschichte zeigen. Ich hielt inne. Auf dem Plakat war eine schmale Frau mit rundem Gesicht und durchdringendem Blick zu sehen. Unter dem Bild stand: *Phoolan Devi, »Königin der Banditen«.*

Neugierig tippte ich ihren Namen in mein Smartphone. Ich erfuhr, dass Phoolan Devi eine Frau aus einer niedrigen Kaste war, die sich aus einer Kinderehe befreit, Banditin geworden und jahrelang Verbrechen gegen Frauen und arme Menschen gerächt hatte. 2001 war sie verstorben. In mir regte sich etwas, die Wissbegierde, die sich einstellt, wenn man jemanden findet, nach dem man gar nicht bewusst gesucht hat, und erkennt, dass es zweifellos noch mehr gibt wie sie: Frauen, die sich selbst verteidigen, wenn die Institutionen, die dies eigentlich tun sollten, sie nicht ausreichend schützen.

Dieses Buch ist das Ergebnis meiner fortwährenden Suche nach Frauen, die ihr Schicksal selbst in die Hand nahmen. Es erzählt von drei realen Frauen, die ihre schmerzhaften Geschichten in Macht verwandelten. Und es erzählt auch, wie Frauen manchmal zu weit gehen.

In einer Kleinstadt in Alabama begegnete ich einer Frau, die vor Gericht stand, weil sie einen Mann erschossen hatte, der sie in ihrem Haus angegriffen und vergewaltigt haben soll. In Nordostsyrien traf ich eine Guerillakämpferin, die gegen die Terror- und Gewaltherrschaft der Dschihadisten ins Feld zog. Und in Nordindien, dem Geburtsort der Banditenkönigin, traf ich die Anführerin einer weiblichen Bürgerwehr, die mit Bambusstöcken gegen Missbrauchstäter kämpfte und der Polizei gleichermaßen furchtlos gegenübertrat.

Alle drei Frauen nahmen die Dinge selbst in die Hand, weil Polizei, Gerichte und staatliche Strukturen sie nicht beschützt hatten. Alle drei leben in Kulturen, in denen Ehre eine große Rolle spielt und die Gewalt, der sie begegneten, durch tief im kollektiven Bewusstsein verankerte Vorstellungen von Männlichkeit und Frausein hervorgebracht wurde. Die Forscherin Nimmi Gowrinathan argumentiert in *Radicalizing Her: Why Women Choose Violence*, eine Frau, die zu den Waffen greife, tue dies, »weil sie das Zielobjekt ist«. Die Frauen in diesem Buch und die Gemeinschaften, denen sie angehörten, waren solche Zielobjekte. Diese Frauen wurden gewalttätig, um zu überleben; sie griffen zu einem Revolver, Stöcken und einer Kalaschnikow, um sich und andere Frauen zu schützen. Sie brachen das Gesetz und soziale Normen, riskierten Gefängnis und Todesgefahr. Meine Fragen blieben: Nutzten oder schadeten ihnen diese Taten letztlich? Und bewirkten sie irgendeine systemische Veränderung?

Dieses Buch ist keine Fiktion. Um Ereignisse zu rekonstruieren, bei denen ich nicht zugegen war, stütze ich mich auf ausführliche Interviews mit den drei Frauen und allen anderen beteiligten Personen, die ich befragen konnte. Wann immer möglich, habe ich Ereignisse, Erinnerungen und biographische Details mit einer Fülle von Dokumenten abgeglichen, etwa mit Kranken- oder Gerichtsakten, Polizeiberichten, Tagebucheinträgen, E-Mails, Textnachrichten, Briefen, Zeitungsartikeln, wissenschaftlichen Untersuchungen und vielem mehr. Alle historischen und zeitgenössischen Berichte in diesem Buch, die über die drei Frauen hinausgehen, alle Zitate und Äußerungen basieren nach Möglichkeit auf Primärquellen, lokalen Stimmen und angesehenen Forschungsarbeiten. Letztlich spiegelt dieses Buch jedoch die Geschichten der drei Frauen wider.

Um die Geschichten von Brittany Smith, Angoori Dahariya und Çiçek Mustafa Zibo zu erzählen, lernte ich die drei Frauen über

Jahre hinweg kennen. Von Britannys Fall erfuhr ich im April 2019 durch einen Online-Artikel in *The Appeal*, der davon berichtete, dass einer Frau in Alabama eine lebenslange Haftstrafe drohte, weil sie ihren angeblichen Vergewaltiger umgebracht hatte. Die Geschichte barg für mich mehr Fragen als Antworten, so dass ich schon bald nach Alabama flog, um mich mit Brittanys Mutter zu treffen. Gemeinsam besuchten wir Brittany in einer Psychiatrie in Tuscaloosa. Ihr Aufenthalt dort war gerichtlich angeordnet worden. Vor Ort erzählte mir eine Pflegekraft, Britanny gehöre nicht in die Psychiatrie. Britanny behauptete, geschossen zu haben, um sich selbst zu verteidigen, während Menschen aus ihrem Umfeld die Tat als Racheakt betrachteten. Ich schrieb für den *New Yorker* über den Fall, doch die Grauzonen ließen mich noch lange nach der Fertigstellung des Artikels nicht los. Letztlich verfolgte ich Brittanys Geschichte über vier Jahre hinweg, besuchte ihre Heimatstadt Stevenson in Alabama fast ein Dutzend Mal, unter anderem für eine Dokumentation, die wir für Netflix über ihren Fall drehten. Die Interviews aus der Dokumentation haben Eingang in dieses Buch gefunden. Wenn ich nicht in Alabama war, rief ich Brittany regelmäßig im Gefängnis an oder schrieb ihr Briefe. Ihre Antwortschreiben enthielten manchmal Kleeblätter.

Meine Reporterinnentätigkeit in Indien begann in Mumbai, wo ich vor vielen Jahren erstmals von Phoolan Devi erfuhr. Von nun an hielt ich nach heutigen Banditenköniginnen Ausschau. 2018 schließlich fand ich Angoori in der kleinen Stadt Tirwa im nordindischen Bundesstaat Uttar Pradesh. Ich erfuhr von ihrer Geschichte durch einen kurzen Zeitungsartikel, demzufolge eine Frau aus einer niedrigen Kaste in Tirwa eine Bande gegründet hatte, die häuslich gewalttätige Männer mit Bambusstöcken »verprügelte«. Ich kontaktierte den Lokaljournalisten Saurabh Sharma, der den Artikel geschrieben hatte und eine Begegnung mit Angoori organisierte. Ich traf sie im Winter 2018 in ihrem Haus in Tirwa im Kreise der Mitglieder ihrer Frauenbande. Die Frauen hörten aufmerksam zu, während sie ihre Lebensgeschichte erzählte. Sie lachten, wenn Angoori lachte, und weinten, wenn Angoori weinte. Andere Bewohnerinnen und Bewohner Tirwas hatten einen skeptischeren Blick auf Angoori. Ich berichtete für die Zeitschrift *California Sunday* über sie und ihre Bande, aber angesichts von Angooris Kultstatus war mir klar, dass es hier weit mehr zu erzählen gab. Angoori und ich blieben mit Saurabhs Hilfe jahrelang im Austausch. Er kannte die Region ganz genau und übersetzte den Hindi-Dialekt Bundelkandhi, den Angoori spricht. Dabei half ihm seine verstorbene Frau Dipali, die sich Angooris Erzählungen mit großer Sorgfalt widmete.

Die Guerillakämpferin Çiçek und ich kommunizierten erstmals 2020 per WhatsApp. Die Nachrichten gingen zwischen den USA und ihrem Militärstützpunkt in den fruchtbaren Ebenen Nordostsyriens hin und her. Über Jahre hatte ich Berichte über ihre rein weibliche Bürgerwehr YPJ verfolgt, eine Schwesterorganisation der YPG. Beide werden von Kurden angeführt, einer ethnischen Minderheit in der Region. Seit 2013 kämpfen Frauen der YPJ gegen militante ISIS-Anhänger. Als Çiçek und ich in Kontakt kamen, bekämpften sie auch den türkischen Staat und verteidigten ihre neue autonome Region Rojava. Die Geschichte der Region ist kompliziert, aber ich wollte immerhin einen Eindruck davon vermitteln, indem ich ein ausführliches Interview mit einer YPJ-Kämpferin führte. Also bat ich mehrere örtliche Journalistinnen und Journalisten um Hilfe. Die syrische Journalistin Solin Muhammed Amin machte mich letztlich mit Çiçek bekannt und übersetzte unsere Gespräche. Solin ist eine beeindruckende Reporterin und hat seither gemeinsam mit mir für dieses Buch recherchiert. Persönlich interviewte ich Çiçek anlässlich zweier Reportagereisen nach Nordsyrien. Die Einreise nach Syrien vom Irak aus gelang mit Unterstützung des ortsansässigen Journalisten und Universaltalents

Majd Helobi; bei den Recherchen halfen mir Solin und die brillanten syrischen Produzenten Kamiran Sadoun und Obeid Sheikhi, die stundenlang aus dem Arabischen und dem kurdischen Dialekt Kurmancî übersetzten. Einige Dörfer und Städte haben sowohl arabische als auch kurdische Namen; ich benutze die Namen, die auch die Kämpferinnen verwenden.

Ich bin keine Kriegsberichterstatterin. Die Reportage in Syrien bedurfte deshalb monatelanger Vorbereitungen. Dazu gehörte die Teilnahme an einem Kurs über das Verhalten in feindlicher Umgebung samt inszenierter Entführung sowie Anweisungen zum Verhalten im Fall von Selbstmordattentaten, Kreuzfeuer und unkonventionellen Sprengvorrichtungen. Ich fertigte Dokumente an, die im Fall meiner Entführung beweisen sollten, dass ich noch am Leben bin, und machte Fotos, anhand derer mein Leichnam zu identifizieren gewesen wäre. In Syrien selbst bestanden meine Sicherheitsmaßnahmen hauptsächlich darin, das Regime, Schläferzellen von ISIS sowie türkische Drohnenangriffe zu meiden. Die einheimischen Journalistinnen genießen keine solch luxuriöse Vorbereitung. Einige von ihnen wurden aufgrund ihrer Berichterstattung festgenommen, gefoltert oder getötet.

Die Reportagen in Indien und Alabama boten ihre je eigenen Herausforderungen. Angooris Region ist für Reporterinnen so unsicher, dass Saurabh darauf bestand, in Lucknow zu wohnen und jeden Tag die zweieinhalb Stunden Fahrzeit in beide Richtungen auf uns zu nehmen. Auch in Alabama waren Treffen mit bestimmten Quellen nicht sicher, wenngleich meine größte Herausforderung die Transparenz war: Aufgrund der Art, wie die Polizei tätliche Angriffe dokumentierte, war es schwierig, verlässliche Daten über häusliche Gewalt in Brittanys Landkreis zu erhalten. Für alle Orte galt, dass die Recherchen dort kostenintensiv waren, vor allem über mehrere Jahre. Ich danke der International Women's Media Foundation und dem Pulitzer Center on Crisis Reporting für ihre

Unterstützung. Außerdem danke ich dem *New Yorker*, dem *California Sunday Magazine*, *Foreign Policy*, dem *Guardian*, Lemonada Media und Tripod Media dafür, dass sie solche Geschichten veröffentlichen.

Während meiner Recherchen vor Ort musste ich oft an eine Kurzgeschichte von Lesley Nneka Arimah denken: *What It Means When a Man Falls from the Sky* (*Was es heißt, wenn ein Mensch vom Himmel fällt*). Darin kennt eine »Trauerhelferin« eine mathematische Formel, mit der man Trauer und Traurigkeit aus den Menschen heraussaugen kann »wie Gift aus einer Wunde«. Die Helferin aber stirbt bei dem Vorgang. An vielen Tagen spürte ich das Gift der Beschäftigung mit häuslicher und sexueller Gewalt – Gewalt, die ich selbst erlebt hatte –, aber auch mit Komplextrauma, Konflikten und Kriegen. Dann fühlte ich mich schuldig, weil ich wusste, dass ich niemanden nur durch das Zuhören heilte, und dass es mir selbst letztlich gutgehen würde. Im Laufe meiner Reportagen entwickelte ich chronische Müdigkeit und Bauchschmerzen. Mein Körper zeigte mir, dass es ihm zu viel wurde. Doch schließlich schrieb ich dieses Buch über Selbstwirksamkeit, Kraft und Überleben fertig und – so albern das klingen mag – mein Körper heilte. Nachdem ich jahrelang die Härte internalisiert hatte, die traumatisierten Frauen gegenüber an den Tag gelegt wird, gehe ich heute sanft mit mir selbst und mit den Geschichten anderer um.

Dieses Buch ist ein Tribut an jene Frauen, die sich gewehrt haben, die die Geschichten ihrer Entmachtung umgeschrieben haben zu Geschichten des Widerstands, heute und gestern und morgen, im echten Leben und in unserer wildesten Phantasie.

Elizabeth Flock
Los Angeles
Oktober 2022

VORSPIEL

Gerechtigkeit hat viele Namen.

Sie trägt den Namen Athene, deren Geschichte mit einer Prophezeiung begann, nach der sie eines Tages ihren Vater Zeus stürzen werde. Nachdem ihr Vater ihre Mutter ohne deren Zustimmung geschwängert und – aufgrund der Prophezeiung – verschlungen hatte, sprang Athene mit einem wilden Kriegsschrei aus seinem Schädel, gänzlich erwachsen, mit einer Rüstung bekleidet und mit wohl von ihrer Mutter gefertigten Waffen in den Händen. Während ihr Bruder Ares für Krieg und Blutdurst stand, bediente Athene sich der Weisheit, Tapferkeit und List, um ihr Volk zu verteidigen und zu schützen – und alles dafür zu tun, Gerechtigkeit zu erlangen.

Die Gerechtigkeit trägt auch den Namen Durga, die mit vielen Armen geboren wurde, um dämonische Kräfte zu bekämpfen. In der Hindu-Schrift *Devi Mahatmya* wird Durga als gnädig, aber auch als grausame Kriegerin dargestellt. Sie ritt auf einem Tiger oder Löwen, in der Hand einen Schild, einen Knüppel, einen Speer oder ein Schwert. Die Art der Waffe war nicht von Bedeutung. Durga war gleichermaßen Beschützerin und Zerstörerin.

Auch Inanna, die ihren Vergewaltiger mit Seuchen bestrafte, ist ein Name der Gerechtigkeit. Jenen, die falsch handelten, sandte sie Stürme und blutiges Wasser. Die sumerische Göttin wurde manchmal als Taube, häufiger aber als wütende Frau dargestellt. In der »Hymne an Inanna« schreibt die Dichterin und Priesterin Enhedu-anna: »Inanna sitzt auf angeschirrten Löwen und schneidet jeden in Stücke, der ihr keinen Respekt erweist.«

In der griechischen und römischen Mythologie tritt das Motiv der Rache in Gestalt der drei Erinnyen (griech.) oder Furien (lat.) auf – furchteinflößender Göttinnen mit Schlangenhaaren. Sie bestrafen Verbrechen gegen die sogenannte natürliche Ordnung: Tisiphone ist die »Stimme der Rache«, Megaira ist »missgünstig« und Alekto die »Unnachgiebige«. Als Prinz Orestes seine Mutter tötete und sich damit für den Tod seines Vaters rächte, quälten ihn die Furien wegen seines Verbrechens unablässig. Der griechische Dichter Aischylos etwa schildert den »grausen Gesang« der blutrünstigen, rachsüchtigen Erinnyen.

Orestes, verfolgt von den Furien,
William-Adolphe Bouguereau, 1862.

Buch I
BRITTANY

SCHIESSPULVER

Der kleine Ort Stevenson im US-Bundesstaat Alabama ist genauso leicht zu übersehen wie das, was dort geschieht. Er liegt im Nordosten des Staats, nahe der Grenzen zu Tennessee und Georgia, tief verborgen im Dickicht der Region. Der Ort umfasst nur 1300 Hektar und hat um die 2000 Einwohner. Der Ortskern wirkt mit seinen Antiquitätengeschäften wie aus der Zeit gefallen. Die örtliche Rollschuhbahn ist seit langem außer Betrieb. Viele Häuser sind von Efeu überwuchert und marode. Die Menschen hier beschweren sich, dass es nichts zu tun gäbe.

In Stevenson gibt es keinen Mangel an natürlicher – viele hier würden sagen: gottgegebener – Schönheit. Das Morgenlicht strahlt lachsrosa durch die dichten, alten Eichen. Kinder radeln durch leere Straßen und übertönen mit ihrem Geschrei den beharrlichen Gesang der Zikaden. Teenager fahren mit Geländewagen über Bergstraßen und angeln im nahegelegenen Tennessee River. Als Köder benutzen sie Hähnchenschenkel, die sie an eine Schnur binden. Doch je älter man wird, umso weniger gibt es hier zu tun. Den Erwachsenen bietet Stevenson nur süßen Tee, hohe Rechnungen und Nieten in der Lotterie.

Aus der Stadt fährt man eine Stunde Richtung Nordosten nach Chattanooga oder Richtung Südwesten nach Huntsville. Wer genug Geld für Benzin hat und es in eine der größeren Städte schafft, kann am Wochenende ins Kino oder zum Bowling gehen. Aber wer in Stevenson festsitzt, wird Teil des Dramas, wie eine auf Fliegenfängern festklebende Fliege. Wie in vielen kleinen Orten kennt hier jeder jeden. Probleme sprechen sich schnell herum.

Manche studieren gleich nach dem Aufwachen das täglich aktualisierte Gefängnisregister, um herauszufinden, wer am Vortag von der Polizei festgenommen wurde. Oft geht es bei den Festnahmen um Drogendelikte. Ganz in der Nähe des Orts liegt Sand Mountain, eine Hochebene, die von vielen hier »Meth Mountain« genannt wird, weil in den Örtchen dort über die Jahre so viel Methamphetamin hergestellt wurde. Tabletten und Meth haben Stevenson schon seit Jahren fest im Griff. Wenn es bei einer Festnahme nicht um Drogen geht, ist meistens häusliche Gewalt der Grund – oder beides. Fast jede Frau in Stevenson kann von einer Liebesgeschichte erzählen, die sie lieber vergessen würde. Fast jede von ihnen hat blaue Flecken oder einen Ex, vor dem sie immer noch Angst hat.

Ein Großteil der häuslichen Gewalt wird nie zur Anzeige gebracht, weil die Frauen in dieser Gegend der Polizei im Regelfall nicht trauen. Sie sagen, früher hätten sie solche Vorfälle angezeigt, was ihnen aber nichts genützt oder sie in eine noch schlimmere Situation gebracht habe. Manchmal waren die Täter Bekannte der Polizisten, oder die Polizisten selbst waren Täter. Bei solchen Anzeigen kam nie etwas heraus.

Viele Frauen in Stevenson leben in steter Vorahnung dessen, was als Nächstes passieren könnte. Mädchen lernen schon in jungen Jahren von ihren Müttern zurückzuschlagen, wenn sie selbst geschlagen werden. Wehren sie sich nicht, werden sie weiter verletzt. Sie lernen, niemandem etwas davon zu erzählen, weil die Behörden ihnen nicht glauben oder alles schlimmer machen würden. Wenn ein Mädchen von zu Hause loszieht, sagen nur wenige »Tschüs« oder »bis später«. Stattdessen heißt es »sei vorsichtig« oder »pass auf dich auf«.

Warum soll ich auf mich aufpassen?
Pass einfach auf.

Brittany Joyce Haley Smith kam in Scottsboro zur Welt, dem nur zwanzig Minuten von Stevenson entfernten Verwaltungssitz von Jackson County. Sie wurde am 19. Geburtstag ihrer Mutter geboren. Auch ihre Großmutter hat an diesem Tag Geburtstag. Als Brittany klein war, zog die Familie viel um – innerhalb von Alabama, aber auch nach Tennessee und Texas. Schließlich kehrte man in die Gegend von Stevenson zurück, damit Brittany dort zur Schule gehen konnte. Hier blieb sie die meiste Zeit ihres Lebens, jobbte, wohnte mit ihrer Mutter und später mit ihrem Mann zusammen – teilte sich also immer mit anderen Leuten den Raum.

In ihren Dreißigern begann Brittany sich Sorgen zu machen, man sähe ihrem Körper die vier Schwangerschaften an. Aber in den Augen anderer wirkte sie mit ihrem Lächeln und ihrer burschikosen Figur sportlich und jünger, als sie eigentlich war. Sie hatte weiches, aschblondes Haar, dass ihr glatt über die Schultern fiel, und graublaue, wissende Augen, die strahlten. Sie war zwar belesen, machte aber oft peinliche Fehler. Ihre Mutter bezeichnete sie liebevoll als »verwirrt«, weil sie oft so zerstreut war. Brittany war groß, trat selbstbewusst auf und trug Jeans und weit geschnittene T-Shirts. Vielen Männern aus der Gegend gefiel die Mischung aus unbekümmerter Art und natürlicher Schönheit. Sie brachte alle zum Lachen und machte sich oft auf gut gemeinte Weise über andere lustig.

Nach zehnjähriger Ehe hatte Brittany sich unlängst von ihrem Mann getrennt – diesmal endgültig. Sie hatte ihn auf einer Party an der Uni kennengelernt. Er trug ein albernes Outfit, eine winzige Weste über dem muskulösen Oberkörper. Das war, so erzählt sie, bevor er tablettenabhängig und grob wurde. Sie führten jahrelang eine On-off-Beziehung, sprachen immer wieder über Scheidung und zogen es doch nie durch. Diesmal hatten sie sich aber auf eine Trennung geeinigt, und er überließ Brittany das Haus, in dem sie gemeinsam zur Miete gewohnt hatten. Obwohl sie nur Mieterin war, freute Brittany sich, ein eigenes Haus im Ort zu haben. Und sie war optimistisch, ihren vier Kindern endlich ein Heim bieten zu können.

Das Haus aus rotem Backstein war zweistöckig, mit großen, weiß gestrichenen Säulen und weißen Fensterläden. Im Sommer wuchs das Gras im Vorgarten dicht, und die alten Ahornbäume mit der rauen Rinde spendeten Schatten. Das Haus erinnerte mit seinen gemusterten grünen Kacheln in der Küche und den holzvertäfelten Räumen an die 1970er Jahre. Es gab vier Schlafzimmer, so dass nicht alle Kinder sich Zimmer teilen mussten. Brittany durchschritt die leeren Räume ihres neuen Zuhauses und war so zufrieden wie schon lange nicht mehr.

Solange sie und ihre Kinder vereint waren, spürte sie keine Sorgen. Ihr Ältester war ein echtes Mamasöhnchen, sensibel und aufgeweckt. Ihr zweiter Sohn war ernst; er wollte Paläontologe werden. Ihre erste Tochter war frech und ein Tomboy durch und durch. Ihre jüngste Tochter war noch ein Baby, hatte aber schon eine witzige, ganz eigene Art. Brittany scherzte mit ihren Kindern und hörte sich ihre Sorgen an. Morgens kuschelte sie mit ihnen, abends sang sie ihnen *You Are My Sunshine* vor.

Vor fünf Jahren hatte Brittany das Sorgerecht für ihre Kinder verloren. Nachdem sie in das tiefe Loch gefallen war, das Methamphetamin in Stevenson hatte entstehen lassen, holte der Staat ihre drei älteren Kinder ab. Letztlich kamen sie zu ihrem Onkel im Nachbarort, wo Brittany sie so oft wie möglich besuchte. Als 2017 ihre jüngste Tochter zur Welt kam, nahm sie der Staat mit Verweis auf Brittanys Drogenvergangenheit in Obhut. Brittany wusste, dass sie im Zuge ihrer Abhängigkeit als Mutter unzuverlässig geworden war. Sie war mehrfach festgenommen worden, stets wegen geringfügiger Delikte im Zusammenhang mit ihrem Drogenmissbrauch.

Doch jetzt war sie clean und zuversichtlich, dass diese Zeit hinter ihr lag. Die Trennung von ihrem Mann hatte geholfen. Vor kurzem hatte eine Sozialarbeiterin ihr Haus in Augenschein genommen und entschieden, dass sie ihre Kinder häufiger besuchen durften. Brittany hoffte, dass sie schon bald das volle Sorgerecht zurückerhalten würde. Sie freute sich auf ein ruhigeres Leben – das war sie ihren Kindern schuldig. Um dieses Versprechen einzulösen, hatte sie bereits einen Termin für ein Vorstellungsgespräch. Die feste Stelle bei einer örtlichen Firma für Bodenbeläge mit vernünftigen Arbeitszeiten und guter Bezahlung war in Stevenson eine Seltenheit.

Im Lauf der Jahre hatte Brittany oft niedere, harte Arbeit verrichtet, um ihre Rechnungen zu bezahlen. Während ihrer zweiten Schwangerschaft arbeitete sie in der Thermofixierung einer Teppichfirma. Dabei musste sie zwölf Stunden täglich in einem heißen Raum stehen. Während sie mit ihrer jüngsten Tochter schwanger war, arbeitete sie vom frühen Nachmittag bis vier Uhr morgens in einer Hühnerfabrik. Ihre Aufgabe bestand darin, die Hühner festzubinden, sie mit einer Luftdruckpistole zu töten und ihnen die Köpfe abzuschneiden. Sie hatte auch schon in den meisten Fastfood-Restaurants von Stevenson gearbeitet, darunter auch bei Burger King, wo sie jetzt sechs Tage die Woche am Drive-through-Schalter stand. Der Job bei der Firma für Bodenbeläge wäre im Vergleich dazu einfach –, wenn sie ihn denn bekam.

Brittany hatte das Gefühl, ihr Leben verlief nach vielen unruhigen Jahren endlich wieder in geordneten Bahnen. Es gab nur ein Problem: Sie fühlte sich einsam. Ihre Mutter und ihr Bruder wohnten zwar in der gleichen Straße, trotzdem verbrachte sie viele einsame Stunden in ihrem Haus; ohne ihren Ehemann und ohne zu wissen, wie lange sie noch auf den endgültigen Einzugstermin ihrer Kinder warten musste. Im Haus herrschte gähnende Leere. In jenem Januar begegnete sie im Supermarkt einer Freundin, die einen Pitbull-Welpen auf dem Arm hatte, und beschloss, sich auch einen anzuschaffen. Der Welpe sollte sie dabei begleiten, wenn sie ihr Leben neu aufbaute, und auch ihre Kinder würden sich über ein Haustier freuen.

Ihre Freundin sagte, sie habe den Pitbull bei Todd Smith gekauft, der die Hunde gleich jenseits der Grenze in Tennessee züchtete. Brittany kannte den Namen Todd Smith. Sie hatte Todd in der Highschool über einen gemeinsamen Freund kennengelernt. Die beiden hatten sogar einige Male etwas zusammen unternommen, aber sie hatte ihn seit Jahren nicht gesehen. Kaum war sie zu Hause, schickte sie Todd eine freudige Nachricht auf Facebook: »Eben habe ich Auntuan[s] neuen Welpen gesehen. Ich will auch einen!!! Bitte sag, dass du noch einen hast?!!!!«

Sie schickte die Nachricht ab, ohne zu wissen, welche Kette von Ereignissen sie damit auslöste, und dass ihr das Haus aus roten Ziegeln nur noch eine Woche gehören sollte.

Immer wenn Joshua »Todd« Smith Methamphetamin und das Beruhigungsmittel Xanax zusammen konsumierte, befand sich sein gesamtes Viertel in Glover Hill, Tennessee, »in Alarmbereitschaft«, so sein Cousin Jeff Poe. Wenn Todd nicht auf Drogen war, war er Jeff zufolge extrem hilfsbereit. Todds Ex-Freundin und Mutter seines Kinds, Amanda Reed, sagte über Todd: »Er hätte jedem sein letztes Hemd gegeben.« Doch der Unterschied zwischen dem nüchternen Todd und Todd auf Drogen war so krass, dass Jeff ihn wie Dr. Jekyll und Mr. Hyde wahrnahm. Er musste nur sehen, wie sein Cousin ging oder sprach, um zu wissen, mit welcher Version er es in diesem Moment zu tun hatte.

Viele Leute in Glover Hill wussten, dass Jeff Drogen verkaufte und Todd und er diese auch konsumierten. Jeff wusste: Wenn er Todd Meth und Xanax zusammen gab, »war beinahe garantiert, dass Todd an diesem Tag festgenommen wurde.« Meth kann Menschen aggressiver machen, während die missbräuchliche Einnahme von Xanax Stimmungsschwankungen verursachen kann. Zusammen eingenommen, sind die Folgen nicht vorhersehbar. Todd erzählte Jeff, die Kombination verleihe ihm das Gefühl, Superman zu sein, vor allem, wenn er dazu noch Alkohol trinke. »Sein Auftreten schrie: ›Das ist verdammt nochmal meine Revier, und ich kann hier machen, was ich will.‹« Der Cocktail aus Wirkstoffen machte Todd wild und bösartig.

Früher war er ganz anders gewesen. Jeff hatte ihn schon als Kind unter seine Fittiche genommen. Gemeinsam erkundeten sie die Berge und Wälder Tennessees, sammelten Flusskrebse und kleine Fische und ließen sie zu Hause in einem blauen Planschbecken schwimmen. Der kleine Todd hatte ein rundes Gesicht, einen Topfschnitt und glänzende, blaue Augen. Die Leute fanden ihn süß. Er entwickelte sich zu einem gutaussehenden Jugendlichen und sah aus wie das Mitglied einer Boyband der 1990er Jahre. Mit 13 war er selbstbewusst und ruhig. Das machte die Mädchen in der Schule verrückt. So blieb er, bis das Meth in die Stadt kam, seine Mutter krank wurde und sein Vater ihm zeige, wie man kämpfte. Stevenson und Glover Hill liegen nur zwanzig Minuten voneinander entfernt im Tennessee Valley. Die Menschen dort haben die gleichen Hoffnungen und Schwierigkeiten. In beiden Orten wurde Meth in den 1990er Jahren zum ernsthaften Problem.

Laut Jeff zeigte Todds Vater den beiden Boxkämpfe im Fernsehen, als sie Teenager waren. Er zwang Todd, gegen ihn und andere erwachsene Männer aus dem Ort anzutreten. Todd musste früh abgehärtet und erwachsen werden, wie es für Jungen in Alabama seit langem üblich war. Jeff sagt, Todds Mutter, die an Multipler Sklerose litt, wollte mit den Boxkämpfen nichts zu tun haben und zog sich in den Keller zurück, um Serien zu schauen. Im Haus lagen oft Drogen herum. Etwa zu dieser Zeit begannen Jeff und Todd, mit Alkohol und Tabletten zu experimentieren. Wenn Jeff Todd damals besuchte, wusste er: »Es war Zeit, meine Maske aufzusetzen und zu trinken, Drogen zu nehmen und zu kämpfen«. Oft wurde die Polizei zu dem Haus von Todds Familie gerufen.[1]

Im Januar 2018 hatte diese Lebensweise Spuren bei Todd hinterlassen. Er war 38, wohnte bei seinem Vater und war ca. achtzigmal von der Polizei festgenommen worden. Zu den Anklagepunkten gehörten öffentliche Trunkenheit, Drogenbesitz und mindestens ein Dutzend tätliche Angriffe, manche von ihnen schwer. Viele davon wurden als häusliche Gewalt kategorisiert. Todd war inzwischen ein stämmiger Mann mit rotem Gesicht, Ziegenbärtchen und kahl geschorenem Schädel. Auch Jeff war in der Schule schlank und attraktiv gewesen, doch inzwischen sah man ihm seine zwei Gefängnisaufenthalte an. Er hatte ungepflegte Bartstoppeln und den Blick eines Getriebenen.

Todd hatte immerhin seine Pitbulls. Jeff fand, dass Cody, Todds erster Pitbull, den er mit elf oder zwölf Jahren bekam, hässlich sei, und sagte seinem Cousin das auch. »Es geht nicht darum, wie er aussieht«, antwortete dieser. »Es geht um das Spiel.« Mit dem »Spiel« meinte er Hundekämpfe: Das Züchten von Hunden geeigneter Abstammung, die bullig und wild genug waren, um zu kämpfen und zu gewinnen. Hundekämpfe waren in der Gegend ein beliebter, illegaler Zeitvertreib. Die Polizei ignorierte Todds Begeisterung für die Pitbulls weitgehend, obgleich er mindestens einmal wegen Tierquälerei festgenommen wurde.

In gewisser Weise sah Jeff Gemeinsamkeiten zwischen Todd und den Pitbulls. Wirkten sie zunächst freundlich und schüchtern, so konnten sie in der nächsten Sekunde eine andere Kreatur in Stücke reißen. Einmal biss Cody einer Kuh den Kiefer ab. Für Todd und die Hunde galt, dass sie ihre Gewalttätigkeit von den Menschen gelernt, wenn nicht gar aufgezwungen bekommen hatten, die sich um sie kümmerten. In *Culture of Honor* vertreten Richard E. Nis-

---

1 Todds Vater wollte sich dazu nicht äußern.

bett und Dov Cohen die These, in einer auf Ehre fußenden Gesellschaft wie dem Süden der USA sei ein Hauptgrund männlicher Gewalttätigkeit das erlernte »Gefühl, der eigene wertvollste Besitz sei bedroht, nämlich der Ruf, stark und hart zu sein.« In Todds Fall verstärkten die Drogen dieses Gefühl der Bedrohung. »Ohne die Drogen wäre Todd ein völlig anderer Mensch gewesen«, so Jeff.

In dem Januar, in dem Brittany Todd wegen der Pitbull-Welpen schrieb, hatten Todd und sein Vater eine so heftige Auseinandersetzung, dass die Polizei gerufen wurde. Todd wurde wegen häuslicher Gewalt angeklagt. Sein Vater warf ihn hinaus. Als Jeff Todd eines Abends bei einem gemeinsamen Freund abholte, merkte er, dass sich etwas verändert hatte: Todd stand nicht mehr unter dem Einfluss des üblichen Drogencocktails und behandelte ihn ungewöhnlich grausam. »Wenn du keine Drogen hast, dann hau verdammt nochmal ab«, sagte er. Jeff machte sich Sorgen. Er merkte, dass sein Cousin nicht mehr nüchtern sein wollte. Das machte ihn so traurig wie lange nichts mehr.

Seit einigen Jahren verkaufte Tod jene Pitbull-Welpen, die nicht für Hundekämpfe geeignet waren. Nachdem er Brittanys Nachricht erhalten hatte, bot er ihr einen männlichen und einen weiblichen Welpen an, und schlug vor, sie solle zum Haus seines Vaters kommen, um sich die Hunde anzusehen. Brittany ging zweimal zu Todds Haus – einmal an einem Tag, an dem dort eine Party stattfand, bei der auch Jeff zugegen war –, ehe sie sich für den weiblichen Welpen entschied. Das Tier war rotbraun und wirkte mutig, obwohl es winzig war. Brittany gab dem Welpenmädchen den Namen Athena. Sie wusste nicht warum, fand aber, der Name passte zu dem Tier.

Es schneite, als Brittany und ihr jüngerer Bruder, Christopher McCallie, am 15. Januar 2018 zu McDonald's fuhren. Christopher war damals 26 Jahre alt, ein teigiger Nerd und Einzelgänger mit der

Ausstrahlung eines liebenswerten Bären. Brittany war das genaue Gegenteil, offen und quirlig. Sie redete aufgeregt mit Chris, der am Steuer saß. Die Firma für Bodenbeläge hatte ihr die Stelle sofort angeboten. Nächste Woche sollte die Einarbeitung beginnen. Brittanys Wangen waren durch die Aufregung und die Kälte gerötet.

Später, als die beiden mit dem Essen auf dem Heimweg waren, erhielt Brittany einen Anruf von Todd. Sie hatte die kleine Athena erst eine Nacht zuvor nach Hause geholt. Brittany berichtete, sie habe Todds Haus während einer Party eilig verlassen, nachdem er Anrufe von mehreren Frauen erhalten hatte, die versprachen, Meth mitzubringen. Sie wusste, dass sie nicht mehr in einer solchen Umgebung sein durfte. Jeff sagte mir, Brittany sei länger geblieben. Er sei sicher, dass Brittany und Todd etwas miteinander gehabt hätten.

Wie auch immer – Textnachrichten belegen, dass Brittany Todds Avancen nach der Party zurückgewiesen hat. Er schrieb ihr, er habe »trunkene Gedanken«, mit jemandem wie ihr zusammen zu sein, aber sie antwortete, kein Interesse zu haben. Sie möge ihn, aber seine »Prioritäten« seien »durcheinander«, und bis er das geklärt habe, könne sie keine Zeit mit ihm verbringen. »Weil ich tatsächlich versuche, mein Leben in den Griff zu kriegen, und das zusätzliche Drama nicht brauche«, schrieb sie. Sie versuchte, clean zu bleiben. So charmant Todd sein konnte, er war nicht der Typ Mann, mit dem sie sich umgeben sollte. Todd stimmte zu, meinte aber, Brittany sei »so verdammt anziehend, dass es verrückt ist«. Er versuche, sich zu ändern.

Am 15. Januar rief Todd nun Brittany an, um herauszufinden, ob Chris und sie ihn in einem Stadtpark unweit der Grenze in Tennessee abholen könnten. Er sei dort gestrandet, friere, und niemand sonst sei ans Telefon gegangen. In jener Nacht fielen im Tennessee Valley zweieinhalb Zentimeter Schnee, was für die Gegend außergewöhnlich war. Todd sagte, er habe keinen Ort, an dem er die Nacht verbringen könne. Weder Brittany noch Chris hielten es für eine gute Idee, ihn abzuholen. »Ich hatte einfach das Gefühl, es würde etwas passieren«, so Chris. Brittany wusste auch, dass es keine gute Entscheidung war, einen anderen Süchtigen aufzusammeln. Ihr Vater sagte später, Brittanys größtes Problem seien die Menschen in ihrem Umfeld: »Wenn du von einem Hai gebissen werden willst, dann spring in ein Meer voller Haie.« Brittany ließ Todd abblitzen und legte auf.

Doch Todd war beharrlich. »Bitte hilf mir dieses eine Mal, dann lasse ich dich danach in Ruhe«, schrieb er. Und: »Ein tolle Freundin bist du.«

Brittany war genervt. »Eine tolle Freundin …?«, schrieb sie zurück. »Ich habe dich nicht dort sitzenlassen, sonst WÜRDE ich dich abholen. Ruf doch die Person an, die es war. Du bist nicht mein Kind.«

Todd rief wieder an. Das Schneetreiben wurde immer stärker. Brittany sah Chris an. Er sagte nein. Er war zwar der Jüngere, hatte sich aber immer um seine Schwester gekümmert. Er hatte zugesehen, wie sie dem Meth zum Opfer fiel, wie sie erst euphorisch und dann unruhig wurde und wie das Meth ihren Körper, ihren Geist und ihre Kinder stahl. Jetzt war sie nüchtern und versuchte, ihr altes Drogenumfeld hinter sich zu lassen, was in Stevenson nicht leicht war. Doch Todd war charmant und Brittany unsicher, weshalb sie sich oft zu Dingen überreden ließ, die sie besser nicht getan hätte. Sie sagte ihrem Bruder, sie könnten niemanden in der Kälte erfrieren lassen. Irgendwann gab Chris nach, um Streit zu vermeiden.

Brittany versprach Todd, ihn abzuholen, er müsse jedoch auf dem Sofa schlafen. Sie sagte, ihr neues Zuhause sei kein Hotel, in dem man abstürzen könne. Sie wolle nicht, dass er in einem der Betten ihrer Kinder schlafe. Chris fuhr widerwillig durch das Schneetreiben Richtung Park und hoffte, seine Entscheidung später nicht zu bereuen.

Brittany berichtete, nachdem Chris Todd und sie bei ihr zu

Hause abgesetzt habe, hätten sie den Hund gebadet und dann zusammen im Wohnzimmer gesessen. Sie unterhielten sich über die Ausbreitung von Meth im Tennessee Valley und darüber, wie die Droge ihre Leben aus der Bahn geworfen hatte. Brittany wurde 2012 abhängig, nachdem ihr Baby an einer seltenen Erbkrankheit und ihre Großmutter an Krebs gestorben waren. Brittanys Sohn Will war schon eine Minute nach der Geburt blau angelaufen. Ihre Großmutter, die sie MawMaw nannte, war wild und lustig und hatte Brittany gemeinsam mit deren Mutter großgezogen. Die Trauer über die beiden Verluste ließ sie in eine tiefe Depression stürzen. Dann entdeckte sie Meth. Durch die Droge wurde sie irgendwann so dünn, dass ihre Mutter sie als »Zahnstocher mit Wackelpuppenkopf« beschrieb.

Brittany erzählte Todd, dass es ihr nach mehreren Rückfällen endlich gelungen war, die Finger vom Meth zu lassen. Ihr Hausarzt verschrieb ihr jedoch Xanax gegen die Angst, ein Medikament, das von vielen Menschen in der Gegend missbräuchlich verwendet wird. Todd, der viel Bier getrunken hatte und ganz rot im Gesicht war, sah sie mit stahlblauen Augen an und erzählte, auch er arbeite hart daran, sich zu ändern. Er sei wütend darüber, seine kleine Tochter, die bei seiner Ex-Freundin lebe, nur selten sehen zu können. Er habe genug von den Drogen und sehne sich nach einem besseren Leben. Später sollte herauskommen, dass Todd in jener Nacht Xanax und eine große Menge Meth konsumiert hatte – eine Menge, die häufig zu gewalttätigen Episoden führte. Es ist nicht klar, wann genau er die Substanzen zu sich genommen hat. Brittany wurde nie auf Drogen getestet.

Brittany riet Todd erneut, sich über seine Prioritäten klarzuwerden. Sie erzählte, seit sie clean sei, hätte sich in ihrem Leben nur Gutes ereignet: das große Haus, der besser bezahlte Job und die Aussicht auf das Sorgerecht für ihre Kinder. Während sie sprach, verhärtete sich Todds Gesichtsausdruck. Brittany merkte, dass es so wirkte, als wolle sie angeben. Laut Brittany sprang Todd nun auf. Er schrie sie an und fragte, ob sie sich für etwas Besseres halte. Die überraschte Brittany stand ebenfalls auf. »Du bist eine Schlampe«, sagte Todd und versetzte ihr einen Kopfstoß, der sie zu Boden fallen ließ.

Brittany kannte diese Art der Wut, die Meth auslösen konnte. Panisch suchte sie nach einem Fluchtweg. Da sie wusste, dass die Haustür und der Hintereingang aus Sicherheitsgründen verriegelt waren, rannte sie hoch in ihr Schlafzimmer und schlug die Tür hinter sich zu. Doch Todd durchbrach sie und warf Brittany aufs Bett. Er wog 120 Kilo – ungefähr 45 Kilo mehr als Brittany – und konnte sie mit Leichtigkeit überwältigen.

Brittanys Darstellung zufolge legte Todd ihr nun die Hände um den Hals und würgte sie, bis sie ohnmächtig wurde. Als sie aufwachte, lag sie, nass vom eigenen Urin, auf dem Bett und trug keine Hose mehr. Todd vergewaltigte sie, die Hände noch immer um ihren Hals gelegt. Unwillkürliches Urinieren ist eine häufiges Zeichen für Strangulation. Dem Training Institute on Strangulation Prevention nach ist Würgen eine der zuverlässigsten Variablen, wenn es darum geht vorherzusagen, dass Opfer[2] häuslicher Gewalt später auch ermordet werden.

»Wir sind doch Freunde«, versuchte Brittany, ihn zu beruhigen, aber sie bekam kaum Luft. Unter dem Druck seiner Hände klang ihre Stimme dünn, wie das Quieken eines Eichhörnchens. »Wir sind Freunde«, machte er sich über sie lustig. »Kein verdammtes Wort mehr, oder ich bringe dich um«, sagte er. »Selbst wenn du falsch atmest, töte ich dich.«

---

2 In diesem Buch werden die Begriffe »Opfer« und »Überlebende« verwendet, je nachdem, welchen Begriff die jeweilige Sprecherin oder Quelle gebraucht.

Brittany wehrte sich schluchzend. Sie kratzte Todd, bis einer ihrer Acrylfingernägel abbrach und den darunterliegenden echten Nagel mit abriss. Todd drückte ihren Hals so fest gegen die Bettkante, dass sie das Gefühl hatte, er könnte brechen. »Ist es das, was du willst?«, fragte er. Es gelang Brittany, sich und Todd vom Bett auf den Boden zu werfen. Doch wieder bekam Todd die Oberhand und würgte sie, bis sie zum zweiten Mal ohnmächtig wurde. Als Brittany schwarz vor Augen wurde, dachte sie: *So fühlt es sich also an zu sterben. Gott, bitte lass mich nicht sterben.*

Brittany kannte das Gefühl, verzweifelt überleben zu wollen. Jahre zuvor, als sie mit ihrem zweiten Sohn schwanger war, hatte ihr damaliger Ehemann sie stockbesoffen und vollgepumpt mit Drogen erst auf das Sofa und dann vom 2,70 Meter hohen Balkon geworfen. (Brittanys Ehemann gab zu, sie heruntergeworfen zu haben, allerdings von einer Treppe. Außerdem habe sie den Streit angefangen.) Damals hatte sich ihre Mutter Ramona eingemischt und der Gewalt ein Ende gesetzt. Nachdem sie Brittany ins Krankenhaus gebracht hatte, fuhr Ramona zum Haus ihrer Tochter und schlug Brittanys Mann ins Gesicht. Es funktionierte. Nie wieder hatte er ihr weh getan, zumindest nicht so. Dieses Mal, mit Todd, war Brittany aber ganz allein. *Gott, bitte lass mich nicht sterben.*

Als sie nach dem zweiten Würgen zu sich gekommen sei, so Brittany, habe sie Todd die Vergewaltigung zu Ende führen lassen. Dann habe sich sein Gesichtsausdruck verändert und sei »wieder normal geworden«. Mit ruhiger Stimme sagte Todd, wenn sie jemandem erzähle, was geschehen war, würde er erst sie und ihre gesamte Familie – Mutter, Bruder und ihre Kinder – und dann sich selbst umbringen. Brittany versprach, nichts zu sagen. »Es ist alles in Ordnung«, sagte sie mit zitternder Stimme. Sie versuchte zu deeskalieren. »Alles okay. Alles okay.«

Nach einer Weile wollte Todd Zigaretten. Brittany erkannte ihre Chance. Sie hatte kein Auto, bot Todd aber an, ihre Mutter Ramona anzurufen, die sie zu einem Geschäft fahren könne. Todd drohte ihr, sie zu töten, falls sie die Polizei anrufen oder ihrer Mutter von dem Geschehen berichten würde. Sie versprach ihm, das nicht zu tun, war aber sicher, dass ihre Mutter helfen konnte. Als Brittany 13 war, hatte ihre Mutter einmal einen Jungen mit einer ungeladenen Waffe davon abgehalten, sie zu belästigen. Todd hielt Brittanys Smartphone in der Hand, während sie die Nummer ihrer Mutter eintippte.

»Mama?« Brittany versuchte, für Todd normal und für ihre Mutter ungewöhnlich zu klingen. Sie hoffte, dass ihre schlaue, kräftig gebaute Mutter merken würde, dass etwas nicht stimmte. Sie bat ihre Mutter, eine Packung Zigaretten vorbeizubringen. »Mein Schatz, ich bekomme erst am Mittwoch oder Donnerstag wieder Geld«, sagte Ramona. Sie lebte in einer Sozialwohnung in derselben Straße. Ramona ging öfters das Geld aus, ehe der nächste Lohn ausgezahlt wurde. Alle in der Familie lebten von ein oder zwei Portionen Fastfood am Tag. Brittany sagte, sie habe Geld, brauche aber jemanden, der sie zum Geschäft fahre.

Ramona erschien die Stimme ihrer Tochter »merkwürdig« und fragte Brittany, ob sie geweint habe. Nach einer langen Pause sagte Brittany, es gehe ihr gut. Ramonas Mutterinstinkt verriet ihr, dass etwas nicht stimmte, doch sie war so müde von der Arbeit, dass sie ihr Bauchgefühl ignorierte. Sie hatte einen langen Arbeitstag hinter sich; ihre Haare waren nass, weil sie gerade geduscht hatte; es war kalt und schneite draußen. Außerdem gab es bei ihrer Tochter oft Drama; die Drogensucht hatte sie häufig ins Chaos gestürzt. Deshalb bat sie Chris, der bei ihr wohnte, Brittany zur Tankstelle zu fahren, um Zigaretten zu kaufen.

Chris machte sich zu diesem Zeitpunkt keine Sorgen mehr um seine Schwester und Todd und war nur noch genervt. Schließlich hatte er Brittany bereits nach Hause gefahren, und jetzt war es mitten in der Nacht. Zu dieser Stunde spielte er gern Videospiele, bis er einschlief. Dennoch fuhr er die fünf Minuten zu Brittanys Haus. Brittany setzte sich auf den Beifahrersitz, Todd auf die Rückbank. Chris konnte seine Schwester im Dunkeln nicht gut sehen, aber sie wirkte, als hätte sie geweint. Er war zu müde, um sich Gedanken zu machen, und redete sich ein, Todd und sie hätten vielleicht einen traurigen Film angesehen. Auf dem Weg zur Tankstelle führten Chris und Todd Smalltalk.

An diesem Tag hatte Paige Painter die Nachtschicht an der MAPCO-Tankstelle. Die Schicht dauerte von zehn Uhr abends bis sieben Uhr morgens. Ihrer Erinnerung nach war es etwa ein Uhr, als Brittany die Tankstelle betrat. Sie war dort Stammkundin; Painter und sie scherzten häufig und erzählten einander lustige Geschichten. Painter zufolge sah Brittany in jener Nacht aus, als sei sie »in eine Auseinandersetzung geraten« und habe geweint. Es wirkte, als »stimme etwas nicht«. Obwohl Painter gerade mit einer Kundin an der Kasse beschäftigt war, kam Brittany zu ihr und bat sie um Papier und Stift. »Schau mich nicht an, sprich nicht mit mir, und, tu so, als unterhieltest du dich mit ihr«, sagte sie mit Panik in der Stimme.

Auch wenn Brittany zwar mit Painter im Laden stand, ist es gut möglich, dass sie sich gleichzeitig am Abgrund eines Kindheitstraumas befand. Damals war sie vier Jahre alt, ein kleines Kind in einem großen Zimmer. Sie hatte den Notruf gewählt, weil ihr Vater wieder einmal betrunken war und ihre Mutter verprügelte. Sie hatte als Kind oft körperliche Auseinandersetzungen zwischen den beiden miterlebt und keine Möglichkeit gehabt zu fliehen. Ramona hatte Brittany erzählt, sie habe dem Missbrauch endlich ein Ende gesetzt, als Brittany fünf war. Als ihr Mann eines Tages von der Arbeit gekommen war, hatte sie ihn mit dem abgesägten Ende eines Besens verprügelt. »Schlag mich nie wieder«, hatte sie ihm gedroht, »sonst wird deine Mutter dich vermissen.« Daran habe er sich, laut Ramona, gehalten.

Brittany brauchte ihre Mutter, aber die war nicht hier. Sie brauchte Hilfe, das war das Wichtigste. Die Kassiererin stand direkt vor ihr. Es fiel Brittany schwer, einen klaren Gedanken zu fassen.

Painter wunderte sich, dass Brittany um Papier bat, gab ihr aber welches. Sie legte ihr einen alten Kassenzettel hin und fragte, was los sei. Brittany erzählte, ein Mann halte sie als Geisel, habe sie geschlagen und vergewaltigt und säße jetzt draußen im Auto. »Oh mein Gott«, sagte Painter. Sie hatte häusliche Gewalt bei ihren eigenen Eltern erlebt. »Bleib hier, geh nicht mit ihm.« Sie bot an, Brittany im Vorratsraum des MAPCO zu verstecken. Brittany schüttelte den Kopf. Ängstlich blickte sie aus dem Fenster. Wenn sie nicht mit Todd gehe, könne er ihrem Bruder etwas antun, damit habe er schon gedroht.

Brittany schrieb mehrere Telefonnummern auf den Kassenzettel. Painter sollte dort anrufen und um Hilfe bitten. Auch die Nummer ihrer Mutter Ramona stand darauf. Brittany schrieb auch Todds Name und Wohngegend nieder und warnte: »Wenn mir etwas zustößt, war er es.« Sie werde ihrem Bruder Chris sagen, er solle zum MAPCO zurückkehren, damit Painter ihm berichten könne, was sie eben erfahren hatte.

Chris setzte Todd und Brittany zu Hause ab und fuhr wieder zur Tankstelle. Painter erzählte ihm, was Brittany gesagt hatte. Chris wurde wütend: »Dieser Hurensohn.« Er wollte Brittany aus dem Haus holen, aber Painter überredete ihn, erst Ramona anzurufen. Sie wisse, was zu tun sei. Chris hörte nicht auf sie. »Ich sah rot«, erzählte er später. Er war wütend und hatte das Gefühl, die Situation selbst regeln zu müssen. Chris raste zu Brittanys Haus. Im Handschuhfach lag seine Waffe – ein Heritage Rough Rider Revolver, Kaliber 22. Er hatte die Waffe erst kürzlich gekauft und führte sie stets mit sich. Schließlich konnte man als Mann jederzeit in eine Situation geraten, in der man sich, die eigene Ehre oder die Ehre eines anderen beschützen musste.

Während Chris sich auf dem Rückweg vom MAPCO befand, ging Todd in die Küche, um sich ein Bier zu holen. Brittany, die endlich alleine im Wohnzimmer war, schickte ihrer Mutter eine Nachricht: »Mom, Todd hat wirklich versucht, mich umzubringen«, schrieb sie. »Tu so, als sei alles in Ordnung… Er bringt mich um, wenn er was merkt.« Brittany war sich sicher, dass ihre Mutter nach dem Erhalt der Nachricht sofort zum Haus kommen würde. Doch Chris hatte das einzige funktionierende Auto genommen. Ramona versuchte, Chris zu erreichen, aber er ging nicht ans Telefon.

Chris traf Todd nach eigenen Angaben allein vor dem Kühlschrank in Brittanys Haus an. Chris hatte Angst, zog aber seine neue Waffe und sagte so mutig wie möglich: »Ich gebe dir nur eine Chance. Nimm dein Zeug und verschwinde.« Doch Todd stand nur unbeeindruckt da. Chris zielte, spannte die Waffe und schoss über Todds Kopf hinweg in einen der hölzernen Hängeschränke, die Brittany so liebte. Bis heute ist Chris sich nicht sicher, ob er absichtlich einen Warnschuss abgegeben oder ob der Abzug sehr empfindlich reagiert hat. Die Ereignisse jener Nacht gerieten später in seinem Kopf durcheinander.

Auch nach dem Schuss schien Todd unbeeindruckt und hielt immer noch sein Bier in der Hand. Vielleicht hatte ihm die Kombination aus Meth und Xanax die Angst genommen. Chris wollte Todd nun mit Gewalt aus dem Haus werfen. Er legte den Revolver auf den Küchentresen. Als er sich Todd näherte, nahm dieser ihn sofort in den Schwitzkasten. Beide Männer waren ungefähr gleich groß, aber Chris war ein Kettenraucher, der sich schlecht ernährte und nie Sport trieb. Todd war muskulös und breitschultrig.

Als Brittany den Schuss hörte, rannte sie in die Küche. Sie sah Todd und ihren Bruder hinter der Kochinsel kämpfen. Todd hatte Chris im Schwitzkasten, würgte ihn und schlug ihm mit der anderen Hand auf den Kopf. Brittany schrie, er solle aufhören. Angesichts der Gewalt geriet sie in Panik, sie war vier, sie war Mitte zwanzig, sie war dreizehn. In gleichgültigem Ton erwiderte Todd, er werde sie beide töten. Brittany nahm die Waffe. Vielleicht sah sie ihre Mutter Ramona vor sich, wie sie den abgesägten Besen schwang, mit einer ungeladenen Waffe drohte oder Brittanys Ehemann ins Gesicht schlug. »Ich will nicht auf dich schießen«, sagte Brittany zu Todd. »Lass einfach meinen Bruder los.« Doch Todd würgte Chris weiter, wie er zuvor Brittany gewürgt hatte. Das Gesicht ihres Bruders färbte sich knallrot.

Schluchzend drückte Brittany ab. Zuerst schien es, als sei nichts passiert, also schoss sie erneut. Wieder ohne ersichtliche Wirkung. Als sie den Revolver zum dritten Mal abfeuerte, fielen Todd und Chris zu Boden. *Oh mein Gott*, dachte sie. *Ich habe meinen Bruder umgebracht*. Doch der richtete sich nach kurzer Zeit auf: »Brittany, ich bin okay. Wir sind okay.« Er legte die Waffe auf die Arbeitsplatte und umarmte sie. Er wiederholte, sie seien okay und am Leben. Beide sahen zu Todd hinüber, der flach atmete. Brittany bat Chris, schnell ihr Telefon zu suchen, damit sie den Notruf wählen konnten.

»Jackson County 911.«

»Jemand wurde angeschossen, 211 Sharon Drive«, sagte Brittany mit angespannter Stimme. »Er – er hat versucht, mich umzubringen und –«

Die Mitarbeiterin der Notleitstelle fing an, Fragen zu stellen. »Wo ist die Person, die ihn angeschossen hat?«

»Er ist hier bei mir«, sagte Brittany. »Es ist mein Bruder.«

Brittany wusste nicht, warum sie sagte, Chris habe geschossen. Chris hatte die Waffe in ihr Haus gebracht und den ersten Schuss abgefeuert. Sie stand unter Schock, bekam jedoch schnell ein schlechtes Gewissen, weil sie ihren Bruder so leichtfertig bezichtigt hatte.

»[Aber] er kommt nicht ins Gefängnis, also, er – er ist – also, er wollte mich beschützen«, sagte Brittany zu der Person in der Leitstelle, um ihren Bruder nachträglich vor den Folgen ihrer Lüge zu bewahren. Später erklärte sie, gelogen zu haben, weil sie kurz davorstand, das Sorgerecht für ihre Kinder zurückzubekommen, und eine Festnahme dies unmöglich gemacht hätte. Ihr Bauchgefühl sagte ihr außerdem, dass eine Frau, die sich hier in Jackson County selbst verteidigte, anders behandelt werden würde als ein Mann. So hatte ihre Mutter es ihr immer erklärt, und auch die anderen Frauen im Ort sagten das. Brittany glaubte, diese beiden Gründe hätten ihr Handeln motiviert, war sich aber nicht sicher, weil sie keine Zeit zum Nachdenken hatte. Später sollten Polizei, Staatsanwaltschaft und Gericht diese Lüge als Hauptgrund anführen, um Brittanys Darstellung anzuzweifeln. Eine Lüge könne bedeuten, dass sie auch an anderer Stelle gelogen habe.

Die Mitarbeiterin der Leitstelle befragte Brittany weiter: Wo ist die Waffe? Wer wurde angeschossen? In welches Körperteil? »Ich weiß nicht, Ma'am«, sagte Brittany. »Er braucht einen Notarzt.« Ihre Gesprächspartnerin versicherte ihr, dass Hilfe unterwegs sei. Brittany sagte, sie wisse nicht, was sie tun solle. »Ich wurde gewürgt, war fast tot, ich wurde fast zweimal vergewaltigt in meinem Bett.« Die Frau stellte weitere Fragen. Als Todds Gesicht sich blau verfärbte, verlor Brittany die Geduld. »Schicken Sie bitte einfach den Notarzt. Ich will nicht, dass dieser Mann stirbt.«

Die Mitarbeiterin der Leitstelle sagte, ein Krankenwagen sei bereits unterwegs. Sie wies Brittany an, Todd zu reanimieren. Chris führte eine Herzdruckmassage durch, während Brittany Todd beatmete. Sie flehte ihn an, bei Bewusstsein zu bleiben und an seine Tochter zu denken. Sie flehte ihn an, nicht zu sterben.

FLIEGENFÄNGER

Lebensrettende Tipps zur Vermeidung von Angriffen und / oder Entführungen. Auszug aus *Immediate, Direct, Explosive! Basic Self-Defense for Women*, von Carolyn Zengel, 2005:

Kleide dich bequem (um schnell davonlaufen zu können)
Meide Alkohol
Überlege, dir einen Hund anzuschaffen
Führe einen Angreifer nicht zu dir nach Hause
Sei immer auf der Hut
Wenn du eine Waffe mit dir führst, solltest du wissen, wie man sie einsetzt

In den frühen Morgenstunden nach den Schüssen, wurde Chris von Polizisten des Jackson County Sheriff's Office verhaftet. »Bitte schießen Sie nicht«, hatte Brittany die mit gezogenen Waffen eintreffenden Polizisten gebeten. »Er hat mich gewürgt und vergewaltigt.« Todd wurde ins Krankenhaus gefahren. Chris und Brittany sagten beide aus, Chris habe geschossen – mit seinem nagelneuen 22er-Revolver. Die Polizisten setzten Brittany in einen Streifenwagen. Sie sollte zu einer Untersuchung für Opfer sexueller Übergriffe gebracht werden. Die vier männlichen Polizisten am Tatort hatten entschieden, dass diese Untersuchung nötig sei. Es war der 16. Januar 2018, und in Stevenson hatte es aufgehört zu schneien.

Brittany saß stundenlang in dem Streifenwagen. Schließlich sagte man ihr, man werde sie zu Crisis Services of North Alabama bringen. Dieses Zentrum befand sich eigentlich in Madison County, dem Nachbarbezirk, hatte aber eine Außenstelle, die für Jackson County zuständig war. Es war das einzige Nonprofitzentrum, das sich mit häuslicher Gewalt und sexuellen Übergriffen in Stevenson befasste. »Da gehe ich verdammt nochmal nicht hin«, sagte Brittany einem der Polizisten zufolge. »Dort war ich schon einmal, und ich gehe nicht wieder hin.« Brittany sagte, sie hätte früher schon einmal eine Vergewaltigung angezeigt. Auch damals habe die Polizei sie zu Crisis Services gebracht. Danach habe es keine gerichtlichen Schritte gegeben. Opfervertreter aus der Gegend bestätigen, dass diese Erfahrung in Jackson County keine Ausnahme ist. Die Polizei nehme häufig Anzeigen entgegen und verhafte sogar Täter, doch dabei bleibe es. Dazu kommt, dass die medizinische Untersuchung nach einem sexuellen Übergriff invasiv und aufwühlend ist. Dem wollte Brittany sich nicht unterziehen, wenn es ihr gar nicht half. Ungeachtet ihres Widerstands fuhren die Polizisten sie zu Crisis Services. Die Dienststelle war in einem unauffälligen Gebäude untergebracht, damit die Opfer anonym bleiben konnten.

Das Büro in Madison County ist ruhig, aber einladend, mit tiefen Sofas und warmer Beleuchtung. Auf dem WC hängt ein eingerahmter Patchwork-Wandschmuck aus Jeanshosen. Er steht symbolisch für eine Protestaktion Tausender Frauen in Italien, nachdem dort 1999 ein Gericht befand, Frauen, die enge Jeans trügen, könnten nicht vergewaltigt werden. Bunte Post-its am Spiegel über dem Waschbecken sollten den Klientinnen Sicherheit vermitteln: »Alles wird gut«, »Du bist mutiger, als du glaubst!«, und »Jeder Tag ist ein neuer Anfang«.

Die Krankenpflegerin Jeanine Suermann, die die Untersuchung durchführte, war eine freundliche Frau mit kurzem, braunem Pferdeschwanz. Sie arbeitete erst ein Jahr für Crisis Services, hatte in dieser Zeit aber schon über 100 Frauen untersucht, die Opfer sexueller Übergriffe geworden waren. Suermann berichtete später, dass Brittany auf sie »sehr ängstlich, sehr aufgewühlt« wirkte. Brittany erzählte ihr, sie sei »nackt in einer Pfütze meines eigenen Urins« aufgewacht und in ihrer Küche sei »ein Mann gestorben«. Brittany beschrieb den Übergriff detailliert und klagte über Schmerzen am ganzen Körper. Sie erwähnte Schwierigkeiten beim Schlucken und berichtete, das Gefühl zu haben, ihr Hals schwelle an. Als sie die Pflegerin den Schmerz beim Würgen auf einer Skala von eins bis zehn benennen ließ, sagte Brittany: »Zehn.« Sie habe geglaubt, sterben zu müssen.

Suermann dokumentierte 33 Verletzungen, darunter an Hals, Brust, Armen, Beinen und Füßen. Zum Untersuchungsstandard nach einer Vergewaltigung gehört auch die Rekonstruktion der Ereignisse. Für Suermann war offensichtlich, dass dieser Übergriff brutal gewesen war. Abschürfungen auf Kinn und Brust schienen von Bissen zu stammen. Um Brittanys Luftröhre herum waren blaue Flecken zu sehen, und Gesicht und Brustbereich wiesen Petechien auf – Einblutungen in Gestalt kleiner, roter Punkte, die durch starken Druck auf die Gefäße entstehen. Es bestand kein Zweifel daran, dass Brittany gewürgt worden war. Auf ihrem Hals waren zwei Handabdrücke zu erkennen. Fingerabdrücke auf dem Oberarm legten nahe, dass sie festgehalten worden war. Blaue Flecken auf ihren Schienbeinen zeigten, dass sie sich wohl gewehrt hatte. Die Pflegerin fand Sekrete auf Brittanys Hals und in ihrer Vagina, aber keine eindeutigen Spermaspuren. Suermann sagte später vor Gericht aus, dass solche Spuren leider in vielen Fällen sexueller Übergriffe fehlten, was für die Opfer ungünstig sei.

Brittany empfand die Untersuchung als übergriffig. Sie musste viele detaillierte Fragen beantworten, und es wurden Fotos von ihrem nackten Körper gemacht. Sie wusste, dass dies nötig war, empfand es aber als entwürdigend, sich nach dem eben Erlebten nun ausziehen zu müssen. Sie machte sich zudem Sorgen, die Ereignisse jener Nacht nicht in der richtigen Reihenfolge wiedergeben zu können. Sie erinnerte sich an den groben Ablauf: den Übergriff, die Fahrt zum MAPCO, dann die Schüsse. Aber einiges dazwischen war verschwommen. Suermann sagte später aus, dass Denkstörungen bei Opfern von Übergriffen nicht selten seien. Vor Gericht kann das jedoch dazu führen, dass eine Person weniger glaubwürdig wirkt.

Brittanys Mutter Ramona bekam die Unterlagen der Untersuchung einige Wochen später zu sehen. Zu ihnen gehörten Zeichnungen des weiblichen Körpers, auf denen Brittanys Verletzungen markiert waren. Fast jeder Teil des Körpers ihrer Tochter war markiert. »Als ich diese Untersuchungsergebnisse sah, weinte ich wie ein Baby«, erzählte Ramona in dem tiefen Südstaatensingsang, den sie von ihrer eigenen Mutter übernommen hatte. »Ich sah diese Bilder und dachte: Das ist meine kleine Tochter. Und sie hat all diese blauen Flecken und Bissspuren.«

Ramona machte sich Vorwürfe, weil sie an jenem Abend nicht auf den seltsamen Ton in Brittanys Stimme reagiert hatte. Sie glaubte, hätte sie gemerkt, dass etwas nicht in Ordnung sei, wäre all das Folgende nicht geschehen. Sie hätte Todd schon unter Kontrolle gebracht. Und sie hätte keine Schusswaffe dazu gebraucht.

Ramona war im letzten Jahr der Highschool mit Brittany schwanger gewesen. Den Abschlussball besuchte sie mit einem kleinen Babybauch unter dem hellrosafarbenen Kleid. Sie trug eine Dauerwelle, hatte hübschen, dunklen Eyeliner aufgetragen und lächelte in die Kameras. Brittanys biologischer Vater machte sich bald aus dem Staub. In der Kirche spürte Ramona die kritischen Blicke der anderen, weil sie schwanger und alleinstehend war. Doch sie versuchte, ihre Situation anzunehmen. In Wahrheit fürchtete sie sich vor der Geburt und wusste nicht, was auf sie zukommen würde. Doch dann kam Brittany auf die Welt, genau rechtzeitig zum Geburtstag von Ramona und MawMaw. Ramona presste und MawMaw hielt ihre Hand, bis Ramona zu schreien begann und MawMaw ihr befahl, »die Klappe zu halten«.

Brittany war nicht rosa und hübsch, wie Ramona sich Babys vorgestellt hatte. Sie war blutig, lilafarben und hatte einen seltsam verformten Kopf. Als Ramona sie sah, fragte sie das medizinische Personal bestürzt, was los sei. Sie beharrte darauf, in der Schwangerschaft weder geraucht noch Alkohol getrunken zu haben. Alle im Raum lachten, sogar MawMaw, denn Brittany war gesund und kräftig. Nach einigen Tagen, als Brittany etwas Babyspeck ansetzte, fand auch Ramona sie wunderschön.

Als Brittany ein Jahr alt war, heiratete Ramona Ricky, einen schlaksigen Mann mit buschigem Schnurrbart und einer Neigung zu ungutem Verhalten. Nach nur einer Woche des Kennenlernens gab Ricky Ramona einen Verlobungsring. Er wisse nicht, wen er mehr liebe: sie oder ihr Baby Brittany. »Es stimmt, sie hatte mein Herz erobert, wie sie so kahlköpfig durch die Gegend krabbelte«, erinnerte sich Ricky später. Brittany betrachtete Ricky als Vater und akzeptierte, dass er manchmal zu viel arbeitete und zu viel trank. Wenn Ricky betrunken war, so Ramona, habe es oft Streit gegeben, was zum Teil an ihr gelegen habe, da sie »meckerte«. Ricky bezeichnete sie als »sehr temperamentvolle Frau«, die oft Streits angefangen habe. Brittany erinnert sich, mit vier Jahren den Notruf gewählt zu haben, weil ihr Vater ihre Mutter schlug, und mit fünf Jahren gesehen zu haben, wie Ramona Ricky mit dem abgesägten Besenstiel schlug, um ihn zu stoppen.

Im Lauf der Jahre entfremdeten Ramona und Ricky sich. Schließlich ließen sie sich scheiden, blieben aber befreundet, laut Ramona in dem Wissen, dass sie beide »jung und dumm« gewesen waren.

Brittany pflegte weiterhin ein enges Verhältnis zu Ricky. Er zahlte Ramona Unterhalt, aber das reichte nicht. Ramona musste jahrelang zwischen 12 und 16 Stunden täglich in einer örtlichen Fabrik arbeiten. Staubig und schmutzig kam sie in ihren mit Stahlkappen verstärkten Schuhen nach Hause. Sie sagte, sie sei für Brittany und Chris »sowohl Mama als auch Papa« gewesen. Ihre Mutter MawMaw unterstützte sie sehr bei der Erziehung der Kinder.

Ramona heiratete danach nicht mehr. Die Gewalterfahrung hatte sie geprägt, und sie musste mitansehen, was Brittany mit ihrem Ehemann erlebte. Zunächst dachte Ramona, er schlage Brittany, weil er sie unterwerfen wollte – weil er der Mann war. Ramona hatte das Gefühl, Brittany habe sich ihm anfangs untergeordnet. Doch einmal, nachdem er sie geschlagen oder gewürgt oder eine Nähmaschine in ihre Richtung geworfen hatte – niemand konnte sich an den genauen Anlass erinnern –, wehrte Brittany sich und stach ihrem Ehemann, so berichtet es dieser, mit einer Gabel in den Arm.

Ramona formuliert es so: »Wenn eine Frau genug hat, wirst du es merken. Weil sie dann durchdreht oder dich schlägt oder jemand aus ihrer Familie kommt und dich schlägt.« Ramona war durchaus bewusst, dass ihre Tochter nun im Gefängnis saß und des Mords angeklagt war, weil sie genau das getan hatte.

Todd Smith hat die Schüsse nicht überlebt. Drei der Kugeln trafen ihn im linken Arm, links in den Brustkorb und rechts an der Seite. Wahrscheinlich starb er durch die Wunde im Brustkorb, ehe er das Krankenhaus erreichte.

Todds Cousin Jeff erinnert sich noch an jede Einzelheit jenes Morgens. Er war zu Hause und schlief, als eine Nachbarin laut rufend an die Tür klopfte. »Sie [die Nachbarin] konnte es nicht direkt sagen«, so Jeff. »Sie sagte immer wieder ›Todd, Todd, Todd.‹« Jeff wurde klar, dass er mit Todds Tod gerechnet hatte, weil niemand diesen Lebensstil auf Dauer durchhalten konnte. Zunächst verspürte Jeff eine ziellose Wut. Als er erfuhr, dass Brittany Todd erschossen hatte – die lebenslustige Frau, die Todd den Welpen abgekauft hatte, auf besagter Party war und an jenem Abend vielleicht mit seinem Cousin geschlafen hatte –, verwandelte sich seine Wut in Rachegelüste. Obwohl er um Todds Gewalttätigkeit wusste, konnte er sich nicht vorstellen, dass sein Cousin Brittany vergewaltigt hatte. »Vielleicht hat er sie geschlagen oder so, aber vergewaltigt?« Jeff schüttelte den Kopf. »Wie kann man jemanden vergewaltigen, der es will?«

Jeff hielt die Begegnung der beiden für harten, von Meth getriebenen Sex. Auch andere in Stevenson und Glover Hill waren später dieser Meinung. Jeff wusste, dass Brittany früher Meth genommen und Zugang zu Xanax hatte. Er glaubte, Brittany habe Todd die Drogen gegeben. Brittany selbst bestritt dies.

An jenem Abend hatte Todd zunächst Jeff angerufen und gefragt, ob er ihn aus dem Park abholen könne, aber Jeff hatte abgelehnt. Manchmal musste er seinem Cousin Grenzen setzen. Eine Stunde später rief Todd wieder an. Diesmal hatte er gute Laune. Jene Art guter Laune, wie sie sich einstellt, wenn jemand die Droge bekommen hat, die er wollte: Die Verzweiflung war verschwunden und hatte sich in eine irgendwie eklige Hochstimmung verwandelt. Todd kannte Leute in diesem Park, die mit Drogen handelten. Trotzdem war Jeff überzeugt, dass die Drogen von Brittany stammten. In diesem letzten Gespräch sagte Todd Jeff, dass er ihn liebe. Jeff antwortete, sie würden sich morgen sehen.

Doch jetzt, wo Jeff seinen Cousin nie wiedersehen würde – weder im Wald noch auf einer Party –, sann er auf Vergeltung.

Nachdem Brittany aus dem Crisis Center zum Haus ihrer Mutter gebracht worden war, schlief sie ein. Am nächsten Tag wachte sie voller Schuldgefühle auf. Obwohl sie geschossen hatte, war ihr Bruder Chris verhaftet worden. Sie stellte sich vor, wie er allein in einer Zelle saß. Leise sagte sie zu ihrer Mutter: »Mama, ich muss mich stellen.« Ramona kontaktierte einen Anwalt aus dem Ort, der Brittany riet, zur Polizei zu gehen und die Wahrheit zu sagen.

In einem Verhör mit dem Ermittler Eric Woodall vom Jackson County Sheriff's Office erzählte Brittany zum zweiten Mal, was in jener Nacht geschehen war. Die Videoaufzeichnung des Verhörs zeigt Brittany in einem Vernehmungszimmer mit weiß gestrichenen Wänden. Sie sitzt Woodall schräg gegenüber und trägt Jeans und einen weiten, grauen Kapuzenpulli. Ihr Hals ist noch sichtlich gerötet und wund. Woodall trägt eine Baseballmütze, als führe er das Verhör außerhalb der üblichen Dienstzeit durch. »Ich wollte niemanden töten«, schluchzt Brittany. »Ich wollte nur … weil er gerade versucht hatte, mich umzubringen.« Woodall fragt, warum sie zuerst gelogen habe. »Wir hatten solche Angst, wir wussten nicht, was wir tun sollten, wissen Sie?«, antwortet Brittany. Sie erzählt dem Ermittler, bald das Sorgerecht für ihre Kinder zurückzubekommen. Chris »hat nur versucht, mich zu schützen und das für mich auf sich zu nehmen. Und ich dachte einfach, ich weiß nicht … Wir hätten von Anfang an die Wahrheit sagen sollen. Es tut mir leid, dass ich Sie angelogen habe.«

Der Ermittler fragt, wo die Kleidung sei, die Brittany bei Eintreffen der Polizei in jener Nacht getragen habe: ein orangefarbenes T-Shirt und eine weite Schlafanzughose. Brittany sagt es ihm, stellt aber klar, dass sie während Todds Übergriff etwas anderes getragen habe. »Ja … [aber] als Todd erschossen wurde, hatten Sie das an?«, fragt Woodall. Sie bestätigt es. Brittany fand es seltsam, dass der Ermittler kein Interesse an der Kleidung hatte, die sie während des Übergriffs getragen hatte, aber sie war nun kein Opfer mehr – sie war die Täterin.

Am Tag, an dem alles passierte und man noch glaubte, Chris habe geschossen, wurde dieser von einem anderen Ermittler aus Jackson

County verhört, der Chris' Darstellung der Ereignisse respektvoll und mit Verständnis aufzunehmen schien.

»Ich hatte meine Waffe nur dabei, weil ich meine Sicherheit und die Sicherheit meiner Schwester für gefährdet hielt, nachdem ich erfahren hatte, was geschehen war«, so Chris. Er sehnte sich nach einer Zigarette und versuchte, nicht an Todds Leichnam auf dem Küchenboden zu denken.

»Ich verstehe«, antwortete der Ermittler.

Chris fuhr fort: »Wäre das Ihre Schwester, Mutter, Tochter oder Nichte gewesen –«

»Jawohl, Sir«, stimmte der Ermittler zu.

»Ich glaube, Sie hätten wahrscheinlich das Gleiche getan.«

»Jawohl, Sir.«

Für Chris war es nicht immer leicht gewesen, mit einer vier Jahre älteren Schwester aufzuwachsen. Als Kinder waren die beiden äußerst gegensätzlich. Brittany war sozial, während Chris ein »seltsames, ruhiges Kind« und gern allein war. Er mochte Videospiele, surfte gern im Internet und liebte es, Computer auseinanderzunehmen. Brittany ging gern mit ihrer Mutter und ihrer Großmutter aus, später auch mit ihren Freundinnen. Die Geschwister stritten zwar manchmal, hielten aber immer zueinander. Chris bedauerte, die Waffe an jenem Abend mit in Brittanys Haus genommen zu haben, wusste aber nicht, was er sonst hätte tun sollen. Er kannte Typen wie Todd und war sich sicher, dass Todd Brittany umgebracht hätte, wenn er ihr nicht geholfen hätte. Während er ihn würgte, fühlte es sich an, als sei Todd so stark wie fünf Männer. Dann, *bumm*, erschoss seine Schwester ihn. Es war schrecklich, einen Menschen mit eigenen Augen sterben zu sehen. Noch Monate später wachte Chris nachts schreiend auf.

Tage nach dem ersten Verhör saß Chris dem Ermittler zum zweiten Mal gegenüber. Während Chris in Untersuchungshaft saß, durfte er keinen Kontakt zu seiner Schwester haben. Deshalb wusste er nicht, dass sie inzwischen gestanden hatte, und gab von sich aus zu, dass Brittany und er gelogen hatten. »Alles in meiner ersten Aussage stimmt, außer das, was die Schüsse auf Todd Smith betrifft«, schrieb Chris in seiner zweiten Aussage.

Die Aussage ging nicht darauf ein, warum er sich auf die Lüge eingelassen hatte. Er hatte die Entscheidung in Sekundenbruchteilen getroffen und sagte später, er habe die Schuld auf sich genommen, weil er wusste, dass Brittany bald ihre Kinder zurückbekommen sollte. Hätte sie gestanden, auf Todd geschossen zu haben, hätte sie ihre Kinder, die ihr Ein und Alles waren, vielleicht nie wiedergesehen. Chris hatte außerdem in seiner Jugend immer wieder von seiner Mutter, seiner Schwester und anderen Frauen in Stevenson gehört, dass Frauen in Jackson County als Bürgerinnen zweiter Klasse behandelt würden – vor allem von der Polizei. Chris war überzeugt: Hätte Brittany gleich zugegeben, Todd erschossen zu haben, hätten die Polizisten sie nie zu der medizinischen Untersuchung gebracht. Chris war sich sicher, dass sie sie stattdessen sofort festgenommen hätten.

Er selbst konnte hingegen für sich beanspruchen, lediglich seine Schwester verteidigt zu haben, wie es jeder vernünftige Mann tun würde. Jackson County war aus Chris' Sicht ein Club nur für Jungs –, und er gehörte zu den Jungs.

Jawohl, Sir.

Brittany wurde nach ihrem Geständnis sofort unter Mordverdacht festgenommen und ins Gefängnis von Jackson County in Scottsboro gebracht, das etwa eine halbe Stunde von Stevenson entfernt liegt. Das Gefängnis in Scottsboro ist ein flacher Bau aus Ziegeln und Beton und ähnelt damit zahllosen deprimierenden Gefängnisgebäuden im Land. An den Wänden hängen Monitore, über die man mittels eines mäßig zuverlässigen Diensts namens GettingOut mit den Häftlingen kommunizieren kann. Viele Frauen waren aufgrund von Drogenvergehen oder Verletzungen der Bewährungsfrist hier; die Männer wegen derselben Straftaten oder wegen häuslicher Gewalt. Der Frauentrakt war ständig überfüllt; die Frauen schliefen zum Teil neben den Toiletten. Wie viele andere schlief auch Brittany auf einer Matte auf dem Boden.

Im Gefängnis wurde Brittany gesagt, sie dürfe das Xanax, das sie auf Rezept erhielt, nicht mehr nehmen. Viele Gefängnisse verweigern den Insassinnen und Insassen Medikamente, weil die Haftanstalten so leichter von potenziell süchtig machenden Substanzen freigehalten werden können. Besonders streng wird das im Fall von Abhängigen wie Brittany umgesetzt. Auch wenn Brittany das Xanax missbräuchlich eingenommen haben sollte, ist es gefährlich, die Einnahme von Benzodiazepin plötzlich zu stoppen. Zu den schweren Entzugserscheinungen können Panikattacken und Halluzinationen gehören.

Binnen weniger Tage erlebte Brittany beides. Sie musste pausenlos an den Übergriff und die Schüsse denken und sah selbst im Wachzustand Todd und seine Pitbulls vor sich. »Sie setzten [mein Medikament] abrupt ab«, berichtet sie. »Und nach dieser traumatischen Erfahrung hatte ich … einen Zusammenbruch.« Ramona erhielt einen Anruf von Brittany aus dem Gefängnis. Sie erzählte, dass Brittany »wirr redete, und das hat mich erschreckt.« Brittany äußerte gegenüber ihrer Mutter die Angst, eines ihrer Kinder könne tot sein. Kurze Zeit später wurde sie in eine Einzelzelle verlegt; dies wurde mit der Notwendigkeit medizinischer Überwachung gerechtfertigt. Brittany berichtet, zwei Gefängnismitarbeiter hätten sie dort verhöhnt und ihr erzählt, die Zelle habe einen unsichtbaren Aufzug mit einem Knopf, den sie drücken könne, um ihre Kinder wiederzusehen.[1]

---

1 Die Polizeibehörde von Jackson County wollte zu diesen Anschuldigungen nicht Stellung nehmen.

Ein Gefängnispsychologe berichtete damals, Brittany leide an Ängsten und Depressionen, äußere sich jedoch »klar und mit logischem Gedankenaufbau«. Bei einem anderen Besuch hielt der Psychologe fest, Brittany verspüre zunehmende Ängste und hätte Schwierigkeiten, »ohne Medikamente mit den Ängsten umzugehen«. Er glaube, sie sei wahrscheinlich abhängig von den Medikamenten.

Als Mädchen war Brittany nicht so ängstlich oder depressiv gewesen. Sie war selbstbewusst und lustig. Ihre Lehrer hielten sie für das intelligenteste Mädchen der Klasse. Ramona prahlte, Brittany bestehe jeden Test, ohne auch nur ein Buch aufzuschlagen. In der Grundschule trug Brittany eine große, runde Brille, hatte die Haare zu Zöpfen geflochten, und bezeichnete sich selbst als Streberin. Das änderte sich nach dem Umzug der Familie von Tennessee zurück nach Alabama. Dort kam Brittany auf eine Schule, an der die Mädchen schon weiter waren. Sie hatte keine Ahnung vom Leben und wusste nichts über Küssen oder Sex. Anders als die anderen Mädchen hielt sie sich auch nicht für hübsch, schlank oder cool, sondern war unsicher. Sie war das größte Mädchen der Klasse und überragte ihre kleinen, herausgeputzten Klassenkameradinnen bei weitem. Manchmal ärgerten sie die anderen Mädchen. Brittany verbrachte deshalb viel Zeit mit ihrer Mutter und MawMaw. Die drei machten zusammen viel Quatsch. Einmal fuhren sie auf Fahrrädern durch den Ort, die Zähne geschwärzt und die Haare zu Pferdeschwänzen gebunden, und spielten typische Landeier.

Doch wie viele Teenager, die von Gleichaltrigen akzeptiert werden wollen, hörte Brittany in der Highschool auf, viel Zeit mit ihrer Mutter und Großmutter zu verbringen. Sie fand Freundinnen, ging feiern, experimentierte mit Drogen und Alkohol, nahm ab und färbte sich die Haare. Jeder kannte sie als Spaßvogel; sie machte pausenlos Scherze. Als sie ihr erstes Auto bekam, malte sie große Augen auf die ausklappbaren Scheinwerfer des Honda und klebte lange Wimpern daran. Sie war charmant und lebendig. Doch als sie merkte, dass die Jungs in Jackson County mit Mädchen genauso grob umgingen, wie ihr Vater es mit ihrer Mutter getan hatte, entwickelte sie im Verborgenen tiefe Ängste.

Brittany ging ans College nach Tennessee. Sie träumte von einem Abschluss und davon, später als Graphikdesignerin ihren Lebensunterhalt finanzieren zu können. Sie hoffte, dem kleinstädtischen Alabama zu entkommen, in dem Frauen statistisch häufiger arm sind und seltener einen höheren Bildungsabschluss erlangen als in anderen Gegenden der USA (basierend auf Daten der Nonprofitorganisation Women's Fund of Greater Birmingham). Doch dann begegnete Brittany auf einer Party ihrem zukünftigen Ehemann. Er hatte eine tiefe, beruhigende Stimme und brachte sie in seinem albernen Kostüm zum Lachen. Schon bald heirateten sie. Brittany wurde schwanger und brach das Studium ab, um sich um das Baby zu kümmern. Dann kamen die Tabletten, die häusliche Gewalt, mehr Babys und schließlich der Tod von Baby Will und MawMaw.

Von nun an ging es unaufhaltsam bergab: Depression, Drogensucht, Entzug, der sexuelle Übergriff durch Todd und die Schüsse auf ihn. Jetzt saß sie in Jackson County im Gefängnis, verzweifelt und zugleich in der Hoffnung, man würde begreifen, dass sie sich selbst verteidigt hatte. Wenn Brittany sich nachts im Gefängnis auf ihrer dünnen Matte wälzte, konnte sie an nichts anderes denken als ihre vier aufrichtigen, wunderschönen Kinder, die sie nicht sehen durfte.

Ramona saß in Jeans und weitem T-Shirt auf der Veranda, rauchte Kette und scrollte wie besessen auf ihrem Smartphone. Ihre Tochter saß im Gefängnis und war für sie unerreichbar. Inzwischen trug Ramona ihr dickes, kastanienbraunes Haar glatt und lang statt wie früher lockig und kurz. Sie lächelte nicht mehr in die Kamera. »Ich habe sie angefleht, Brittany zu helfen«, sagte sie. »Stattdessen hat sie einen verdammten Nervenzusammenbruch, und sie stecken sie in eine Einzelzelle.«

In den ersten paar Wochen nach der Todds Tod hatte Ramona Athena in die Badewanne verbannt, weil sie das Tier nicht ansehen mochte. Irgendwann gab sie Athena weg – auch, weil sie schon genug zu tun hatte. Ramona konnte die 250 000 Dollar Kaution für Brittany nicht aufbringen. Sie lebte in einer Sozialwohnung und hatte vor kurzem aufgrund gesundheitlicher Probleme aufgehört zu arbeiten: Sie hatte ein Magengeschwür, einen Nierenstein, Gallensteine und Rückenbeschwerden. Ramona telefonierte in ihrem gesamten Bekanntenkreis herum und fragte, ob jemand mit seinem Haus für die Kaution bürgen könne, aber die Menschen in ihrem Umfeld hatten keine teuren Häuser.

Ramona verfolgte alle neuen Facebook-Posts über die Ereignisse. Die meisten waren nicht sehr detailliert: Ein Geschwisterpaar war im Zusammenhang mit der Erschießung von Joshua Todd Smith festgenommen worden. Manche Geschichten besagten, Todd sei von einer Frau namens Brittany Smith in »einem Haus«, nicht »ihrem Haus« erschossen worden. Das machte Ramona wütend, weil sie das Gefühl hatte, dieses eine Wort ändere die Perspektive auf den gesamten Fall. Ihr fiel auch auf, dass in der Presse niemand den Übergriff oder die Vergewaltigung erwähnte, hielt dies aber für eine wichtige Information. Sie antwortete auf kritische Kommentare mit dem Hinweis, die Personen kennten nicht die ganze Geschichte.

Den ganzen Februar 2018 über saß Ramona rauchend auf ihrer Veranda, ärgerte sich und konnte nichts tun, um ihrer Tochter zu helfen. Während Brittany in Einzelhaft war, war es Ramona nicht möglich, über den Telefonservice des Gefängnisses mit ihr zu sprechen. Also rief sie stattdessen das Personal an und warnte davor, Brittany schlecht zu behandeln. »Hören Sie mich?«, rief sie wie eine strenge Schuldirektorin ins Telefon. Oder sie drohte: »Ich komme bald bei euch vorbei.« Wenn aufgelegt wurde, rief sie sofort wieder an und wiederholte alles lauter als zuvor.

Gegenüber ihrer Nachbarschaft und ihrem Sohn Chris versuchte sie, die Fassung zu bewahren. Sie wusste, dass Chris pausenlos an die Schüsse dachte. »Die Menschen im Ort starren mich an«, sagte er zu seiner Mutter. Chris' und Brittanys Polizeifotos waren nur zwei Tage nach Todds Tod in der Lokalzeitung aufgetaucht. Chris verließ das Haus nur noch ungern. »Du musst damit leben, Baby«, riet ihm Ramona. Sie scherzte, er sei im Ort nun eine Berühmtheit.

Doch nachts, allein in der Badewanne, gestattete Ramona sich ein paar Tränen. Schluchzend lag sie im heißen Wasser, legte sich dann in ihr großes Bett und schaute Netflix, ehe sie in unruhigen Schlaf fiel. Über ihrem Bett waren alte Puppen von MawMaw aufgereiht. An der Wand gegenüber hing ein gerahmtes Foto von Brittanys Abschlussball, auf dem sie in ihrem babyblauen Kleid zu sehen war – Erinnerungen an eine Zeit, in der das Leben einfacher war.

Im März klagte eine Jury Brittany des Mordes an. Würde sie verurteilt, stünden ihr 20 Jahre bis lebenslänglich bevor. Das Gericht reduzierte Brittanys Kaution von 250 000 auf 100 000 Dollar, doch das war noch immer eine astronomisch hohe Summe. Ramona konnte sich keinen Anwalt leisten. Das Gericht wies Brittany deshalb einen Pflichtverteidiger zu. Der Bundesstaat Alabama hat kein übergreifendes System für Pflichtverteidiger, weshalb oft Privatanwälte als Verteidiger herangezogen werden. Diese von den Gerichten bestellten Anwältinnen und Anwälte werden für ihre Arbeit schlecht bezahlt und sind wenig motiviert, die ihnen zugewiesenen Fälle tatsächlich vor Gericht zu bringen, weil solche Verfahren oft wochen- oder monatelang vorbereitet werden müssen.

In Brittanys Fall entschied sich das Gericht für James Mick, einen ortsansässigen Strafverteidiger und Fachanwalt für Personenschäden. Mick, wie jeder ihn nannte, war ehemaliger Polizist, hatte graumeliertes Haar, eine nervöse Art und trug schlecht sitzende Anzüge. Er befasste sich normalerweise mit kleinen Drogendelikten, Raub, Zwangsräumungen, Sorgerechtsstreitigkeiten und Scheidungen. Für ein Strafverfahren wegen Mordes war er noch nie verantwortlich gewesen. Brittany fürchtete, er würde sie nicht angemessen vertreten. Er habe ihr geraten, sich des Totschlags schuldig zu bekennen, erzählte sie mir, was mit zwei bis zwanzig Jahren Gefängnis bestraft würde und somit besser wäre als lebenslänglich. Doch Brittany erklärte Mick, sie würde sich nie schuldig bekennen, da sie sich mit den Schüssen auf Todd selbst verteidigt habe. Sie wusste nicht viel über das Recht auf Selbstverteidigung, aber sie wusste, dass sie auf unschuldig plädieren wollte. »Ich tat, was ich glaubte, tun zu müssen. Was ich tun *musste*. Ich hatte keinen Zweifel«, sagte Brittany später. Im März wurde sie aus der Einzelhaft entlassen. In der normalen Haft stabilisierte sich ihre Stimmung und sie hatte keine Schwierigkeiten mehr, ihrem Anwalt zu erklären, dass sie die Schüsse für gerechtfertigt hielt.

Zu Hause in Stevenson recherchierte Ramona online und wälzte ein dickes Gesetzbuch, das sie aus Micks Büro mitgenommen hatte. Sie wollte mehr über das Recht auf Selbstverteidigung erfahren. In diesem Zusammenhang erfuhr sie vom sogenannten Stand-Your-Ground-Gesetz, das es erlaubt, tödliche Gewalt anzuwenden, um sich gegen eine Bedrohung zu wehren. Die Pflicht zum Rückzug besteht in diesem Fall nicht. Das Gesetz gibt es in vielen US-Bundesstaaten, seit 2006 auch in Alabama. Personen, die sich für das Gesetz einsetzen, argumentieren, es erlaube Menschen, sich in gefährlichen Situationen – etwa jener, in der Brittany sich befunden hatte – selbst zu schützen. Kritische Stimmen bemerken, es lade zur Selbstjustiz ein.

Die Schwachpunkte des Gesetzes wurden 2012 deutlich, als George Zimmerman, Mitglied einer Bürgerwehr, den unbewaffneten Schwarzen Teenager Trayvon Martin erschoss, der gerade in einem Geschäft eine Packung Skittles gekauft hatte und den Zimmerman fälschlicherweise als Bedrohung wahrnahm. Zimmermans Anwalt berief sich vor Gericht zwar nicht explizit auf das Stand-Your-Ground-Gesetz, erklärte gegenüber der Jury aber, Zimmerman habe »nicht die Pflicht zum Rückzug« gehabt, sondern das Recht, seinen Platz zu behaupten. Der Fall führte zu wütenden Protesten im ganzen Land, auch in Los Angeles, wo eine Frau ein Plakat mit den Worten »Was ist mit meinem Platz« hochhielt. Doch Wayne LaPierre, Vizepräsident und CEO der National Rifle Association (NRA) und prominenter Befürworter der Stand-Your-Ground-Gesetze, argumentierte 2013 auf einer Konferenz, die Gesetze könnten Frauen helfen: »Ein brutaler Vergewaltiger verdient es, einer guten Frau mit einer Schusswaffe gegenüberzustehen«, so LaPierre.

Als Ramona das Stand-Your-Ground-Gesetz entdeckte, war sie erleichtert. Sie war der Meinung, es passe perfekt zu Brittanys Situation: »Das ist ihr Gesetz. Es wird sie da herausholen.« Zum ersten Mal nach Wochen bot sich ihr ein Lichtblick. Nachdem Ramona im Gefängnis mit ihrer Tochter gesprochen hatte, bat Brittany Mick, sie auf Basis des Stand-Your-Ground-Gesetzes zu verteidigen. Damit stünde ihr eine sogenannte Stand-Your-Ground-Anhörung zu. Ihr Verteidiger, der Staatsanwalt von Jackson County und Zeugen beider Seiten würden vor Gericht aussagen. Befände das Gericht, dass die Schüsse im Rahmen der Selbstverteidigung gefallen seien, würde die Anklage wegen Mordes fallengelassen und Brittany wäre frei.

Wenn Ramona es sich hätte leisten können, hätte sie Victor Revill angeheuert. Der Anwalt für Strafrecht aus Alabama hatte mehrere Stand-Your-Ground-Fälle vor Gericht verteidigt – seine Klienten waren jedoch alle Männer. Nachdem ich mit der Berichterstattung über Brittanys Geschichte begonnen hatte, bat ich Revill um eine Beurteilung ihres Falls. Er sagte, es handele sich zweifellos um einen Fall von Stand-Your-Ground. Todd sei für Brittany und Chris eindeutig eine Bedrohung gewesen, zumal er Brittany bereits zuvor attackiert und Chris gewürgt habe. Brittany habe in jener Nacht nicht die »Pflicht zum Rückzug« gehabt, so Revill, sondern das Recht, sich zu verteidigen. »Und ich sage Ihnen«, fuhr er fort, »ich hätte auch auf ihn geschossen.«

Das mag sein, aber Frauen hatten seit jeher Schwierigkeiten, Fälle wie Brittanys zu gewinnen – schon lange vor Inkrafttreten des Stand-Your-Ground-Gesetzes. Das lag zum Teil daran, dass die US-amerikanischen und europäischen Gesetze, die Selbstverteidigung erlauben, von weißen Grundbesitzern für weiße Grundbesitzer geschrieben wurden. Das in der sogenannten Castle-Doktrin formulierte Rechtsprinzip, das später auch in Amerika angewendet wurde, legte Englands Generalstaatsanwalt Sir Edward Coke im Jahr 1604 wie folgt fest: »Ein jedem ist sein Haus ein Schloss und eine Festung, sowohl zu seiner Verteidigung gegen Verletzungen und Gewalt als auch zu seiner Erholung.« Coke meinte damit im Wesentlichen, dass weiße Grundbesitzer das Recht hatten, sich gegen Angreifer zu verteidigen.

Die Frauenrechtlerin Cynthia Gillespie argumentiert in ihrem wegweisenden Buch *Justifiable Homicide*, das Recht auf Selbstverteidigung basiere qua seiner Entstehungsgeschichte auf männlichen Annahmen – etwa, dass der Kampf zwischen Menschen von »ungefähr der gleichen Statur, Kraft und Kampffähigkeit« stattfinde und es inakzeptabel sei, »einen unbewaffneten Gegner zu töten«. Beide Annahmen haben es Frauen erschwert, sich vor Gericht erfolgreich auf Selbstverteidigung zu berufen, da Frauen und Männer oft unterschiedlich groß und stark sind und Frauen sich häufiger mit Schusswaffen oder Messern verteidigen, während Männer öfter ihre Fäuste nutzen – wie auch im Fall von Brittany und Todd.

Gillespie hat 200 Fälle untersucht, in denen Frauen Männer im Rahmen der Selbstverteidigung getötet hatten. Diese Fälle entwickelten sich »deprimierend ähnlich«: Die Frauen wurden festgenommen, des Mordes angeklagt, bekannten sich des Mordes oder Totschlags schuldig und kamen ins Gefängnis. (Gillespie untersuchte keine Fälle, in denen Männer sich selbst verteidigten.)

Zu den problematischsten Aspekten des Rechts auf Selbstverteidigung gehört die Voraussetzung, die Bedrohung müsse »akut« sein oder unmittelbar bevorstehen. Eine Frau kann nicht argumentieren, sie habe sich selbst in dem Glauben verteidigt, in wenigen Stunden umgebracht zu werden, oder weil der Blick des Angreifers nahelegte, dass ihr Leib und Leben bald gefährdet sein würden – selbst dann nicht, wenn sich diese Annahmen im Nachhinein als richtig herausstellten. Viele Opferanwälte schildern, dass die Gerichte mit einem »männlichen Gefahrenstandard« operieren und verlangen, eine Frau solle sich erst verteidigen, wenn Gewalt gegen sie gerichtet werde, so wie es zwei Männer bei einem Kampf tun würden. Das ist bei Missbrauch aber selten möglich.

Für Missbrauchsopfer gilt laut Gillespie: »Tod oder schwere Verletzungen sind immer unmittelbar möglich.«

2012 – im gleichen Jahr, in dem George Zimmerman den unbewaffneten Schwarzen Teenager Trayvon Martin erschoss – sangen Demonstrierende im Gerichtssaal, nachdem Marissa Alexander, eine Schwarze Mutter aus Florida zu 25 Jahren Haft verurteilt worden war, weil sie einen Warnschuss auf ihren gewalttätigen Ehemann abgefeuert hatte. In perfekter Harmonie sangen sie »wir glauben an Gerechtigkeit und können nicht ruhen, ehe sie erreicht ist«, bis sie von der Polizei hinausgebracht wurden. Alexander hatte das getan, was auch Brittany plante: Sie hatte auf Selbstverteidigung im Rahmen des Stand-Your-Ground-Gesetzes plädiert. Ihr Ehemann hatte den Missbrauch unter Eid gestanden, das Geständnis später jedoch zurückgezogen: »Ich hatte fünf Frauen und habe jeder Einzelnen davon Gewalt angetan, mit Ausnahme von einer. Mit Frauen war ich so, dass sie in meiner Gegenwart immer ganz vorsichtig sein mussten. Wissen Sie, die wussten nie, was ich denken oder tun könnte. Sie schlagen oder schubsen.« Erst nach einer Welle nationaler Empörung und einem Wiederaufnahmeverfahren wurde Alexander 2017 freigesprochen.

Die krasse Diskrepanz zwischen den Fällen von George Zimmerman und Marissa Alexander löste bei vielen Frauen- und Bürgerrechtlerinnen Wut aus. So auch bei der Juraprofessorin Mary Anne Franks von der University of Miami. In einer Veröffentlichung über die Geschlechterunterschiede bei der Anwendung des Stand-Your-Ground-Gesetzes schrieb Franks, Marissa Alexander hätte ein beispielhafter Fall für dieses Gesetz sein müssen. Dass sie und Zimmerman so unterschiedlich behandelt wurden, »ermutigt nicht nur Männer, die an öffentlichen Orten gegenüber Fremden gewalttätig werden, sondern auch solche, die im gemeinsamen Heim auf ihre Ehefrauen losgehen.« Franks argumentierte, Stand-Your-Ground scheitere nicht nur daran, Frauen zu schützen, sondern gefährde diese sogar.

Die Daten stützten ihr Argument. Der Politikwissenschaftler Justin Murphy analysierte eine Reihe von Stand-Your-Ground-Fällen in Florida. Die 2017 im *Social Science Quarterly* veröffentlichte Untersuchung beschäftigte sich mit 237 Fällen zwischen 2005 und 2013 und konnte Benachteiligungen aufgrund rassistischer und geschlechtsspezifischer Voreingenommenheit nachweisen. Die Benachteiligung qua Geschlecht bezog sich auf »häusliche« Fälle, also solche, die sich auf dem Grundstück oder im Haus einer Person zutrugen. In diesen Fällen wurden Männer mit einer Wahrscheinlichkeit von 40 Prozent verurteilt, Frauen aber mit 80 Prozent. Stand-Your-Ground funktionierte für Männer also doppelt so gut wie für Frauen, wenn die Tat zu Hause geschah.

Es ist dennoch möglich, dass die Stand-Your-Ground-Gesetze Frauen in manchen Bundesstaaten geholfen haben. 2019, vor Brittanys Stand-Your-Ground-Anhörung, bat ich John Roman, Sozialwissenschaftler am National Opinion Research Center (NORC) der University of Chicago, zu analysieren, wie solche Fälle seit der Einführung des Gesetzes jeweils für Männer und Frauen ausgegangen waren. Roman nutzte Daten der Mordermittlung des FBI und fand heraus, dass die Stand-Your-Ground-Gesetze sowohl Frauen als auch Männern in den gesamten USA geholfen hatten, bei Plädoyers auf gerechtfertigten Mord recht zu bekommen. In Alabama hatte jedoch zwischen 2006, als das Gesetz dort eingeführt wurde, und 2010, als keine Daten mehr an das FBI übermittelt wurden, keine einzige Frau ein solches Verfahren gewonnen.

Ramona entdeckte irgendwann doch einen vielversprechenden Fall: Eine Frau namens Jewel Battle hatte sich in Huntsville, Alabama, auf Stand-Your-Ground berufen, nachdem sie ihren Mitbewohner, der sie festgehalten und gewürgt haben soll, erstochen hatte. 2019 gewann Battle ihr Verfahren. Ramona klammerte sich an die Hoffnung, dass Brittany auf die gleiche Weise gewinnen könnte.

Brittany versicherte ihrer Mutter, sie wolle auf jeden Fall vor Gericht ziehen, selbst wenn sie die Stand-Your-Ground-Anhörung verlieren sollte. Sie würde lebenslänglich riskieren – auch für ihre Kinder, die in der Schule von den Schüssen erfahren hatten. »Sie sollen wissen, dass Mama keine Mörderin ist, dass Mama sich selbst verteidigt hat, und dass man sich immer selbst verteidigen sollte«, so Brittany.

Doch bei ihrer ersten Anhörung vor Verfahrensbeginn merkte sie, wie schwer es werden würde, sich in Jackson County auf Selbstverteidigung zu berufen. Als Eric Woodall, der Chefermittler, der Brittany verhört hatte, nach ihren Verletzungen gefragt wurde, schien er sie nicht besonders ernst zu nehmen. Bei der Untersuchung auf Vergewaltigung waren 33 Verletzungen festgestellt worden. Trotzdem sagte Woodall: »Ich meine, wenn ich ehrlich bin: Ich hätte mehr erwartet.«

***

Der April in Stevenson war sonnig und mild und bot eine kurze Erholung, ehe die heißen, klebrigen Monate einsetzten. Brittany wurde Ende April aus dem Gefängnis von Jackson County entlassen, nachdem Ramona endlich zwei Menschen gefunden hatte, die bereit waren, ihre Immobilien als Bürgschaften zur Verfügung zu stellen. Brittanys Anwalt Mick beantragte die Niederlegung des Verfahrens auf Basis des Stand-Your-Ground-Gesetzes. Darum hatte Brittany ihn gebeten. Die Anhörung sollte im Sommer stattfinden.

Als sich die Nachricht von Todds Tod und Brittanys Festnahme verbreitete, wurde in Stevenson und in ganz Jackson County darüber spekuliert, was wirklich in dieser Nacht geschehen sein mochte. Es hieß, Brittany habe vor der Vergewaltigung gemeinsam mit Todd Pornos gesehen, Ramona sei dabei gewesen, als Brittany Todd erschossen habe, und Todd sei wegen eines fehlgeschlagenen Drogendeals ermordet worden. Die Leute erzählten sich, Brittany nehme Crystal Meth, sei eine Prostituierte oder einfach verrückt und rachsüchtig. Ramona drehte bei ihrem Versuch, allen Unterstellungen online zu widersprechen, fast durch. »Zu sehen, wie die Leute über uns herziehen, ohne zu wissen, was geschehen ist, ist erbärmlich«, schrieb sie in den Kommentaren zu einem Beitrag auf Facebook. »Beide Familien leiden… Glaubt ihr wirklich, ihr helft irgendjemandem?«

Einige, darunter Jeff, fragten sich, ob die Vergewaltigung vielleicht eigentlich nur harter Sex unter Drogeneinfluss gewesen war. Brittanys Bruder Chris konnte es kaum glauben: »All diese Leute da draußen erzählen, die beiden seien ein Paar und der Sex nur hart gewesen. Nein. Ich glaube, wir wissen alle, was harter Sex ist. Eine Vergewaltigung würde ich meinem schlimmsten Feind nicht wünschen.«

Seit Todds Tod blieb Chris meistens zu Hause und schlief den ganzen Tag. Nachts putzte er Restaurants oder spielte bis zum Morgengrauen Videospiele. Er tat alles, um sich von den Gedanken an jene Nacht abzulenken. Es war zu schmerzhaft, auszugehen und zu hören, was die Leute über ihn und Brittany erzählten.

Kurz nach ihrer Entlassung aus dem Gefängnis traf Brittany sich mit Sandra Goodman, einer örtlichen Aktivistin für Opfer von Vergewaltigung. Sandra hatte Brittany und Ramona einige Jahre zuvor vor dem Gerichtsgebäude von Jackson County kennengelernt, als Brittany mit der Drogensucht kämpfte. Sandra hatte sie trotz der Drogenabhängigkeit als lebendig und lustig in Erinnerung. Brittany schien ihr eine feurige, strahlende junge Frau zu sein. Die Brittany nach dem Gefängnis war ein »nervöses Wrack«, so Sandra. Die Veränderung schrieb sie der Vergewaltigung und den Schüssen zu sowie der Tatsache, dass Brittanys Medikamente gegen ihre Angststörung im Gefängnis abrupt abgesetzt wurden. Zu Sandras Arbeit gehörte es, sich regelmäßig mit Vergewaltigungsopfern zu treffen. Manche von ihnen hatte sie schon vor der Tat gekannt. Sie sagt, es komme häufig vor, dass zuvor lebhafte Frauen plötzlich unsicher oder erratisch aufträten. In ihren Augen handelte es sich um rationale Reaktionen auf zutiefst irrationale, traumatische Erlebnisse.

Sandra war in Georgia aufgewachsen und Vizepräsidentin von Healing Bridge, einer Nonprofitorganisation in LaFayette, Georgia, die Opfern sexueller Übergriffe kostenlos Hilfe zur Verfügung stellte. (Die Organisation existiert inzwischen nicht mehr.) Die Organisation half regelmäßig Klientinnen aus Jackson County, weil die dortigen Ressourcen gering waren. Sandra war eine temperamentvolle Frau mit platinblonden Haaren, strahlend blauen Augen und einer Vorliebe für kirschroten Lippenstift. Sie fuhr einen riesigen, schwarzen SUV und lebte in einem großen Haus auf Sand Mountain. Als Verfechterin der Rechte von Vergewaltigungsopfern half Sandra Frauen, manchmal auch Männern, die in der Gegend vergewaltigt worden waren. Sie vermittelte ihnen Gesprächstherapie, finanzielle Unterstützung, Transportmöglichkeiten zu den Gerichtsterminen und andere Ressourcen.

Sandra betrachtete Vergewaltigungen in Jackson County als Epidemie und war der Meinung, die Behörden würden diese oft »nicht anerkennen« und entsprechende Taten nicht verfolgen, obwohl Vergewaltigung in der Gegend bereits ein Straftatbestand war, als der Bundesstaat Alabama noch nicht einmal existierte. Sandra glaubte, die meisten Personen, die in Jackson County eines sexuellen Übergriffs beschuldigt worden waren, seien nie offiziell angeklagt oder verhört worden. »Häufig wird die Aussage einer Frau aufgenommen, und damit endet es«, so Sandra über die Polizeiarbeit in der Gegend. »Man schaut einfach weg, ohne einen Täter zu bestrafen. Es sind die Opfer, die in diesem System bestraft werden.«

In ihrer gesamten Zeit als Aktivistin habe sie keinen Fall erlebt, der so deutlich wie Brittanys zeige, wie die Strafverfolgung Vergewaltigungsopfer behandele. Sandra zufolge hätte die Polizei Brittany nie festnehmen dürfen, und ihre Anklage wegen Mordes sei grotesk. Todds Gewalttat in jener Nacht sei durch die Bisswunden, die sichtbaren Folgen der Strangulation und die dunklen Hämatome mehr als ausreichend bewiesen. Der Fall hätte als Selbstverteidigung betrachtet werden müssen.

Stattdessen erwarteten Brittany eine Stand-Your-Ground-Anhörung und möglicherweise ein Gerichtsverfahren. Sandra wusste aus Erfahrung, dass dies für Brittany doppelt traumatisch wirken würde, weil sie das Ereignis im Verlauf des Verfahrens mehrfach neu erleben müsste. Sandra brachte Brittany deshalb regelmäßig zur Therapie zu Healing Bridge und führte regelmäßig Gespräche mit ihr. Nach einigen Sitzungen, so Sandra, »konnte man langsam sehen, wie sie wieder ins Leben fand.«

In dieser Zeit tauchte Brittanys Ehemann bei einer der dem Gerichtsverfahren vorausgehenden Anhörungen auf. Vorher besuchte er Ramona. Unter dem Arm hatte er ein Selbsthilfebuch mit Tipps, wie man ein besserer Ehemann wird. In Baseballkappe und Jeans setzte er sich in Ramonas Wohnzimmer und erzählte mit tiefer Stimme, wie er bei der Arbeit einen Tisch zertreten habe, nachdem er von Brittanys Vergewaltigung erfahren hatte. Er kannte Todd, weil er früher ganz in der Nähe von ihm in einem Trailerpark gewohnt und vieles von den Streitigkeiten mitbekommen hatte, die Todd im Ort anzettelte. »Ich sagte ihr, Todd Smith ist der Letzte, mit dem du dich abgeben solltest.« Er glaubte, Brittany hätte Todd an jenem Abend niemals im Park abholen dürfen. »Ihre Dummheit trägt mit Schuld an dem, [was passiert ist]. Aber niemand will vergewaltigt werden.«

Nach der Anhörung erinnerten sich Brittany und ihr Mann zu Hause an die schöne Zeit, die sie vor dem Verlust des Sorgerechts mit den Kindern hatten. Ihr Mann war Brittany dankbar, dass sie ihn »auf den rechten Weg gebracht« und darin unterstützt hatte, von der Medikamentensucht wegzukommen. Eine Zeitlang war das gemeinsame Leben schön gewesen. »Es war wundervoll. Ich konnte mir keine bessere Ehefrau und Mutter vorstellen«, sagte er. Gegenüber Brittany brachte er seine Hoffnung zum Ausdruck, die beiden könnten wieder ein Paar werden und die Kinder öfter sehen. Er sei inzwischen trocken und habe seine Wut unter Kontrolle.

Brittany wollte ihm glauben. Sie erinnerte sich an die gemeinsame Zeit als Familie in dem großen Haus, in dem sie gemeinsam ein Kochbuch mit handgeschriebenen Rezepten zusammengestellt und einen Weihnachtsbaum mit Charlie-Brown-Dekor geschmückt hatten. Zugleich wusste Brittany jedoch, dass sie ihrem Ex-Mann nicht trauen konnte. Sie bestand weiterhin auf der Trennung und bat ihn, nicht mehr zu ihren Gerichtsterminen zu erscheinen.

Während Brittany auf die Stand-Your-Ground-Anhörung im Oktober wartete, versuchte sie, sich so gut wie möglich abzulenken. Sie besuchte ihre Kinder, die bei ihrem Onkel lebten, und genoss es, dass sie ihr um den Hals fielen und ihr zeigten, was sie gebastelt hatten. Auch wenn sie davon gehört hatten, dass Brittany auf Todd geschossen hatte, verschwieg Brittany ihnen, dass sie im Gefängnis gewesen war – sie sei nur »weg« gewesen. Nach den Besuchen bei ihren Kindern verkroch sie sich im Haus ihrer Mutter. Das rote Ziegelhaus mit den weißen Säulen, das sie so geliebt hatte, war nicht mehr ihr Zuhause. Sie berichtete mir, dass der Vermieter ihr nach den Schüssen auf Todd nur wenige Tage Zeit gab auszuziehen.

Den restlichen Frühling 2018 ging Brittany nur zum Joggen aus dem Haus. Schon in der Highschool war sie für das Leichtathletikteam gelaufen. Zu dieser Jahreszeit stand der Nordosten Alabamas in voller Blüte. Als Brittany an einem Tag im Mai durch einen Park lief, hielt ein Mann auf einem Motorrad am Wegrand an. Er sprach sie nicht an, sondern sah nur zu, wie sie ihre Runden drehte. Sein Starren irritierte Brittany derart, dass sie ihren Lauf abbrach. Als der Mann einige Wochen später erneut auftauchte und ihr zu der MAPCO-Tankstelle folgte, in der sie an jenem Abend eingekauft hatte, konfrontierte sie ihn und fragte nach seinem Namen. Der muskulöse Mann trug kein Oberteil; seine Augen waren hinter einer verspiegelten Sonnenbrille verborgen. Brittany gab an, ihn vorher nie im Ort gesehen zu haben. Er behauptete, ein Cousin von Todd zu sein. »Er signalisierte mir, dass er [über die Schießerei] Bescheid wusste«, so Brittany. »Ich sollte wissen, wer er ist.« (Jeff sagte, er kenne diesen Verwandten nicht.) Zu Hause erzählte Brittany ihrer Mutter von der Begegnung. Sie riet ihr, »im Haus zu bleiben, wo ich dich beschützen kann.«

Danach verließ Brittany das Haus ihrer Mutter gar nicht mehr – außer, um ihre Kinder zu besuchen. Sie hatte Angst, dass der Motorradfahrer oder andere Angehörige von Todd ihr etwas antun könnten. Noch immer hatte sie Albträume von Todd und seinen Pitbulls. Die Therapiesitzungen bei Healing Bridge halfen zwar, aber die meiste Zeit wollte Brittany einfach nur schlafen. Ramona vermisste ihre starke, lustige Tochter, deren Humor selbst die Sucht nicht hatte besiegen können, und überredete Brittany, sie wenigstens zum Einkaufen zu begleiten. Brittany ließ sich zu einer Fahrt zu Walmart überreden, doch als sie im Geschäft jemanden sah, den sie für einen Verwandten von Todd hielt, versteckte sie sich schwer atmend hinter Kleiderständern. Danach drängte Ramona ihre Tochter nicht, das Haus zu verlassen.

Nachts, wenn Brittany und ihre Mutter nebeneinander im Doppelbett schliefen, bekam Brittany jedes Mal Panik, wenn Scheinwerferlicht ins Haus drang. »Bleib liegen, Mama«, sagte Brittany dann immer. »Wenn sie durchs Fenster schießen, treffen sie uns nicht.« Ramona fand das zu dramatisch. Sie wusste, was eine posttraumatische Belastungsstörung (PTBS) war, hielt Brittanys Ängste aber für übertrieben. Was sie jedoch nicht ahnte, war, dass ein anderer Angehöriger von Todd bereits plante, Brittany zu verletzen.

Schon bald hörten mehr und mehr Frauen in Jackson County von Brittanys Fall – hauptsächlich durch Mundpropaganda, weil Brittanys Version der Geschichte in den lokalen Medien nicht abgebildet worden war. Viele waren aufgebracht und wütend, weil sie das Gefühl hatten, dass die Frau, die vor Gericht stand, auch sie hätten sein können. Kayla Pearson, eine Nachbarin von Ramona und alleinerziehende Mutter von vier Kindern, kannte das Gefühl, es mit einem gewalttätigen Mann auf Drogen zu tun zu haben. Sie hatte sich nach 14 Ehejahren von ihrem Mann getrennt, weil er Meth konsumiert und sie angegriffen hatte. »Er trat mir gegen den Kopf, bis ich ohnmächtig wurde«, erzählt sie. »Ich glaube, Meth führt dazu, dass einem alles egal ist. Es verändert einen Menschen komplett.« Nicole Green, eine andere Mutter aus der Gegend, erzählte Ramona vor dem Gerichtsgebäude, dass eine Gruppe von Männern aus Jackson County sie als Kind sexuell missbraucht habe. Zudem habe ihr Ehemann sie einmal mit vorgehaltener Waffe als Geisel festgehalten. Beide Male hatte sie das Gefühl, die Behörden sahen die Verantwortung bei ihr, statt die männlichen Täter zu verfolgen. »Statt mich als Opfer zu behandeln, gaben sie mir das Gefühl, es sei meine Schuld«, so Green. »Sie sagten, wenn ich ihm etwas getan hätte, wäre ich diejenige, die ins Gefängnis käme.« Angewidert schüttelte sie den Kopf. »Was hätte ich tun sollen?«, fragte sie. »Ihn auf mich einprügeln lassen, bis ich tot bin?«

2016, einige Jahre vor Brittanys Festnahme in Stevenson, wurde in dem nahegelegenen Ort Fackler, Alabama, an den Bahngleisen die Leiche von Stacy Sullivan gefunden. Ein Jahr später erklärte die Polizei, der Fall sei noch immer ungelöst, weil der Bericht der Forensik sich stark verzögert habe. Später sagte mir die dortige Polizei, das Problem sei der generelle Mangel an Beweisen. Als 2018 eine zweite Frau, Samantha Frisson, tot aufgefunden wurde, erklärte die Polizei zunächst, sie sei erstochen worden, sprach dann aber gegenüber der Lokalpresse davon, dass ein Auto sie angefahren habe. Die beiden Todesfälle gaben den Frauen in Jackson County noch stärker das Gefühl, in ihrer Gegend stimme etwas nicht.

Das Violence Policy Center, das sich der Prävention von mit Schusswaffen begangenen Verbrechen widmet, analysiert jedes Jahr und aufgeschlüsselt nach Bundesstaaten die Morddatenbank des FBI, um herauszufinden, in welchen Staaten das Risiko für Frauen am größten ist. In den gesamten 2000er Jahren gehörte

Alabama zu den Staaten mit der höchsten Rate an Frauen, die von Männern ermordet wurden. 2010 stellte Alabama den Transfer seiner Morddaten an das FBI ein. »Die [Zahl der] Frauen, die getötet oder beinahe getötet werden, steigt, weil man nichts dagegen unternimmt«, so Nicole Green. »Die wollen ihre Zeit nicht verschwenden.« Ramona, deren Optimismus seit Brittanys Mordanklage geschwunden war, formulierte es deutlicher: »Hier in der Gegend hassen sie Frauen.«

Doch Chuck Phillips, der Sheriff von Jackson County, war nicht der Meinung, dass sexuelle und häusliche Gewalt in seinem Landkreis häufig vorkämen – jedenfalls nicht häufiger als andernorts. Phillips war ein kräftiger Mann mit geröteter Haut und grau meliertem Kinnbart. Nach Jahren der Polizeiarbeit war ihm die Skepsis in Fleisch und Blut übergegangen; oft saß er mit verschränkten Armen da. Er beharrte auf seiner Einschätzung, auch wenn die Zahl gewalttätiger Übergriffe in Jackson County doppelt so hoch war wie im Durchschnitt des Bundesstaats (so Daten der Alabama Law Enforcement Agency). Seine Dienststelle kategorisierte einige Beschwerden wegen häuslicher Gewalt, etwa wenn ein Mann eine Frau ohrfeigte, als »Belästigungen« und nicht als Übergriffe.

Phillips behauptete, die Statistik seines Landkreises sei nicht auffällig und die Gewalttaten passten zu der Drogenproblematik vor Ort. »Wenn die Leute high sind, machen sie dumme Sachen«, erklärte er. Den Anstieg der Gewalt schrieb er neuen, stärkeren Varianten von Meth zu, die über die mexikanische Grenze in die USA und speziell nach Alabama kämen. Früher sei Meth auf dem Sand Mountain hergestellt worden – mit Zutaten aus dem örtlichen Supermarkt. Jetzt kaufe man reineres, aus Mexiko importiertes Meth. Studien zeigen, dass Drogenmissbrauch entscheidend zur Entstehung häuslicher Gewalt beiträgt, doch es ist nicht der einzige Faktor.

Phillips zufolge war der oder die Schuldige schwer festzustellen, wenn er oder seine Kollegen nach einem Anruf wegen häuslicher Gewalt am Tatort eintrafen. Die Festnahmen geschähen deshalb häufig ad hoc. »Du suchst dir einen von denen heraus und sagst: ›Okay, du kommst in den Knast‹«, so Phillips. »Normalerweise ist es die Person mit den meisten blauen Flecken.« Habe die Polizei einen Täter festgenommen, protestiere die andere Person meistens. Zudem erstatteten die Opfer nur selten Anzeige – ein häufiges Problem in Fällen häuslicher Gewalt. Wiederholungstäter wie Todd Smith kommen selten ins Gefängnis, weil Alabamas Haftanstalten überfüllt sind und die Täter kaum Hilfe durch psychologische Beratung oder eine Langzeitentzugstherapie erhalten. Im Ergebnis saßen daher bei Phillips immer wieder dieselben Leute ein und wurden zu einem weiteren, nicht lösbaren Problem in seinem Landkreis – einem Problem, das viele Bewohner beunruhigte, das sie scheinbar jedoch akzeptieren mussten.

Bei Todds Beerdigung konnte Jeff sich so lange beherrschen, bis er sah, wie seine dreiundzwanzigjährige Tochter, die Todd als ihren zweiten Vater betrachtet hatte, »kurz davor war, in den Sarg zu steigen«. Da verlor Jeff die Beherrschung und weinte. Ungeachtet all seiner Fehler war Todd sein bester Freund gewesen, einer zum Pferdestehlen. Er war wie ein Bruder für ihn und wie ein Vater für seine Kinder gewesen.

Je mehr Jeff über Brittany nachdachte, umso wütender wurde er. Er dachte an die Party und war sich sicher, Brittany dort gesehen zu haben. Er dachte an die stille Trauer von Todds Vater Rojo, bei dem er seit Todds Tod wohnte. Er dachte daran, wie sich Todd verhielt, wenn er Xanax genommen hatte, und dass Brittany das Medikament auf Rezept erhielt. Ungefähr in dieser Zeit schrieb er auf Facebook: »Mein Gott, ich wohne bei meinem Onkel… und die Nutte hat ihn das ganze Wochenende mit Xanax gefüttert… an diesem Wochenende rannte [sie] splitternackt bei uns durchs

Haus. Ich stand auf, um pinkeln zu gehen, und sah sie nackt. Ich habe mit meinen eigenen verdammten Augen gesehen, was diese Hure getan hat!«

Später löschte Jeff den Post. Doch je länger er darüber nachdachte, umso stärker wuchs sein Rachebedürfnis. Zu seinen vielen Tätowierungen gehörte auch das in geschwungenen Großbuchstaben geschriebene Wort »Gesetzloser« sowie eine Darstellung des Joker, den Jeff für ein perfektes Sinnbild des Lebens auf Meth hielt. »Klauen, töten – es ist ein düsterer Lebensstil«, sagte er. Auf seiner Facebook-Seite postete er Memes über den Joker, die seine Gefühle vermitteln sollten. Eines lautete: *Warum sollte ich mich für das Monster entschuldigen, zu dem ich geworden bin? Niemand hat sich je entschuldigt, mich dazu gemacht zu haben.* Er hatte noch nie jemanden für einen Mord angeheuert, aber diesmal waren ihm die Konsequenzen gleichgültig. Jemand musste für Todds Tod büßen – und zwar Brittany. »Wenn du diesen Anruf machst, gibt es kein Zurück«, sagte ihm ein Freund.

Jeff griff dennoch zum Telefon.

HYSTERIE

Antike Ärzte und Philosophen bezeichneten diese Krankheit als Hysterie, vom Namen des Uterus, jenes Organs, das die Natur den Frauen gegeben hat, damit sie empfangen können. Ich habe viele hysterische Frauen untersucht, manche stumpf, manche mit Angstzuständen. Die Krankheit äußert sich in verschiedenen Symptomen, geht aber immer auf den Uterus zurück.

Claudius Galen, 2. Jh. n. Chr., Arzt und Philosoph, *In Hippocratis Librum De Humoribus*

Nach einem langen, schwülen Sommer, in dem Ramona die Klimaanlage wegen der Hitze kein einziges Mal abgeschaltet hatte, musste Brittany im Oktober 2018 zu einer gerichtlichen Anhörung vor Verfahrensbeginn. Eine Woche später sollte endlich die Anhörung aufgrund des Stand-Your-Ground-Gesetzes stattfinden. Doch als Brittany am Gericht von Jackson County in Scottsboro eintraf, stellte sie fest, dass ihre Anhörung verschoben worden war. Sie berichtete, monatelang kaum von ihrem Anwalt James Mick gehört zu haben, obwohl sie häufig versucht habe, ihn zu erreichen. Entnervt schrieb sie ihm eine frustrierte E-Mail: »Sie haben mir gesagt, ich solle heute hier sein, also war ich hier … Haben Sie die Anhörung verschoben? Ich hatte Ihnen eine Nachricht hinterlassen und um Rückruf gebeten … ICH HABE NICHTS VON IHNEN GEHÖRT … Wenn Sie zu beschäftigt sind, sich um meinen Fall zu kümmern, sagen Sie es direkt. Ich brauche jemanden, dem mein Wohlergehen am Herzen liegt.«

Die Anhörung war verschoben worden, weil Mick das Gericht darum gebeten hatte, dass Brittany von einem staatlichen Psychologen begutachtet würde. Laut Brittany habe Mick ihr nie davon erzählt. Das Gutachten sollte ihre Prozessfähigkeit sowie ihren geistigen Zustand zum Zeitpunkt der Schüsse ermitteln. Mick hatte dem Psychologen gesagt, Brittany müsse begutachtet werden, weil ihr Verhalten »erratisch« sei. Mick teilte dem Gericht außerdem mit, auf unschuldig aufgrund geistiger Unzurechnungsfähigkeit plädieren zu wollen. Es ist nicht klar, ob Mick Brittany mit dieser Verteidigungsstrategie – die selten ist und nicht oft zu einem Prozessgewinn führt – vor einer Verurteilung bewahren wollte, weil er, wie Brittany und ihre Mutter einhellig bestätigen, ihnen seine Überlegungen nicht kommuniziert hatte. Vielleicht glaubte er, das Plädoyer auf geistige Unzurechnungsfähigkeit sei chancenreicher als die Berufung auf Stand-Your-Ground.

Seit über 100 Jahren wird die Berufung auf geistige Unzurechnungsfähigkeit weltweit von Anwältinnen und Anwälten zur Verteidigung misshandelter Frauen genutzt. Der vielleicht berühmteste erfolgreiche Einsatz dieser Strategie stammt aus den 1970er Jahren: Francine Hughes aus Michigan hatte über zehn Jahre schweren Missbrauch hinter sich und kam vor Gericht, weil sie das Bett ihres (bei ihr wohnenden) Ex-Ehemanns angezündet und ihn so getötet hatte. Wie der Film *Das brennende Bett* (1984) mit Farrah Fawcett richtig zeigt, wurde Hughes freigesprochen, nachdem ihr Anwalt erfolgreich argumentiert hatte, der schreckliche Missbrauch habe sie vorübergehend unzurechnungsfähig gemacht.

Der Fall bildete einen Wendepunkt in den Bemühungen um mehr Rechte für missbrauchte Frauen: Polizei und Sozialdienste arbeiteten intensiv an der Prävention häuslicher Gewalt. Der Fall nutzte auch sehr früh eine Theorie und Verteidigungsstrategie, die als »Missbrauchte-Frau-Syndrom« bekannt wurde. Sie wurde von der Psychologin Lenore Walker entwickelt und besagte, dass Frauen, die schweren Missbrauch erleben, psychologische Symptome entwickeln, die einer extremen PTBS gleichkommen. Walker schrieb mir per E-Mail: »[Die] Fakten zeigen oft, dass die Angst der Frauen zum Zeitpunkt der Tötung nicht durch dieses Ereignis erzeugt wird, sondern auch durch andere, vorausgehende Missbrauchserfahrungen, die ihre Furcht vor tödlicher Gewalt durch die Täter verstärken.« Das Missbrauchte-Frau-Syndrom half Gerichten, die Missbrauchserfahrungen einer Frau mit ihren Reaktionen in Beziehung zu setzen.

Später jedoch geriet das Syndrom in die Kritik: Es pathologisiere die Frauen, als hätten sie eine Krankheit oder Störung. Mitte der 1990er Jahre waren sich die US-Gesundheitsbehörden einig, dass der Gebrauch des Begriffs »Syndrom« für missbrauchte Frauen nicht angemessen sei. In der Folge wurde diese Verteidigungsstrategie seltener eingesetzt. Mary Anne Franks, die Juraprofessorin von der University of Miami, hat den Begriff vor nicht allzu langer Zeit kritisiert. 2014 schrieb sie in ihrem Artikel über Stand-Your-Ground, dass die Selbstverteidigungsgesetze richtigerweise den Einsatz von Gewalt rechtfertigten, das »Missbrauchte-Frau-Syndrom« jedoch unterstelle, eine Frau habe zwar »falsch gehandelt«, aber gleichzeitig davon ausgeht, sie sei »in entscheidender Weise so defizitär, dass sie nicht verantwortlich gemacht werden kann.« Franks erklärte mir, selbst wenn das Syndrom in einem Fall von Selbstverteidigung nicht verwendet werde, behandle man die Frauen dennoch »pathologisch, als stimme etwas mit ihren Gehirnen nicht.«

Im Dezember 2018, fast ein Jahr, nachdem sie Todd getötet hatte, traf Brittany sich mit dem staatlichen Psychologen, den ihr Anwalt Mick angefordert hatte. Das Treffen fand in Micks Büro statt, einem graubraunen Haus gegenüber dem Gerichtsgebäude von Jackson County. Brittany war ängstlich und den Tränen nahe, weil Mick ohne ihre Zustimmung eine Begutachtung angeordnet habe. Ramona begleitete ihre Tochter und war empört, als sie sah, dass der Psychologe ein Mann war. Um die Stimmung aufzulockern, scherzte sie gegenüber ihrer Tochter, er sähe aus wie Otis Campbell, der dicke, ungepflegte Alkoholiker aus der *Andy Griffith Show*. Brittany und der Psychologe wurden in Micks Konferenzraum gebeten. Auf dem Tisch standen Plastikblumen; an der Wand hing eine Miniatur der Justitia. Ramona musste draußen warten.

Brittany berichtet, sie habe mehrere Stunden mit dem Psychologen gesprochen. Er habe sie detailliert zu ihrer mentalen und sozialen Entwicklung befragt sowie zu dem Übergriff und den Schüssen. Das Gespräch lief von Anfang an schlecht. Brittany aß fast ein Dutzend Mini-Snickers, die sie von Micks Empfang mitgenommen hatte. Der Psychologe bezeichnete dies in seinem Gutachten als »zwanghaftes Essen«. Brittany erklärte später, sie habe an jenem Tag zuvor nichts gegessen und sei hungrig gewesen. Brittany und ihre Mutter lebten häufig von nur einer oder zwei Mahlzeiten am Tag (von McDonald's oder Burger King) und einem Softdrink, weil sie nicht genügend Geld hatten. Seit Todds Tod hatte Brittany in ihrer Gegend keinen Job finden können, so dass sie zu dritt von Chris' Mindestlohn und Ramonas Sozialleistungen lebten.

Der Psychologe schrieb auch, Brittany habe zu Beginn des Gesprächs so viel geweint, dass er Taschentücher habe holen müssen. (Mir sagte der Psychologe zuerst, er erinnere sich nicht an Brittany, und später, ihre Darstellung des Gesprächsverlaufs sei nicht zutreffend.) Im Gutachten schrieb er, das Gespräch mit ihr sei schwierig, weil sie »häufig weine«, sich »panisch verhalte« und »Fragen über ihre Zukunft« stelle. Sie sei zudem »feindselig«. Brittany zufolge war der Grund dafür, dass der Psychologe sie ausgelacht hatte, als sie beschrieb, wie Todd nach der Vergewaltigung ihre Stimme nachgeahmt habe. *Wir sind Freunde*, habe sie zu ihm gesagt, und er habe sich eine Oktave höher über sie lustig gemacht: *Wir sind Freuuuuunde*. »Jeder wäre wütend, wenn er ausgelacht wird«, sagte Brittany und fügte hinzu, sie habe den Psychologen deshalb »beschimpft«.

Im Gutachten schrieb der Psychologe, Brittany leide unter paranoiden Gedanken und habe Schwierigkeiten, zwischen Phantasie und Wirklichkeit zu unterscheiden. Unter anderem zeige sich das an ihrer Überzeugung, Todd Smiths Familie wolle ihr etwas antun. »Seine Familie hat jemanden auf mich angesetzt«, hatte Brittany ihm erzählt. Das hatte sie im Ort gehört. Der Psychologe diagnostizierte bei Brittany mögliche Wahnvorstellungen. Sie zeige Symptome einer psychotischen Störung, die durch Drogenmissbrauch verstärkt oder verursacht werden könnten. Es ist möglich, dass Brittany zum Zeitpunkt des Interviews einen Rückfall erlitten hatte; sie selbst behauptet allerdings, clean gewesen zu sein. Der Psychologe schrieb jedenfalls, eine ambulante oder stationäre psychologische Behandlung oder eine Suchtberatung könne im Bryce Hospital stattfinden – einem staatlichen Krankenhaus für Menschen mit schweren psychischen Störungen.

Auf der Straße zwischen Jackson County, Alabama, wo Brittany wohnte, und Marion County, Tennessee, wo Jeff und Todd aufwuchsen, liegen häufig überfahrene Tiere: zerquetschte Gürteltiere, Oppossums oder Rotwild und hin und wieder auch eine tote Schildkröte oder ein Hund. Die totgefahrenen Tiere wirken inmitten des umgebenden, dichten Walds verstörend, aber die Menschen hier bemerken sie kaum – der Tod ist für sie Alltag. Eine in der Gegend verbreitete Spukgeschichte handelt von Siedlern, die vor Jahrhunderten ein indigenes Dorf angriffen und die Menschen trotz deren verzweifelten Widerstands töteten. Die Menschen hier glauben, ihre Häuser stünden über den vergrabenen Leichen. Viele halten die Region deshalb für verflucht.

In den Monaten nach Todds Tod hatte Jeff Brittany auf Facebook eine private Nachricht geschickt und sie um ein persönliches Treffen gebeten. Brittany hatte abgelehnt, aber Jeff war beharrlich geblieben: »Ich will dir nur eine Frage stellen. Nur du und ich. Niemand sonst«, schrieb er. »Das bist du mir schuldig.«

Jeff hatte zum Telefon gegriffen. Doch letztlich, so sagte er, habe er sich nach Monaten der Abscheu und Wut entschieden, keinen Mörder auf Brittany anzusetzen. Ihr Tod würde weder Todd, noch dessen wildes Lachen oder seinen kräftigen Gang zurückbringen. Ihm sei klargeworden, dass beide Familien litten. »Ich wollte nicht, dass mir Blut an den Händen klebt. Ich bin kein Mörder.« Stattdessen schrieb er Brittany gegen Ende 2018 erneut: »Ich will dir nur sagen, dass ich dir vergebe.«

Brittany antwortete wenig später. »Ich bedauere deinen Verlust und den Verlust deiner Familie. Aus tiefstem Herzen.«

»Ich bin sicher, Todd hat dir einige kranke Dinge angetan«, schrieb Jeff zurück. »Es tut mir leid.«

Auf seiner Facebook-Seite postete er ein weiteres Joker-Meme: *Du siehst mein Lächeln, nicht meinen Schmerz.*

Nach dem Interview mit dem staatlichen Psychologen verfasste Brittany einen handgeschriebenen Brief an die Richterin Jenifer C. Holt, die mit ihrem Fall betraut war. In dem Brief bat sie um einen neuen Anwalt. Sie schrieb, sie habe Probleme, Mick zu kontaktieren und sei von ihm nicht »angemessen repräsentiert und wie eine Klientin behandelt« worden. Sie habe ihn »zweimal gefeuert, aber er lehnt ab«. Brittany schickte den Brief nie ab, weil sie beschloss, persönlich mit der Richterin zu sprechen. Doch bei einer Anhörung im Februar 2019, bei der über Brittanys Prozessfähigkeit entschieden werden sollte, merkte sie, dass sie größere Probleme hatte. Der elegant gekleidete Staatsanwalt Jason Pierce argumentierte angesichts des psychologischen Gutachtens: »Der geeignetste und vielleicht einzige Ort für Ms. Smith wäre das Bryce Hospital.«

Das Krankenhaus, das früher Alabama State Hospital for the Insane (Anstalt für Geisteskranke des Bundesstaats Alabama) hieß, beherbergt Hunderte Patientinnen und Patienten, die von den Gerichten aufgrund psychischer Störungen dorthin beordert wurden. Pierce hielt Brittany für potenziell psychotisch und wahnhaft. Er sagte vor Gericht, die Erschießung Todds könne die Folge »einer [ihrer] Wahnvorstellungen« sein. Brittany konnte kaum glauben, was sie da hörte. Am Tag zuvor hatte sie einen Drogentest bestanden, doch Pierce behauptete, sie könne das Ergebnis gefälscht haben, weil es in Jackson County weit verbreitet sei, Drogentests zu fälschen, um Strafen zu umgehen.

Pierce fuhr fort, Brittany solle in der Zwischenzeit zu ihrer eigenen Sicherheit und der Sicherheit Dritter sofort ins Gefängnis kommen.[1] Brittanys Anwalt Mick, der einen schlecht sitzenden Anzug trug, mischte sich mit stockender Stimme ein. Er erklärte dem Gericht, dass Brittany seit ihrer Freilassung gegen Kaution nichts Falsches getan und alle Drogentests bestanden habe. Er erinnerte die Richterin daran, dass Brittanys zahlreiche Verletzungen mit Fotos belegt waren, darunter »blaue Flecken vom Hals bis zu den Zehen«. »Wenn wir sie einsperren, behandeln wir sie wie eine Angeklagte«, sagte er. »Und ich glaube, dass sie in diesem Fall ein Opfer ist.« Brittany hörte ihrem Anwalt zu und hatte endlich das Gefühl, das er sich für sie einsetzte.

---

1 Pierce weigerte sich, zu dem Fall Stellung zu beziehen.

Caroline Light, Autorin des Buchs *Stand Your Ground*, erklärte, vor Gericht würden weibliche Angeklagte in Fällen von Selbstverteidigung oft in nur zwei Kategorien betrachtet: »Eine Frau, die zu Gewalt fähig ist, muss pathologisiert werden: Ist sie wütend oder ist sie verrückt?«, so Light mir gegenüber. Während sich Brittanys Verfahren hinzog, beriefen sich zwei weitere Frauen in Alabama auf Selbstverteidigung, und beide wurden in eine der beiden Kategorien gezwungen. Deven Grey, eine junge, schwarze Mutter, erschoss im Dezember 2017 ihren weißen Partner in Calera, Alabama. Als die Polizei sie festnahm, blutete sie aus dem Ohr und hatte mehrere Brüche im Gesicht. Grey gab an, ihr Partner habe an jenem Abend auf sie geschossen, sie verprügelt, umhergezerrt und mit der Pistole geschlagen. Ein Jahr später argumentierte die Staatsanwaltschaft bei Devens Stand-Your-Ground-Anhörung, sie habe die Waffe nicht zur Selbstverteidigung abgefeuert, sondern aus Eifersucht und Wut auf eine andere Frau. 2019 wurde Linda Doyle, eine ältere, weiße Frau aus Alabama, mit mehreren Stichwunden in der Vagina aufgefunden, nachdem sie ihren Ehemann erschossen hatte, der ihren Angaben zufolge gewalttätig war. Die Staatsanwaltschaft vertrat die Ansicht, Doyle sei derart unzurechnungsfähig, dass sie sich selbst die Stiche zugefügt und den Mord inszeniert haben musste. Ihr Anwalt beharrte jedoch darauf, dass sie sich selbst verteidigt habe. Doyle wurde zu 99 Jahren Gefängnis verurteilt. Ihr Anwalt ging in Berufung. Im Juni 2023 wurde das Urteil jedoch bestätigt. Light, Leiterin des Bachelor-Programms über Frauen, Gender und Sexualität an der Harvard University, erklärt, Gerichte nähmen »Schwarze Angeklagte oft als wütend und weiße Angeklagte als verrückt oder hysterisch wahr«.

Brittany hatte das Gefühl, in die Kategorie »verrückt« gepresst zu werden. Mit dem psychologischen Gutachten bewaffnet erklärte Holt, eine mächtige und langjährige Bezirksrichterin, Brittany sei nicht prozessfähig und müsse in das Bryce Hospital eingewiesen werden. »Euer Ehren«, versuchte Brittany es nach dem Urteil, »als wir uns unterhalten haben, ging es um meinen mentalen Zusammenbruch im Gefängnis, ich – ich werde jetzt behandelt, wissen Sie. Und ich durfte auf Bewährung raus und meine Kinder sehen und – wieder Mensch sein, wissen Sie. Und ich habe niemanden verletzt. Und ich – ich dachte, es geht mir gut.« Ihr versagte die Stimme.

»So lautet die Anordnung des Gerichts«, antwortet Holt mit Bestimmtheit. Brittany fragte, ob sie stattdessen eine ambulante Therapie machen dürfe, um ihre Kinder weiterhin sehen zu können. Holt sagte, es gäbe keinen anderen Ort, an dem Brittany »psychotische Medikation« erhalten und einen Entzug von möglicherweise eingenommenen Drogen machen könne – obwohl Bryce Hospital vornehmlich eine Psychiatrie ist. Holt ordnete zudem an, Brittany müsse umgehend im Jackson County Jail in Gewahrsam genommen werden, bis in Bryce ein Bett frei werde. Das Bryce Hospital befindet sich mehrere Fahrtstunden weit entfernt in Tuscaloosa. »Können wir das irgendwie beschleunigen?«, wollte Mick bezüglich der Zeit in der Psychiatrie wissen. Menschen bleiben in Bryce oft wesentlich länger als geplant. Holt sagte, für Frauen seien diese Verzögerungen ihrer Meinung nach nicht sehr ausgeprägt. Brittany müsse voraussichtlich nur 90 Tage in der Einrichtung bleiben.

Ramona, die im Gerichtssaal anwesend war, rechnete die 90 Tage ab Februar im Kopf durch. »Das sind die Geburtstage all ihrer Kinder«, rief sie. Genervt ordnete Richterin Holt an, Ramona müsse den Saal verlassen. Während Ramona hinausgeführt wurde, rief Brittany: »Sag ihnen, dass Mama nichts falsch gemacht hat, sag ihnen nicht –« »Das reicht«, befand Holt. »Sag ihnen nicht, dass ich im Gefängnis bin«, fuhr Brittany fort. »Mache ich nicht«, versprach ihre Mutter. »Sag ihnen, dass ich sie liebe und dass ich krank bin, okay?«, rief Brittany. »Und dass es mir bald besser geht.«

Dann wurde Brittany in Handschellen abgeführt. In der Psychiatrie würde sie weit länger als 90 Tage bleiben.

***

Nachdem Brittany in Gewahrsam genommen worden war, schrieb Ramona einen wütenden Brief an Mick. »Wollen Sie, dass meine Tochter auf Geisteskrankheit PLÄDIERT?«, schrieb sie. »Das ist LÄCHERLICH, wo Sie doch ALLES haben, was Sie brauchen, um ihre Stand-Your-Ground-Anhörung zu GEWINNEN. BRITTANY IST NICHT VERRÜCKT … Wenn meine Tochter in einer verdammten Psychiatrie oder, noch schlimmer, im GEFÄNGNIS endet, glauben Sie mir, dann werde ich noch wütender, als ich es ohnehin bin … DANKE. IHRE DURCHGEKNALLTE MUTTER.«

Mick antwortete nicht und erklärte mir gegenüber, Ramona sei nicht seine Klientin.

Sandra Goodman, die Opferaktivistin, die bei Healing Bridge mit Brittany gearbeitet hatte, war entsetzt darüber, dass Brittany nach Bryce geschickt wurde. Nach Sandras Überzeugung gab es keinen Grund dafür, »keinen einzigen«. Brittany habe »aufgrund der Vergewaltigung und des Rechtssystems eine posttraumatische Belastungsstörung.«

Angesichts der Tatsache, dass Brittany im Gefängnis saß und ihr der Aufenthalt in Bryce bevorstand, beschloss Ramona, dass der Fall ihrer Tochter mehr mediale Aufmerksamkeit benötigte. Sie setzte sich mit Sherrie Saunders, einer Aktivistin aus der Gegend, in Verbindung. Saunders zeigte sich entsetzt über Brittanys Fall. Sie lud Ramona in ihren Podcast *United Voices* ein, der online kostenlos zur Verfügung steht. In der im Februar 2019 ausgestrahlten Folge, die kurz nach Brittanys Anhörung erschien, erzählte Saunders dem Publikum: »Diese Geschichte ist sehr traurig. Sie wird einige von euch wütend machen. Ich hoffe, sie macht euch wütend genug, um Brittany zu helfen.« Dann übergab Saunders an eine Anruferin, die sich als Paige Parker vorstellte – Todds Ex-Frau.

Paige erzählte in ihrem Südstaatensingsang, langsam und deutlich, damit sie gut verstanden würde: »Ich wurde von Todd mehrfach gefangen gehalten und jahrelang geschlagen.« Die beiden hatten Anfang der 2000er Jahre geheiratet, als Paige Anfang zwanzig war. Sie berichtete Saunders, der Missbrauch habe zwei Wochen nach der Hochzeit begonnen und sei immer schlimmer geworden. Mehr als einmal habe Todd ihr Rippen, Kiefer und Nase gebrochen und sie ins Gesicht gebissen. Paige schilderte emotionalen, körperlichen und sexuellen Missbrauch. Verhaftungsprotokolle zeigen, dass Todd während der Ehe fünfmal wegen häuslicher Gewalt angezeigt wurde und immer wieder ins Gefängnis musste. Billy Mason, Polizeichef von Jasper, Tennessee, dessen Abteilung Todd mehrfach festgenommen hatte, erzählte mir: »Das ist das Problem mit den Gerichten, das die Polizei nicht ausstehen kann. Niemand bleibt so lange im Gefängnis, wie er müsste.« Es ist unklar, ob Todd jemals zu einer Aggressionstherapie oder Suchtbehandlung geschickt wurde.

Paige erzählte Saunders, am stärksten fühle sie sich an Brittanys Geschichte erinnert, wenn sie an den Tag zurückdenke, an dem sie »mit Klebeband geknebelt und an einen Stuhl gefesselt« wurde. »Ich wurde von ihm tagelang gefangen gehalten, geschlagen, vergewaltigt, anal missbraucht – alles, was auch Brittany ertragen musste, und mehr«, fuhr sie fort. »Ich blutete aus den Augen, der gebrochenen Nase, die Rippen waren gebrochen, ich hatte blaue Augen.« Paige fügte hinzu, sie habe Todd einmal einen Stich mit einem Messer versetzt, um sich selbst zu verteidigen. In Polizeiunterlagen ist verzeichnet, das Paige während ihrer Ehe mit Todd wegen häuslicher Gewalt verhaftet wurde. Als ich einen örtlichen Polizisten nach Paige und Todd fragte, gab er Paige die Schuld: »Sie ist ziemlich anstrengend« und »kämpft wie ein Mann«.

2003 reichte Paige die Scheidung ein. Das schien die Gewalt nur noch zu verschlimmern – ein Verhalten, dass bei gewalttätigen Männern häufig zu beobachten ist. Im folgenden Jahr beantragte sie erfolgreich ein Kontaktverbot gegen Todd. »Alles, was Brittany sagt, ist wahr«, beendete sie ihre Stellungnahme im Podcast. Sie erzähle ihre Geschichte, um zu erklären, warum die Menschen Brittany glauben sollten. »Er ist ein Albtraum.«

Nachdem sie im Anschluss auch Ramona interviewt hatte, bezeichnete Saunders Brittany als Heldin. Der Podcast erfuhr in Jackson County viel Aufmerksamkeit, später auch in der lokalen und der nationalen Berichterstattung.

Einige Wochen nach der Ausstrahlung, an einem eiskalten Tag im März 2019, beschlossen Sandra, Ramona und mehrere andere Frauen, vor dem Gericht von Jackson County zu protestieren. Auch Paige Parker, Todds Ex-Frau, war unter den Demonstrantinnen. Sie war sehr dünn, hatte strahlende haselnussbraune Augen, braune, zum Bob frisierte Haare und eine Tätowierung mit dem Schriftzug: *Survive*. Nach dem Podcast-Interview hatte sie sich mit Ramona in Verbindung gesetzt und wollte mehr tun, um Brittany zu helfen. Alle Frauen hatten Plakate mit den Parolen »Stand Your Ground«, »Gerechtigkeit für Brittany« und »Es ist falsch, jemanden einzusperren, der sich selbst verteidigt«. Auf Paiges Plakat stand: »Vergewaltigungsopfer in Haft«. Stundenlang standen die Frauen in der Kälte vor dem imposanten Gerichtsgebäude mit seinen weißen, römischen Säulen und dem großen Uhrenturm. Wenn Passantinnen erfuhren, wogegen hier protestiert wurde, berichteten einige von ihren eigenen Gewalterfahrungen. Sie erzählten, sie seien missbraucht oder vergewaltigt worden, doch die Behörden von Jackson County hätten nicht viel für sie getan. »An jenem Tag haben wir so viele entsetzliche Geschichten gehört«, so Sandra. Und Ramona fügte hinzu: »Der gute alte Männerbund.«

Viele Frauen, die stehen blieben und mit den Demonstrantinnen sprachen, empörte besonders, dass Brittany nach Bryce geschickt werden sollte. Sie sahen ihre größte Angst bestätigt – dass sie sich nicht wehren konnten, egal, mit welchem Ausmaß an Gewalt sie es zu tun hatten, und dass sie stattdessen für verrückt erklärt wurden. Am Tag nach dem Protest vor dem Gericht wurde Brittany vom Gefängnis ins Bryce Hospital nach Tuscaloosa gefahren, über drei Stunden von ihrem Zuhause entfernt.

Die Frauen in Alabama haben seit langer Zeit schlechte Chancen in Fällen, in denen auf Selbstverteidigung plädiert wird. Wie so ein Fall ausgeht, hängt allerdings von mehreren Faktoren ab. Manchmal verlieren die Frauen Prozesse, weil die Staatsanwaltschaft mit Mythen über Missbrauch argumentiert: Die Anschuldigungen einer Frau gälten nichts, weil diese die Beziehung zum Täter nicht beendet habe (warum hatte Brittany Todd ins Haus gelassen, obwohl sie wusste, dass er nur Ärger bedeutete?), nicht die Polizei gerufen habe (wie Brittany) oder gestattet habe, dass der Täter ihr Zuhause betritt (wie Brittany).

Genauso wichtig für den Ausgang solcher Prozesse sind die Berichterstattung in den Medien und die öffentliche Aufmerksamkeit. Über Deven Greys Fall wurde gar nicht berichtet. So konnte die Staatsanwaltschaft unbemerkt von der Öffentlichkeit argumentieren, Grey habe ihren Partner aus Eifersucht erschossen statt nach Jahren des schweren Missbrauchs. Grey verlor ihr Stand-Your-Ground-Verfahren. In der Lokalpresse der letzten Jahrzehnte sprechen Berichte über Frauen, die angebliche Täter getötet haben, oft von »kaltblütigen Mörderinnen«, die als »böse« und »herzlos« beschrieben werden. Die Missbrauchserfahrungen werden nicht erwähnt, obwohl sie oft in den Gerichtsakten verfügbar waren.

Wenn Medien über vorausgegangenen Missbrauch berichten, gehen die Prozesse für die Frauen anders aus. Jacqueline Dixon, eine achtunddreißigjährige Frau aus Selma, Alabama, wurde angeklagt, ihren gewalttätigen Ehemann, gegen den sie zuvor eine Kontaktsperre erwirkt hatte, im Juli 2018 erschossen zu haben. Ihr Fall erhielt nationale Aufmerksamkeit. Dixons Polizeifoto, das sie weinend und mit geschlossenen Augen zeigte, wurde vielfach abgedruckt. Eine Jury entschied letztlich, sie nicht anzuklagen. Brittany klammerte sich an den Ausgang dieses Falls. Gleichzeitig bemühte sich Ramona, dem Fall ihrer Tochter nationale Aufmerksamkeit zu verschaffen.

Im April 2019 gelang es ihr schließlich. Ein kurzer Bericht über Brittanys Fall erschien in *The Appeal*, einem kriminalistischen Webmagazin, das in den gesamten USA bekannt war. Die Überschrift lautete: »Frau aus Alabama droht lebenslange Haftstrafe für den Mord an ihrem angeblichen Vergewaltiger«. Andere Websites griffen die Geschichte auf, und auch ich las sie. Dem Bericht zufolge wurde Brittany, nachdem sie ihren angeblichen Vergewaltiger erschossen und im Gefängnis einen Nervenzusammenbruch erlitten hatte, in die Psychiatrie eingewiesen. Ihre Mutter Ramona wurde mit der Aussage zitiert, Brittany sei nicht verrückt, sondern ihre nach Todds Übergriff entstandene PTBS sei nicht korrekt behandelt worden. Ich rief Ramona an. An jenem Abend sprach sie stundenlang mit mir und lud mich nach Alabama ein, damit ich mir selbst ein Bild machen und nach Bryce fahren könne, um Brittany kennenzulernen.

Im Juni fuhren wir zum ersten Mal gemeinsam mit dem Auto von Stevenson nach Tuscaloosa. Ramona rauchte eine Zigarette nach der anderen durch das einen Spalt geöffnete Beifahrerfenster und trank eine Dose Mello Yello. Sie sagte, sie bereite sich mental darauf vor, was sie Brittany bei dem Besuch erzählen sollte. Brittany hatte bereits mehr als die gerichtlich angeordneten 90 Tage in Bryce verbracht, und noch immer war unklar, wann sie herauskommen würde. Micks Büro hatte Ramona berichtet, es gebe – wie Mick befürchtet hatte – eine Warteliste der Patientinnen, die vor ihrer Entlassung psychologisch untersucht werden müssten. Ramona betrachtete diese Tatsache jedoch nicht als Grund, Brittany dort zu behalten. Sie hatte eine Plastiktüte mit je einem selbst gebackenen Kirsch- und Blaubeerauflauf dabei – Brittanys Lieblingsessen. Sie wollte die Leckereien hineinschmuggeln, weil kein Essen von außerhalb erlaubt war. Die Straße führte fast 320 Kilometer durch den Wald. Das Geld für das Benzin, das für diese Strecke nötig war, sparte Ramona normalerweise wochenlang an. Schließlich erreichten wir den Campus der University of Alabama. An einem mit roten Lettern bedruckten Warnschild vorbei ging es zu einem großen Gebäude, dessen Eingang von weißen Säulen gesäumt war: Bryce Hospital.

Bei ihrer Eröffnung 1861 galt die Einrichtung als reformistisch, aber die Qualität der Pflege sank stetig, je größer die Klinik wurde. 1970 verklagte eine Gruppe von Patienten den Bundesstaat Alabama wegen schlechter Pflege und Falschbehandlung. So entstanden die im Bundestaat gültigen Mindeststandards der Versorgung psychisch kranker Menschen. Bryce wurde renoviert und umstrukturiert, doch bei unserem Besuch 2019 im neuen Gebäude beschwerten sich viele der dort behandelten Personen über Vernachlässigung und Missbrauch.[2]

Brittany hatte Ramona bereits am Telefon viel Verstörendes und Absurdes von der Situation auf der Frauenstation berichtet. Brittanys Zimmergenossin hatte erzählt, sie sei eingeliefert worden, nachdem sie Arm und Schulter ihrer Schwester gehäutet und verzehrt hätte. Eine andere Patientin lag regelmäßig auf dem Boden und stellte sich tot. Sie erinnerte Brittany an den toten Todd in

---

2 Das Gesundheitsministerium von Alabama wollte dies nicht kommentieren.

ihrer Küche. Eine weitere Patientin aß Batterien und die Ringe des Duschvorhangs. »Mit welchen Leuten haben sie dich verdammt nochmal zusammengesteckt?«, hatte Ramona am Telefon gefragt. »Mit Kannibalen«, antwortete Brittany trocken. Beide mussten kichern.

An jenem Nachmittag wurden Ramona und ich in die Cafeteria des Krankenhauses gebracht. Der Raum mit den hohen Decken wirkte steril. In der Mitte standen große, runde Tische und an den Wänden Automaten mit Softdrinks und Süßigkeiten. Nach wenigen Minuten erschien Brittany. Sie trug ein graues, langärmliges T-Shirt, rote Outdoor-Sandalen und Jeans. Eine Pflegerin begleitete sie und saß während unserer Unterhaltung an einem anderen Tisch. Brittany lehnte die Obstaufläufe ihrer Mutter zunächst mit dem Hinweis ab, sie habe im Krankenhaus bereits stark zugenommen. Doch nach einer Weile entspannte sie sich und naschte unter dem Tisch von den Mitbringseln. Sie erzählte uns von den jüngsten Ereignissen: Ein männlicher Pfleger schlage Frauen, die Angestellten fachten gerne Streit unter den Patientinnen an, und als sie einmal die Fäkalien einer Zimmergenossin nicht habe aufheben wollen, habe der männliche Pfleger sie an die Wand gedrückt, ihr den Arm hinter dem Rücken verdreht und sie später aufgefordert, sich ihm nackt zu zeigen. Diese Darstellungen wurden später von einer anderen Patientin bestätigt.[3]

Ramona wusste bereits, dass es in Bryce nervenaufreibend war, weil Brittany ihr Seiten aus ihrem Tagebuch geschickt hatte: »16. Mai: verletzter Ellbogen… sexueller Übergriff, während ich schlief«, hatte sie in ihrer geschwungenen Schrift festgehalten. Eine Zimmergenossin hatte sie im Schlaf angefasst. »Juni: Meine

3 Der Vertreter der Patientinnen und Patienten von Bryce reagierte nicht auf unsere Anrufe. Später stellte sich heraus, dass er wegen des Besitzes von Kinderpornographie festgenommen worden war und nicht mehr für Bryce arbeitete. Er plädierte auf nicht schuldig.

Schulter schmerzt heute so sehr.« »5. Juni: Donna hat die siebzehnjährige Jaleria geschlagen.« Dann wurde die Schrift sauberer und deutlicher: »Heute fühle ich mich schlecht… Ich habe meine Kinder seit Monaten nicht gesehen. Bestimmt sehen sie anders aus. Bestimmt etwas größer. Ich wusste nicht, dass Mutterschaft so schmerzhaft sein kann.« Brittany schickte ihrer Mutter aber auch weniger traurige Tagebucheinträge, in denen sie den Humor des alltäglichen Lebens in Bryce beschrieb: »Steph… hat ihre Nase einmal an meiner Hand abgewischt…« Auch schöne Überraschungen kamen vor: »Als ich heute früh aufgewacht bin, lag neben mir im Bett ein Schokoriegel :). Das hat mir den Tag gerettet.«

Brittany versuchte, mit uns zu sprechen, ohne sich aufzuregen. »Ich habe hier drinnen so viel erlebt. Es gibt niemanden, der sich so zusammenreißen kann wie ich«, sagte sie. Dann fing sie an zu weinen. Ramona streichelte ihr beruhigend über den Rücken. Brittany sagte ihrer Mutter, wenn man sie »wie ein Tier im Käfig« behandle, werde sie sich auch wie ein solches benehmen. Ramona flehte sie an, nichts zu tun, was ihren Aufenthalt in Bryce verlängern könnte. Brittany versprach es ihr, sagte aber, es sei schwer, sich weiterhin zusammenzureißen. »Ich habe mich hier drinnen gefunden, aber jetzt bin ich dabei, mich wieder zu verlieren«, erklärte sie mir.

Kurz vor dem Ende unseres 30-minütigen Besuchs ging Ramona zu der Pflegerin, die unsere Unterhaltung beobachtet hatte. Sie wollte von der Pflegerin wissen, ob Brittany ihrer Ansicht nach in Bryce sein sollte. Die Pflegerin meinte, Brittany sei »zur falschen Zeit am falschen Ort« gewesen und sie bemühe sich, sie hinauszubekommen. Ramona nickte. Sie empfand die Aussage als beruhigend und beunruhigend zugleich.

Eine andere Pflegerin, Tamichael Mallisham, arbeitete seit fast einem Jahr in Bryce, als Brittany in jenem März dort eingewiesen wurde. Mallisham war bei den Patientinnen besonders beliebt. Ich rief sie an, um sie zu fragen, ob Brittany es ihrer Meinung nach verdient hatte, in Bryce zu sein. Mallisham antwortete, »die Neue« habe auf sie anfangs zwar verängstigt gewirkt, scheine aber keine so großen Probleme zu haben, dass sie in einer Psychiatrie sein müsse. Je besser Mallisham Brittany kennenlernte, umso überzeugter sei sie gewesen, dass Brittany nicht dorthin gehörte. Die meisten Patientinnen in Bryce hatten schwere psychische Störungen und konnten in der Außenwelt nicht funktionieren. Sie waren manisch, gewalttätig oder verletzten sich selbst. »Brittany war aufgrund des Erlebten depressiv«, so Mallisham. »Aufgrund der Situation, der Tatsache, dass sie nicht bei ihren Kindern sein konnte, und der Ungewissheit hinsichtlich ihrer Zukunft.« Sie hatte das Gefühl, Brittany handele und reagiere so, wie jeder in ihrer Situation es tun würde, und habe sich sogar besser im Griff als die meisten Menschen.

Brittanys ansteckender Humor führte dazu, dass die meisten Patientinnen sie gern um sich hatten. Nachts auf der Station weinte sie aber oft, und Mallisham versuchte, sie zu trösten. Wie Ramona warnte auch sie Brittany davor, unüberlegt zu handeln und dadurch eventuell länger in Bryce bleiben zu müssen. »Tu, was du tun musst, um hier herauszukommen«, so Mallisham. »Tu es, damit du deine Kinder wiedersiehst.« Brittany wurde ruhiger, wenn sie miteinander sprachen. Bei den anderen Patientinnen war das laut Mallisham nicht so.

Mallisham erzählte, sie habe nach einer Vergewaltigung eine Tochter bekommen und glaube, dass diese Erfahrung sie zu einer besseren Pflegerin mache, weil sie ihren Patientinnen emphatischer gegenübertreten könne. Jede Frau in Bryce habe in ihrem Leben körperliche, sexuelle, verbale oder psychische Gewalt erfahren, ehe sie in der Psychiatrie gelandet sei. Ich meinte, das sei durchaus bemerkenswert. »Nein«, erwiderte sie, »bemerkenswert ist, dass Männer Frauen so etwas antun können und wir dann für verrückt erklärt werden.«

Auf der Rückfahrt wirkte Ramona energischer als zuvor. Sie war entschlossen, Brittany aus der Psychiatrie zu holen, ihr einen besseren Rechtsbeistand zu organisieren und das Verfahren in einen anderen Bezirk verlegen zu lassen. Sie hatte das Gefühl, das Richterin Holt und eine potenzielle Jury in Jackson County voreingenommen waren, weil Brittany eine arme Frau und frühere Drogenabhängige war. Auch nach der Absenkung auf 100 000 Dollar war Brittanys Kaution immer noch höher als notwendig, was laut der Lokalmedien am Verhältnis zwischen Brittany und dem Gericht lag.

Gelänge es nicht, das Verfahren in einen anderen Bezirk zu verlegen, wollte Ramona sicherstellen, dass jeder im Ort die ganze Geschichte erfuhr. Alle sollten wissen, was ihre Tochter durchgemacht hatte. »Ich bin euch wahrscheinlich allen ein Dorn im Auge«, sagte sie, als wir Stevenson erreicht hatten.

Im Juni biegen sich die Bäume Alabamas unter der Hitze. Moskitos sind überall, hinterlassen rote Schwellungen an den Armen und stören, wo man geht und steht. Hunde laufen frei herum oder zerren an Leinen, Kinder spielen kreischend Fangen, und Teenager kiffen im Wald, die elterlichen Ausgehzeiten bis zum Äußersten ausreizend. Die Straßen riechen nach Regen.

Eines Abends, einige Tage nach unserem Besuch in Bryce, lud Ramona einige Frauen zu sich ein, um zu überlegen, wie man gemeinsam für Brittany kämpfen könnte. Die Frauen saßen hinter dem Haus auf dem ausgetrockneten Gras oder auf Gartenstühlen, aßen Lasagne, Shrimps und Brathuhn. Ramona hatte Kuchen gebacken. Sandra, die Aktivistin, war auch gekommen, genau wie Todds Ex-Frau Paige und deren Mutter Anita Parker. Auch Sherrie Saunders, die Podcasterin und Aktivistin war dabei. Inzwischen hatte sie zwei Folgen über Brittany veröffentlicht. Die Frauen kannten einander kaum, unterhielten sich aber gut. Es war egal, dass Sandra reich war, eine Dior-Sonnenbrille trug und ein großes

Haus am Hang besaß, während Saunders eine queere Mutter aus der Arbeiterklasse und einem Hang zu vulgärer Ausdrucksweise war. Es war egal, dass Paige nach der Scheidung von Todd zum tätowierten Freigeist geworden war, deren Lieblingsbeschäftigung darin bestand, Pilze im Wald zu identifizieren, während Ramona eine müde Hausfrau war, die gerne lange in der Badewanne lag und im Bett Netflix schaute.

Alle Frauen hatten vergleichbare Gewalt erlebt. Sandra, die gleich hinter der Grenze in Georgia aufgewachsen war, berichtete, ihr Vater habe sie jahrelang vergewaltigt. Als sie ein Teenager war, wurde endlich der Sheriff gerufen, doch der »sagte meinen Eltern, sie sollten mich schlagen, weil ich lüge«. Mit 18 ging Sandra von zu Hause fort, sah ihren Vater nie wieder und machte eine Therapie, um sich ihre »Macht zurückzuholen«. Die Podcasterin Sauders erzählte, auch sie sei von ihrem Vater in Alabama vergewaltigt worden. Als Mitarbeiter des örtlichen Sheriffs sei er nie bestraft worden. »Ich bin zurück, wegen meines Vaters, wegen meines achtjährigen Kinds und wegen der Dinge, die 1981 in Jackson County mit mir passiert sind«, so Saunders. Alle Frauen nickten zustimmend. »Ich hole mir meine Gerechtigkeit durch Brittany.« Paiges Mutter Anita, die sich bislang angeregt unterhalten und an ihrem Wein genippt hatte, wurde wütend. Sie war entsetzt darüber, wie Frauen hier in der Gegend behandelt wurden und dass man »als Frau den Mund halten soll, weil man nichts Besseres verdient hat.« Zur Kultur hier im Süden gehöre es, alles im Verborgenen zu halten, vor allem häusliche Gewalt.

Anita erzählte mir von einem Baseballspiel. Ihre Tochter Paige war damals acht Jahre alt. Todds Tante hätte scherzhaft gesagt, die beiden könnten später einmal heiraten. Schon damals fand Anita das nicht witzig, denn sie wusste, was bei Todd zu Hause los war. Als Todd und Paige Anfang der 2000er Jahre heirateten, weigerte Anita sich, an der Zeremonie teilzunehmen, weil Todd immer wieder in Schwierigkeiten geraten war. Sie begriff nicht, warum sich Paige, die sie für intelligent, witzig und sympathisch hielt, gerade für ihn entschieden hatte. Aber sie wusste auch, dass Todd in der Highschool der beliebteste Junge mit dem coolsten Sportwagen gewesen war und sie ihre Tochter nicht aufhalten konnte.

Nicht lange nach der Hochzeit zogen Todd und Paige in ein Wohnmobil in Monteagle Mountain im südlichen Tennessee. Auf die Hochebene gelangte man nur über eine der gefährlichsten Straßen des Landes. Anita betrachtete den Umzug im Nachhinein als Versuch, ihre Tochter zu isolieren. Damals aber dachte sie sich nicht viel dabei. Ihr fiel auf, dass Paige und sie bald nicht mehr täglich Kontakt hatten, schrieb das aber der Tatsache zu, dass ihre Tochter in einen neuen Lebensabschnitt eingetreten war. Wann immer Anita Paige anrief und fragte, wie es ihr ginge, wechselte ihre Tochter das Thema. Sie wirkte immer ängstlicher und zurückgezogener. Eines Tages merkte Anita, dass Paige sich eine Weile nicht bei ihr gemeldet hatte und nicht ans Telefon ging. Voller Sorge fuhr sie ohne Absprache zu Paige.

Das Wohnmobil auf dem Hochplateau wirkte friedlich, doch Anita konnte das Gefühl nicht abschütteln, dass etwas nicht stimmte. Sie erzählt, dass sie zunächst an alle Fenster klopfte und im Wohnmobil keine Geräusche oder Bewegungen wahrnehmen konnte. Da Todds Auto nicht da war, wusste sie aber, dass Paige zu Hause war und Todd nicht. Todd erlaubte Paige nämlich nicht, sein Auto zu benutzen. Das war Anita schon immer merkwürdig vorgekommen. Anita hämmerte an die Hintertür. Endlich entdeckte sie Paige, die »wie in Trance« auf dem Sofa saß. »Natürlich hatte er sie verprügelt. Ihre Stirn war so geschwollen.« Anita demonstrierte mit ihrer Hand den Abstand zu ihrer Stirn. »Er hat sie gebissen, er machte all diese sadistischen…« Sie brach ab. »Ich meine, ich musste minutenlang an die Tür hämmern und schreien, bis es mir gelang, Paige aus ihrer Trance aufzuwecken« und sie dazu zu bringen, die Tür aufzumachen. »Aber sobald sie mich sah, sagte sie, ›Los, Mama, lass uns fahren‹«. Im Gehen sah Anita, dass die Telefonkabel aus den Wänden gerissen waren.

Noch Jahre später machte Anita sich Vorwürfe, die Warnzeichen des Missbrauchs nicht früher erkannt zu haben. Vielleicht wusste Anita, was vor sich ging, wollte es aber nicht akzeptieren. Als Paige wieder zu Hause war, reichte sie die Scheidung ein. Daraufhin drohte Todd, sie umzubringen. Anita schwor, Todd nie wieder in die Nähe ihrer Tochter zu lassen. Doch Paige bekam bald Arbeit in einem nahegelegenen Restaurant und erzählte ihrer Mutter eines Tages, dass sie Todd in einer Fastfood-Kette treffen würde, um ihre Habseligkeiten zurückzuerhalten. Als Anita mitten in der Nacht aufwachte und Paige nicht zu Hause war, geriet sie in Panik. Im Podcast berichtete Paige Saunders, was als Nächstes geschah: Todd verprügelte sie, fesselte sie mit Klebeband an einen Stuhl und warf sie in den Tennessee River, wo sie ertrinken sollte. Eine Freundin entdeckte sie und konnte sie retten.

Während Paige verschwunden war, trat Anita in Aktion. »Ich hatte einen Plan, von dem ich niemandem erzählt habe, nicht einmal meinem Ehemann, denn wenn man so etwas plant, erzählt man besser niemandem davon«, erklärte sie mir in verschwörerischem Ton. Anita wartete, bis ihr Ehemann schlafen ging, was er früh zu tun pflegte, und fuhr dann zum Haus ihrer Schwester. Sie war sich sicher, dass Todd Paige umbringen würde, »also holte ich die Dinge [bei meiner Schwester ab], die ich für meinen Plan brauchte, damit er weder ihr noch anderen jemals wieder weh tun konnte.«

Während Anita Richtung Monteagle Mountain fuhr, rief ihre Schwester Anitas Ehemann an und erzählte, seine Frau sei überraschend vorbeigekommen. Anita war schon fast auf der Interstate zum Hochplateau, als sich hinter ihr ein Auto mit hoher Geschwindigkeit näherte. Es war ihr Ehemann, der sie zur Umkehr bewegen wollte. Doch Anita blieb stur. Sie stritten und entschieden schließlich, gemeinsam zu Todds Wohnmobil zu fahren. Paige saß zusammengeschlagen an der Wand. Anita berichtet, sie habe zu einem Baseballschläger gegriffen und Todd damit geschlagen. Dann habe ihr Ehemann Todd mit einer Pistole einen Hieb verpasst und einen Schuss neben dessen Kopf abgegeben, ehe er den Baseballschläger auf Todds Kopf zerbrochen habe. »Aber das war noch gar nichts«, so Anita, verglichen mit den Prügeln, die sie Todd mit den Bruchstücken des Schlägers verpasst habe. Dabei dachte sie: *Gott, das ist nichts im Vergleich zu dem, was du mit meiner Tochter gemacht hast.*

Über diesen Vorfall aus dem Jahr 2004 findet sich nichts in den Polizeiakten. Laut Anita war Todd so schwer verletzt, dass er mit dem Hubschrauber in ein Krankenhaus geflogen werden musste. Die örtliche Polizei, die vielleicht wusste, dass beide Seiten Unrecht begangen hatten und eine Art ausgleichende Gerechtigkeit am Werk war, wies alle an, nach Hause zu gehen. Nisbett und Cohen erläutern in *Culture of Honor*, dass der Süden lange Zeit eine bevölkerungsarme Grenzregion war, so dass die Menschen dort »ihr eigenes Ordnungssystem« entwickelten. Dazu gehörte die »Regel der Vergeltung: wenn du mir etwas tust, bestrafe ich dich.« Das schien für Männer wie Frauen zu gelten.

Als Anita Jahre später von Todds Tod erfuhr, hätte sie erleichtert sein müssen, fühlte sich aber nur taub. Sie warnte ihre Tochter, sich zu intensiv mit Brittanys Fall zu beschäftigen, weil sie dadurch erneut traumatisiert werden könnte. Nachdem Paige für den Podcast interviewt worden war, wirkte sie nach Aussage ihrer Mutter kränklich und blass. Anita ging mit Paige zu Ramonas Barbecue, um ihre Tochter zu unterstützen, hoffte aber, das sei das letzte Mal, dass Paige mit der Sache zu tun habe.

Als die Party zu Ende ging, verabschiedeten sich die Frauen voneinander. »Sei auf der Rückfahrt vorsichtig«, sagte Anita zu Paige. Dann begleitete Ramona alle nach draußen.

Pass einfach auf.

Nach fast sieben Monaten im Bryce Hospital wurde Brittany im September 2019 endlich entlassen und ins Gefängnis von Jackson County zurückgebracht. Die neue Kaution betrug 6000 Dollar. Ramona gab die Besitzurkunden der beiden alten Autos der Familie und den Ehering ihrer Mutter in Zahlung, um den Betrag aufzubringen.

Sie holte ihre Tochter an einem strahlend sonnigen Tag aus dem Gefängnis ab. Die beiden fuhren zum Haus von Brittanys Onkel, um die Kinder zu besuchen. Als Brittany das Haus betrat, rannte ihr achtjähriger Sohn, der Paläontologe werden wollte, auf sie zu und berichtete ihr aufgeregt von den Dinosauriern, die er in *Jurassic World 2* gesehen hatte. »Ich habe sogar den brüllenden Saurier gesehen!«, sagte er. In diesem Moment kam Brittanys Zehnjähriger, ein stiller, sensibler Junge, hinzu. Er fiel Brittany so heftig in die Arme, dass beide umkippten und auf der Couch landeten. Er hielt seine Mutter fest umschlungen und wollte nicht loslassen. Brittany schloss die Augen, zog ihr Kind fest an sich und küsste es auf den Kopf. Beide mussten weinen.

»Hier, Mama«, unterbrach der Achtjährige und hielt einen seiner Plastikdinosaurier hoch. Brittany nickte nur und umarmte ihren älteren Sohn noch fester.

***

Im Januar 2020 sollte nun endlich Brittanys Stand-Your-Ground-Anhörung stattfinden – fast zwei Jahre nach der Vergewaltigung und den Schüssen. In letzter Minute hatte das Gericht entschieden, Brittany einen zweiten Rechtsbeistand zur Seite zu stellen. Ron Smith, ein angesehener Anwalt aus Huntsville, Alabama, scherzte, er sei die »Putztruppe«, die Brittanys Fall nun zu Ende bringen werde. Er war breitschultrig, nerdig, sympathisch und für seine direkte Art bekannt.

Kurz vor Brittanys Anhörung machte die Staatsanwaltschaft von Jackson County Brittany ein letztes, schriftliches Angebot. Man habe sich mit Todds Familie beraten und biete Brittany 25 Jahre Gefängnis an, wenn sie sich des Totschlags schuldig bekennen würde. Brittany lachte erst über den Brief, dann schob sie ihn wütend beiseite. »Ich bekenne mich überhaupt nicht schuldig«, erklärte sie mir – auch, weil ihre Kinder dabei waren. »Denn ich bin unschuldig. Lieber gehe ich unschuldig ins Gefängnis, als mich zu etwas zu bekennen, was ich nicht getan habe.«

DER BUNDESSTAAT ALABAMA GEGEN BRITTANY SMITH

Das Gemälde Judith und Holofernes aus dem 17. Jahrhundert zeigt, wie Judith General Holofernes enthauptet, weil er, so die biblische Überlieferung, ihre Heimatstadt und ihr Volk vernichten wollte. In einigen Übersetzungen heißt es auch, Holofernes habe Judith mit »unkontrollierbarer Begierde« bedrängt.

Die Malerin, Artemisia Gentileschi, wurde selbst von ihrem Mentor vergewaltigt und griff ihn deshalb mit einem Messer an. Bei ihrem Gerichtsprozess in Rom beharrte Artemisia darauf, dass sich die Vergewaltigung ereignet habe und sie allen Grund hatte, sich zu wehren. In den Gerichtsakten ist festgehalten, wie sie »*E vero, e vero, e vero*«, sagte, als man ihr Schnüre um den Finger wickelte, um ihre Ehrlichkeit zu prüfen. »Es ist wahr, es ist wahr, es ist wahr.«

Am 14. Januar 2020, dem Morgen von Brittanys Stand-Your-Ground-Anhörung, stellte sich Ramona mehrere Wecker auf ihrem Smartphone: Ein Krähen, eine Polizeisirene, quakende Frösche und den ohrenbetäubenden Lärm einer Warnsirene. Sie hatte in den vergangenen Tagen nicht gut geschlafen, genau wie Brittany. Beide fürchteten, nicht rechtzeitig aufzuwachen. Ramona träumte in jener Nacht von ihren Eltern, die ihr über die Schultern blickten. Auch Brittany, die übernächtigt im Gästezimmer ihrer Mutter erwachte, träumte von ihrer Großmutter.

In ihrem Traum lachte MawMaw, was Brittany als gutes Zeichen interpretierte.

In den zurückliegenden Wochen hatte Brittany Geoden aus dem Tennessee Valley gesammelt und aufgebrochen, um die innenliegenden Kristalle freizulegen. Sie empfand diese Tätigkeit als meditativ, als eine Beschäftigung, die sie davon abhielt, wieder dem Meth zu verfallen. Eine Bekannte von früher hatte es ihr angeboten, und es übte erneut eine gewisse Anziehungskraft aus. Noch im Schlafanzug, mit zerzausten Haaren und vom Schlaf verquollenen Augen wählte Brittany einige Geoden aus, um sie als Glücksbringer zu der Anhörung mitzunehmen. Die harten, festen Steine würden ihr bei ihrer Aussage Standfestigkeit verleihen.

Als ihre Mutter das Zimmer betrat, um angesichts des kurz bevorstehenden Gerichtstermins nachzusehen, ob Brittany wach sei, wollte diese von Ramona wissen, was sie anziehen sollte. »Mach dich richtig schick, mein Schatz. Wenn du ausgehst, dann mit Stil«, antwortete Ramona. Brittany verzog das Gesicht: »Ich gehe nicht aus.« »Ich weiß, mein Schatz, ich weiß.«

Brittany entschied sich für blaue Jeans, ein geblümtes Hemd und einen lockeren Pulli. Sie trug leichtes Make-up auf und band die Haare zu einem schlichten Zopf zusammen, »wie Katniss«, die rebellische Protagonistin der *Hunger Games*. Katniss sucht im Wald nach Nahrung, lässt ihre schwierige Kindheit hinter sich und wird zur Beschützerin. »Du siehst toll aus, Liebling«, sagte Ramona zu ihrer Tochter. Doch Brittany wollte nicht toll aussehen. »Ich will…« Sie wusste nicht, wie sie aussehen sollte. Hübsch, aber nicht zu hübsch. Mutig, aber auch zurückhaltend. Gepflegt, so viel war klar. Ihr Anwalt Mick hatte ihr geraten, ihre Tätowierungen zu verdecken, was sie versuchte, obgleich sie es albern fand. Die langen Ärmel versteckten die meisten Tätowierungen: die vier Elemente, die für ihre vier Kinder standen, den Schriftzug *You are my Sunshine* – das Lied, das sie ihren Kindern abends gerne vorsang –

und das geschwungene *que será, será* auf ihrem Arm (was geschieht, geschieht). Diese letzte Tätowierung hatte sich Brittany nach dem Tod ihres Babys Will stechen lassen. Das rosafarbene Punk-Diadem auf ihrem Hals konnte sie nicht verbergen.

Auf der Fahrt nach Scottsboro ließ Brittany das Autofenster herunter, zündete sich eine Zigarette an und drehte einen Song von Tupac Shakur auf, der davon handelte, vor der Polizei wegzulaufen. Dann spielte sie einen baptistischen Popsong ab, den sie lauthals mitsang. Ihre Lieblingssongs gaben ihr die Selbstsicherheit und Stärke, die sie im Gericht brauchen würde. Als sie und Ramona vor dem Gerichtsgebäude ankamen, nickte Brittany ihrer Mutter zu. Sie war bereit für ihre Aussage.

In Saal II des Gerichtsgebäudes von Jackson County standen Holzbänke und ein hölzernes Richterpodium. Die großen Holzfenster waren gekippt, um etwas Luft in den Raum zu lassen. Fotos der ehemaligen Richter – allesamt Männer – hingen in goldenen Rahmen an den Wänden. Brittanys Anwalt James Mick saß neben Brittanys neuem Anwalt Ron Smith aufseiten der Verteidigung.

Smith, der eine Autostunde entfernt in der weit größeren Stadt Huntsville wohnte, erzählte mir, er halte Brittanys Geschichte für glaubwürdig und ihre Schüsse auf Todd eindeutig für Selbstverteidigung. »Es entspricht genau dem, was die Polizei tun würde, wenn sie auf eine solche Situation stoßen und jemand gewürgt wird«, so Smith. Viele Polizisten hielten den Würgegriff für eine potenziell tödliche Bedrohung. Smith hatte sich tagelang auf die Anhörung vorbereitet: Ungeachtet der geringen Bezahlung, die er für Brittanys Verteidigung bekam, hatte er bis spät in die Nacht nach Präzedenzfällen gesucht, die das Argument der Selbstverteidigung unterstützen könnten. Er war sicher, dass sie das Recht auf ihrer Seite hatten und er und Mick das Gericht nur davon überzeugen müssten.

Auf der anderen Seite des Saals saß Bezirksanwalt Jason Pierce, der den Staat in diesem Fall vertrat und gesagt hatte, Brittany gehöre nach Bryce, weil sie Todd im »Wahn« erschossen haben könnte. Pierce trug einen royalblauen Anzug und hatte die glänzenden, braunen Haare zur Seite gekämmt. Vor sich hin schmunzelnd überblickte er den Saal. Bei Stand-Your-Ground-Anhörungen lag die Beweislast nicht beim Staat, sondern bei der Verteidigung: Sie musste belegen, dass Brittany im Recht war, als sie Todd erschoss. Pierce hatte die leichtere Aufgabe: Er musste Brittany schuldig aussehen lassen. Eric Woodall, der Bezirksermittler, der Brittany nach ihrem ersten Bekenntnis zu den Schüssen verhört hatte, saß neben dem Bezirksanwalt, bereit, die Anklage jederzeit zu unterstützen.

Die Bänke knarzten unter dem Gewicht des Publikums. Die lokale und nationale Presse war anwesend – darunter auch ich. Manche blätterten in Notizheften oder schrieben etwas auf. Zu diesem Zeitpunkt verfolgte ich Brittanys Fall bereits seit neun Monaten und hatte einen langen Artikel darüber im *New Yorker* veröffentlicht. Lokalreporterinnen, die kurze Texte über den Fall geschrieben hatten, verfolgten die Entwicklungen im Zuge des nationalen Interesses nun genauer. Auf den mittleren Bänken saßen dicht gedrängt Brittanys Unterstützerinnen, darunter einige ihrer Freundinnen, Nachbarinnen von Ramona, Sandra Goodman, Sherrie Saunders und einige Frauen, die niemand zu kennen schien. Todds Cousin Jeff setzte sich mit seiner neunzehnjährigen Tochter etwas abseits. Brittany saß vorne bei ihren Anwälten und senkte den Blick, als Jeff den Raum betrat. Sie hoffte, die Wachleute hatten ihn auf mitgeführte Waffen überprüft.

In Jeffs Nähe saßen noch weitere Familienmitglieder von Todd. Sie sprachen mit niemandem und hielten die Blicke gesenkt. Amanda Reed, Todds Ex-Freundin und Mutter seines Kinds, war nicht anwesend. Später schrieb sie mir auf Facebook, die Leute sollten wissen, dass Todd ein »guter Mann« gewesen sei und »nicht verdient hat, was ihm passiert ist«.[1] In einer der hinteren Reihen saßen mit verschränkten Armen der Sheriff Chuck Phillips und sein Mitarbeiter.

Bemerkenswerterweise fehlten einige Leute – etwa Paige Parker, Todds Ex-Frau, die der Verteidigung eine entscheidende Aussage hinsichtlich Todds Gewalttätigkeit hätte liefern können. In den vergangenen Wochen hatte Paige Gerüchte gehört, Brittany habe früher Methamphetamine genommen. Aufgrund dieser Information und der Warnung ihrer Mutter, den Missbrauch durch Todd vor Gericht noch einmal durchleben zu müssen, entschied sie, nichts mit dem Fall zu tun haben zu wollen. Noch spürbarer war vielleicht die Abwesenheit von Brittanys Bruder Chris McCallie. Da er es war, der die Waffe in Brittanys Haus gebracht und angegeben hatte, von Todd gewürgt worden zu sein, als Brittany die Schüsse abfeuerte, war er eine Schlüsselfigur in dem Fall. Doch Chris war selbst angeklagt, weil er die Polizei angelogen und die Waffe abgewischt hatte. Sein Anwalt hatte ihm geraten, die Aussage zu verweigern. Außerdem hatte Chris eine leichte Lernschwäche, und Brittanys Anwälte fürchteten, er könne sich bei der Zeugenaussage in Widersprüche verstricken. Deshalb war er der Anhörung ferngeblieben. Später erzählte mir Chris, im Falle einer Aussage hätte er einen Punkt besonders deutlich gemacht: »Es ging ums Überleben: entweder er oder wir.«

Dawn Hendricks, eine Privatermittlerin, die Smith für Brittanys Fall angeheuert hatte, saß im Nebenraum und bereitete die Zeugen auf ihre Aussagen vor. Hendricks war eine ehemalige Polizistin. Sie hatte die Polizeiarbeit zugunsten der Ermittlungstätigkeit aufgegeben, weil sie gemerkt hatte, dass die Verteidigung oft Hilfe benötigte. »Ich bin für die Außenseiter. Ich glaube, das war

---

1 Todds Tante, die das Sorgerecht für seine Tochter hatte, wollte das nicht kommentieren.

ich schon immer«, so Hendricks. Sie trug Kurzhaarschnitt, enge, pastellfarbene Poloshirts, und trank aus einer Kaffeetasse, auf der stand: »Warum versucht ihr alle, den Jesus in mir auf die Probe zu stellen?« Hinsichtlich dessen, was das Gericht von ihren Zeugen hören würde, war sie optimistisch.

Sorgen machte Hendricks jedoch Staatsanwalt Pierce. Sie wusste, dass Staatsanwälte oft die Glaubwürdigkeit weiblicher Angeklagter in Zweifel zogen, und dass Brittanys Drogenkonsum die Anhörung beeinflussen würde – selbst, wenn er unerwähnt bliebe. Jackson County ist so klein, dass jeder jeden kennt, und den Meth-Abhängigen begegnet man dort nicht gerade mit Milde. Hendricks glaubte, dass Brittany außerdem der Verlust des Sorgerechts für ihre Kinder schaden konnte. »Wenn eine Frau ihre Kinder verliert, dann war's das.« Sie fürchtete auch, Brittanys anfängliche Lüge über die Schüsse lasse sie in den Augen des Staatsanwalts unehrlich wirken und dieser könne das Thema immer wieder aufbringen.

Trotzdem ist das Prinzip der Selbstverteidigung in Alabama tief verankert. Das Motto des Bundesstaats lautet: *Wir wagen es, unsere Rechte zu verteidigen.* Diese Worte sind sogar auf dem Staatswappen zu lesen. Hendricks glaubte daher, wenn es der Verteidigung gelänge, die geschlechterbasierten Vorurteile zu überwinden und zu beweisen, dass Brittany sich in Gefahr befunden hatte, standen die Chancen gut, das Stand-Your-Ground-Verfahren zu gewinnen.

Das Publikum wurde still, als Richterin Jenifer Holt hinter dem Richterpult Platz nahm. Holt spähte über den Rand ihrer Brille. Sie stand kurz vor der Pensionierung. Lehnte sie Brittanys Stand-Your-Ground-Gesuch ab, würde sie wahrscheinlich in den folgenden Monaten den Vorsitz über Brittanys Mordprozess innehaben – als einen ihrer letzten Fälle. Es war 13.40 Uhr; die Anhörung hätte bereits vor zehn Minuten beginnen sollen. »Das ist CC-18–323, der Bundesstaat gegen Brittany Joyce Smith«, sagte sie bestimmt.

»Sind alle Parteien bereit?« Pierce, Mick und Smith bestätigten ihre Bereitschaft. Brittany holte tief Luft und nickte.

Als Erste wurde die Krankenpflegerin Jeanine Suermann in den Zeugenstand gerufen. Sie hatte Brittany nach dem sexuellen Übergriff medizinisch untersucht. Im Gerichtssaal wurde es still. Suermann trug Pferdeschwanz und einen ordentlich gebügelten Rock. Sie beschrieb dem Gericht ihre Qualifikationen. Bei Crisis Services of North Alabama hatte sie 112 Untersuchungen in Fällen sexueller Übergriffe durchgeführt sowie 85 Untersuchungen nach häuslicher Gewalt. Sie hatte bereits in der Notaufnahme und der forensischen Medizin gearbeitet. Suermann sagte aus, Brittany sei an jenem Morgen früh ins Zentrum gekommen und habe berichtet, sie sei vergewaltigt worden, habe sich gewehrt und »ihn überall gekratzt, wo ich konnte«.

Dann beschrieb Suermann die 33 Verletzungen, die sie bei Brittany festgestellt hatte. Sie verlieh ihren Schilderungen eine gewisse Leichtigkeit, als wolle sie das Gericht nicht zu sehr mit den grausamen Details belasten. Während sie von den Hautabschürfungen sprach, die »zu einer Bisswunde passten«, von einem Hämatom in Form eines Handabdrucks und Hinweisen auf Strangulation erzählte, lehnten sich viele Zuhörer aufmerksam nach vorn. Suermann erwähnte mehrfach die Petechien an Brittanys Haaransatz und Hals – jene punktförmigen Einblutungen, die auf extremen Druck hindeuten. Während ihrer Ausführungen wurden auf einem Monitor Fotos von Brittanys Verletzungen gezeigt, damit alle im Gericht sie sehen konnten. Brittany blickte starr geradeaus oder auf ihre Füße und zwang sich, nicht zu weinen.

»Was folgern sie daraus?«, fragte Mick. »Ich glaube, sie wurde gewürgt«, so Suermann. »Ich glaube, sie hat viele Prellungen und Hämatome. Deshalb denke ich, dass sie mehrfach geschlagen und wahrscheinlich niedergedrückt wurde.« Laut Suermann waren die Verletzungen umfassend. Sie fügte hinzu, dass es möglich sei, dass dieses Erlebnis bei Brittany eine PTBS ausgelöst habe, die sie möglicherweise jahrelang beeinträchtigen könnte. Mick fragte Suermann, ob sie mit Sicherheit sagen könne, dass ein sexueller Übergriff stattgefunden habe. Das war zwar für Brittanys Inanspruchnahme der Selbstverteidigung nicht nötig, hätte aber ihre Glaubwürdigkeit gestützt. Da es keine eindeutige Spermienspur gab, verneinte Suermann die Frage. Judge Holt spitzte die Lippen. Suermann fügte hinzu, in den meisten Fällen sexueller Übergriffe gäbe es keine DNA-Beweise, so dass dieser Befund nicht von großer Bedeutung sei.

Der Staatsanwalt überließ Suermanns Befragung seiner Mitarbeiterin. Diese führte mehrere Gründe an, Brittany nicht zu glauben. Auf der ersten Seite des Untersuchungsbogens, den Brittany nach dem Übergriff ausgefüllt hatte, habe sie bei der Frage, was genau Todd ihr angetan habe, »unsicher« angekreuzt, sie habe nach der Untersuchung keine Urinprobe für einen Drogentest abgegeben und wollte auch nicht, dass die Untersuchungsergebnisse an das DHR weitergeleitet würden – jene Agentur, die ihr die Kinder genommen hatte.

Nach Suermanns zweieinhalbstündiger Zeugenaussage gab sich Ron Smith dennoch hoffnungsvoll. Brittanys Darstellungen werden »durch ihre Verletzungen bestätigt«, meinte er. Jedem, der zugehört habe, müsse klar sein, dass Todd eine echte Bedrohung dargestellt hatte. Viele im Gerichtssaal wirkten nach Suermanns Schilderungen betroffen, auch Jeff, der noch während der Aussage mit Tränen in den Augen den Saal verließ. »Ich konnte es nicht mehr ertragen«, sagte er später. »Das alles heute zu hören, hat mich krank gemacht.«

Ein Jahr, nachdem er beinahe einen Killer auf Brittany angesetzt hätte, schrieb er ihr auf Facebook: »Es tut mir aus tiefstem Herzen leid.«

Zwei weitere Zeuginnen – die Kassiererin Paige Painter und Kayla Peterson, eine enge Freundin und Nachbarin Ramonas – wurden von der Verteidigung aufgerufen und bekräftigten Brittanys Darstellung des Übergriffs. Pierce versuchte auf jede erdenkliche Weise, ihre Aussagen in Zweifel zu ziehen.

Nach Painters Aussage über Brittany als Stammkundin und die Erlebnisse an jenem Abend im Januar trat Kayla Pearson in den Zeugenstand. Mit ernster Miene berichtete sie, dass Brittany nicht gut ausgesehen habe, als sie sie am Tag nach dem Übergriff ins Krankenhaus gefahren hatte. »Ich klopfte an die Tür, begrüßte Ramona. Dann kam [Brittany] heraus«, so Pearson. »Ich musste mit dem Auto näher an die Treppe heranfahren – Brittany hatte Schwierigkeiten, die Stufen hinunterzugehen. Ich fuhr also näher heran. Sie ging vornübergebeugt. Zwei Finger waren mit Pflaster zusammengeklebt.« Pearson holte tief Luft und fuhr fort: »Ich konnte nicht richtig sehen, weil es dunkel war. Es hatte geschneit und war sehr kalt. Sie stieg ein und sagte, ihr täte der Hals weh. Sie fasste sich an den Hals und [sagte], wenn sie spreche und so, tue es weh. Sie sah aus, als hätte sie einiges mitgemacht.«

Die Zeugenaussagen der Krankenpflegerin, der Kassiererin und der Nachbarin ließen keinen Zweifel daran, dass Brittany brutal angegriffen worden war. Deshalb fragten Pierce und seine Mitarbeiterin die Frauen stattdessen, ob Brittany wirklich vergewaltigt worden sei. In schmeichelndem, heuchlerischem Ton versuchte Pierce, Brittanys Geschichte in Zweifel zu ziehen. Ob sie explizit gesagt habe, dass Todd sie vergewaltigt hatte? *Ja*, sagte Painter, die Kassiererin: »Ich weiß, dass sie das zu mir gesagt hat.« War sie sich sicher? Pierce unterstellte, sie sei vielleicht verwirrt gewesen oder habe das erst später von Brittany so gehört. Sowohl die Kassiererin als auch die Nachbarin beharrten darauf, dass Brittany die ganze Zeit gesagt hatte, vergewaltigt worden zu sein. Pierce unterstellte dennoch, die Vergewaltigung könne ein Produkt von

Brittanys wilder Phantasie oder schlicht und ergreifend eine Lüge sein.

Und das war erst der Anfang.

Seit langem wird diskutiert, ob die kriminelle Vergangenheit von Angeklagten thematisiert werden sollte, wenn diese wegen einer anderen Straftat vor Gericht stehen. Manche glauben, das Wissen über die Vergangenheit einer Person helfe, diese besser zu verstehen. Andere meinen, es führe nur zu Vorurteilen bei Richterinnen und Richtern sowie Jurymitgliedern. Sogenannte »vorausgehende schlechte Taten« dürfen manchmal angeführt werden, um auf den Charakter einer Person schließen zu lassen – aber nur, wenn sie nicht zu vorurteilsbehaftet sind. Brittanys Verteidiger und der Staatsanwalt stritten während mehrerer Zeugenaussagen darüber, ob Todds vorherige Taten in das Verfahren Eingang finden durften.

Pierce wollte nicht, dass das Gericht von Todds ungefähr 80 Festnahmen erfuhr, von denen ein halbes Dutzend Anzeigen wegen häuslicher Gewalt waren, die mehrere Frauen gegen Todd erstattet hatten – unter anderem seine Ex-Frau Paige Parker. Es konnte Brittanys Fall nur nützen, vor Gericht anzuführen, dass Todd seine Ex-Frau angeblich gefesselt, vaginal und anal vergewaltigt und seinen eigenen Vater so heftig verprügelt hatte, dass dieser ihn aus dem Haus warf. Brittanys Anwälte wussten das und ließen mehrere Zeugen aussagen, die Todds Hang zur Gewalt schildern sollten. Richterin Holt verlautete, sie würde entscheiden, ob Todds Vergangenheit vor Gericht berücksichtigt werden dürfe, sobald sie einige dieser Aussagen gehört hätte.

Eine Zeugin, die über Todds Vergangenheit sprach, war eine rotblonde Frau mit Sommersprossen, die in der Telefonzentrale der Polizei von Stevenson gearbeitet hatte. Sie sagte aus, dass Todd 2009 auf die Wache gebracht worden sei. Er habe ihr Büro betreten, sie gegen einen Schreibtisch gestoßen und versucht, ihr das Hemd vom Leib zu reißen. »Wäre nicht jemand hineingekommen«, so die Frau, »wäre es wahrscheinlich ziemlich schlimm geworden.« Sie fügte hinzu, Todd sei aus dem Büro geführt worden, hätte aber gedroht zurückzukommen und sich danach immer wieder in der Nähe des Gebäudes aufgehalten.

Ein weiterer Zeuge, ein Mann, der mit Todd aufgewachsen war, erzählte, dass er blaue Flecken an Frauen bemerkt hatte, die seiner Meinung nach von Todd geschlagen worden waren. Pierce wandte ein, dies sei Hörensagen. Schließlich fragte er den Mann, was dessen Halskette bedeuten solle. Der Mann trug ein Pentagramm um den Hals, das innerhalb der Wicca-Bewegung Bedeutung hat. »Ich interessiere mich für Hexerei«, sagte der Mann und schwieg daraufhin verwirrt. »Keine weiteren Fragen«, beendete Pierce die Zeugenbefragung und forderte vom Gericht, Todds Vergangenheit dürfe nicht weiter Gegenstand des Verfahrens sein. Der Zeuge warf ein: »Ich bin nicht sicher, was das mit meiner Religion zu tun hat.«

Richterin Holt ignorierte diese Aussage und stimmte Pierce zu. Brittanys Anwälte wirkten sichtlich entmutigt. Von nun an würde Todds gewalttätige Vergangenheit – die Festnahmen, die Prügeleien oder die häusliche Gewalt – nicht mehr von Zeugen thematisiert werden. Todds und Brittanys Handlungen würden nur noch im Vakuum jenes Abends berücksichtigt.

Manchmal kommt eine Geschichte missbräuchlichen Verhaltens vor Gericht auch gar nicht zur Sprache. 2012 erschoss Tracey Grissom, Mutter von zwei Kindern, in Tuscaloosa, Alabama, ihren Ex-Mann Hunter. Grissoms Verteidigung argumentierte, Hunter sei gewalttätig gewesen, seit Grissom die Scheidung eingereicht habe. Doch Augenzeugen sagten aus, dass Grissom an jenem Tag ohne Anlass auf ihren Ex-Mann geschossen habe. Der Staatsanwalt vermutete, sie habe es auf Hunters Lebensversicherung abgesehen.

Bei Grissoms Verfahren erlaubte das Gericht den Mitgliedern der Jury nicht, Beweise des Missbrauchs zu hören, den Grissom erlebt hatte. Ihr Anwalt Warren Freeman erzählte mir am Telefon, dass eine Freundin Fotos von Grissoms Verletzungen gemacht hatte, die mindestens so massiv wie bei Brittany waren. Als Grissom erfuhr, dass sie wegen Mordes zu 25 Jahren Gefängnis verurteilt war, schrie sie im Gerichtssaal: »Das ist nicht fair! Ich habe nichts Falsches getan! Ich habe mich nur selbst geschützt.« Später sagte eine Geschworene, wenn sie über die Einzelheiten von Grissoms Missbrauch Bescheid gewusst hätte, wäre sie für einen Freispruch gewesen.

Ein Bericht in den Lokalmedien schildert den Moment, in dem Brittany an jenem Nachmittag im Januar endlich selbst in den Zeugenstand trat: »Man hätte eine Stecknadel fallen gehört.« Brittany starrte zunächst ins Leere. Dann blickte sie die Richterin an und schwor auf die Bibel, die Wahrheit und nichts als die Wahrheit zu sagen. Sie setzte sich, holte tief Luft und strich sich den Katniss-Zopf über die Schulter. »[Ich bin aus] Kimball, Tennessee«, fing sie an. Am 16. Januar 2018, dem Tag, an dem die Schüsse fielen, habe sie in Stevenson, Alabama gelebt. »Das war mein Zuhause – mein Haus, das ich zu einem Zuhause machen wollte.« Sie dachte an den Rat, den ihr eine befreundete Anwältin einige Tage zuvor gegeben hatte: *Sieh die Richterin an, wenn du sprichst. Antworte kurz und präzise. Weine nicht zu viel.*

Als ihr Anwalt Ron Smith sie befragte, schilderte Brittany, wie sie Todd beim Kauf des Welpen begegnet war, wie Todd sie anrief, damit sie ihn im verschneiten Park abholte, und wie sie sich danach in ihrem Wohnzimmer mit ihm unterhalten habe. »Ich wollte ihm helfen«, erklärte sie. »Daraufhin wurde er wütend und sagte, ich solle nicht glauben, ich sei besser als er. Und dann – dann drehte er einfach durch.« Sie schilderte den Übergriff detailliert. Dabei brach ihre Stimme nur wenige Male. »Er würgte mich, bis ich ohnmächtig wurde. Als ich wieder zu mir kam, lag ich nackt in meinem eigenen Urin … Er hörte gerade auf, mit mir Sex zu haben, er vergewaltigte mich.« Sie hielt inne. »Dann stand er auf und tat, als sei nichts geschehen.«

Als Brittany vor Gericht darstellen sollte, wie es zu den Schüssen kam, war sie sehr deutlich: Sie habe Todd gebeten zu gehen. Er habe damit gedroht, sie und ihren Bruder Chris umzubringen. Und er würgte Chris in dem Moment, als sie schoss. »Hatten Sie Angst vor Todd?«, fragte ihr Anwalt Ron Smith. »Ja«, sagte Brittany. »Hatten Sie Angst, dass er Ihnen weh tun würde?« »Er hat mir weh getan.«

Smith bemühte sich, Fragen der Staatsanwaltschaft vorzugreifen, die Brittanys Glaubwürdigkeit in Zweifel ziehen könnten. Er fragte sie, warum sie im MAPCO nicht dem zufällig dort anwesenden Polizisten Bescheid gesagt habe, als sie ins Geschäft gekommen sei. Brittany antwortete, sie habe befürchtet, Todd könne sie durch die Glasscheiben sehen, zudem vertraue sie der Polizei nicht. Smith fragte, warum sie zunächst gelogen und Chris als den Schützen benannt habe. »Ich hatte gerade ein traumatisches Erlebnis hinter mir, und das kam einfach so raus«, sagte sie. Sie hatte noch weitere Erklärungen – die Aussicht, dass ihre Kinder bald nach Hause kommen würden, den Sexismus in Jackson County, den ihre Mutter immer beklagte –, aber diese Antwort war die einfachste und vielleicht zutreffendste. Sie war angegriffen worden, hatte jemanden getötet und Angst davor, was nun passieren würde. Smith erinnerte das Gericht daran, dass Brittany am nächsten Tag von sich aus zur Polizei ging und die Wahrheit sagte.

Schließlich versuchte Smith noch, Pierce' mögliche Fragen zur Vergewaltigung zu antizipieren. Smith wusste, dass es vor Gericht nicht nur um das Gesetz, sondern auch um Gefühle und Glaubwürdigkeit ging. Er nahm an, der Staatsanwalt würde weiterhin versuchen, Brittanys Darstellung des sexuellen Übergriffs in Zweifel zu ziehen, und fürchtete, dies könne die Entscheidung der Richterin hinsichtlich des Stand-Your-Ground-Gesetzes beeinflussen. Wenn Brittany beim Lügen ertappt würde, hielte die Richterin sie eher für schuldig. Beim Notruf hatte Brittany mit angestrengter Stimme gesagt, Todd habe »versucht«, sie zu vergewaltigen – nicht aber, dass er damit Erfolg gehabt hatte. Allerdings hatte sie den eintreffenden Polizisten an jenem Abend auch gesagt: »Er hat mich gewürgt« und »Er hat mich vergewaltigt«.

»In Ordnung«, sagte Smith freundlich zu Brittany. »Als Sie den Notruf gewählt haben – erinnern Sie sich, gesagt zu haben, dass Todd versucht hat, Sie zu vergewaltigen?« Sie antwortete, sich nicht genau an den Anruf zu erinnern. Smith fragte, ob sie sich vielleicht für die Vergewaltigung geschämt und nicht gewollt habe, dass alle Welt davon erfahre. »Nein, Sir. Ich wollte nicht allen davon erzählen.« Brittany blickte zu Boden. Als sie mit Anfang zwanzig zum ersten Mal vergewaltigt worden war, hatte sie fast niemandem davon erzählt – nur der Pflegekraft, die die Untersuchung durchführte, die am Ende nichts brachte. »Ja, es ist peinlich«, sagte sie und blickte ins Publikum, als wolle sie sagen, dass sie sich nun nicht mehr dafür schäme.

In den 1970er Jahren – Jahrzehnte, bevor Brittany in den Zeuginnenstand trat – töteten zwei Frauen in den USA ihre Vergewaltiger. Die beiden Fälle fanden in der Folge große Beachtung. Inez Garcia, eine Frau mit lockigen Haaren und kubanisch-puertoricanischer Abstammung, wurde angeklagt, einen Mann erschossen zu haben, der geholfen hatte, sie in einer Allee im kalifornischen Soledad zu vergewaltigen. Wie Brittany hatte auch sie zuerst ausgesagt, die Männer hätten versucht, sie zu vergewaltigen. Später sagte sie, sie hätten sie vergewaltigt, sie habe sich jedoch zunächst geschämt, die ganze Geschichte zu erzählen. Garcia wurde 1974 wegen Mordes verurteilt und saß zwei Jahre in Haft, gewann aber das Berufungsverfahren. Marge Piercy, eine progressive Aktivistin und Dichterin, schrieb zu dieser Zeit das Gedicht »Für Inez Garcia«: »Der Körper des Mannes ist eine Waffe, und der der Frau / ein Ziel. [...] Wir werden darauf trainiert, nachzugeben... Nett mit dem Vergewaltiger zu sprechen... Das Messer zu küssen.«

1974 tötete eine in North Carolina inhaftierte Schwarze Frau namens Joan Little einen weißen Wachmann durch elf Stiche mit einem Eispickel. Er soll versucht haben, sie zu vergewaltigen. Little war in einer armen Barackensiedlung aufgewachsen, wo sie sich um ihre neun Geschwister gekümmert hatte. Mit 19 oder 20 Jahren wurde sie erstmals wegen einer Straftat angezeigt. Little, deren Afro an die Frisur von Angela Davis erinnerte – von der sie auch unterstützt wurde –, wurde wegen Mordes angeklagt und zum Tode verurteilt. Zum Zeitpunkt ihres Prozesses schrieb Little das Gedicht »Ich bin jemand!«, in dem es heißt, sie habe »einen Weißen getötet«, um sich zu verteidigen. Der Jury war das egal. Die Menschen fanden, sie habe den elektrischen Stuhl verdient. Little wollte alles tun, um ihre Unschuld zu beweisen: »Ich werde vielleicht als das Niedrigste / auf Erden betrachtet; aber ich bin jemand!« Mit Hilfe der Black Panther Party, die vor dem Gerichtsgebäude protestierte, wurde Little letztlich freigesprochen. Damit war sie wahrscheinlich die erste Frau in den Vereinigten Staaten, die erfolgreich argumentiert hatte, dass es zur Verteidigung gegen einen sexuellen Übergriff tödlicher Gewalt bedurfte.

In den Wochen vor Brittanys Stand-Your-Ground-Anhörung sagte Ramona zu ihrer Tochter, sie mache sich Sorgen darüber, wie die Richterin und Jackson County sie betrachteten. »Ich weiß, dass sie mich hier in Stevenson für einen Niemand halten«, sagte sie, während ihre Tochter sich im Bad für die letzte Anhörung vor Verfahrensbeginn schminkte. »Weil sie Frauen nicht respektieren. Sie respektieren dich nicht.«

»Ich weiß nicht, wovon du redest«, unterbrach Brittany ihre Mutter und sah sie an. »Ich bin jemand.«

Als Pierce an der Reihe war, Brittany zu befragen, ging er zunächst langsam vor ihr auf und ab. »Guten Abend«, sagte er in gespielt höflichem Ton. Dann fragte er: »Was ist Sodomie?« Mehrere Menschen im Publikum schnappten angesichts dieser ersten Frage nach Luft. Brittany erwiderte ruhig seinen Blick. »Wenn jemand dich in den Anus vergewaltigt«, sagte sie. Pierce wollte wissen, ob sie behauptet habe, so etwas erlebt zu haben. Brittany bestätigte, sie habe dies gegenüber der Podcasterin Sherrie Saunders gesagt, und zwar in einem Live-Gespräch auf Facebook, das Brittany und Saunders zusätzlich zu den Podcast-Folgen geführt hatten. Die Untersuchung nach der Vergewaltigung habe eine Hautabschürfung an ihrem Anus ergeben, und das Gehen sei ihr nach dem Übergriff schwergefallen, wie Kayla Pearson, die Nachbarin ihrer Mutter, eben ausgesagt hatte. Brittany sagte Pierce, dass Todd sie angesichts der Ergebnisse der Untersuchung anal vergewaltigt haben musste, während sie ohnmächtig war. Doch nach der Aussage der Krankenpflegerin wisse sie, dass es dafür keine konkreten Beweise gebe. Für Brittany beweise diese jedoch nicht, dass die Tat nicht stattgefunden habe. Als Pierce fragte, ob sie sich nicht wahrheitsgemäß geäußert habe, wurde Brittany zornig. »Tatsache ist, dass wir nicht wissen, ob mir das passiert ist oder nicht«, sagte sie mit kaum verhohlener Abscheu.

Pierce ließ sich nicht beeindrucken. »Wussten Sie, ob Sie vergewaltigt wurden?« »Ja, Sir.« »Warum haben Sie gelogen und gesagt, sie seien nicht vergewaltigt worden?« Brittany antwortete, sie erinnere sich nicht gut an den Notruf, da sie gerade eine »traumatische Erfahrung« gemacht habe. Weiter sagte sie: »Ich habe einiges mitgemacht.« Der Staatsanwalt verwies erneut auf Brittanys Gebrauch des Worts »versucht«. Als im Notruf nachgefragt wurde, ob sie vergewaltigt worden sei, sagte Brittany »nein«. »Aber ich erinnere mich nicht an den Notruf. Ich erinnere mich nicht an viel«, erklärte Brittany. Der Staatsanwalt schüttelte den Kopf, als sei das absurd.

Im Lauf des Nachmittags, während die Sonne im dichten Wald hinter dem Gerichtsgebäude versank, befragte Pierce Brittany immer intensiver. Es ging hin und her, bis Pierce schließlich zu Brittany sagte: »Scheinbar haben Sie eine selektive Erinnerung.« Damit deutete er an, dass sie selbst entschied, woran sie sich erinnern wollte.

Opfervertreter wissen, dass viele Frauen es nicht sofort erzählen, wenn sie vergewaltigt wurden. Entweder, weil sie sich selbst die Schuld geben, die Vergewaltigung nicht als solche erkennen, im Schockzustand sind oder sich schämen. Darauf hatte Brittanys Anwalt Smith während ihrer Befragung bereits hingewiesen. Adde Waggoner, die Fortbildungen zur Prävention sexueller Übergriffe bei Crisis Services of North Alabama durchführt, hätte dem Gericht diese Tatsachen erklären können, wenn sie von der Verteidigung als Zeugin benannt worden wäre: »Es ist [oft] zu traumatisch für [Opfer von Vergewaltigungen] zu erkennen, dass sie tatsächlich vergewaltigt wurden. Sie waren aus Selbstschutz im Überlebensmodus.« Waggoner gestand zu, dass Menschen manchmal falsche Vergewaltigungsvorwürfe erheben, merkte aber an, es sei wahrscheinlicher, vom Blitz getroffen zu werden, als fälschlich einer Vergewaltigung bezichtigt zu werden.

Doch Pierce musste Brittany als Lügnerin darstellen. Es stand bereits fest, dass sie hinsichtlich der Schüsse gelogen hatte, also machte Pierce weiter: »Sind Sie jemand, der die Wahrheit sagt?«, wollte er wissen. »Ja«, antwortete Brittany. »Aber Sie haben bereits während des Notrufs zweimal gelogen.«

Laut der Anwältin und Psychologin Karla Fischer, die in über 200 Fällen, in denen Frauen einen Aggressor getötet haben, ausgesagt hat, stellte die jeweilige Staatsanwaltschaft die Glaubwürdigkeit der Frau in jedem einzelnen dieser Fälle in Frage. Als ich ihr Brittanys Fall präsentierte, sagte Fischer: »Es gibt diese Vorstellung, bezüglich einer Sache zu lügen, bedeute, dass man immer lügt. Und wer lügt, ist ein Mörder.« Sie hielt diese Schlussfolgerung für absurd: »Es gibt einen Unterschied zwischen dem Versuch, eine Straftat zu verschleiern, und der Unfähigkeit, sie in einem bestimmten Moment einzugestehen.«

Pierce beharrte bei dem Verhör auch auf der Frage, warum Brittany nicht die Polizei, sondern ihre Mutter angerufen hatte. Er hielt diese Entscheidung für unverständlich: »Sie glaubten also irgendwie, Ihre Mutter könne besser mit dem gewalttätigen, wütenden Todd umgehen als ein Polizist?«, fragte er ungläubig. Brittany antwortete, weder die Polizei noch ihre Mutter wären in der Lage gewesen, gut mit Todd umzugehen. »Mit meiner Mama fühle ich mich einfach sicher«, sagte sie.

Ramona erfüllte nicht das Klischee der liebevollen, fürsorglichen Mutter. Sie war breitschultrig, drückte sich derb aus und konnte richtig wütend werden. Brittanys Ex-Mann hatte ihre Tochter im Lauf der Jahre immer wieder geschlagen, und sie hatte ihn mehrmals konfrontiert oder ihrerseits geschlagen, um ihn zu stoppen. Sie wunderte sich nicht, dass Brittany sie an jenem Abend angerufen hatte, um Todd unter Kontrolle zu bekommen. Allerdings war sie weder von der Anklage noch von der Verteidigung als Zeugin aufgestellt worden. Brittany erklärte Pierce erneut, sie vertraue der Polizei nicht. Zudem habe Todd gedroht, sie umzubringen, wenn sie die Polizei einschalte.

Ich berichtete monatelang über Brittanys Fall und sprach im Zuge dessen häufig mit Ashley Remkus, einer Reporterin von AL.com, die in Alabama geboren und aufgewachsen war und jahrelang über die Verbrechen dort berichtet hatte. Nach der Stand-Your-Ground-Anhörung fragte ich Remkus, ob sie Brittanys Misstrauen gegenüber der Polizei für schlüssig hielt. »In diesem Teil Alabamas ist es nicht unüblich, die Polizei aufgrund von Misstrauen nicht einzuschalten – generelles Misstrauen den Autoritäten gegenüber, aber auch mangelndes Vertrauen darin, dass Frauen ernst genommen werden.« Mehrere Frauen im Gerichtssaal dachten offenbar ähnlich über die Polizei, wie ich den geflüsterten Kommentaren um mich herum entnehmen konnte. Paige Painter, die Kassiererin vom MAPCO, erinnerte sich an die Streitereien ihrer Eltern. Sie erzählte mir, stets sei ihre Mutter diejenige gewesen, die ins Gefängnis musste. Ramonas Nachbarin Kayla Pearson sagte, die Polizei habe nichts unternommen, nachdem ihr Ex-Mann ihr unter dem Einfluss von Meth »den Schädel eingetreten« habe. Sandra Goodman, die Aktivistin für Vergewaltigungsopfer, und die Podcasterin Sherrie Saunders beschuldigten die Polizei, ihre Väter nicht festgenommen zu haben, als die beiden als Kinder von dem sexuellen Missbrauch berichteten. Scheinbar hielten nur der Staatsanwalt und die Richterin es für unverständlich, dass Brittany sich nicht hilfesuchend an die Polizei gewendet hatte.

In *Justifiable Homicide* schreibt Gillespie, dass Staatsanwälte gegenüber Frauen, die Täter töten, über zwei Waffen verfügen: Sie können die Glaubwürdigkeit einer Frau in Zweifel ziehen oder ihre Einschätzung, sie schwebe in Gefahr, als ungerechtfertigt darstellen. Pierce beendete seine Befragung an jenem Tag, indem er beides tat. Er erinnerte Richterin Holt daran, dass Brittany gelogen hatte, als sie angab, die Schüsse nicht abgefeuert zu haben – und möglicherweise auch, als sie behauptete, vergewaltigt worden zu sein. Dann fragte er Brittany, ob sie die Gefahr an jenem Abend nicht überschätzt habe – vor allem angesichts der Tatsache, dass Todd unbewaffnet gewesen war. »Seine Hände«, warf Brittany ein. »Und sein Penis. Und sein Mund… Ich habe mehrere Waffen gesehen.« Sie klang trotzig. »Was ist mit den 33 Wunden auf meinem Körper?«

Holt wies Brittany zurecht: Pierce sei derjenige, der die Befragung lenke. »Ja, Ma'am«, antwortete Brittany und war doch froh, sich gewehrt zu haben. Holt erklärte, sie dürfe nun aus dem Zeugenstand treten. Es war fast sieben Uhr abends. Am nächsten Tag sollte die Anhörung fortgesetzt werden. Nach dem Ende des ersten Tags vor Gericht vermochte kaum jemand zu sagen, ob Brittany die Stand-Your-Ground-Anhörung gewinnen und als freier Mensch aus dem Gerichtsgebäude gehen, oder ob sie verlieren, einen Prozess durchstehen und vielleicht lebenslang im Gefängnis sitzen würde.

In den vergangenen Jahrzehnten stieg der Prozentsatz inhaftierter Frauen in den Vereinigten Staaten beinahe doppelt so stark wie jener der Männer. Das dortige Bundesamt für Gefängnisse schätzt, dass 2019230 000 Frauen und Mädchen in Haft waren. 2020 sank diese Zahl auf etwa 150 000, weil viele Menschen aufgrund der Coronapandemie entlassen wurden. Es wird jedoch nicht damit gerechnet, dass sich dieser Abwärtstrend fortsetzt. Insgesamt sind in den USA fast zwei Millionen Menschen inhaftiert – mehr als in jedem anderen Land. Es gibt keine landesweiten Daten darüber, wie viele Frauen wegen Gewaltverbrechen einsitzen oder eingesessen haben, die sich darauf berufen, sich selbst verteidigt zu haben. Diese fehlenden Zahlen frustrieren Frauenrechtlerinnen seit Jahren.

Im Rahmen einer wichtigen Studie des Justizministeriums aus dem Jahr 2004 wurden 60 Frauen in einem Hochsicherheitsgefängnis im Südosten der USA befragt. Fast die Hälfte der Frauen gab an, sich selbst verteidigt oder auf Missbrauch reagiert zu haben. »Die Frauen handelten, nachdem sie geschubst, geohrfeigt, geschlagen, gewürgt, vergewaltigt oder mit einer Waffe bedroht worden waren«, so die Studie. Bislang gibt es keine ähnliche landesweite Studie.

Anfang 2019 beschloss die von diesem Datenmangel frustrierte

Journalistin Justine van der Leun, auf eigene Faust breitere Nachforschungen anzustellen. Sie verschickte 5098 Fragebögen an inhaftierte Frauen in 22 Bundesstaaten. In einem von *The Appeal* und *The New Republic* 2020 gemeinsam veröffentlichten Artikel diskutiert sie ihre Ergebnisse: Fast 30 Prozent der Frauen, die Haftstrafen wegen Mordes oder Totschlags verbüßen, gaben an, sich oder jemand anderen vor körperlicher oder sexueller Gewalt geschützt zu haben – Gewalt von »Männern, die ihnen Rippen, Rücken, Knie und Schädel gebrochen hatten.«

Dennoch war dies keine offizielle landesweite Zahl. Die Journalistin Rachel Louise Snyder, Autorin von *No Visible Bruises: What We Don't Know About Domestic Violence Can Kill Us*, vermutet, dass der Prozentsatz inhaftierter Frauen, die sich selbst verteidigt haben, in Wahrheit deutlich höher liegt. Gemeinsam mit der Stanford University führt Snyder eine landesweite Zählung der Frauen durch, die inhaftiert sind, weil sie ihre Peiniger getötet haben. Dieser Zensus wird Jahre in Anspruch nehmen.

Rachel White-Domain ist Leiterin des Projekts Women & Survivors innerhalb des Illinois Prison Project, das sich für die Freilassung all jener einsetzt, die sich gegen Gewalt gewehrt haben. Sie schätzt, dass seit der Gründung der Gefängnisse in den USA Zehntausende Frauen kriminalisiert wurden, weil sie sich verteidigt hatten. Sie beschreibt die Erfahrung ihrer Klientinnen so: »Manche waren ständig Terror und Gewalt ausgesetzt – sie hatten keinen sicheren Schulweg, konnten jederzeit erschossen werden, erlebten zu Hause sexuellen Missbrauch oder häusliche Gewalt, waren als Minderjährige oder Jugendliche obdachlos oder gingen eine Beziehung ein, in der Sex die Gegenleistung für bloßes Überleben war.« Irgendwann wehrten sie sich gegen diese Bedingungen. »Jede im Gefängnis ist eine Überlebende.«

Der Weg vom Missbrauch ins Gefängnis ist heute ein vielfach untersuchtes Phänomen. Eine Studie von 2010 mit weiblichen

Häftlingen in Illinois ergab, dass unglaubliche 98 Prozent der Frauen nach eigenen Angaben körperliche Gewalt erfahren hatten, ehe sie im Gefängnis gelandet waren. 85 Prozent wurden gestalkt oder emotional missbraucht, 75 Prozent sexuell missbraucht. Ein Viertel der Befragten gab an, seit der Kindheit Symptome einer Traumatisierung erlebt zu haben. Eine Studie in kalifornischen Gefängnissen aus dem Jahr 2006 spricht von ähnlichen Zahlen. Die von der University of California durchgeführte Studie kam zu dem Schluss, »das aus derartigem Missbrauch resultierende Trauma« trage »entscheidend zur Kriminalität unter Frauen bei«.

Die Psychologin und Anwältin Karla Fischer sieht das anders. Sie glaubt nicht, dass Traumatisierung zu Kriminalität führt, sondern dass Frauen mit Missbrauchserfahrungen stärker auf Übergriffe reagieren. »Das liegt nicht daran, dass die Frauen überreagieren«, meint sie. »Frauen, die Missbrauch erlebt haben, wissen, dass Menschen dir weh tun können, dass sie ihre Drohungen wahr machen werden, und dass gewisse Dinge, die man deinem Körper zufügt, schmerzhaft sind. Ich glaube, Menschen mit Gewalterfahrungen erkennen eher, wozu Menschen fähig sind.«

Laut Fischer haben Brittanys Gewalterfahrungen ihre Wahrnehmung von Todds Gewalt beeinflusst. Brittanys Anwälte hätten bei der Anhörung deshalb einen Experten für häusliche Gewalt als Zeugen vorladen müssen, der die Entscheidung der Richterin vielleicht beeinflusst hätte. Ron Smith, der im September 2019 nur vier Monate vor der Anhörung als Verteidiger hinzugezogen wurde, hatte nicht viel Zeit, Expertinnen ausfindig zu machen, die vor Gericht Brittanys PTBS einschätzen oder deren Auswirkungen darstellen konnten. Zudem hielt er es für besser, damit bis zum Prozess zu warten.

Wäre Brittany vor Gericht danach gefragt worden, hätte sie einiges über die Auswirkungen der Traumatisierung auf ihr Verhalten in jener Nacht zu sagen gehabt. Sie hätte über den sexuellen

Missbrauch sprechen können, den sie als Kind durch eine Vertrauensperson erlebt hatte, oder darüber, wie ihr Vater ihre Mutter verprügelte und sie mit vier Jahren den Notruf wählen musste. Brittany hatte dies in der Nacht, in der sie Todd erschossen hatte, der Polizei gegenüber erwähnt. Nun hätte sie allerdings die Gelegenheit gehabt, mehr über ihre Vergewaltigung mit Anfang zwanzig zu erzählen und darüber, dass nichts geschah, als sie die Tat anzeigte. Sie hätte sagen können, dass einige der Männer aus Jackson County, mit denen sie sich getroffen hatte, gewalttätig wurden, so auch ihr Ehemann, der sie von der Veranda warf, als sie schwanger war.

Viele Studien belegen, dass Missbrauch zu weiteren Missbrauchserfahrungen führt und dass Menschen, die als Kind Zeugen von Missbrauch werden oder ihn selbst erleben, später im Leben mit höherer Wahrscheinlichkeit Gewalterfahrungen machen. Manche Experten argumentieren, dass Frauen aufgrund eines niedrigen Selbstwertgefühls oder der Normalisierung von Gewalt in Konfliktsituationen Gefahr laufen, erneut zu Opfern werden. Erhalten Frauen jedoch psychologische Unterstützung, erholen sie sich mit höherer Wahrscheinlichkeit von den mit dem Missbrauch verbundenen Traumata. Brittany hatte über die Jahre hinweg nur sporadisch Zugang zu psychologischer Beratung. Meist konnte sie sich solche Hilfe nicht leisten.

Da vor Gericht niemand da war, um zu erläutern, wie Missbrauch und Traumatisierung Brittany beeinflusst haben könnten, musste sie der Richterin dies wohl selbst klarmachen.

Ehe Brittany das Gerichtsgebäude am zweiten Tag der Stand-Your-Ground-Anhörung betrat, las sie laut aus einem Buch mit biblisch inspirierten Sinnsprüchen vor: »Du bist von einem Meer aus Problemen umgeben. Die Zukunft ist ein Geist, der dich erschrecken will.« Sie schwor, sich nicht erschrecken zu lassen – weder vom

Staatsanwalt noch von Zeugen oder der Richterin. Sie nahm sich vor, selbstbewusst aufzutreten und nicht zu weinen.

Der Gerichtssaal war genauso voll wie am Vortag. Brittany flocht sich wieder einen asymmetrischen Katniss-Zopf. Pierce schien den gleichen Anzug zu tragen wie am Vortag. Die Verteidigung rief zwei Forensiker in den Zeugenstand, während die Staatsanwaltschaft zwei Polizisten benannt hatte. Bereits am Morgen wurden Fotos von Brittanys Küche gezeigt (in der Todd und Chris zwischen übervollen Mülleimern gekämpft hatten, aus denen Bierflaschen ragten), von ihrem Schlafzimmer (mit dem nach dem Übergriff zerwühlten Bett) und ihren Händen (die von blauen Flecken und Schnitten übersät waren). Auf einem Foto war Todd Smith zu sehen, der tot auf dem Boden lag.

Da ein Experte für häusliche und sexuelle Gewalt fehlte, der etwas über die Folgen hätte aussagen können, versuchte nun Brittany, die erneut im Zeugenstand war, die konkreten Auswirkungen ihres Traumas selbst zu erklären. »In Bryce wurde mir erklärt, dass, wissen Sie, PTBS –«, fing sie an, doch Pierce wandte ein, diese Ausführungen seien nicht relevant. Dies sollte eine der wenigen Erwähnungen von Brittanys Zeit in Bryce bleiben – als sei ihr siebenmonatiger Aufenthalt in der Psychiatrie bedeutungslos. Pierce konzentrierte sich stattdessen auf die Nachrichten, die Brittany am Tatabend verschickt hatte – vor allem an ihre Mutter:

Brittany: »Mom, Todd hat wirklich versucht, mich umzubringen. Tu so, als sei alles in Ordnung, ruf im MAPCO an und frag nach Paige … Er bringt mich um, wenn er was merkt.«

Ramona: »Okay. Wo ist dein Bruder?«

Brittany: »Ich bin okay. Er geht gerade … Bitte komm nicht her.«

Ramona: »Wenn du mit diesem Mist aufhören würdest, wären deine Kinder im Handumdrehen zu Hause.«

Bitte komm nicht her. Das stand hier deutlich zu lesen, betonte Pierce. Brittany hatte ihre wichtigste Beschützerin, ihre Mutter, gebeten, nicht zu kommen. War das nicht verdächtig? Und: *Wenn du mit diesem Mist aufhören würdest, wären deine Kinder im Handumdrehen zu Hause*. Ramona, die nie als Zeugin befragt wurde, erzählte mir, mit »Mist« habe sie gemeint, dass Brittany wieder mit Drogensüchtigen Kontakt hatte. Solches Verhalten war bislang oft einem Rückfall ihrer Tochter vorausgegangen oder ein Zeichen dafür gewesen, dass diese wieder konsumierte. *Wenn du von einem Hai gebissen werden willst, dann spring in ein Meer voller Haie*, hatte ihr Vater immer gesagt.

Die Textnachrichten ließen Brittany als eine Frau dastehen, die sich selbst in diese Lage gebracht hatte. Pierce beschäftigte sich noch eine Weile mit diesen und anderen Nachrichten aus jener Nacht und gab dann an, keine weiteren Fragen zu haben.

Als Karen Hart Valencia, Forensikerin in der toxikologischen Abteilung des Alabama Department of Forensic Sciences, in den Zeugenstand trat, wirkte sie unsicher. Ihre Aufgabe bestand darin, Beweise von Gerichtsmedizin und Polizei zu sammeln und Berichte zu schreiben. Sie wurde nur selten als Zeugin vor Gericht gehört. Doch in diesem Fall war es sinnvoll. Todd hatte an jenem Abend den gesetzlich erlaubten Alkoholpegel zwar nur knapp überschritten und nur eine therapeutische Menge Xanax eingenommen, aber viermal mehr Methamphetamin im Blut, als die Polizei oder die Toxikologie normalerweise erlebten.

Valencia sagte aus, es gebe keine unbedenkliche Konzentration von Meth, doch die Menge, die Todd konsumiert hatte, sei »sehr groß«. Brittanys Anwalt Ron Smith wollte, dass Valencia erklärte, wie gefährlich Todd dadurch gewesen sei. »Würde Methamphetamin jemanden aggressiver machen?« »Ja«, antwortete sie. »Kampflustig?«, fuhr er fort. »Ja.« »Kann man damit tagelang ohne Schlaf auskommen?« »Korrekt, ja.« Smith, der sich normalerweise nicht auf Emotionen verließ, trug seine Fragen mit einer gewissen Dramatik vor. Zu betonen, wie viel Meth Todd an jenem Abend genommen hatte, war von essenzieller Bedeutung, wenn man ihn als ernste Bedrohung darstellen wollte.

»Haben Sie von hypothetischen Situationen gehört«, fragte er die Toxikologin weiter, »oder Berichte gelesen, oder kennen Sie Situationen, in denen jemand Probleme mit der Polizei hat, gegen die Polizisten ankämpft, diese ihn mit dem Taser ruhigstellen wollen und er dennoch weiterkämpft und nichts spürt?« Er fragte, ob solches Verhalten zu einer Person passe, die Meth konsumiere. »Ja«, antwortete Valencia. »Mehrere Polizisten haben die Person getasert und festgehalten? Man benötigte mehrere Polizisten, um die Person in den Griff zu kriegen?«, hakte Smith nach. »Ja.« Valeria nickte und fasste Smiths Argument so zusammen: »Jemand, der Methamphetamin konsumiert, gerät mit höherer Wahrscheinlichkeit in eine gewalttätige Auseinandersetzung… und hört nicht auf zu kämpfen.«

Das Bild war deutlich: Todd, high auf Meth, aggressiv, kampfbereit, aufgedreht und fähig, wie der Terminator zu kämpfen. Es passte zu Brittanys Beschreibung von Todds Verhalten an jenem Abend, besonders zu ihrer Aussage, nach den Schüssen hätte sie zunächst den Eindruck gehabt, ihn nicht getroffen zu haben. »In Ordnung«, sagte Smith zufrieden. »Das wäre alles.«

Auch die zweite als Zeugin geladene Forensikerin arbeitete als Wissenschaftlerin am Alabama Department of Forensic Sciences. Sie sprach monoton, ohne dass sich der Klang ihrer Stimme veränderte. Vielleicht wollte sie besonders unparteiisch wirken. Sie sollte etwas zur DNA aussagen, die am Tatort gefunden worden war und zu der explizit nicht Todds Samenflüssigkeit gehörte. Sie sollte auch erläutern, warum die Forensik anfangs behauptet hatte, unter Brittanys Fingernägeln habe sich weder Todds noch irgendeine andere DNA befunden. Denn das passte nicht zu Brittanys Aussage, sie habe Todd »gekratzt, wo ich konnte«. Wenige Tage vor der Stand-Your-Ground-Anhörung hatte die Forensik dem Gericht ein Schreiben gesandt, in dem von einem Fehler die Rede war: Unter Brittanys Fingernägeln seien doch Rückstände gefunden worden. Fletcher sagte, der Fehler sei bei einer internen Kontrolle bemerkt worden. Ein Blogger aus der Gegend verriet mir, dass dieser Fehler nicht verwunderlich sei. Das Alabama Department of Forensic Sciences leide seit Jahren unter Auftragsüberhang, geschlossenen Laboren und zahlreichen Fehlern, über die er und andere Lokalmedien bereits berichtet hätten. Man müsse sich fragen, was in Brittanys Fall noch übersehen worden sei. Fletcher bot an, die Rückstände erneut zu testen, jedoch erst nach Abschluss der Stand-Your-Ground-Anhörung.

Während Fletchers Aussage merkte Brittany, wie sich ihr Misstrauen gegenüber dem Verfahren verstärkte. Sie glaubte, wenn die Forensiker einen Fehler hinsichtlich der DNA unter ihren Fingernägeln begangen hatten, könnten sie auch Spermaspuren übersehen haben.

Die Staatsanwaltschaft beendete ihre Beweisführung mit zwei eigenen Zeugen: Eric Woodall, dem dünnen, wieselartigen Hauptermittler, der Brittany verhört hatte, und dem Ermittler, der unter ihm an dem Fall arbeitete und Chris befragt hatte. Beide Männer sagten aus, sie hätten an Chris' Hals an jenem Abend keine Male wahrgenommen, die darauf hingewiesen hätten, dass Todd ihn gewürgt habe. Es schien ein Versehen zu sein, dass niemand Nahaufnahmen von Chris' Hals angefertigt hatte, um etwaige Verletzungen zu dokumentieren. Nur ein verschwommenes Bild wurde gezeigt. Woodall erklärte weiterhin, er habe auf dem Bett keinen Urin gesehen, und widersprach damit Brittany, die gegenüber der Krankenpflegerin gesagt hatte, sie habe urinieren müssen, als Todd sie würgte.

Pierce endete mit einem Manöver, das er als triumphalen Abschluss zu begreifen schien. Er fragte Woodall nach einem wichtigen Moment seiner ersten Befragung von Brittany: der Schilderung, wie Todd und Chris zu Boden fielen. »[Todd] war also am Boden [als Brittany auf ihn schoss]?«, fragte Pierce. Die Sache war nicht eindeutig, aber wenn Brittany auf Todd geschossen hätte, während er auf dem Boden lag, wäre es schwierig, auf Selbstverteidigung zu plädieren. Das Gesetz zur Selbstverteidigung erlaubte nicht viel Spielraum. Jemand, der auf dem Boden liegt, gilt im Allgemeinen nicht als unmittelbare Bedrohung.

Richterin Holt hörte während der Befragungen meist ruhig zu und äußerte sich nur zu Einwänden der Anwälte. Jetzt forderte sie die Anwälte auf, die Schlussplädoyers zu halten. Für beide war dies die letzte Chance, die Richterin zu überzeugen, Brittany entweder einem Gerichtsprozess zu unterziehen oder sie freizulassen.

»Wir glauben, wir haben die Beweise geliefert [, dass Brittany sich selbst verteidigt hat]«, so Ron Smith in professionellem Ton. Er glaube, dass Justizsystem dürfe sich nicht zu etwas überreden oder mit Narrativen abspeisen lassen, sondern müsse sich an den Wortlaut des Gesetzes halten. Und das Gesetz sei auf Brittanys Seite: »Ihre Taten waren gerechtfertigt«, fuhr er fort. »Sie glaubte, Todd […] würde ihr oder ihrem Bruder ernsthafte körperliche Verletzungen zufügen.«

Dann führte Smith ein seiner Ansicht nach unbestreitbares rechtliches Argument an, welches er erst in jener Woche entwickelt hatte. Gemäß der Gesetze Alabamas galt jede Person, die der Aufforderung, ein Haus oder eine Wohnung zu verlassen, nicht nachkam, als Einbrecher, was bedeutete, dass Todd bei Brittany eingebrochen war. Selbst wenn Richterin Holt an der Vergewaltigung zweifelte, hoffte Smith, dass sie ein bewährteres, in einer männlichen Logik gedachtes Argument für die Selbstverteidigung akzeptieren würde – nämlich, dass Brittany das Recht hatte, ihr Haus zu schützen.

»[Todd] wurde aufgefordert zu gehen. Er ging nicht. Er blieb widerrechtlich dort«, so Smith. Er merkte an, dass die Stand-Your-Ground-Gesetze bei Einbrüchen gelten, und zählte mehrere Fälle auf, in denen Angeklagte freigesprochen worden waren, die Einbrecher umgebracht hatten. Auf der Suche nach den Namen der entsprechenden Angeklagten wühlte Smith etwas konfus in seinen Unterlagen, doch dann nahm sein Vortrag wieder Fahrt auf: »Sobald man anfängt, mit dem Besitzer oder Mieter des Grundstücks zu kämpfen, […] wird die Erlaubnis, sich dort aufzuhalten, implizit zurückgenommen. Genau dies ist hier geschehen.« Brittanys »Handeln war gerechtfertigt«.

Angesichts dieses letzten verzweifelten Versuchs musste Pierce grinsen. In seinem Gegenplädoyer argumentierte der Staatsanwalt, Brittanys Bruder Chris sei der Aggressor gewesen, weil er – und nicht Todd – eine Pistole ins Haus gebracht habe. Erneut stellte er Brittanys Beurteilung der Situation in Frage. »Laut den Gesetzen von Alabama gelten Hände und Fäuste nicht als tödliche Waffen.« Smith unterbrach ihn, um festzustellen, dass die Rechtsprechung in Alabama sich darüber keineswegs einig sei. Unabhängig davon könnten Opfervertreter Pierce' Argument für sexistisch halten. Männer nutzen in Fällen von häuslicher Gewalt häufig Hände und Fäuste als Waffen, während Frauen, die sich verteidigen, oft zu Messern oder Pistolen greifen.

Schließlich zweifelte Pierce erneut Brittanys Vertrauenswürdigkeit an. »Der Bundesstaat möchte außerdem noch […] die fehlende Glaubwürdigkeit festhalten«, sagte er über Brittany, »sowie das gänzliche Fehlen von Verletzungen an Christopher McCallie trotz der Behauptung, dass er zum Zeitpunkt der Schüsse heftig verprügelt wurde.«

Holt dankte den Anwälten. Sie werde die DNA-Analyse der Rückstände unter den Fingernägeln erlauben, die Beweise bedenken und dann entscheiden. Die Menschen erhoben sich und traten aus dem Gerichtsgebäude in die strahlende Nachmittagssonne. Niemand wusste, wie das Urteil lauten würde.

Nach der Anhörung sah ich eine junge Frau – eine langjährige Freundin Brittanys – vor dem Gerichtsgebäude stehen. Sie wirkte verstört. Als ich sie ansprach, erzählte sie, dass sie erschüttert sei von dem, was Brittany im Zeugenstand durchmachen musste. Nicht nur, weil sie als Kinder befreundet gewesen waren, sondern weil auch ihr Ex-Freund gewalttätig gewesen sei. Einmal habe er ihren Kopf unter einen Autoreifen gelegt, während sein Freund den Motor startete. Ein andermal habe er sie mit einem Telefonkabel gewürgt, mit einem Messer bedroht und »heftig ins Gesicht geschlagen«. Sie überlegte, ob sie sich verteidigen sollte, hatte aber Angst, festgenommen zu werden. Jetzt war sie froh, es nicht getan zu haben. »Was wäre geschehen, wenn ich ihn erschossen hätte?«, fragte sie kopfschüttelnd. Sie bat mich, anonym bleiben zu dürfen, weil sie noch immer fürchtete, der Mann könne sie aufspüren.

Brittany saß an jenem Nachmittag geplagt von Frust und Sorge zu Hause in Stevenson, weil die Richterin ihr nicht zu glauben schien. »Hier in der Gegend tut niemand etwas für Vergewaltigungsopfer. Deshalb erzählt auch keine Frau etwas«, sagte sie mir. Ramona postete wütend auf Facebook: »Wir wissen alle, dass die Stand-Your-Ground-Gesetze nicht für Frauen geschaffen wurden.« Doch Dawn Hendricks, die Ermittlerin der Verteidigung, warnte die beiden, keine voreiligen Schlüsse zu ziehen. Aus ihrer Sicht hatten die Zeugen deutlich gemacht, dass Brittany sich in Gefahr befunden und gegen Todd verteidigt hatte. Immerhin gehöre das Recht auf Selbstverteidigung zum Wesenskern Alabamas. *Wir wagen es, unsere Rechte zu verteidigen. Wenn du mir etwas tust, bestrafe ich dich.* Hendricks vermutete, Richterin Holt könne bereits am nächsten Morgen ihr Urteil sprechen. Bis dahin solle man sich noch keine Meinung bilden. Doch die Richterin entschied weder am nächsten Morgen noch am übernächsten oder am Morgen danach.

SCHUTZ

Der Beherrscher des Meeres soll sie [Medusa] im Tempel der Minerva geschändet haben. […] Um dies nicht ungestraft zu lassen, verwandelte sie das Haar der Gorgo in hässliche Schlangen. Auch heute noch trägt sie, um ihren Feinden lähmendes Entsetzen einzuflößen, vorn auf der Brust die Schlangen, die sie schuf.«

Ovid, *Metamorphosen*, übers. v. Michael von Albrecht

Wochen vergingen, ehe Richterin Holt ein Urteil zu Brittanys Stand-Your-Ground-Anhörung fällte. Der Fall hatte immer mehr mediale Aufmerksamkeit regionaler und nationaler Medien erregt. Viele Menschen bekundeten auf Facebook ihre Unterstützung: »Ich habe gegen die gleichen Leute gekämpft […]. Ich fühle mit [ihr], weil ich Angst und Verzweif[lung] nur zu [gut] kenne«, schrieb eine Frau. »Ich wurde vergewaltigt und kenne die Gefahren und die Narben«, so eine andere. »Wenn wir uns nicht verteidigen dürfen, wenn wir dermaßen grausam verletzt werden, warum gibt es dann überhaupt Regeln, Gesetze und Verfassungen [?]«; »Ich bin Überlebende häuslicher Gewalt und die Polizei hat auch mir nie geholfen. Das ist einfach in jeder Hinsicht falsch. Ich hoffe, sie erfährt bald Gerechtigkeit!«; »Ich bewundere die Frau für das, was sie getan hat!«

Brittany staunte darüber, wie viele Menschen aus verschiedensten Kontexten sich an sie wandten, um ihr zu erzählen, dass sie missbraucht worden waren und die Polizei ihnen nicht geholfen habe. Ramona beobachtete die Online-Diskussionen sehr genau. Es war Januar 2020, ungefähr zwei Jahre seit Todds Erschießung. In jenem Winter schlief Ramona unter vier Decken, eine davon mit Gewichten – zur Beruhigung. Sie dachte daran, dass die Menschen in der Gegend sie als »kleine Nobodys« betrachteten – und doch hatten sie nun Unterstützer in der ganzen Welt. »Wenn viele kleine Nobodys sich zusammenfinden – vor allem wütende Frauen –, werden sie groß. Wir sind jemand, wir haben eine Stimme, [und] wir werden sie erheben.«

Selbst Jeff wollte, dass Brittany die Anhörung gewann. »Es ist vielleicht merkwürdig, wenn ich das sage«, meinte er. Immerhin war er Todds Cousin und hatte Brittany einst den Tod gewünscht. Doch nun, nach der Aussage der Krankenpflegerin, wollte er nicht, dass Brittany eingesperrt würde. Paige Painter, die Kassiererin aus dem MAPCO, war überzeugt, dass Brittany gewinnen würde. Sie sagte, wenn Brittany schuldig gesprochen würde und ins Gefängnis käme, verlöre sie jedes Vertrauen in das Justizsystem.

Ungeachtet der Unterstützung und des Medieninteresses machte Ramona sich Sorgen, dass Richterin Holt von den Zeugenaussagen nicht überzeugt schien. Ramona grübelte pausenlos über Ungereimtheiten, die sie bemerkt hatte: *Hatte die Krankenpflegerin Toluidinblau [eine Lösung zur Identifizierung genitaler und perianaler Verletzungen] benutzt, als sie Brittany untersuchte? Hatte der Polizist die richtige Bettwäsche mitgenommen? Welche Informationen über Todd behielt die Polizei für sich? Wie konnte die DNA unter den Fingernägeln übersehen werden? Wenn sie die nicht gefunden hatten, was wurde dann noch übersehen?*

Im Lauf der Wochen wurde Ramona immer pessimistischer. Brittany hingegen versuchte, positiv zu denken. Sie redete sich ein, dass alles gut gehen würde. Die kriegen mich nicht klein, nahm sie sich vor und wiederholte Selbsthilfe-Mantras, die sie in Youtube-Videos entdeckt hatte. In jenem Winter gestaltete Brittany ein buntes Poster für ihre Kinder mit den Worten »*You are my sunshine*«, um sie an den Song zu erinnern, den sie ihnen immer zum Einschlafen vorgesungen hatte. Abends saß sie im Gästezimmer der Mutter und bearbeitete zur Ablenkung die Geoden so lange, bis sie die glitzernden Kristalle im Inneren freilegte.

Während Brittany, Ramona und Chris auf den Urteilsspruch warteten, wurden die Probleme zu Hause sichtbar. Der gesamte Sozialwohnungskomplex, in dem Ramona lebte, wurde von Bettwanzen befallen, doch es war zu kalt und die Bewohnerinnen und Bewohner waren zu arm, um die verseuchten Matratzen und Bettwäsche zu entsorgen. Chris hatte seinen nächtlichen Putzjob verloren. Die Wohnung, die nur über ein Bad und zwei kleine Schlafzimmer verfügte, war zu eng für drei Erwachsene, so dass Chris auf der Couch im Wohnzimmer schlafen musste. Die Geschwister begannen zu zanken, und auch Brittany und Ramona stritten immer wieder. In der Wohnung wurde es schnell unordentlich, weil Ramona körperlich nicht fit war, und Chris und Brittany selten sauber machten. Je länger sie gemeinsam dort wohnten, umso stärker hatte Ramona das Gefühl, sie seien »Ratten im Käfig«.

Eines Tages schlug Brittany ihnen vor, gemeinsam zu einem Wasserfall zu wandern. Auf der Hinfahrt waren die drei freudig aufgeregt, doch als es losgehen sollte, schaffte Ramona es wegen ihrer Ischiasschmerzen kaum zum Fuß des Wasserfalls. Chris war Raucher und auch außer Atem. Nur Brittany hatte genügend Energie, in das eisige Wasser zu springen und auf die riesigen Felsen zu klettern.

Nicht lange nach dem Vorfall mit den Bettwanzen befanden Chris und Brittany sich gerade auf dem Rückweg vom Einkaufen, als sie in einen heftigen Streit gerieten. Später wussten beide nicht mehr, wie es eigentlich angefangen hatte, aber wahrscheinlich war es um Todds Cousin Jeff gegangen. Jeff war in den Wochen nach der Anhörung immer wieder vorbeigekommen. Schließlich hatte sich eine Freundschaft zwischen ihm und Brittany entwickelt. Todds Tod schuf eine seltsame, aber starke Verbindung zwischen ihnen. Ramona und Chris trauten Jeff nicht – immerhin wollte der Brittany unlängst noch töten lassen. Doch Brittany beharrte darauf, dass es heilsam war, in seiner Nähe zu sein. Eines Abends stachen Jeff und sie sich gegenseitig Tattoos: symbolische Darstellungen eines Verses aus dem Korintherbrief über die Wiedergeburt des Menschen in Christus. Beide wünschten sich verzweifelt einen Neuanfang.

In dieser Zeit stritten Brittany und Chris auch darüber, wer für Todds Tod verantwortlich war. Brittany gab Chris manchmal die Schuld, weil er mit seiner Pistole bei ihr aufgetaucht war und den ersten Schuss abgefeuert hatte. »Ich wusste wenigstens, wohin ich gezielt habe«, antwortete er.

An einem Nachmittag im Februar geriet einer dieser Konflikte – beide erinnern sich nicht, welcher – während der Autofahrt außer Kontrolle. Brittany schüttete ihren Eiskaffee auf Chris, und dieser boxte sie auf den Mund. Brittanys Zahnfleisch begann zu bluten. Sie rief die Polizei, um den Übergriff zu melden. Das ärgerte wiederum Ramona. Die Familie hatte bereits genug Probleme. Wenn Brittany den Vorfall zur Anzeige brächte, wären vielleicht beide ihrer Kinder bald im Gefängnis. Brittany konnte nicht glauben, dass ihre Mutter so dachte.

»Es ist also in Ordnung, dass er mich schlägt und ich blute? Das ist okay?«, fragte sie wütend, während beide auf der Veranda auf die Polizei warteten. Chris hatte sich ins Haus zurückgezogen. »Das hier ist eine Familie«, erinnerte Ramona sie, als wolle sie sagen, dass Familienprobleme zu Hause gelöst werden müssten. »Nein, ist es nicht.« Brittany meinte damit, dass sie keine funktionale Familie seien. »Nicht, wenn ich so blute und mein Kopf weh tut. Nein.« Ramona fragte, ob Brittany wolle, dass ihr Bruder ins Gefängnis geht. »Nein, aber ich will nicht, dass er denkt, dass es in Ordnung ist, Frauen gegenüber ohne Grund gewalttätig zu werden«, stieß Brittany hervor. »Das denkt er nicht«, meinte Ramona.

»Gerade hat er es gedacht«, entgegnete Brittany.

Die Minuten verstrichen. Von der Polizei war nichts zu sehen. Brittany fing an zu weinen. »Mama, was hätte ich denn tun sollen?«, fragte sie klagend. »Sollte ich ihn weiterschlagen lassen?« Ramona hatte genug und verlangte, Brittany solle still sein. Später konnte Ramona nicht erklären, was genau ihr an jenem Nachmittag durch den Kopf gegangen war. Vielleicht hatte sie den Eindruck, Brittany habe den Streit angefangen und sei selbst schuld. Oder sie war der Meinung, ihre Tochter mache immer irgendein Drama. Vielleicht war sie auch einfach erschöpft davon, ihre beiden Kinder vor dem Gefängnis zu bewahren.

In dem Film *Das Brennende Bett* erzählt eine Tochter ihrer Mutter, dass ihr Mann sie missbraucht. Die Mutter antwortet: »Wie man sich bettet, so liegt man.«

In jenem Februar 2020 sprach Richterin Holt endlich ihr Urteil. Der 19-seitige Text lehnte Brittanys Stand-Your-Ground-Forderung ab. »Die Angeklagte konnte nicht glaubwürdig nachweisen, dass es nötig war, in dieser Situation tödliche Gewalt anzuwenden«, so der Wortlaut. Seitenlang begründete die Richterin ihre Entscheidung. Ich fragte die Reporterin Ashley Remkus von AL.com nach ihrer Meinung zu dem Urteil. »Sie bezeichnet Brittany im Grunde als Lügnerin«, so Remkus. Sie habe noch nie eine so langwierige Argumentation in einem Urteil gesehen. Angesichts der intensiven medialen Berichterstattung ergebe diese Ausführlichkeit aber Sinn. Viele Leser von Remkus' Artikeln waren wütend auf Holt und verlangten ihre Absetzung. Vielleicht wolle die Richterin deshalb ihren guten Ruf verteidigen.[1] In meiner Geschichte im *New Yorker* hatte ich berichtet, dass Frauen, die sich überzeugend auf Selbstverteidigung berufen, dennoch kriminalisiert und wie Mörderinnen behandelt werden. Viele Artikel über Brittany argumentierten ähnlich. Doch Holt hielt Brittanys Berufung auf Selbstverteidigung für nicht überzeugend.

In ihrem Urteil schrieb sie, Brittany habe »widersprüchliche Angaben zu den Ereignissen im Kontext von Todds Tod« gemacht. Sie habe »viele Möglichkeiten gehabt, Schutz vor Todd zu suchen, falls sie Angst hatte, er könne sie töten oder verletzen«. Dabei hatte Brittany ausgesagt, der Polizei nicht zu trauen. Und obwohl bewiesen war, dass Brittany körperlich attackiert wurde – was für die Inanspruchnahme der Selbstverteidigung ausreicht –, machte Holt deutlich, dass sie die Vergewaltigung anzweifelte. Laut der Richterin passten die Verletzungen nicht zu einem sexuellen Übergriff –, obwohl die Krankenpflegerin ausgesagt hatte, dass in Fällen von Vergewaltigung häufig keine DNA gefunden wird. Viele Richterinnen und Richter kennen sich nicht mit Traumatisierungen aus, so dass ihre Urteile in Fällen häuslicher und sexueller Gewalt oft auf ihrer persönlichen Wahrnehmung beruht statt auf den tatsächlichen Folgen von Gewalt. Holt schien hier keine Ausnahme zu bilden.

Als das Urteil verkündet wurde, schlief Brittany. Seit der Anhörung verschlief sie regelmäßig. Ramona war angesichts des Urteils aufgebracht, weckte Brittany aber nicht. Sie wollte, dass ihre Tochter so lange wie möglich in seliger Unwissenheit lebte. Nach Ramonas Ansicht wäre dieses Urteil niemals so ausgefallen, wenn

1 Richterin Holt wollte den Fall jenseits ihres Urteils nicht kommentieren.

Brittany ein weißer Mann wäre. Sie glaubte immer noch, wenn Chris die Waffe abgefeuert hätte, wäre er nie festgenommen worden. Ramona verfolgte online, wie Tausende Menschen wütende Kommentare verfassten.

Als Brittany schließlich aufwachte, versuchte sie, die Fassung zu bewahren. Sie behauptete, auf ein Nein vorbereitet gewesen zu sein, musste aber doch weinen. »Sie hat die Fotos von mir gesehen; er hat mich fast totgeschlagen, er hat mich vergewaltigt und versucht, meinen Bruder zu töten«, zählte Brittany auf. »Wie also kann sie so etwas sagen?« Laut dem Bericht »Retraumatisierung vor Gericht«, der 2020 in der *Arizona Law Review* erschienen war, gaben etwa 60 Prozent der befragten Rechtsanwältinnen und Rechtsanwälte an, ihre Klientinnen seien durch »Verhalten, Aussagen oder Handlungen der Gerichtsangestellten« retraumatisiert worden.

Dawn Hendricks, die Ermittlerin für Brittanys Verteidigung, war angesichts ihrer Erfahrungen mit der Justiz in Alabama zwar aufgebracht, aber nicht schockiert. Dennoch hatte sie auf ein besseres Ergebnis gehofft. »Im Süden [der USA] bezieht sich die Stand-Your-Ground-Gesetzgebung normalerweise auf Männer, die ihr Leben, ihre Freiheit und ihr Eigentum beschützen und dergleichen. Wenn Frauen oder Minderheiten sich darauf berufen, sieht das anders aus.« Sie klang jetzt resigniert. »Es heißt, Frauen dürften sich verteidigen, aber wenn sie es tun, bekommen sie es mit der Gesellschaft zu tun.« Hendricks glaubte, dass sich nicht die Gesetzgebung zur Selbstverteidigung ändern müsse, sondern die Erwartung der Gesellschaft, wie eine Frau zu sein habe – die Vorstellung, dass eine Frau niemals gewalttätig sein dürfte.

Die Psychologin und Anwältin Karla Fischer hielt das Problem eher für systemisch. Staatsanwälte und Richter werden meist gewählt und wollen bei ihren Wählern den Eindruck vermeiden, Gewalt gegenüber nachlässig zu sein. Holt schien sich als strenge und besonders gesetzestreue Richterin positionieren zu wollen. Kurz vor ihrer Pensionierung gab sie gegenüber dem *Jackson County Sentinel* an, ein Fall, in dem sie einen Mann zum Tode verurteilt hatte, sei »der wichtigste Fall, den ich je verhandelt habe«. Holt berichtete der Zeitung auch, sie habe sich während ihrer vierundzwanzigjährigen Laufbahn mit ihren Entscheidungen »immer wohlgefühlt«. Angesichts der schwerwiegenden Auswirkungen richterlicher Urteile und der drastischen Veränderung unseres Verständnisses von Strafjustiz im Lauf der Zeit irritierte mich diese Aussage. Holt hatte ein Twitter-Konto mit einem Profilbild, das sie in ihrer Richterrobe zeigte, twitterte aber meistens über Football.

Mehrere Menschen aus Jackson County vertraten mir gegenüber die Ansicht, Holts Urteil sei so ausgefallen, weil Brittany von Meth abhängig gewesen war und schon mehrfach wegen kleinerer Delikte vor Gericht gestanden hatte. Gericht und Staatsanwaltschaft würden Drogensüchtige tendenziell als Kriminelle und Lügner betrachten. Laut Karla Fischer werden Frauen wie Brittany, die sowohl Angeklagte als auch Opfer von Missbrauch sind, von eben diesen Staatsanwaltschaften und Gerichten oft in die Kategorie der Angeklagten »gesteckt«, weil das Justizsystem nicht vorsieht, dass eine Person beides zugleich ist. Außerhalb von Jackson County konzentrierten sich die Leser auf die Tatsache, dass es eine Richterin, eine Frau war, die Brittanys Inanspruchnahme der Selbstverteidigung abgelehnt hat. Sie warfen ihr internalisierte Frauenfeindlichkeit vor.

Sowohl Richterinnen als auch Richter haben bei Vergewaltigungsprozessen immer wieder demonstriert, dass sie der Zeit weit hinterherhinken. Bei einem Verfahren in Kalifornien im Jahr 2008 erklärte der Richter Derek Johnson, wenn eine Frau keinen Sex wolle, »fährt der Körper herunter […]. Das Opfer in diesem Fall war vielleicht nicht unbedingt einverstanden, aber es hat sich auch nicht gewehrt.« 2014 fragte Robin Camp, Bundesrichter im kanadischen Alberta, das Opfer einer Vergewaltigung: »Warum konnten sie ihre Knie nicht einfach zusammenhalten?« Zwei Jahre später wollte Richter John Russo in New Jersey von einer vergewaltigten Frau wissen, ob sie wisse, wie man einen sexuellen Übergriff abwehre. »[Haben Sie] ihre Beine geschlossen?«, fragte er. »Die Polizei gerufen? Haben Sie eines dieser Dinge getan?« Wie Brittany hatte die Frau erst später die Polizei gerufen.

Brittany würde in ihrem Prozess mit einer Jury aus Jackson County zu tun haben – unter dem Vorsitz von Richterin Holt.

Während Brittany sich auf ihren Prozess vorbereitete, erhielt sie zahlreiche Nachrichten, E-Mails, Briefe und Anrufe von Frauen aus dem ganzen Land. Amy Herrera wurde 2012 des Mordes an ihrem gewalttätigen Ehemann angeklagt und schrieb Brittany aus Albuquerque, New Mexico. »An Brittany: Du scheinst eine sehr starke Frau zu sein. Das wird dir bei dem helfen, was dir bevorsteht«, schrieb sie in einer E-Mail an mich, die ich an Brittany weiterleiten sollte. »Aber ich weiß auch, dass diese Stärke nicht heißt, dass dir gewisse Momente erspart bleiben… ich weiß, wie sich die Ungerechtigkeit anfühlt, den Täter nur knapp überlebt zu haben und dieses Leben dann durch eine mögliche Inhaftierung bedroht zu sehen.« Herrera hatte sich ebenfalls auf Selbstverteidigung berufen und fünf Jahre lang gegen die Justiz gekämpft. Es tat ihr leid, dass Brittany ein Gerichtsverfahren durchmachen sollte, aber sie sagte, es sei »den Kampf wert«.

Herrera wurde 2017 schließlich freigesprochen. Laut eigener Aussage lag das vor allem daran, dass sie einen privaten Anwalt finanzieren konnte, der alle juristischen Probleme und Schlupflöcher fand. Sie wusste, dass Brittany sich diesen Luxus nicht leisten konnte.

Die Kalifornierin Debi Zuver saß 15 Jahre im Gefängnis, weil sie im Jahr 2000 ihren gewalttätigen Partner erschossen hatte. Auch sie bat mich, Brittany eine Nachricht zu übermitteln. Zuvers Entlassung aus dem Gefängnis lag damals noch nicht lange zurück. Am Telefon klang ihre Stimme weich, zerbrechlich und ruhig. Sie lebte in einer kleinen Wohnung in San Francisco und hatte seit eineinhalb Jahren Schwierigkeiten, sich an die Freiheit zu gewöhnen: »Ich lerne noch, mit dieser Welt umzugehen, sichere Grenzen zu setzen, wem ich vertrauen kann, welche Warnzeichen es gibt – und alles, was ich bereits zu wissen glaubte.« Als sie von Brittanys Fall erfuhr, erkannte sie sich mit großem Schreck wieder. Auch sie hatte Schwierigkeiten, sich an die Tatnacht zu erinnern. Es gelang ihr nur »bruchstückhaft, wie bei einem Filmriss«, was beim Prozess natürlich nicht half. Sie erzählte, als ihre restliche Haftstrafe zur Bewährung ausgesetzt werden durfte, sei bei ihr – fälschlicherweise, wie sie glaubte – eine psychische Störung diagnostiziert worden. Nur knapp sei sie der Einweisung in eine staatliche Psychiatrie entgangen.

»Sei genau, wer du bist, sage immer deine Wahrheit und fürchte dich nicht«, so Zuver in ihrer Nachricht an Brittany. »Denn letztlich sind wir die Einzigen, die wissen, wer wir sind.« Nach allem, was sie durchgemacht hatte, hielt Zuver sich für stahlhart, wie das *Schwert im Stein*: »Dieser schöne, perfekte Stahl, den nur wenige herausziehen können.«

Manchmal, so Zuver, könne sie kaum glauben, dass sie nicht mehr zwanzig war, kurz vor dem Zusammenbruch ihrer Welt, in einer Beziehung mit einem Mann, der sie schlug. Jetzt war sie älter, arbeitete in einem Restaurant, hatte eine Wohnung, einen Führerschein und ein Auto. Brittany würde lange brauchen, bis sie das erreichte, aber Zuver war überzeugt, sie würde es schaffen. »Sag ihr, wir sind alle Phönixe, geboren, um zu verbrennen«, so Zuver. »Und dann steigen wir aus der Asche auf und erfinden uns neu.«

Amy Herrera und Debi Zuver haben inzwischen andere Vornamen – vielleicht, weil zu viele Informationen über sie online verfügbar waren oder weil die alten Namen nicht mehr zu ihnen passen. Sie sind jetzt andere Frauen – sie haben sich verändert.

Frauen, die gewalttätige Männer töten, werden nicht nur in Alabama, New Mexico und Kalifornien kriminalisiert. Es geschieht in jedem US-Bundesstaat, mit ganz verschiedenen Frauen, am häufigsten aber mit den vulnerabelsten unter ihnen. Vielen wird der Name Cynthia Brown etwas sagen. Sie tötete einen Mann, der sie als Teenagerin kaufte und zum Sex zwang. Brown verbrachte 15 Jahre im Gefängnis, ehe der Gouverneur von Tennessee sie 2019 medienwirksam begnadigte. Wenigeren ist der Name Alisha Walker ein Begriff. Die Sexarbeiterin erstach einen Kunden in Chicago, der sie mit einem Messer angriff – aus Ärger darüber, dass sie ihn bat, ein Kondom zu benutzen. Walker verbrachte fünf Jahre hinter Gittern.

Es ist schockierend, wie viel Zeit Frauen, die sich auf Selbstverteidigung berufen, in den USA in Gefängnissen verbracht haben. Endlos reihen sich ihre Namen und Geschichten aneinander. CeCe McDonald, eine Schwarze trans Frau, erstach einen Mann, der sie und ihre Freunde in Minneapolis auf der Straße angegriffen hatte. Sie wurde zuerst des Mordes, dann des Totschlags zweiten Grades angeklagt und ließ sich gegen eine Absenkung der Strafe auf 41 Monate auf ein Schuldeingeständnis ein. Die blinde Willie Mae Harris saß lebenslänglich in Arkansas ein, weil sie ihren gewalttätigen Mann erschossen hatte, bis ihre Strafe nach 31 Jahren in eine Bewährung umgewandelt wurde. Tewkunzi Green, eine Mutter aus Illinois, saß 13 Jahre im Gefängnis, weil sie ihren gewalttätigen Freund erstochen hatte. Auch ihre Mutter hatte einen angeblichen Gewalttäter getötet. Nach ihrer Freilassung sagte Green bei einer Veranstaltung mit Aktivisten: »Es tut in der Seele weh, das eigene Leben verteidigen zu müssen, weil jemand auf dich einprügelt, und du einfach nur darum gebeten hast, in Ruhe gelassen zu werden.«

Auch Männer werden kriminalisiert, wenn sie sich wehren. Aber das geschieht weitaus seltener. David Garlock und sein Bruder töteten einen Mann, der sie als Kinder jahrelang sexuell missbraucht hatte. Der Missbrauch hatte begonnen, als Garlock elf Jahre alt war. Die beiden wurden zu 25 Jahren verurteilt. »Sollten mein Bruder und ich bestraft werden?«, fragte Garlock mich Jahre nach seiner Freilassung am Telefon. »Ja. Sind 25 Jahre zu viel? Ja. Wir hatten versucht zu fliehen. Er hatte mehrmals versucht, uns zu töten… Das System will dich entweder als Opfer oder als Täter sehen.«

In vielen dieser Geschichten geht es um Frauen, die in den Augen der Gerichte keine perfekten Opfer waren – genau wie Brittany. Das galt auch für Maddesyn George, ein Mitglied der indigenen Colville. Sie erschoss einen Mann, der sie vergewaltigt haben soll, und stahl danach dessen Pistole und Methamphetamine. George bekannte sich gegen eine Haftstrafe von sechseinhalb Jahren des Totschlags schuldig. »Das Dilemma der Kriminalisierung von Selbstverteidigung« ist laut Rachel White-Domain vom Women & Survivors Project Folgendes: »Sagen wir, diese Handlung ist nicht kriminell? Oder nicht wert, strafrechtlich verfolgt zu werden? Oder geht es um etwas, das wir entschärfen können? Oder handelt es sich um ein Verbrechen, aber die Person verdient keine entsprechende Strafe?«

Außerhalb der Vereinigten Staaten fallen die Antworten auf diese Fragen gemischt aus. Häufig werden Frauen freigesprochen, wenn sie genügend Personen finden, die sie unterstützen. Die Britin Sally Challen, die ihren Mann nach Jahrzehnten seines zwanghaft kontrollierenden Verhaltens mit einem Hammer erschlug, wurde wegen Mordes zu lebenslanger Haft verurteilt. Dieses Urteil wurde jedoch nach einem öffentlichen Aufschrei im Jahr 2019 revidiert und sie kam frei. Eine Frau in Südafrika, die unter dem Namen »Löwenmama« bekannt ist, wurde 2017 des Mordes angeklagt, weil sie einen von drei Männern erstach, die gerade ihre Tochter vergewaltigten. (Die anderen beiden verwundete sie.) Auch hier führte die öffentliche Empörung dazu, dass die Anklage fallengelassen wurde. Yakiri Rubio schlitzte ihrem Entführer und Vergewaltiger in Mexiko die Kehle auf. Sie wurde wegen Mordes inhaftiert, bis 2014 international über ihren Fall berichtet und ihre Tat als »übertriebene legitime Selbstverteidigung« eingestuft wurde.

Solche Geschichten gibt es viele – mehr, als man zählen könnte. Manche Frauen kommen nicht einmal mit dem Leben davon. 2011 wurde die indonesische Haushälterin Tuti Tursilawati in Saudi-Arabien zum Tode verurteilt, weil sie ihren gewalttätigen Arbeitgeber getötet hatte. Er hatte sie angeblich sexuell und körperlich missbraucht. 2018 wurde Tursilawati geköpft.

Andere siechen in Gefängnissen dahin, selbst wenn sie in den Augen der Öffentlichkeit Heldinnen sind. In der Türkei bleibt Nevin Yildirim lebenslang in Haft, weil sie einem Mann den Kopf abgetrennt hat, der sie mehrfach vergewaltigt und geschwängert haben soll. Danach warf sie seinen Kopf in einem Sack auf den Dorfplatz und erklärte: »Hier ist der Kopf desjenigen, der meine Ehre beschmutzt hat.« Als sie 2015 zu lebenslanger Haft verurteilt wurde, zogen in Istanbul Frauen durch die Straßen und hielten Yildirims Bild hoch. Auf ihren Protestbannern war zu lesen: *Nevins Stimme ist unsere Stimme.*

Nachdem Brittanys Anwälte von dem Urteil erfahren hatten, bereiteten sie sofort ihre Antwort vor. Im März 2020 legte Ron Smith eine Klage *(writ of mandamus)* beim Berufungsgericht von Alabama vor. Diese glich einer Berufung, bezog sich aber auf die Inanspruchnahme der Stand-Your-Ground-Gesetze. Große Chancen rechnete man sich nicht aus, aber es war ein Versuch, Richterin Holt zu einer Rücknahme ihres Urteils zu bewegen.

Im Fall einer Ablehnung würden Brittanys Anwälte das Gleiche beim Obersten Gerichtshof von Alabama versuchen. Smith argumentierte, Holt habe »Tatsachen festgestellt, die von den Akten nicht gestützt werden«, und die Mehrheit der Beweise wiese darauf hin, dass Brittany geschossen habe, um sich selbst zu verteidigen. »Brittany hat einen Mann erschossen, der gerade ihren Bruder angriff«, so Smith. »Derselbe Mann hatte sie nur wenige Stunden zuvor gewürgt, geschlagen und vergewaltigt.«

Ungefähr zur gleichen Zeit erfuhr Brittany, dass ihre Fingernagelproben inzwischen untersucht worden waren. Nun war Todds DNA doch unter ihren Nägeln gefunden worden. Das stützte ihre Aussage, dass sie ihn während des Angriffs gekratzt hatte. Doch für ihr Gesuch der Stand-Your-Ground-Gesetze war es zu spät. Laut der Staatsanwaltschaft würde der Fund also keine Konsequenzen haben.

Monate vergingen, ohne dass das Berufungsgericht eine Entscheidung traf. Ramona, Chris und Brittany versuchten, ihr altes Leben in Stevenson wieder aufzunehmen. Die Welt hatte inzwischen mit der Coronapandemie zu kämpfen, doch Jackson County ignorierte sie in jenem Frühling weitgehend. Nur wenige Menschen trugen Masken. Ramona, Chris und Brittany blieben ohnehin lieber zu Hause. Während des Wartens auf das Urteil des Berufungsgerichts stritten sie weniger; sie wollten das letzte bisschen Hoffnung nicht aufgeben. Wenn es warm war, saß Ramona draußen und tratschte mit den Nachbarn, die oft auf ihre Veranda kamen und ein Schild aufgehängt hatten: »Kostenlose Therapie auf der Veranda.«

Seit der Schießerei hatte Chris sich angewöhnt, den ganzen Tag zu schlafen. Nachts spielte er Horror- und Survival-Videospiele. *Left 4 Dead 2* mochte er besonders gern. Die abstrakte Gewalt in diesem First-Person-Shooter-Spiel empfand er als kathartisch. Der Kampf gegen Horden von Zombies half ihm, die Erlebnisse mit Todd zu verarbeiten. Er schrie nachts im Schlaf nicht mehr so viel. Zwei Anklagepunkte hingen über ihm wie das Damoklesschwert:

Manipulation von Beweismitteln (weil er die Waffe nach Brittanys Schüssen abgewischt hatte) und falsche Tatsachenbehauptung (weil er sich selbst als den Schützen bezeichnet hatte). Er nahm an, nach dem Ende von Brittanys Prozess angeklagt zu werden. Eines Nachmittags verließ er das Haus, um sich ein Tattoo stechen zu lassen. Es sollte Optimus Prime zeigen, den heldenhaften Autobot aus *Transformers*. »Alle mögen den bösen Transformer, weil er unterhaltsamer ist, aber ich wollte den guten«, erklärte mir Chris. Er sollte ihn daran erinnern, wer er zu sein hoffte.

Brittany traf sich so oft es ging mit ihren Kindern. Ihre älteste Tochter war blond, hatte rosige Wangen und fuhr gerne mit einem rosafarbenen Plastikauto durch den Garten von Brittanys Onkel, während Brittany lachend neben ihr herlief. Ihre beiden Söhne erzählten ihr alles über die anderen Kinder und die Lehrkräfte in der Schule. Ihre jüngste Tochter zeigte ihr, wie sie zu den neusten Popsongs tanzte. Ihre schwarzen Locken hüpften auf und ab. Einmal besuchte Brittany das Grab ihres verstorbenen Babys Will. Danach rannte sie so schnell und lange, bis sie nicht mehr atmen konnte.

Wenn sie nicht gerade bei ihren Kinder war, ging Brittany auf die Jagd nach Steinen, Fossilien und Pfeilspitzen. Sie lenkte sich ab, um nicht wieder den Drogen zum Opfer zu fallen, die in Stevenson allgegenwärtig waren. Für Tausende von Jahren hatten die Cherokee, Chickasaw und Creek gemeinsam im Tennessee Valley gelebt, ehe die europäischen Siedler viele von ihnen Richtung Westen getrieben hatten. MawMaw war halb Cherokee gewesen. In der Gegend waren also durchaus Pfeilspitzen zu finden. Brittney sortierte ihre Funde bis spät in die Nacht. Falls sie im Prozess freigesprochen würde, wollte sie einen New-Age-Laden eröffnen und heilende Kristalle, Edelsteine, tibetanische Gebetsbücher, Werke über Numerologie und Chakras und Ähnliches verkaufen. Mehrere Frauen in der Bryce-Klinik hatten ihr diese Themen nahegebracht. Zusätzlich zum christlichen Glauben, mit dem Brittany aufgewachsen war, spendeten sie ihr Trost. Sie wollte auch anderen damit helfen.

Im selben Monat kam eine alte Freundin vorbei und bot Brittany Meth an. Brittany zögerte. Mit Meth würde sie die Vergewaltigung, Todds lebloses Gesicht und den Anblick seines Leichnams auf dem Boden vergessen. Meth könnte sie an einen Ort bringen, an dem ihr kein Gerichtsverfahren bevorstand und sie Selbstvertrauen hatte. Stattdessen aber befahl sie der Freundin, das Meth aus dem Fenster zu werfen. Sie war in der Vergangenheit rückfällig geworden und sollte es auch wieder werden, aber an diesem einen Tag war sie frei. Statt Drogen zu nehmen, ging sie mit Michael am Fluss spazieren. Michael und Brittany waren erst seit kurzem zusammen. Brittany hatte den ruhigen Tischler mit der runden Brille kennengelernt, als sie ihn beauftragte, einen Hammer zu gravieren, den sie ihrem Vater Ricky schenken wollte. Brittany gefiel nicht nur Michaels Handwerkskunst, sondern auch sein freundliches Lächeln, und bald verbrachten die beiden viel Zeit miteinander.

Am Fluss war es friedlich, das Wasser rauschte. Am sandigen Ufer zog Brittany die Schuhe aus und trat ins kalte Wasser, während Michael ihr zusah. Sie dachte an den letzten Besuch bei ihren Kindern. Ihr älterer Sohn hatte ihr von einem Traum erzählt, »in dem die ganze Welt von Staub bedeckt wurde, und die Kinder die Welt vor allem Schlechten retteten.« Sie dachte: *Seit wann ist er so klug?*

Im August 2020 hatte Brittany beide Berufungsverfahren verloren. Ihr zufolge schlug James Mick, ihr erster, noch immer mit dem Fall betrauter Anwalt, vor, sie solle sich des Totschlags schuldig bekennen, um den Prozess zu vermeiden. Der Gedanke machte Brittany wütend. Einige Jahre zuvor hatte Tammy Keel, eine Frau aus Jackson County, ihren Ehemann erschossen, den Leichnam angezündet, überfahren, mit dem Auto mitgeschleift und das Auto in Brand gesetzt, nachdem er sie mit einem großen Stein bedroht habe. Keel bekannte sich des Totschlags schuldig. Brittany glaubte nicht, dass Keels Fall auch nur ansatzweise mit ihrem vergleichbar war. Sie sagte Mick, dass sie sich niemals schuldig bekennen würde.

In der Zwischenzeit bereitete Brittanys leitender Anwalt John Smith sich auf den Prozess vor. Er machte einen örtlichen Spezialisten für PTBS ausfindig, dessen Aussage Brittanys Verhalten erklären würde. Brittany unterzog sich bei dem Therapeuten einem ausführlichen, schriftlichen Test. Sie hatte Angst, Aussagen wie »Ich glaube, jemand ist hinter mir her« anzukreuzen, weil sie deshalb bereits in der Psychiatrie gelandet war.

Im September 2020 schlug ein Drogentest bei Brittany an. Während der Wartezeit auf den Prozess waren diese Tests für sie verpflichtend. Bisher hatte sie jeden einzelnen bestanden, doch diesmal wurden Spuren von Methamphetaminen und Alkohol entdeckt. Sie behauptete, nichts eingenommen zu haben. Ramona bestätigte die Aussage ihrer Tochter. Die Firma, die die Tests durchführte, war für falsch positive Ergebnisse bekannt. Andererseits hatte Brittany wieder Kontakt mit ihrem früheren Drogenmilieu, und stand unter enormem Druck. So war es nicht unwahrscheinlich, dass sie wieder angefangen hatte, Drogen zu nehmen. Ihre traumatische Vergangenheit, die Sucht und ihr schmerzhaft erlerntes Misstrauen gegenüber Polizei, Justiz- und Gesundheitssystem hatten über die kluge, selbstbewusste und ehrliche Frau gesiegt, die sie einst war. Zurückgeblieben war eine unsichere, nicht immer aufrichtige Frau. Machte Brittany Fehler, war ihr erster Impuls, diese zu verbergen. Letztlich stellte sie sich aber immer der Wahrheit. »Hier in der Gegend ist es so schwer, den Drogen zu widerstehen«, erzählte sie mir später. »Du würdest auch Drogen nehmen, wenn du hier leben würdest und all das durchgemacht hättest.«

Einige in Brittanys Familie waren wütend und enttäuscht. Der Onkel, der sich um Brittanys Kinder kümmerte, war frustriert, dass sie nicht die Finger von den Drogen lassen, ihr Leben in den Griff bekommen und verlässlich für ihre Kinder da sein konnte. Ähnlich empfand auch Brittanys Vater Ricky. »Wenn sie sich bloß zusammenreißen würde, dürfte sie mehr Zeit mit ihren Kindern verbringen«, kritisierte er. Und Ramona war klar, dass der positive Drogentest es noch schwerer machen würde, ihre Tochter vor dem Gefängnis zu bewahren.

Ungeachtet des positiven Drogentests urteilte Richterin Holt, dass Brittany bis zum Prozess in Freiheit bleiben durfte. Doch Brittany befand sich bereits in einer Abwärtsspirale. Auf der Rückfahrt von der Anhörung zuckte Brittany zusammen, als Michael ihr die Hand auf den Oberschenkel legte. »Fass mich bitte nicht an«, sagte sie bestimmt. »In Ordnung«, antwortete er und nahm seine Hand wieder weg. Später erklärte Brittany mir, sie sei zusammengezuckt, weil Michael kürzlich bei einem gemeinsamen Campingausflug zu viel getrunken und sie dann im Streit gewürgt hätte. Obwohl Michael so sanft wirkte, war er letztlich doch wie alle andere Männer in Jackson County, die Frauen verprügelten.

Ramona war wütend: »Michael sagt, er habe Brittany gewürgt, weil er high und betrunken war. Aber wenn ich high und betrunken bin, mache ich so etwas nicht.«

Einige Wochen später gerieten Brittany und Michael erneut in Streit. Brittany gab an, Michael habe ihr Bier über den Kopf geschüttet, ihr Schlimmeres angedroht und daraufhin den Wohnwagen verlassen. Als er weg war, zündete Brittany zwei Streichhölzer an und ließ sie auf die Matratze fallen. Ramona, die gerade eintraf, sah schon von draußen die Flammen. Sie rannte in den Wohnwagen, rief die Feuerwehr und trat das Feuer aus. Ihre Tochter stand reglos in der Küche.

»Ich weiß nicht, ob sie durchgedreht ist oder wütend war«, so Ramona. Doch sie wusste, dass ihre Tochter jetzt in ernsten Schwierigkeiten steckte. »Ich habe alles gegeben, damit sie nicht in den Knast muss. Ich habe ihr gesagt, sie wird in den Knast kommen, wenn sie mit ihm zusammenbleibt. Nachdem er sie gewürgt hat, habe ich sie gebeten, nicht zu ihm zurückzugehen.«

Als kurze Zeit später die Feuerwehr und die Polizei eintrafen, erzählte Brittany die Wahrheit. Sie erklärte genau, was sie getan hatte. Der Schaden am Wohnwagen wurde gering eingeschätzt. Brittany wurde wegen Brandstiftung zweiten Grades festgenommen: Brandlegung in einem leeren Gebäude. Im Nachhinein konnte Brittany nur schwer erklären, warum sie es getan hatte. »Ich weiß nicht. Er hat Bier über mir ausgekippt. Ich weiß aber, dass ich den Wohnwagen nicht niederbrennen wollte.«

Brittany und Ramona machten oft die Korruption, den Sexismus und die Strafverfolgung in Jackson County für ihre Probleme verantwortlich. Manchmal lag der Fehler tatsächlich im System, aber manchmal war Brittany auch selbst schuld. Sie war nie das perfekte Opfer gewesen. Das Justizsystem teilt die Menschen im Gerichtssaal gerne in zwei Kategorien ein: Opfer sind gut, Täterinnen und Täter sind schlecht. Doch diese Kategorien sind zutiefst irreführend. Studien haben gezeigt, dass viele inhaftierte Frauen unter komplexen Traumata leiden und gleichzeitig mit Suchterkrankungen kämpfen.

Der norwegische Soziologe und Kriminologe Nils Christie entwickelte 1986 den Begriff des »idealen Opfers« – einer »Person oder Kategorie von Individuen, die, wenn sie von einem Verbrechen betroffen sind, sofort den vollen und legitimen Opferstatus erhalten.« Laut Christie ist das ideale Opfer schwach, handelt respektabel, befindet sich an einem Ort, der ihm nicht vorzuwerfen ist, und kommt durch einen großen, bösen, unbekannten Täter zu Schaden. Die Geschichte zeigt, dass ideale Opfer oft weiß sind und der Mittel- oder Oberschicht entstammen.

Diese Definition verfehlte Brittany in mehrfacher Hinsicht: Sie war arm, früher drogenabhängig, hatte das Sorgerecht für ihre Kinder verloren, kannte Todd, hatte an jenem Abend mit ihm Alkohol getrunken und verhielt sich vor Gericht nicht schwach oder schüchtern, sondern wehrte sich. Nun hatte sie ihre Fähigkeit zu reaktivem Verhalten unter Beweis gestellt und damit ihren Status als Opfer weiter gemindert.

Lily Kay Ross, die zu den Bezeichnungen von Opfern und Überlebenden in genderbasierten Fällen von Gewalt geforscht hat, schrieb auf Twitter, dass Opfer sich auf zwei bestimmte Arten verhalten müssen, um Sympathien zu erzeugen: Entweder müssen sie selbstverantwortlich und heldenhaft Schwierigkeiten überwinden oder christusgleiche Opfer sein, die schwach und passiv die andere Wange hinhalten. Brittany tat das Gegenteil. Nachdem Michael sie gewürgt hatte, wie andere Männer zuvor, setzte sie alles daran, die Beziehung in Flammen aufgehen zu lassen.

Von den 230 000 Frauen, welche die staatliche Gefängnisbehörde derzeit als Insassinnen von Gefängnissen verzeichnet, verbüßt ungefähr ein Viertel eine Strafe wegen einer Gewalttat. Nicht nur ist unklar, wie viele Frauen inhaftiert sind, weil sie Menschen getötet haben, die ihnen Leid zugefügt haben, sondern auch, wie viele Fälle sich in der Grauzone zwischen Selbstverteidigung und Vergeltung bewegen. Die Universitäten South Carolina und Yale führten 2008 eine Metaanalyse Dutzender Studien durch. Sie ergab, dass Männer oft aufgrund eines Kontrollbedürfnisses gewalttätig wurden, während Frauen eher aus Angst und im Zuge des Versuchs, sich zu verteidigen, Gewalt ausübten. Eine der Studien legte nahe, dass Frauen in ungefähr der Hälfte der Fälle in Vergeltungsabsicht handelten.

Rachel White-Domain vom Women & Survivors Project zeigte sich von Brittanys Brandstiftung wenig überrascht. Sie meinte, wer ständig mit Gewalt lebe, müsse Raum und Sicherheit für sich beanspruchen –, selbst wenn dafür die Matratze in Brand gesteckt wird. White-Domain merkte an, dass Gerichte, Staatsanwaltschaften, Anwältinnen und Anwälte, »Menschen auf der anderen Seite des Spiegels, einfach ein ganz anderes Leben führen«.

Brittany wusste, dass sie nach der Brandstiftung nun wirklich Gefahr lief, für die Erschießung Todds zu lebenslanger Haft verurteilt zu werden. Denn diese Tat konnte nun als erste zweier Vergeltungsmaßnahmen betrachtet werden, die sie gegen gewalttätige Männer ergriffen hatte. Sie hatte immer gesagt, sie werde sich nie schuldig bekennen, doch jetzt, da sie wegen der Brandstiftung erneut in Haft war, musste sie sich mit einer möglichen lebenslangen Haft im Julia Tutwiler Prison auseinandersetzen. Tutwiler war eines der problembeladensten Gefängnisse in den USA. 2015 ergab eine Untersuchung des Justizministeriums, dass dort inhaftierte Frauen von Wachmännern sexuell belästigt, vergewaltigt und geschwängert wurden. Zeigten sie den Missbrauch an, wurden sie bestraft. Brittanys Angst, dort übergriffigem Verhalten ausgesetzt zu sein, war also nicht unbegründet, auch wenn die Bedingungen sich seit der Untersuchung scheinbar verbessert hatten. Bekannte Brittany sich schuldig, könnte sie eine Gefängnisstrafe vielleicht gänzlich umgehen.

Laut Karla Fischer, der Expertin für häusliche Gewalt, lassen sich die meisten Frauen, die Gewalttäter umbringen, letztlich auf solche Absprachen mit der Staatsanwaltschaft ein (genau wie die Mehrheit strafrechtlich Beklagter). Fischer schätzt, dass 80 Prozent der von ihr betreuten Fälle so enden. Insgesamt wurde ungefähr die Hälfte der Frauen in Fällen, in denen Fischer ausgesagt hatte, einer geringeren Straftat schuldig gesprochen, während die andere Hälfte höhere Strafen erhielt als ursprünglich geplant. Fischer sagte, in all den Jahren als Expertin habe sie nur einmal erlebt, dass eine Frau freigesprochen wurde.

Die Bezirksanwaltschaft von Jackson County hatte Brittany ursprünglich 25 Jahre Haft für ihr Bekenntnis zu Totschlag angeboten. Laut Brittanys Anwalt Ron Smith konnte Brittany sich nun des Mordes und der Brandstiftung schuldig bekennen und – unter Berücksichtigung ihrer bereits in Haft verbrachten Zeit – nur sieben Monate ins Gefängnis gehen oder sich mit einer längeren Haftstrafe des Totschlags schuldig bekennen. Dass ein Mord eine geringere Strafe nach sich ziehen würde als ein Totschlag, ergab keinen Sinn. Ramonas Nachbarin Kayla meinte, es dennoch zu verstehen: »Sie wollten sie einfach wegen Mordes drankriegen«, sagte sie und meinte damit das Gericht und die Staatsanwaltschaft von Jackson County.

Brittany las sich im Gefängnis die Details der Angebote der Staatsanwaltschaft durch und überlegte. Bekannte sie sich zum Mord, wäre sie im Mai frei und könnte ihre Kinder sehen. Die Frauen, die ihren Fall weltweit verfolgten, wären enttäuscht, aber Brittany hatte nicht mehr das Gefühl, sich beweisen zu müssen. Fast drei Jahre später ging es nur noch ums Überleben.

Im Oktober 2021 bekannte Brittany sich schuldig. Ramona weinte, als sie davon erfuhr. Als Brittany die Dokumente unterzeichnete, befand sie sich in Isolationshaft – Ramona hatte also keine Chance, ihre Tochter davon abzubringen. »Ich wollte nur zu ihr sagen: ›Brittany, mein Schatz, tu es nicht, es war Selbstverteidigung‹«, so Ramona. »Aber sie ist müde, wir sind alle müde.« Sie schluchzte. »Wir wollen kämpfen, aber wir sind verdammt nochmal müde.«

Brittanys Anwalt Ron Smith machte seiner Klientin klar, dass die Verurteilung wegen Mordes für immer in den Akten bleiben und Probleme bereiten würde, gleichgültig, ob es um Beruf, Wohnen oder das Sorgerecht für ihre Kinder ging. Doch das war es Brittany wert, wenn sie ihre Kinder dafür früher sehen konnte. Sie wusste, dass sie durch einen Prozess keine geringere Haftstrafe erhalten würde, zumindest nicht von Richterin Holt, die auf

19 Seiten Brittanys Glaubwürdigkeit in Zweifel gezogen hatte, und auch nicht von Staatsanwalt Jason Pierce, der es darauf anlegte, sie als Lügnerin darzustellen – und erst recht nicht nach der Brandstiftung.

»Ich weiß, dass ich es für meine Kinder getan habe«, sagte sie, nachdem sie den Deal unterzeichnet hatte. »Es wird ihnen besser gehen, wenn sie wissen, dass es vorbei ist. Ich habe eine Entscheidung getroffen, und jetzt geht es meiner Mutter, meinem Bruder und allen gut… Meinen Kindern geht es gut. Und auch mir wird es gut gehen. Ich versuche nur, hier drin nicht verrückt zu werden.«

Doch auf die laute, stressige Zeit der Entscheidungsfindung folgten viele ruhige Nächte in der Frauenabteilung, und Brittany kamen Zweifel. Ursprünglich hatte sie sich fest vorgenommen, sich nicht schuldig zu bekennen. Jetzt hatte sie das Gefühl, viele Menschen im Stich gelassen zu haben – nicht zuletzt sich selbst. »Damit habe ich jeden Tag zu kämpfen«, gab sie zu. Wie Kayla Pearson glaubte sie, dass die Behörden das Schuldbekenntnis zum Mord nach all der negativen Aufmerksamkeit nutzen wollten, um zu zeigen, dass sie mit ihrer Einschätzung Brittanys schon immer richtiglagen.

Wie Chris vorausgesagt hatte, wurde nun, da Brittanys Fall abgeschlossen war, über seine Anklagepunkte entschieden. Die Anklage wegen Manipulation von Beweismitteln wurde fallengelassen. Chris bekannte sich der Falschaussage schuldig und erhielt dafür zwölf Monate überwachte Bewährung. Das Urteil störte ihn nicht, da er seit jener Nacht ohnehin kaum das Haus verließ.

Nach all den Jahren, die sich Brittanys Fall hinzog, und all dem Geld und den Anstrengungen, die investiert wurden, um Brittany ins Gefängnis zu bringen, würde sie jetzt nurmehr sieben Monate in Haft verbringen. Ihr Bruder würde die Bewährungsstrafe absolvieren. Für viele, die den Fall lange verfolgt hatten, war dieses Ergebnis enttäuschend. Frauen im ganzen Land, die sich Brittanys

Geschichte verbunden gefühlt hatten, wussten nicht, was sie mit dem Urteil anfangen sollten. Gleichzeitig stand es sinnbildlich für die bewussten wie auch die zufälligen Mängel der amerikanischen Strafjustiz. Brittanys Anwalt erzählte mir später, er hätte den Fall gerne zum Prozess gebracht, weil eine Jury wahrscheinlich das Richtige getan hätte. Die AL.com-Reporterin Ashley Remkus war der Ansicht, das Justizsystem von Jackson County habe in jedem Fall versagt: »Wenn man Todd für ein Opfer hält, wurde [Brittany] dann gerecht bestraft? Und wenn man das nicht glaubt und sie für das Opfer hält, kann ich mir nicht vorstellen, dass jemand glaubt, ihr sei Gerechtigkeit widerfahren.« Auf wessen Seite man auch stand – Remkus glaubte nicht, dass in Brittanys Fall Gerechtigkeit zu finden war.

Während der sieben Monate in Haft arbeitete Brittany hart daran, sich selbst wiederzufinden und endlich die Tatsache zu verarbeiten, dass sie einem Menschen das Leben genommen hatte – unabhängig davon, was Todd ihr angetan hatte. Sie meditierte, betete und schrieb Briefe an Familie und Freunde. Zum Schutz vor dem Schmutz im Gefängnis band sie sich die Haare zu Zöpfen und hielt ihre Uniform sauber. Im Gefängnishof pflückte sie durch den Zaun Klee. Sie lernte, dass Kleeblüten sich tagsüber öffnen und nachts schließen – das gefiel ihr. Sie adoptierte einen Wurm, den sie – in Anlehnung an das Kinderlied »Herman the Worm« – Herm nannte. Sie fütterte ihn mit Orangenschalen und Maisbrot. Nachts konnte sie aus dem quadratischen Fenster am Bett den Mars sehen und bat ihre Mutter, ebenfalls in den Nachthimmel zu blicken.

Sie telefonierte jeden Tag mit ihrer Mutter. Ramona scherzte, sie vermisse ihre Tochter so sehr, dass sie sich wegen öffentlicher Trunkenheit selbst ins Gefängnis bringen werde, um Brittany zu umarmen. Brittany zuliebe war Ramona immer fröhlich, wenn sie mit ihr sprach. Doch als in der Nachbarschaft die Weihnachtsbeleuchtung aufgehängt wurde, fiel es ihr zunehmend schwerer, das Schauspiel aufrechtzuerhalten. Ramonas Bekannte erzählten einander, was sie ihren Kindern schenken wollten, während sie selbst hoffte, genug Geld zu haben, damit Brittany sie aus dem Gefängnis anrufen konnte.

Im Mai 2021 wurde Brittany entlassen – gerade rechtzeitig zum Schulabschluss ihres ältesten Sohns und zur Wildblumenblüte in Alabama. Sie zog wieder bei Ramona ein. Im Wohnzimmer stand immer noch der Weihnachtsbaum aus Kunststoff mit den Geschenken für Brittany darunter. Die Geschenke waren für alle Feste, die Brittany verpasst hatte – sogar rot verpackter Schmuck für den Valentinstag war darunter. Immer, wenn Ramona während Brittanys Haftzeit zu Walmart oder einem Schnäppchenladen ging, kaufte sie billiges Spielzeug und packte es in eine Tasche, die Brittany bei ihrer Heimkehr den Kindern schenken konnte. Ramona wollte »unsere kleine Familie wieder zusammensetzen«.

Während Brittany in der Wohnung noch unter Hausarrest stand, erstellte sie eine Facebook-Gruppe, die sie *Flawed but Fearless* [*Fehlerhaft, aber furchtlos*] nannte. Fast 150 Frauen aus der Gegend traten bei. Dort postete Brittany inspirierende Videos oder Bilder, die sich mit häuslicher Gewalt, Neuanfängen und dem Weg zur eigenen Unabhängigkeit beschäftigten. Viele Mitglieder berichteten, ebenfalls häusliche Gewalt oder sexuelle Übergriffe erlebt zu haben. Eine Freundin von Ramona trat bei, nur wenige Wochen nachdem sie Ramona grausige Fotos geschickt hatte, auf denen sie mit zwei blauen Augen, einer riesigen Beule auf der Stirn, grünblauen Wangen und einem blutbespritzten T-Shirt zu sehen war. Die Frau erzählte, ihr Mann habe sie geschlagen, weil sie ihn von einem Selbstmordversuch abgehalten hatte. Der Ehemann wurde festgenommen, der häuslichen Gewalt angeklagt und verbrachte sechs Monate im Gefängnis. Die anderen Frauen in der Gruppe fanden das ermutigend. Brittanys Fürsprecherin Sandra erzählte von ihren eigenen Erfahrungen mit Missbrauch, während andere Frauen von ihrem Kampf gegen die Drogensucht berichteten. Andere teilten Memes darüber, wie es ist, wenn Frauen nicht geglaubt wird.

Nach einer Weile teilte Brittany etwas über sich selbst: »Jahrelang war ich verloren. Ich wollte dazugehören. Ich wollte gemocht werden, aber ich war dieses unsichere Mädchen, das Schwierigkeiten hatte, die Menschen sein wahres Ich sehen zu lassen. Ich war eine lustige, verrückte, schüchterne, phantasievolle, schöne Seele, aber ich fühlte mich nie gut genug. Als ich älter wurde, begann ich, Drogen zu nehmen und Alkohol zu trinken.« Brittany erzählte, wie sie heiratete und Kinder bekam und wie sehr ihr das Muttersein gefiel. Sie erzählte, wie sie drogenabhängig wurde, Rückfälle erlitt und wie ihre Kinder ihr weggenommen wurden. »ICH VERLOR MEIN HERZ. Als hätte ich nichts mehr, wofür es sich zu leben lohnt… Als ich endlich zur Besinnung kam, hörte ich mit den Drogen auf und tat, was getan werden musste, um meine Kinder zurückzubekommen.« Dann traf sie Todd. »Bestimmt habt ihr alle von meiner Vergewaltigung gehört und davon, dass ich des Mordes angeklagt wurde. Ich dachte, mein Leben sei vorbei. Aber ich will euch sagen: Mein Leben fängt gerade erst an.«

Im Mai 2021 hatte Brittany eine weitere Auseinandersetzung mit Michael. Sie hatte ihm eine zweite Chance gegeben, nachdem er sich entschuldigt und erzählt hatte, er sei nun clean. Außerdem hatte sie erfahren, dass sie als verurteilte Straftäterin nicht in Ramonas Sozialwohnung leben durfte, so dass Michaels Wohnwagen die nächstbeste Lösung war. Diesmal filmte Brittany den Streit. In dem Video sagt sie, dass sie Michael aufnehme, weil er gerade gedroht habe, sie umzubringen. Er stößt eine schwere Kücheninsel voller Geschirr um. »Hör auf, mich und meinen Scheiß aufzunehmen!«, schreit er und reißt auch ein Bücherregal von der Wand, das krachend zu Boden fällt. »Stopp!«, schreit Brittany zurück, und das Video bricht ab.

Kurz danach rief Brittany die Polizei, die Michael festnahm und der »häuslichen Gewalt mit Würgen/Ersticken« anklagte. Brittany berichtete mir, Michael habe versucht, sie zu würgen. Ihre Mutter habe ihn weggezogen. Michael schrieb mir auf Facebook, er sei unschuldig und Brittany habe »das Telefon ziemlich gut festgehalten, wenn man bedenkt, dass ich sie geschlagen haben soll«. Doch später bekannte er sich der Körperverletzung dritten Grades schuldig. Dabei handelt es sich um eine mit Händen oder Körper ausgeübte Körperverletzung. Michael wurde vom Gericht beordert, ein Aggressionstraining zu besuchen. Zudem durfte er Brittany nicht kontaktieren. Zum ersten Mal hatte sie das Gefühl, dass die Polizei ihr glaubte.

Im Juli 2021 erging an einem Berufungsgericht in New York ein für die Opfer häuslicher Gewalt wegweisendes Urteil. Es verkürzte das Strafmaß von Nikki Addimando um über zehn Jahre. Addimando hatte ihren Freund und den Vater ihrer zwei Kinder erschossen, der sie körperlich und sexuell missbraucht habe. Wie in Brittanys Fall waren auch ihre Darstellungen von der Staatsanwaltschaft als harter Sex abgetan worden. Ein neues Gesetz in New York – der Domestic Violence Survivors Justice Act – ermöglichte verkürzte Haftstrafen für Opfer häuslicher Gewalt. In Kalifornien erlauben die Sin-by-Silence-Gesetze, in Fällen von Frauen, die Gewalttäter getötet hatten, neue Beweismittel zu berücksichtigen, falls die Gewalt vor Gericht nicht dargestellt worden war. In Illinois gab es eine Gesetzesänderung, die Missbrauch als strafmildernden Faktor einstufte. Opfervertreterinnen zufolge haben noch nicht genügend Frauen von diesen neuen Gesetzen profitiert, aber es gehe in die richtige Richtung.

Im Juli 2022 begnadigte Kaliforniens Gouverneur Gavin

Newsom Sara Kruzan, die mit 16 Jahren ihren Menschenhändler getötet hatte. Im selben Monat gestattete der Oberste Gerichtshof von Wisconsin der Teenagerin Chrystal Kizer, sich im Fall der Tötung ihres Zuhälters auf Selbstverteidigung zu berufen. Das Gericht gestand sogar zu, es sei gleichgültig, ob Kizer ihn in unmittelbarer Gefahr erschossen habe, weil Menschenhandel »Opfer in einem Kreislauf scheinbar ausweglosen Missbrauchs gefangen« halte. Die Strafjustiz erkannte damit an, dass Selbstverteidigung im Fall von Missbrauch innerhalb eines Kontinuums stattfinden konnte. Gleichzeitig führten viele Staaten Gesetze des »zweiten Blicks« ein: Wer lange Haftstrafen verbüßte, konnte eine erneute Prüfung des Falls erreichen. Manche dieser Gesetze enthielten sogar eine Klausel über häusliche Gewalt.

In Alabama jedoch gab es im Nachklang von Brittanys Fall keine Gesetzesänderungen oder Begnadigungen. Was blieb, war eine Diskussion über das Überleben im Lichte der Kriminalisierung. In den sozialen Medien wurde anlässlich ihres Falls über das perfekte Opfer diskutiert (»Die Öffentlichkeit will ein perfektes Opfer, aber das gibt es nur selten«), über Traumafolgen und wie schwer diese zu verstehen seien (»Opfer von Vergewaltigung tun oft Dinge, die einfach keinen Sinn ergeben. Trauma löst so etwas aus«) oder über die – ungeachtet der Wahrheit von Brittanys Geschichte – durch den Fall offengelegten Probleme des Strafjustizsystems (»[An diesem] Beispiel kann man sehen, dass man lieber einen unschuldigen Menschen ins Gefängnis steckt, statt die Freilassung eines vielleicht schuldigen zu riskieren«).

Sandra Goodwin hatte den Eindruck, dass es in Jackson County seit Brittanys Prozess mehr Festnahmen wegen häuslicher Gewalt gab und die Gerichte mehr Strafen für solche Taten aussprachen. Ohne eine gute Datengrundlage war dieser Eindruck schwer zu überprüfen, aber die Zahl vor Ort Inhaftierter sowie die Gerichtsakten legten nahe, dass er berechtigt war. Hätte Sandra Brittany nicht unterstützt, hätte Ramona nicht unermüdlich für ihre Tochter gekämpft und hätte sich Sherrie Saunders in ihrem Podcast nicht mit Brittanys Fall beschäftigt, hätte sich vielleicht auch heute noch nichts geändert.

Auch die größeren, nationalen Veränderungen kamen nicht aus dem Nichts. Sie sind Ergebnis der Arbeit von Organisationen und Aktivistinnen, darunter auch inhaftierten Frauen, die jahrelang ihre Stimmen erhoben. Dazu gehören Menschen wie Karla Fischer, die als sachverständige Zeugin versucht, Frauen vor dem Gefängnis zu bewahren, oder Rachel White-Domain vom Women & Survivors Project, die sich für die Freilassung vieler Frauen einsetzt. Viele weitere wären zu nennen. Seit 1987 hilft das National Defense Center for Criminalized Survivors (früher: National Clearinghouse for the Defense of Battered Women) in Minnesota Frauen, die aufgrund von Straftaten in Zusammenhang mit ihren Missbrauchserfahrungen verurteilt wurden. Die Einrichtung schuf öffentliches Bewusstsein für die Komplexität des Themas und bildete Mitglieder der Strafjustiz entsprechend aus. Über 30 Jahre nach der Gründung sagt Cindene Pezzell, die Leiterin des Zentrums: »Der wahre Grund, weshalb [Frauen] sich überhaupt selbst verteidigen müssen, wird immer noch nicht berücksichtigt und gleichzeitig dennoch gegen sie eingesetzt.« Sie glaubt immerhin, dass es heute mehr Empathie und Verständnis für diese Fälle gebe.

Ein neueres Bündnis von Rechtshelfern, Organisatoren und Betroffenen namens Survived & Punished wurde 2013 in Chicago gegründet Die Gruppe begann als Graswurzelbewegung und setzte sich zunächst für die Freilassung von Marissa Alexander ein. Der Mutter aus Florida drohte jahrzehntelange Haft, weil sie einen Warnschuss auf ihren gewalttätigen Ehemann abgegeben hatte. Heute versucht Survived & Punished mit ähnlichen Kampagnen, vor allem People of Color zu befreien, die sich gegen Aggressoren verteidigt haben. Die Organisation veröffentlicht auch Berichte, mit denen sie Gesetzgebung und Politik beeinflussen will. Mitbegründerin Mariame Kaba kämpft noch heute an vorderster Front für die Abschaffung von Gefängnissen. 2022 sagte sie in einem Interview mit *Harper's Bazaar*, sie habe einen gewissen Defätismus in Diskussionen über Abolitionismus festgestellt. Dies könne sie nicht akzeptieren. »Das muss nicht so sein. Nein, wir können es anders machen. Wir müssen es anders machen.«

Kaba und ihre Organisation argumentieren, dass die Inhaftierung – als Strafmaßnahme und erzwungene Isolation – für Frauen wie Brittany keine Lösung sei. Stattdessen plädieren sie für die Umlage von Ressourcen von den Haftanstalten hin zu öffentlicher Gesundheit und Wohnmöglichkeiten. In Brittanys Fall hätten dazu Therapie, Suchttherapie und die Bereitstellung einer Wohnung nach der Haft gehört – so hätte sie nicht wieder bei Michael einziehen müssen. »Keine Überlebende hat es leicht, aber die Kriminalisierung verkompliziert den Weg aus Gewalt, Verletzung und Trauma«, so Survived & Punished in einem Online-Statement von 2018. »Wir setzen uns ein für stärkende Ressourcen und Chancen auf Veränderung«.

Restorative Justice gründet in indigenen Traditionen der Konfliktbewältigung und kann Sozialdienst oder Mediationen zwischen Opfer und Täter beinhalten. Sie kann alle betroffenen Parteien zusammenbringen und den entstandenen Schaden sowie die vorhandenen Bedürfnisse auf antihierarchische Weise adressieren – vor allem im Vergleich zu einem Gericht, das von oben auf die Angeklagten herabsieht. *Transformative Justice* beinhaltet die Vorstellung, dass die Gemeinschaft die Ursachen der entstandenen Schäden untersuchen und adressieren sollte. In Brittanys Fall wären dies Gespräche zwischen ihrer und Todds Familie über die Ursachen der Tat, die entstandenen Schäden und die mögliche Heilung gewesen – ähnlich dem, was Brittany und Jeff in Eigenregie und ohne Unterstützung der Behörden taten.

Nach Michaels Festnahme zog Brittany wieder bei Ramona ein. Sie hoffte, dass die Vertreter der Sozialwohnungsbehörde sie nicht erwischen würden. 2021 erlaubte Brittanys Bewährungshelfer ihr, an Halloween die Kinder zu besuchen. Halloween ist in der Gegend eine große Sache: Kinder und Erwachsene fahren verkleidet im Korso durch die Stadt, in den Vorgärten stehen gruselige Clowns und Zombiekinder, und ein ehemaliges Gefängnis wird jedes Jahr zu einem mit Spinnweben behangenen Gruselhaus. Brittanys ältester Sohn wollte als furchterregender Hase aus dem Film *The Purge – Die Säuberung* gehen. Brittany half ihm, Kunstblut aufzutragen. Ihr jüngerer Sohn verkleidete sich als brennender Godzilla, ihre jüngere Tochter als Rapunzel und ihre ältere als Wonder Woman. »In meinem Leben gibt es eine Säuberung und Godzilla, aber immerhin habe ich Wonder Woman auf meiner Seite«, lachte Brittany.

Doch Halloween nahm kein schönes Ende: Brittanys Bewährungshelfer sagte, sie hätte ihre kostümierten Kinder zwar verabschieden, aber nicht mit ihnen von Haus zu Haus ziehen dürfen. Die Folge war, dass Brittany wegen Verstoßes gegen ihre Bewährungsauflagen 45 weitere Tage im Gefängnis von Jackson County verbringen musste. Aber auch das brachte sie hinter sich und schmiedete danach weiterhin Zukunftspläne. Im Frühjahr meldete sie sich für Interessensvertretungs- und Journalismuskurse an. Sie hoffte, so glaubwürdiger über ihre Erfahrungen mit häuslicher Gewalt und Sucht berichten zu können. Und sie begann, an einem Buch über ihr Leben zu arbeiten. Das Schreiben war kathartisch, ging aber langsam vonstatten, weil Brittany oft Pausen benötigte. Meth war in der Gegend noch immer omnipräsent, und Brittany spielte mit dem Gedanken, es wieder zu nehmen. Es würde ihre schmerzhaften Erinnerungen erträglicher machen und ihr für einige Tage Hochgefühle verschaffen. Doch Ramona brachte sie davon ab: *Mein Schatz, du hast schon Schlimmeres überlebt.* Brittany blieb clean.

In jenem Winter ließ sie sich ein weiteres Tattoo stechen: die Göttin Venus. Das Symbol für die Frau wurde von Venus abgeleitet. Außerdem hatte die Göttin indirekt den Fall von Troja herbeigeführt und anderen geholfen, ihn zu überleben. Niemand hatte diesen Umsturz der Macht für möglich gehalten –, bis er sich doch ereignete.

Buch II
ANGOORI

VENDETTA

Beim ersten Mal brach sich einfach die Wut Bahn… Dann sagte ich mir, es sei einfach Gerechtigkeit… Aber ich habe nie ohne Grund getötet.

Die Banditenkönigin, zit. n. ihrer Autobiographie von 1997, *Ich war die Königin der Banditen*

Neujahr 1963. Angoori Dahariya wurde in einem kleinen Dorf in eine arme Familie hineingeboren und hatte, als Mädchen, wenig Aussichten auf Bildung. So ging es damals in Nordindien vielen Mädchen. Angoori hatte drei Brüder und fünf Schwestern, bis zwei ihrer Schwestern starben. Sie war ein unauffälliges Mädchen, das versuchte, unter ihren Geschwistern nicht aufzufallen, aber mit ihren vorstehenden Zähnen stach sie dennoch heraus. Sie hatte ein kantiges Gesicht, eine breite Nase und engstehende Augen, was sie bedrohlich wirken ließ, obwohl sie das nicht war. Das Missverhältnis zwischen Selbst- und Fremdwahrnehmung spiegelte sich in ihrem Namen: »Angoori« heißt »Traube«, was ein ganz gewöhnlicher Name ist, während »Dahariya« übersetzt »brüllen« bedeutet, wie das Brüllen eines Löwen.

Angooris Familie gehört zu den Dalits – ein Begriff, der »gebrochen« oder »zerstreut« bedeutet und den manche Dalits mit Stolz verwenden, während andere ihn ablehnen. Die Dalits, früher als »Unberührbare« bekannt, galten jahrhundertelang als so niedrig und unrein, dass sie von den vier indischen Kasten ausgeschlossen waren. Das Kastensystem wird in mehreren Texten der Hindus beschrieben. Am einflussreichsten ist *Manusmriti*, das Gesetzbuch des Manu. Dieser alte, auf Sanskrit verfasste Text deklariert, dass die unteren Kasten den oberen »bescheiden« und ohne Anhäufung von Reichtümern zu dienen hätten. Er listet eine Reihe grausamer Strafen für jene auf, die sich dieser Regel widersetzen: Ein Mann aus einer niedrigen Kaste, der einem Mann aus einer höheren Kaste dessen Pflichten erklärt, solle heißes Öl trinken. Ein Mann aus einer niedrigen Kaste, der auf dem gleichen Sitz Platz nimmt wie jemand aus einer höheren Kaste, solle gebrandmarkt und verbannt werden.

1927 verbrannten der Dalit-Anwalt, Wirtschaftswissenschaftler und Sozialreformer Dr. B. R. Ambedkar und seine Mitstreiter eine Ausgabe des *Manusmriti* – eine von vielen Aktionen, mit denen Ambedkar die Diskriminierung der unteren Kasten in seinem Land kritisierte. Die indische Verfassung von 1950 verbot die Kategorie der Unberührbarkeit, hauptsächlich aufgrund der Arbeit von Ambedkar, der inzwischen Indiens erster Justizminister war. Doch als Angoori in den 1960er Jahren geboren wurde, hatte sich aus den Bemühungen um Rechte für Dalits noch keine gesellschaftliche Realität ergeben. Viele Dalits lebten weiterhin in Armut, als Dienstleister für höhere Kasten und wurden vom gesellschaftlichen Leben ausgeschlossen. Dalits in ländlichen Gegenden lebten in einer Art Feudalsystem und waren den Grundbesitzern aus höheren Kasten untergeordnet.

Zu ihnen gehörte auch Angooris Vater, ein Bauer, der für Grundbesitzer aus hohen Kasten Kartoffeln, Senf und Reis anbaute. Die Grundbesitzer erhielten den Großteil der Gewinne und zahlten wenig – einfach, weil sie die Macht dazu hatten. Angooris Mutter mahlte Weizen zu Mehl, das sich in den Falten ihrer Hände festsetzte. Als Angoori und ihre Geschwister alt genug waren, halfen sie bei der Hausarbeit. Ihr Vater kam abends oft spät in die mit Stroh gedeckte Hütte zurück. Dann nahm die Familie ein bescheidenes Abendessen ein. »Es war schwer, zwei anständige Mahlzeiten zu bekommen. Das war damals mein Leben«, erzählte Angoori mir später. Neben der Feld- und Hausarbeit fand sie manchmal Zeit, mit ihren Geschwistern zu spielen oder sich eine rote Schleife ins Haar zu binden, aber meistens hielten die Tage wenig Erfreuliches für sie bereit.

Es gab jedoch Anzeichen für einen Wandel in Indien. Auch Uttar Pradesh, der arme, vielbevölkerte Bundesstaat, in dem Angoori lebte, schien sich verändern zu können. Angooris Dorf war so winzig, dass es auf keiner Karte verzeichnet war, doch einige Orte in der Umgebung bekamen gepflasterte Straßen und Elektrizität. 1966 wurde Indira Gandhi Indiens erste Premierministerin – ungeachtet des Widerstands politischer Rivalen, die sie als »Gungi Gudiya« (»dumme Puppe«) bezeichneten. Zu Gandhis Errungenschaften gehörte die Investition in die sogenannte Grüne Revolution, mit der Indiens Landwirtschaft modernisiert werden sollte. Bundesstaaten wie Uttar Pradesh erhielten zur Bekämpfung der Armut staatliche Subventionen und Düngemittel.

Doch Angooris Dorf lag in der fruchtbaren Indus-Ganges-Brahmaputra-Ebene, die für ihren reichen, roten Boden bekannt ist. Fehlende Düngemittel waren also nicht das Problem. Schädlicher war der obsessive Wunsch nach Hierarchien, den auch die Briten während der Kolonialzeit für sich genutzt hatten. Selbst nach der Grünen Revolution verdiente Angooris Vater noch wenig, weil er ein Bauer aus einer niedrigen Kaste war. Angoori musste die Schule nach der fünften Klasse abbrechen und wurde mit 15 Jahren verheiratet –, obwohl sie sich immer vorgenommen hatte, als Erwachsene einen Beruf auszuüben. *Mögest du Mutter von hundert Söhnen sein*, so ein altes Sprichwort. Mädchen galten als Last für die Familie.

Trotzdem freute sich Angoori auch auf die Hochzeit: Immerhin bedeutete die Feier schöne Kleidung und gutes Essen. Ihr Bräutigam, Sewa Lal, stammte aus einem Bezirk, der nur eine Stunde entfernt lag. Er sah durchschnittlich aus, war aber freundlich. Als Schrotthändler fuhr er mit dem Fahrrad von Dorf zu Dorf und tauschte Salz und selbstgemachte Süßigkeiten gegen Metall ein, das er dann weiterverkaufte. Er war wortkarg, ging ruhig seiner Arbeit nach und wollte niemanden behelligen. Mit 18 Jahren bekam Angoori das erste Kind. Das zweite, ein Mädchen, starb im Alter von nur zwei Jahren an hohem Fieber, weil die Eltern sich keine medizinische Versorgung leisten konnten. Angoori redete sich ein, es sei normal, als Dalit-Frau ein Kind zu verlieren. Sie müsse es akzeptieren und nach vorne schauen. Sie bekam noch eine Tochter und zwei Söhne und stellte sicher, dass alle staatliche Schulen besuchten. Angooris Alltag bestand aus Kochen und Putzen. »Damals war ich eine ganz normale Frau«, erzählte sie. Sewa Lal sah es anders und gab an, als junge Mutter habe sie »vor allem Angst gehabt«.

Um etwas zum Haushaltseinkommen beizutragen, lernte Angoori, Pappschachteln für Süßigkeiten, Schuhe oder Schmuck herzustellen. Als ihre Kinder älter waren, schickte Angoori sie nach der Schule los, um die Schachteln in Geschäften zu verkaufen. Pro Schachtel erhielt sie 25 Paise, also ¼ Rupie. Die Gewinnspanne betrug 10 Paise pro Schachtel (weniger als ein Cent). Wie besessen stellte Angoori bis tief in die Nacht Schachteln her. Manchmal schnitt sie sich beim Arbeiten in die Finger, aber sie bestand darauf, ihren Kindern die Schulbildung zu ermöglichen, die sie selbst nie bekommen hatte. Ihre Haare habe sie damals »alle zwei Wochen gewaschen«, so Angoori, die nie Zeit für sich hatte. Es hätte so weitergehen können, wenn sie nicht versucht hätte, ihre Stellung im

Leben zu verbessern. Das war etwas, was Dalit-Frauen eigentlich nicht erlaubt war.

1991 zerstörte ein rechter Hindu-Mob eine Moschee in Uttar Pradesh und löste damit monatelange Unruhen zwischen Hindus und Moslems aus, die 2000 Menschen das Leben kosteten. Ein Jahr später verließen Angoori und ihre Familie, die Hindus sind, das Dorf auf der Suche nach einem besseren Leben. Im selben Jahr starben in Indien Hunderte Menschen durch den Konsum von billigem, gepanschtem Alkohol. Gleichzeitig wurde das Land von Aktienbetrug im großen Stil erschüttert – Indiens damals sehr junge, freie Marktwirtschaft blieb nicht von den Problemen verschont, die es auch andernorts gab. Doch Angoori konzentrierte sich auf den Umzug der Familie nach Tirwa, einer lebendigen, von Bauerndörfern umgebenen Stadt. Tirwa war von einer feinen Staubschicht bedeckt und von einer Smogglocke umgeben, aber viel größer als Angooris winziges Heimatdorf. In Tirwa konnten die Kinder gute Schulen besuchen, und Angoori und ihr Mann konnten gutes Geld verdienen. Angoori bekam eine Anstellung als Lieferantin für den Polio-Impfstoff. Über Monate hinweg sparte sie 7000 Rupien an (damals etwa 200 Euro) und bewahrte das Geld stolz zu Hause auf.

In jenem Jahr reichten die Ersparnisse von Angoori und ihrem Mann bald für die Anzahlung auf ein kleines Grundstück in Tirwa (etwa 75 Quadratmeter). Das Grundstück gehörte einer Familie, die ihnen zuvor bereits eine Wohnung vermietet hatte. Die Familie stammte aus einer höheren Kaste, was Angoori beunruhigte. Aber die Familie machte einen freundlichen Eindruck und zudem waren alle Grundbesitzer der Gegend Angehörige höherer Kasten – also hatten Angoori und Sewa Lal keine Wahl. Sie begannen, das Grundstück in monatlichen Raten abzuzahlen. Binnen einiger Monate errichteten sie aus Stroh, Steinen und Bambusrohren eine Hütte mit zwei Zimmern und legten einen kleinen Garten an, in dem sie Tomaten, Chili und Papaya anbauten und in dem die drei Kinder gern spielten. Aus den Früchten ihres Gartens machte Angoori Chutneys und Currys. Die Kinder liebten den süß-sauren Geschmack.

Angoori war stolz, ein eigenes Haus zu haben, fühlte sich aber nicht immer sicher. Während der Bauphase hatten mehrere Nachbarn aus höheren Kasten die Familie zum Gehen aufgefordert und ihr zu verstehen gegeben, dass Dalits dort nicht erwünscht seien. Zwar waren kürzlich weitere Gesetze zum Schutz der Dalits verabschiedet worden, doch Angoori wusste, dass die meisten Menschen diese Bevölkerungsgruppe noch immer als unrein betrachteten. Dalits bekamen die schmutzigsten Arbeiten, darunter Sanitär, Kadaverbeseitigung und eben auch Müllsammeln, die Arbeit ihres Manns Sewa Lal. Der indische Schriftsteller Mulk Raj Anand schildert in seinem zum Klassiker gewordenen Roman *Der Unberührbare* von 1935, dass Dalits keine Brunnen oder Flüsse nutzen durften, weil die Menschen aus den höheren Kasten das Wasser sonst für verseucht hielten. »Sie halten uns für Dreck, weil wir ihren Dreck wegmachen«, klagt Anands Hauptfigur. 60 Jahre später, in den 1990er Jahren, stimmte das vielerorts immer noch. Die ursprünglichen Besitzer von Angooris Grundstück errichteten dort scheinbar zufällige, kleine Gebilde, um der Familie das Leben schwer zu machen. Das war zwar illegal, aber als Dalits konnten Angoori und ihre Familie nichts dagegen tun. Ihnen wurde klar, dass die anderen Familien aus höheren Kasten sie nicht als Nachbarn akzeptierten und der vorherige Besitzer ihres Grundstücks sie deshalb loswerden wollte.

Frauen aus ländlichen Gegenden und besonders Dalit-Frauen besaßen in Uttar Pradesh fast nie Land. Und doch kümmerte Angoori sich um die monatlichen Ratenzahlungen, weil sie mehr verdiente als ihr Mann. Obwohl das Haus fertig und das Grundstück zur Hälfte abbezahlt war, konnte Angoori vor Sorge nicht schlafen.

Sie fürchtete, das kleine Stück Land könne der Familie jeden Moment genommen werden.

1999, sieben Jahre nach dem Einzug, hatte das Missfallen der Nachbarn bittere Konsequenzen. Der Grundbesitzer teilte Angoori mit, die Nachbarn aus höheren Kasten hätten den Hinauswurf der Familie gefordert, weil sie nicht länger neben einer Dalit-Familie leben wollten. Er meinte, sie habe das Grundstück nie gekauft und der Vertrag sei ungültig. Angoori war entsetzt. Sie hatte die gesamten Ersparnisse der Familie für Grund und Haus ausgegeben. Ihr jüngster Sohn war 14, besuchte eine weiterführende Schule und hatte mehr Bildung genossen als sie selbst, die nie die Chance dazu hatte. Sie wusste nicht, woher sie die Kraft nahm, als sie dem Grundbesitzer mit ruhiger Stimme widersprach: »Wir gehen nicht.«

Laut Angoori tauchte der Grundbesitzer in jenem Sommer eines Tages mit vier oder fünf Männern bei ihr auf. Es war Mittag und drückend heiß. Zu dieser Jahreszeit herrschten in Tirwa bis zu 42 Grad. Angoori war mit ihren beiden Söhnen zu Hause, als die Männer sich Zutritt verschafften, sie und die Jungen schlugen und ihre Sachen aus dem Haus warfen. Die schüchterne Angoori, die sich noch nie gegen jemanden gewehrt hatte, griff nach einem Bambusstock, den sie immer zur Hand hatte, um Nutztiere zu vertreiben, und schlug den Grundbesitzer, so fest sie konnte.

»Dann packte der Grundbesitzer mich an den Haaren und warf mich gegen die Wand, und mein Kopf platzte auf«, erzählte sie später. »Blut lief aus meinem Kopf.«

Angoori hatte Angst, die Männer würden sie und ihre Söhne töten. Panisch schickte sie ihren ältesten Sohn los, um Hilfe zu holen. So würde wenigstens einer überleben. Die Männer hatten ihren jüngeren, zwölfjährigen Sohn bewusstlos geprügelt. Sie zerrten Angoori und den Jungen aus der Strohhütte und befahlen ihnen, nie wieder zurückzukehren.

Ein Bericht der Menschenrechtsorganisation Human Rights Watch aus demselben Jahr kritisierte indische Grundbesitzer und Vermieter aus höheren Kasten, weil sie ungestraft Angriffe auf die landlose Dalit-Kaste verübten. »Die ›Vermieter‹ wollten ihre feudalistische Tyrannei über die Armen zementieren, weil diese ihre Stimme erhoben hatten«, so der Bericht. Sewa Lal, ein unterwürfiger Mensch, war zwar wütend, akzeptierte die Situation aber als für Dalits unvermeidbar. Angoori war so aufgebracht, dass sie pausenlos weinte. Nach dem Überfall schlief die Familie zwei Nächte lang am Straßenrand und hatte nichts zu essen. Am Anfang der Ehe, als die Kinder häufig vor Hunger weinten, hatte Angoori sich einmal auf einen benachbarten Bauernhof geschlichen, dort Senfkörner und Blätter gestohlen und sie für ihre Kinder frittiert. Damals hatte sie sich geschworen, dass ihre Familie nie wieder so leiden sollte. Doch nach Jahren harter Arbeit waren ihre Kinder nun wieder hungrig und obdachlos. Angoori verspürte den Drang, wieder zu stehlen. Sie hatte bereits einen Mann aus einer höheren Kaste geschlagen und glaubte, es sei nun egal, ob sie auch noch zur Kleinkriminellen würde.

Doch nach wenigen Tagen fand ihr Mann eine Mietwohnung in einem anderen Teil von Tirwa. Das Leben der Familie stabilisierte sich. Dennoch konnte Angoori sich nicht beruhigen. Das hart erarbeitete Leben von früher wieder aufzunehmen, schien unmöglich. In der neuen Gegend roch es nach verbranntem Plastik, und ihre Wohnung war mit schwarzem Staub bedeckt. Sie beschwerte sich bei der Polizei und mehreren Lokalpolitikern über den Hinauswurf, doch alle schickten sie fort. Niemand interessierte sich für die Leidensgeschichte einer Dalit-Frau. Die Polizei – die aus meist männlichen Angehörigen höherer Kasten bestand – war dafür bekannt, solchen Geschichten keinen Glauben zu schenken. Angoori hatte auch gehört, dass der Bruder des Grundbesitzers ein bekannter Anwalt war und natürlich viel mehr Einfluss hatte als sie selbst.

Mehrmals ging Angoori an ihrem alten Haus vorbei. Bald wäre es Zeit, die Papayas zu ernten. Sie erzählt, dass ihre ehemaligen Nachbarn sie als »*gundi*« (»Verbrecherin«) beschimpften, weil sie einen Mann geschlagen hatte. Doch Angoori ging mit hocherhobenem Kopf weiter. Seit dem Moment, als sie nach dem Bambusstock gegriffen hatte, war sie nicht mehr dieselbe. »Meine Kinder litten, und das machte mich wütend«, erklärte sie. Angoori war sicher, dass der Grundbesitzer sie nie angegriffen hätte, wenn sie keine Dalit oder keine Frau gewesen wäre. In ihrer Wut kam ihr eine Idee: Sie könnte werden wie Phoolan Devi, Indiens bekannte Banditenkönigin.

Phoolan Devi wurde, wie Angoori, 1963 in eine arme, niedrige Kaste hineingeboren. Auch ihr Geburtsort war nicht weit von Angooris Heimatdorf entfernt. Mit elf Jahren wurde sie im Austausch für eine Kuh an einen dreimal so alten Mann verheiratet. Zunächst gehorchte Phoolan ihrem Mann. Sie war sich sicher, ihre Rolle als Frau bestünde darin, ihm Essen zu kochen und seine Rinder zu füttern. Doch als er sie mit einem Messer in der Hand vergewaltigen wollte, biss Phoolan, die noch ein Kind war, ihm in die Hand und floh. In ihrer Autobiographie *Ich war die Königin der Banditen* erinnert sie sich an seine »ekelhafte Schlange« und seinen »Hyänengeruch«. Doch in ihrem Heimatdorf war sie nicht mehr willkommen: Die Menschen betrachteten sie als Paria, als Ausgestoßene. »Ohne Ehemann hätte ich genauso gut ein im Fluss treibender Leichnam sein können«, schreibt sie.

Phoolans Leben änderte sich von Grund auf, als sie im Teenageralter mit einer Bande in Kontakt kam. Solche Banden waren damals in Uttar Pradesh weit verbreitet. Sie versteckten sich in Schluchten und Wäldern und begingen aus dem Hinterhalt Überfälle. Manche von ihnen waren abgebrühte Kriminelle, andere eher moderne Robin Hoods, die Grundbesitzer bestahlen und das Diebesgut den Armen gaben. Den meisten Berichten zufolge wurde Phoolan von der Bande entführt; manche sagen aber, sie habe ihr altes Leben bewusst hinter sich gelassen. Wie auch immer es gewesen war: Sie wurde aktive Banditin, entkam dieser Bande und wurde unangefochtene Anführerin einer selbst gegründeten Bande, die sich schon bald auf männliche Täter aus höheren Kasten konzentrierte.

In ihrer Autobiographie berichtet Phoolan, wie ihre Bande einen angeblichen Vergewaltiger nackt, auf allen vieren und mit einem Seil um den Hals durch die Stadt trieb. Ein andermal verprügelte sie mit ihrer Bande ihren Ex-Ehemann und benutzte nach eigener Darstellung den Zweig eines Neembaums, um dessen »Schlange zu zerquetschen«. »Es gefiel mir sehr, Listen all der Menschen anzufertigen, die mich gequält und missbraucht hatten, und in der Lage zu sein, es ihnen mit gleicher Münze heimzuzahlen«, so Phoolan gegenüber der Zeitschrift *The Atlantic*. Einmal reiste sie mit ihrer Bande in das Dorf Behmai, wo sie sechs Monate zuvor, als siebzehnjährige Banditin, von mehreren Männern aus höheren Kasten vergewaltigt worden war. Um Rache zu nehmen, brachten sie und ihre Bande Dutzende Männer ans Flussufer und befahlen ihnen, niederzuknien und die Gesichter auf den Boden zu drücken. Dann erschossen sie 22 der Männer.

Am Morgen danach machte das Massaker von Behmai Schlagzeilen, und Phoolan Devi wurde im ganzen Land bekannt. Als Teenagerin war Angoori von Phoolan Devis Taten beeindruckt. Als Erwachsene sah sie im Kino den Blockbuster *Bandit Queen*, der erzählt, wie Phoolan vom sanftmütigen, machtlosen Mädchen zur harten Bandenkönigin wurde. Phoolan selbst kritisierte den Film, weil sie dafür nicht zu Rate gezogen worden war und das Gefühl hatte, die teils drastischen Szenen trügen zu ihrer Ausbeutung bei. Der Film beginnt mit einem Zitat aus dem *Manusmriti*, jener Sanskrit-Schrift, die das Kastensystem befürwortet: »Tiere, Trommeln,

Analphabeten, Angehörige niedriger Kasten und Frauen dürfen geschlagen werden.« Angoori wusste, dass der Grundbesitzer sie genauso betrachtete – auf gleichem Rang mit einem Tier. Immer wieder sah sie vor ihrem inneren Auge, wie er und die anderen Männer ihren Sohn bewusstlos schlugen.

Angoori beschloss, Vergeltung zu suchen – nicht nur wie Phoolan Devi, sondern auch wie die legendäre Banditenkönigin, die Devi vorausging: Putli Bai. Sie wurde in den 1920er Jahren in eine Familie von Prostituierten hineingeboren und wurde entweder aus Liebe oder gezwungenermaßen zur Banditin. Manchen Erzählungen zufolge ritt sie zu Pferd durch die Schluchten, ein Baby im Arm und eine Pistole in der Hand. Ein Film von 1972 zeigt, wie Putli Bai den Armen half und sich an den Reichen rächte.

Angoori würde nicht nur in der Tradition Putli Bais und Phoolan Devis handeln, sondern es den Dutzenden Banditinnen gleichtun, die nach Phoolans Vorbild agierten. Viele von ihnen lebten in Uttar Pradesh und waren arme Dalit. Eine von ihnen, Seema Parihar, hatte zwischen 1980 und 2000 angeblich 200 Menschen entführt, 70 getötet und Dutzende Häuser ausgeraubt. Seema war keine Dalit, aber in Armut aufgewachsen und erzählte den Medien, sie wolle eine zweite Phoolan Devi sein und Rache im Namen der »Armen und Unterdrückten« üben.

Angoori sah sich selbst in dieser Tradition. *Ich werde mich an dem Grundbesitzer rächen und seine ganze Familie töten*, dachte sie und erkannte sich dabei kaum wieder. *Er hat meine Kinder zu Obdachlosen gemacht. Also werde ich sie alle töten.* Bei einem Schmied aus dem Ort bestellte sie ein Messer, das sie fortan unter ihrem Sari trug. Sie erzählte niemanden von ihrem Vorhaben, nicht einmal ihrem Ehemann. Um Banditin zu werden, würde sie ihre Familie verlassen müssen. Eines Morgens um vier Uhr früh würde sie sich davonstehlen und nie wieder zurückkehren.

Doch an besagtem Morgen verschlief Angoori. Sie betrachtete

das als Zeichen. Ihr wurde klar: Wenn sie ihre Familie verließ, könnten ihr Mann und ihre Söhne sich »in Alkohol und Glücksspiel« flüchten oder sogar umgebracht werden. Ihre Tochter liefe Gefahr belästigt zu werden. Damals gab es Berichte über Dalit-Mädchen und -Frauen in Uttar Pradesh, die von mehreren Männern vergewaltigt wurden. Angoori stellte sich bereits die kreisenden Geier vor. »Also verwarf ich meinen Plan, weil er das Ende meiner Familie bedeuten würde. Aber ich dachte immer noch: Ich werde nicht zulassen, dass anderen passiert, was mir passiert ist.«

In der neuen Mietwohnung in Tirwa überlegte Angoori, was zu tun sei. Nach dem Hinauswurf hatte die Familie so wenig Geld, dass die beiden Söhne nach der Schule Kupfergeschirr auf dem Markt verkaufen mussten. Die Jungen schoben einen Karren durch die geschäftigen Straßen von Tirwa und riefen abwechselnd ihre Waren aus. Angoori schämte sich, dass ihre Kinder wieder arbeiten mussten, obwohl sie noch jung waren. Doch ihren älteren Sohn Dharvind störte das nicht. Er war stolz auf seine veränderte Mutter, die jetzt mutig und furchtlos war. Er nannte sie »Rowdy« und »*gundi*«, genau wie die ehemaligen Nachbarn es getan hatten. Er aber sprach diese Worte voller Bewunderung aus.

In dieser Zeit erinnerte Angoori sich an einen Arzt aus einer niedrigen Kaste, der dennoch großen Respekt genoss. Sie hatte ihn vor Jahren in einer Gemeinschaftspraxis in Tirwa kennengelernt. Dr. G. S. Khushwaha war ein freundlicher, zerzauster Mann mit buschigen Augenbrauen und einem noch buschigeren Schnurrbart. Er händigte umsonst Medikamente an Bedürftige aus und hatte Angoori gratis behandelt. Vielleicht konnte er helfen? Sie ging in sein Büro in der Stadt. Khushwaha saß an seinem Schreibtisch hinter Stapeln von Pillenpackungen. Er zeigte sich von dem Hinauswurf der Familie entsetzt und versprach zu helfen. Er gab Angoori Lebensmittel, Medikamente und gebrauchte Kleidung für die Kinder. Dann kontaktierte er ein Mitglied des für die Gegend zuständigen

Panchayat (Dorfrats). Ein Mitglied des Panchayat rief den Mann an, der Angoori das Grundstück verkauft hatte. Dieser erklärte sich daraufhin zu einem Kompromiss bereit: Er würde Angoori das bereits bezahlte Geld zurückgeben, aber sie dürfte niemals auf das Grundstück zurückkehren.

Der Arzt übermittelte Angoori die Nachricht. Sie war dankbar, ihr Geld zurückzuerhalten. Doch der Arzt bemerkte, dass sie ihre unterwürfige Art abgelegt hatte und eine gewisse Entschlossenheit ausstrahlte. Er erinnerte sich noch an die erste Begegnung in der Praxis: »Sie war eine [typische] Hausfrau: sehr schüchtern, sehr schwach und sehr arm.« Jetzt wirkte sie verändert und belebt. Der Arzt fragte sie, ob sie sich vorstellen könne, eine Nonprofitorganisation zu gründen, die sich für die Rechte von Frauen und niederen Kasten einsetzt. Der Gedanke gefiel Angoori. Gleichzeitig war sie der Meinung, dass friedliche Aktionen nichts brächten und sie Zeit zum Nachdenken benötige. Insgeheim hatte sie bereits beschlossen, was zuerst zu tun war. Sie wollte verstehen, wie mächtige Menschen sich verhalten – selbst, wenn sie dafür Jahre brauchen würde.

2003 bot sich Angoori eine Chance: Ihr wurde ein Treffen mit einem Adligen angeboten, der umgangssprachlich als König von Tirwa bezeichnet wurde. Es handelte sich um Deshawar Narain Singh, dessen gesamte Familie in der Gegend viel Einfluss hatte. Am Abend vor dem Treffen kündigte Angoori ihrem Ehemann an, sie werde dem König die Geschichte vom Hinauswurf der Familie erzählen und ihn nach Arbeit fragen. Sewa Lal riet ihr, nichts von dem Hinauswurf zu sagen. Sie hätten nun ihr Geld zurückerhalten, und es sei sinnlos, die traurige Geschichte aufzuwärmen. Doch Angoori erzählte dem König weinend die ganze Geschichte. Er zeigte sich gerührt. »Wenn Sie in der Politik wären, hätte niemand es gewagt, Sie anzufassen und aus dem Haus zu jagen«, so der König laut Angoori. »Treten Sie einer Partei bei. Und wenn Sie Hilfe brauchen, wird die Partei Ihnen immer beistehen.«

Angoori hatte sich so etwas schon gedacht. In Indien war Bestechung Alltag, und man kam nur durch Kontakte voran. Sie wusste, dass die Politik ein mächtiger Schutzschild war – auch für Angehörige der unteren Kasten. Angoori umwarb nun monatelang mehrere vom König unterstützte Menschen aus der Lokalpolitik. Die Frau des Königs gehörte der rechten BJP (Bharatiya Janata Party) an. Angoori beobachtete genau, wie diese Menschen Reden hielten. Manchmal durfte sie mit Singh und dessen Frau im Auto fahren. In solchen Momenten fühlte sie sich besonders und wertgeschätzt, wie eine VIP.

Durch die Verbindung zum König wuchs nicht nur Angooris Ansehen. Auch die Geschichte des Hinauswurfs nahm immer größere Dimensionen an. In den meisten Versionen, die sich erzählt wurden, wurde der Grundbesitzer von vier oder fünf Männern begleitet, aber es gab auch Versionen, in denen von über einem Dutzend Angreifern die Rede war. In einigen Nacherzählungen hielt ihr Sohn die Hände des Grundbesitzers fest, während Angoori gegen seine Brust boxte. Wieder andere Varianten berichteten, dass die Nachbarn dem Kampf zusahen, davon ausgehend, dass Angoori verlieren würde, nur um dann zu beobachten, wie sie den Grundbesitzer fast zu Tode prügelte.

2007, als Angoori schon einige Jahre mit dem König zusammenarbeitete, sah sie in der Innenstadt von Tirwa einen Mann, der von einer Menschenmenge umgeben war. Er hieß Bharat Gandhi und sprach, ungeachtet seiner streberhaften Ausstrahlung und seiner Lehrerbrille, mitreißend und mit lebendiger Gestik. Er stand an der Kreuzung vor dem Tempel und erzählte der Menge von einer Bewegung, die er begründet hatte: Er wolle sich dafür einsetzen, dass die Regierung armen Menschen eine Unterstützung auszahlte. Dafür wolle er eine Partei namens Voters Party International gründen, die das Anliegen ins indische Parlament tragen solle. Die Menge jubelte.

Angoori hielt die Idee für brillant. Viele arme Menschen aus niedrigen Kasten würden von einem universellen Grundeinkommen profitieren. In Indien gab es mehrere größere, erfolgreiche Parteien: Die Congress Party (Mitte-links), die BJP (rechts) und die sozialistische Samajwadi Party, die in der Region große Unterstützung genoss. Mayawati, die damalige Ministerpräsidentin von Uttar Pradesh, war eine Dalit, die gegen jede Wahrscheinlichkeit als erste Dalit dieses Amt errungen hatte. Ziel ihrer Partei, der Bahujan Samaj Party (BSP), war die Unterstützung der niedrigen Kasten. Mayawati hatte kürzlich vorgeschlagen, 30 Prozent der Stellen im privaten Sektor Uttar Pradeshs sollten für »rückwärtsgewandte« Gruppen, darunter Arme und Dalit, reserviert werden. Doch einen so radikalen Vorschlag wie ein universelles Grundeinkommen hatte Angoori weder von der BSP noch irgendeiner anderen Partei je gehört. »Ich musste gar nicht lange nachdenken, ich trat [der BSP] sofort bei«, berichtet sie.

Danach zog Angoori jahrelang von Dorf zu Dorf, um für Gandhis Bewegung zu werben. In vielen Dörfern gab es weder fließendes Wasser noch Toiletten oder einen Raum, in dem sie sich unbeobachtet umziehen konnte. Zunächst war Angoori von dieser Situation eingeschüchtert, doch je häufiger sie im Dschungel, inmitten von Schlangen oder an Flüssen schlief, umso mutiger wurde sie. Laut Gandhis Büro konnte Angoori im Lauf der Jahre fast eine Million Rupien (über 11 000 Euro) für die Partei sammeln und mehr als 1000 neue Mitglieder gewinnen. Je länger sie für Bharat Gandhi arbeitete und je weiter sich dessen Botschaft verbreitete, umso sicherer fühlte Angoori sich. Angesichts ihrer guten Kontakte konnte es jetzt niemand wagen, ihre Familie aus dem Haus zu werfen.

Mit der Zeit wuchs in Angoori die Überzeugung, die Wurzel der Ungerechtigkeit sei das Patriarchat. Auf Veranstaltungen wetterte Gandhi manchmal gegen die sozialen Einschränkungen, denen Frauen unterlagen. Bekämen sie finanzielle Unterstützung, hätten sie viel mehr Entfaltungsmöglichkeiten, so Gandhi. Während sie ihm zuhörte, verglich Angoori diese Aussagen mit der Realität, in der von indischen Frauen noch immer erwartet wurde, am Herd Rotis zu backen und ihre Bedürfnisse hinten anzustellen, während Frauen in anderen Teilen der Welt ihre Träume verwirklichten. Jedes Mal, wenn Angoori den Fernseher einschaltete, konnte sie diesen Unterschied sehen. Sie hielt Gandhis Plan der finanziellen Unterstützung armer Frauen noch immer für eine gute Idee, glaubte aber auch, dass die mächtigen Männer direkter angegangen werden müssten. »Die Männer hier sind dominant und glauben, sie könnten Frauen auf jede mögliche Art unterdrücken«, sagte Angoori später. »Ich meine nicht alle Männer, aber viele. Wenn Männer anfangen, Frauen zu respektieren, werden die meisten Probleme verschwinden.«

In der Zeit mit Gandhi entwickelte Angoori einen eigenen, waghalsigen Plan und wartete auf den richtigen Moment, ihn in die Tat umzusetzen.

2009 war für Indien erneut ein Jahr der Instabilität. Viele Menschen starben an Enzephalitis, fielen einem tropischen Zyklon zum Opfer oder kamen bei kommunistischen Aufständen, separatistischen Bombenanschlägen oder einem großen Busunglück ums Leben. Ein Drittel der Bevölkerung lebte weiterhin unterhalb der Armutsgrenze. Gleichzeitig gab es Anzeichen des sozialen Wandels: Ein Gesetz gegen Homosexualität wurde gekippt, das Recht auf kostenlosen Schulbesuch eingeführt und die erste Dalit-Frau wurde zur Sprecherin des Repräsentantenhauses gewählt. Einige Jahre zuvor war ein Gesetz verabschiedet worden, das Frauen vor häuslicher Gewalt schützen sollte. Schon länger galten Gesetze, die Frauen gleichen Lohn garantierten, Brautgeld und Kinderehen verboten. Doch in Uttar Pradesh und anderen Teilen Indiens wurden diese Gesetze oft nicht umgesetzt.

Angoori suchte erneut Dr. Khushwaha auf, um ihm von ihrem neuen Plan zu berichten: Sie wollte, wie von ihm vorgeschlagen, eine Frauengruppe gründen – aber es sollte eine Bande sein. Viele Banditinnen in der Tradition Phoolan Devis waren Anführerinnen geworden – im Chambal Valley gab es Mitte der 2000er Jahre über 30 aktive Banden, von denen fast die Hälfte Frauen unterstand. »Frauen greifen nicht von selbst zu den Waffen, sie werden dazu gezwungen«, so die Banditin Seema Parihar 2007 gegenüber dem *Indo-Asian News Service*. Wie vermutlich auch Phoolan Devi war Seema als Teenagerin von Banditen entführt worden. »[E]inmal von der Gesellschaft verwundet, wehren sie sich wie eine Tigerin«, sagte sie. Diese Frauen griffen mit Dolchen, Messern und Pistolen an. Manche von ihnen behaupten, ihr Ziel noch nie verfehlt zu haben. Die Banditin Anisa Begum, die mit Pistolen und Messern gleichermaßen umgehen konnte, handelte angeblich nach dem Motto: »Wenn ich eine Waffe habe, werde ich sie nutzen.« Seema Parihar hingegen bevorzugte eine AK-47 und einen Revolver Kaliber 303.

Angooris Bande wollte sich auf Männer konzentrieren, vor allem auf jene aus höheren Kasten, die armen Frauen Unrecht antaten. Statt Schusswaffen sollten diese Frauen Stöcke benutzen – wie Angoori, als sie sich gegen den Grundbesitzer gewehrt hatte. Die langen Bambusstöcke, Lathis genannt, sind hohl, aber bei richtigem Einsatz sind Schläge damit sehr schmerzhaft. Manche sind mit Eisen verstärkt.

Als Waffen haben Lathis eine lange Tradition. Zunächst wurden sie in Südasien von feudalen Grundbesitzern gegen ihre Lehnsmänner eingesetzt. Im frühen 20. Jahrhundert benutzten die britischen Kolonialherren sie, um indische Freiheitskämpfer brutal zu unterdrücken. Zu Angooris Zeit wurden Lathis vor allem von der indischen Polizei genutzt, aber die Menschen setzten sie auch zu Hause zur Verteidigung gegen streunende Hunde oder Eindringlinge ein. Weil der Bambus getrocknet, geölt und manchmal mit Eisen- oder

Stahlspitzen ausgestattet war, konnte ein Lathi einen Menschen verwunden, entstellen oder gar töten.

Angoori berichtete Khushwaha von dem Vorhaben, Dutzende, vielleicht Hunderte Frauen zu rekrutieren, die sich mit Lathis auf gewalttätige Männer stürzen sollten. Der Gedanke war gar nicht so abwegig: 2004 lynchten etwa 200 Frauen den Serienvergewaltiger Akku Yadav im Bundesstaat Maharashtra und hackten ihm den Penis ab. Den Frauen zufolge hatte die Polizei ihre Beschwerden über von Yadav verübte sexuelle Gewalt aufgrund einer Mischung aus Sexismus und Inkompetenz zehn Jahre lang nicht ernst genommen. Da dieser Lynchmord gewissermaßen organisch geschehen war, war Angoori zuversichtlich, mit etwas Anstrengung viele Frauen für ihre Sache gewinnen zu können. »Wenn so viele Frauen mich unterstützen, kann uns niemand weh tun«, sagte sie.

Ihr Hinauswurf lag schon Jahre zurück, aber Angooris Wut war geblieben. Sie hatte sich das schlichte Ziel gesetzt, Ungerechtigkeiten wie diese zu verhindern. Khushwaha reagierte überrascht. Er staunte über ihren Plan und versuchte nicht, sie davon abzuhalten.

Angoori war inzwischen eine kräftige Frau Mitte vierzig mit einem harten Blick und sonnengegerbter Haut. Sie wollte nun allein in die Dörfer gehen und Frauen für ihre Bande anwerben – hauptsächlich aus den niederen Kasten. Da sie ohne die Unterstützung einer politischen Partei loszog, bewegte sie sich zu Fuß, mit dem Bus oder dem Zug fort. Immer wieder erzählte sie die Geschichte ihres Hinauswurfs. Im ländlichen Uttar Pradesh verhüllten die meisten Frauen ihre Gesichter, hörten auf ihre Männer, gingen nicht zur Schule und verließen nach Einbruch der Dunkelheit nicht das Haus. Angoori sprach also mit den Männern und erklärte ihnen, weshalb sie Frauen für ihre Bande benötigte. Die Männer zeigten zwar Verständnis, erlaubten ihren Frauen, Schwestern und Töchtern aber nicht, Angoori zu folgen. Ein Hindi-Sprichwort lautet: *Was zu Hause passiert, bleibt zu Hause*.

Zunächst war Angoori niedergeschlagen. Doch dann ging sie zurück nach Tirwa und versuchte es dort. Sie rekrutierte eine ehemalige Nachbarin, Ram Kali, die auch aus einer niedrigen Kaste stammte. Ram Kali war breit gebaut, hart im Nehmen, groß, trug knallblauen Nagellack und knallrosafarbenen Lippenstift. Sie hatte damals miterlebt, was Angoori widerfahren war. »Wenn dir das passieren kann, kann es auch mir passieren«, begründete sie ihren Eintritt in Angooris Bande. Das zweite Mitglied fand Angoori, als sie einer Frau aus der Stadt half, deren Ehemann sie schlug, wenn er betrunken war. Angoori intervenierte und forderte ihn auf, dies zu unterlassen. Und so ging es weiter: Sie zeigte den Frauen, dass sie helfen konnte, indem sie den gewalttätigen Männern drohte. Schon bald hatte ihre Bande ein Dutzend Mitglieder.

Im August 2010, in einer der heißesten Wochen des Jahres, fiel in der Innenstadt von Tirwa tagelang der Strom aus. Ein Transformator war durchgebrannt. Viele glaubten jedoch, schuld an dem Stromausfall sei ein junger Ingenieur, der hohe Stromrechnungen gefälscht hatte, um sich selbst zu bereichern.

Die Bande hatte ihr erstes echtes Ziel. Angoori rief die Frauen zusammen und bat sie, die Lathis mitzubringen. Stöcke schwingend und kampfbereit marschierten die Frauen ins Stadtzentrum.

STÖCKE UND STEINE

Die Frauen schlug kein Lanzeneisen blutig je,
Sie aber, Thyrsosstäbe schleudernd aus der Hand,
Sie machten Wunden, zwangen auszureißen bald
Vor Fraun die Männer.

Euripides, *Die Bakchen*

An einem normalen Tag sind die Straßen in Tirwa dicht bevölkert und chaotisch. Bunte Lastwagen hupen Autos und Motorräder an, während Rikschas sich durch den Verkehr schlängeln. Frauen sitzen hinter Männern auf Motorrollern; ihre Kopftücher wehen im Wind. Traktoren und Pferdewagen verstopfen die Straßen, genau wie magere Kühe auf der Suche nach essbaren Abfällen. Schulkinder radeln an Verkaufsständen mit fettigen Vada Pav, süßen Jalebis, Bananen, Chili, Zigaretten und dem allgegenwärtigen Paan – in Betelblätter eingerollte »Betelbissen«, die als Genuss- und Rauschmittel gekaut werden – vorbei. Erdnüsse dampfen in Schmorpfannen.

Am dritten Tag des Stromausfalls aber kam die Innenstadt von Tirwa zum Stillstand. Der Verkehr stockte, und selbst die Wasserversorgung drohte abzureißen. Während es immer heißer wurde, wich die Erstarrung der Menschen langsam einer Wut, die sich auf den Straßen Bahn brach. Dutzende marschierten zum Energieministerium und verbrannten Bilder des zuständigen Ministers. Einige zerrten den jungen Ingenieur nach draußen, der die Menschen durch überhöhte Strompreise um ihr Geld gebracht hatte. Dann traf Angoori mit ihrer Frauenbande ein.

Die Frauen schwangen ihre Bambusstöcke. Sie trugen Saris in Grün, Angooris Lieblingsfarbe. Ram Kali, Angooris ehemalige Nachbarin und erstes Bandenmitglied, reckte ihren Stock in die Luft und rief: »*Angoori Dahariya zindabad!*« (»Lang lebe Angoori Dahariya!«) Die Demonstrierenden stimmten ein, obwohl die meisten nicht einmal wussten, wer Angoori war. Angefeuert von den Rufen klebte Angoori dem Ingenieur ein rotes Bindi, das normalerweise von Frauen getragen wird, auf die Stirn, während die anderen Frauen ihn mit Stöcken schlugen und drohten, ihn umzubringen. Dann befahl Angoori der großen, kräftigen Ram Kali, ihr einen Sari-Unterrock zu bringen, und zog ihn dem Ingenieur an. Die Frauen bemalten seine Lippen und schoben ihm Ram Kalis rote Hochzeitsarmreifen über die Handgelenke. Laut einiger Berichte zogen sie auch einen zweiten Vertreter des Energieministeriums so an. Die Frauen zwangen die Männer, stundenlang so dazusitzen, während Menschen vorbeigingen, lachten und applaudierten.

Die Botschaft an den Mann war laut eines Bandenmitglieds eindeutig: »Wenn du nicht richtig arbeiten kannst, dann bleib zu Hause« – genauso, wie Frauen es tun mussten. Andere sagten, er solle sich schämen. Neelam Kumar Saxena, ein Kriminalreporter mit gut geölten Haaren und einer Vorliebe für Paan, berichtete damals über den Vorfall. Jahre später, als ich Angoori das erste Mal in Tirwa besuchte, machte ich ihn ausfindig. Neelam beschrieb das Ereignis als »für Tirwa gänzlich neu« und fügte hinzu, die Menschen seien zwar mit Banditinnen vertraut, aber niemand habe je zuvor von einer Bande aus Frauen gehört. Alle hielten Angooris Aktion jedoch für gerechtfertigt. »Das war Ausdruck des öffentlichen Ärgers auf diesen Mann. Hätte das Energieministerium die Klagen der Menschen ernst genommen, wäre das nie geschehen.«

An jenem Tag nahm die Polizei von Tirwa ein halbes Dutzend Menschen fest, darunter auch Angoori und Ram Kali. Die beiden Frauen wurden wegen »Aufruhr auf der Straße«, »Verprügeln des Opfers« (des Ingenieurs) und »Todesdrohungen gegen den Kläger« angezeigt. Doch Angoori, die laut ihrem Mann einst »Angst vor allem« gehabt hatte, kümmerte die Anzeige nicht. Sie hatte genau das erreicht, was sie wollte. Binnen 24 Stunden gab es in Tirwa wieder Strom, der junge Ingenieur wurde einem anderen Bezirk zugewiesen, und die Stromrechnungen der Menschen normalisierten sich. Nach Zahlung einer Kaution wurde Angoori einige Tage später aus dem Gefängnis entlassen, doch ihr Fall sollte die Justiz noch jahrelang beschäftigen. Am wichtigsten war, dass nun jeder in Tirwa Angoori Dahariya und ihre »Grüne Bande« kannte.

Nach dem Vorfall besuchte Angoori erneut Dörfer in der Umgebung und rief Frauen dazu auf, sich ihr anzuschließen. Sie ging zu Fuß bis in entlegene Siedlungen, weil sie sich nicht immer eine Rikscha oder eine Busfahrkarte leisten konnte. Diesmal hatte sie eine neue Geschichte zu erzählen – nämlich davon, wie ihre Bande Angehörige des Elektrizitätsministeriums derart erniedrigt hatte, dass sie ihre Arbeit wieder vernünftig machten. Einige Männer kannten die Geschichte bereits, und diesmal erlaubten sie ihren Frauen, Schwestern und Töchtern, Angoori zuzuhören. Die Frauen hielten ihre Kinder auf dem Arm und berichteten Angoori eifrig von ihren eigenen Erlebnissen: häusliche Gewalt, Druck wegen der Mitgift, Schläge von Schwiegereltern, Landraub, Missbrauch durch die Polizei, Ehemänner, die einfach gegangen waren, Belästigung, Vergewaltigung und mehr. Manche erzählten von ihren Probleme im Flüsterton, weil sie nie zuvor darüber gesprochen hatten, vor allem nicht mit einer Fremden. Angoori hörte zu und versprach Hilfe. Die Frauen sollten einfach der Grünen Bande beitreten.

Angooris Ehemann Sewa Lal spürte, wie seine Frau sich veränderte: »Früher hatte sie Angst, mit jemandem außerhalb unserer Familie zu sprechen. Jetzt sprach sie mit jedem. Sie hatte ein gesellschaftliches Ziel, und sie hatte Lathis. Sie hielt Veranstaltungen in verschiedenen Dörfern ab und forderte die Frauen auf, mit Stärke auf das Böse zu reagieren. Sie erzählte mir, sie baue eine Frauengruppe auf, die sich jedem kampfbereit entgegenstellen würde, der damit ein Problem hätte. Ich habe nie versucht, sie aufzuhalten. Ich bewundere sie.«

Angoori rekrutierte etwa 50 Frauen. Die meisten von ihnen hatten ihre Heimatdörfer nie zuvor verlassen, hatten kein Smartphone und konnten nicht lesen. Bald warb Angoori noch 50 weitere Frauen an. Sie erklärte, es mit jedem aufzunehmen, der es gewagt hatte, eine Frau zu verletzen – auch mit gewalttätigen Schwiegereltern, Landräubern, Ehebrechern, illegalen Alkoholproduzenten, Vergewaltigern und prügelnden Ehemännern. Die Frauen würden mit ihren Stöcken auftauchen und die Täter einschüchtern. Funktioniere das nicht, würde man die Männer mit Schlägen unterwerfen.

Einmal stürmten Angoori und weitere Mitglieder der Grünen Bande ein Haus in Tirwa, in dem illegal Alkohol hergestellt wurde. Viele Frauen in der Gegend klagten darüber, dass ihre Ehemänner gewalttätig wurden, wenn sie getrunken hatten. Die Bande schlug die Schwarzbrenner so lange, bis sie versprachen, die Produktion einzustellen. Der Journalist Pankaj Srivastava aus der nahegelegenen Stadt Kannauj erfuhr durch diesen Vorfall von der Grünen Bande. Da sich die Alkoholmafia in diesem Teil Uttar Pradeshs ausgebreitet hatte, waren polizeiliche Razzien keine Seltenheit. Aber von Frauen, die es mit der Mafia aufnehmen wollten, hatte man noch nie gehört. »Das war mir neu«, so Pankaj später. »Hier ist es für Frauen nicht einmal üblich, das Haus zu verlassen.« Als Abstinenzler, der jeden Tag vor der Arbeit den Tempel besuchte, hielt er die Aktion der Bande gegen die Alkoholmafia für eine Heldentat. Er würde noch jahrelang über Angooris Taten berichten, ehe ihm Zweifel kamen.

Die Nachrichten von den Taten der Bande und dem Schutz, den sie dadurch bot, verbreiteten sich immer weiter. Eine Dorfbewohnerin ging kilometerweit durch Weizen- und Kartoffelfelder ins Nachbardorf, um einer dortigen Bekannten davon zu erzählen. Diese legte wiederum mehrere Kilometer zurück, um es anderen zu berichten. Schnell wurde Angoori von Beitrittsgesuchen überschwemmt. Vor allem Frauen aus niedrigen Kasten wollten Bandenmitglieder werden. All ihre Geschichten hatten eines gemeinsam: Polizei, Gerichte, Dorfräte und die Politik hatten nicht für Gerechtigkeit gesorgt.

Die Grüne Bande wuchs. Angoori entwickelte ein System, um Beschwerden aufzunehmen und gegen Täter vorzugehen. Hörte sie von einem Problem, stellte sie gemeinsam mit anderen Bandenmitgliedern Nachforschungen an. Sie führten Gespräche mit dem angeblichen Täter, dem Opfer und anderen, die um die Situation wussten. War es für die Grüne Bande schwierig, zur Befragung in ein Haus zu gelangen, gab Angoori sich manchmal als Fremde aus, die einfach nur ein Glas Wasser trinken wollte. Nach mehreren solcher Befragungen entschied die Bande, wer die Schuld trug, befahl der Person, das entsprechende Verhalten einzustellen, und drohte ihr mit Schlägen. Manchmal gab die Bande das Problem an die Polizei weiter, indem zahlreiche Mitglieder in der Dienststelle erschienen. So stellten sie sicher, dass die Polizei der Beschwerde der jeweils betroffenen Frau Gehör schenkte. Ohne die Hilfe der Bande wurden die Frauen nach eigener Aussage von der Polizei belästigt oder fortgeschickt. Die Polizei betrachtete Angoori und ihre Bande als Stachel im Fleisch, schien aber zu dem Schluss gekommen zu sein, dass man sie besser in Ruhe lasse. Das lag bestimmt auch an Angooris streitlustigem Auftreten, das keinen Platz für Diskussionen ließ. Meistens jedoch sorgte die Bande mit den Bambusstöcken selbst für Gerechtigkeit.

2010 erhielt Angoori einen Anruf von einer Frau aus Jankhat, einem Dorf außerhalb von Tirwa. Die Straße nach Jankhat war voller Schlaglöcher und Unkraut. Die Dornen der am Straßenrand wachsenden Babul-Bäume zerkratzten jedes vorbeifahrende Auto. Jankhat hatte damals etwa 1200 Einwohner. Die Erwachsenen arbeiteten mehrheitlich auf den Feldern. Die Frauen standen frühmorgens auf, kochten, fütterten die Tiere, machten Feldarbeit, kochten erneut und gingen schlafen – jeden Tag aufs Neue. Niemand hatte genug Geld. Alle Frauen im Dorf teilten sich ein einziges Telefon.

Mit diesem Telefon rief Basanti, eine sehnige Frau mit einem hervorstehenden Schneidezahn, Angoori an. Sie erzählte, eine einflussreiche Familie in Jankhat versuche, Basantis Land an sich zu reißen. Die Familie beschimpfe sie und andere Dalit-Frauen seit Jahren und wolle ihr nun den Grund rauben, auf dem ihr kleines Ziegelhaus stand. Basantis größte Angst war, dass ihre Kinder ihre Notdurft auf dem Feld würden verrichten müssen. Nicht nur verlören sie damit ihre Würde, sie riskierten auch Infektionskrankheiten.

Dieser Fall kam Angoori natürlich bekannt vor und schien leicht zu lösen – so leicht, dass die Grüne Bande dafür nicht nach Jankhat reisen musste. Angoori riet Basanti, den Besuch der Regierungsvertreter abzuwarten. Wenn sie kämen, um das Grundstück auf den Namen der einflussreichen Familie umzuschreiben, solle Basanti mit vielen weiteren, mit Bambusstöcken bewaffneten Frauen auf dem Feld warten. »Wenn sie versuchen, dir das Land wegzunehmen, verprügelst du sie«, so Angoori.

Genauso machte es Basanti. In Jankhat war Hochsommer; die

gelben Senfblüten waren schon vertrocknet. Basanti trommelte 35 Frauen zusammen, die sich – ihre Lathis in der Hand – auf den Feldern bereithielten. Als die einflussreiche Familie mit den Regierungsvertretern eintraf, verkündete Basanti mit möglichst fester Stimme: »Wie können Sie es wagen, unser Land zu rauben?« Laut Basanti seien die Frauen anschließend mit ihren Stöcken auf die Regierungsvertreter zugerannt, um den Männern Maßbänder, Seile und Taschen abzunehmen.

Während der berühmten Aba-Frauenaufstände gegen die nigerianische Steuerpolitik 1929 attackierten Frauen Männer auf die gleiche Weise mit Stöcken. Der Aufstand begann, nachdem die Kolonialverwaltung erklärt hatte, Frauen, die Lebensmittel auf städtischen Märkten verkauften, würden besondere Steuern auferlegt. »Horden von Frauen liefen rufend und singend durch die Straßen: ›Wonach riecht es? Es riecht nach Tod‹«, so die britische Historikerin Margery Perham in ihrem Buch *Native Administration in Nigeria* von 1937. »Sie schlugen mit ihren Stöcken [...] und bedrohten die Händler [...]. [Die Frauen] versuchten, die Truppen einzuschüchtern, und machten obszöne Gesten. Sie beschimpften sie und waren sicher, dass die Soldaten nicht auf sie schießen würden. Schließlich schlugen sie den Bezirksoffizier mit ihren Stöcken.«

In Mulk Raj Anands Roman *Der Unberührbare* ruft ein Vertreter einer hohen Kaste: »Ich weiß nicht, was aus der Welt geworden ist! Diese Schweine werden immer aufsässiger!«

Rami, eine andere Frau aus Jankhat mit fragendem Blick und einem Dupatta mit Diamantmuster, war an jenem Tag auch auf dem Feld gewesen. Sie berichtet, sie sei auf das Schlimmste vorbereitet gewesen – darauf, festgenommen, geschlagen oder gar getötet zu werden. Doch irgendwie gelang es ihr, der einflussreichen Familie und den Regierungsvertretern mit ihrem Stock zu drohen, als hätte sie das schon ihr ganzes Leben lang getan. Rami war überrascht, als die Männer sofort nachgaben. »*Didi* hat uns Kraft gegeben«, sagte sie über Angoori, für die sie die respektvolle Bezeichnung »Schwester« verwendete. Rani hatte immer das Gefühl, Behördenvertreter betrachteten »arme Frauen als wertlos«. Das Ereignis lehrte sie, dass dies ein Irrtum war. »Ich weiß, dass ich arm bin, aber ich kenne meine Rechte.« Laut Basanti hatten die Regierungsvertreter noch nie erlebt, dass Frauen sich auf diese Weise zur Wehr setzten. Sie »hatten Angst, entschuldigten sich und baten uns, ihnen ihre Sachen zurückzugeben. Sie versicherten, dass niemand uns je unser Land wegnehmen würde, und bislang ist das auch nicht geschehen.«

Die einflussreiche Familie aus Jankhat erinnerte sich an den Vorfall, bestritt aber die Einzelheiten. Der Patriarch Ram Pratap erklärte, man habe nie vorgehabt, Basantis Land zu rauben. Es habe sich vielmehr um einen Grenzstreit gehandelt. Prataps Sohn war auf dem Feld, als die Frauen kamen. Er erinnerte sich an sein Entsetzen beim Anblick so vieler mit Stöcken bewaffneter Frauen in grünen Saris. »Ich hatte Angst, weil ich allein war und es so viele Frauen waren«, erzählte er mir. Er war froh, dass die Angelegenheit gelöst war. Jahre später gehörte Basanti das Land noch immer und sie baute dort goldenen, kniehohen Weizen an.

Nach der Aktion wurden Basanti, Rami und Dutzende weitere Frauen aus Jankhat Mitglieder der Grünen Bande. Täglich trugen sie nun ihre smaragdgrünen Saris und erzählten Angoori, sie hätten keine Angst mehr, nachts aus dem Haus zu gehen oder auf Augenhöhe mit den einflussreichen Familien des Dorfs zu sprechen. Dennoch wurden sie nicht von jedem respektiert. Girish Kumar, ein Regierungsbeamter, der in Jankhat lebte, verzog verächtlich die Lippen, als ich ihn nach der Grünen Bande fragte: »Sie sind nutzlos und tun gar nichts. Das sind Analphabetinnen, die alles glauben«, sagte er mir. »Ich weiß nicht, wo das herkommt und wo es noch hinführen wird.«

Männer in Tirwa, die Angoori noch nicht kannten, zeigten sich angesichts der Frauenbande noch immer verwirrt. Die Polizei und andere Behörden betrachteten sie weiterhin als Störfaktor und versuchten, sie zu meiden. Doch die Frauen vor Ort, darunter viele Dalits, verstanden sofort, worin der Sinn der Gruppe bestand. Die Grüne Bande führte immer mehr Aktionen durch und hatte bald mehrere hundert Mitglieder. Binnen eines Jahres genoss Angoori unter den Frauen Kultstatus. Erzählte sie eine lustige Geschichte, lachten die Frauen mit ihr. Weinte sie, weinten auch die Frauen. Als ich Angoori zum ersten Mal im Kreis einiger Frauen traf, fiel mir gleich auf, dass alle Angooris Gefühlsregungen spiegelten. »Angoori ist wie Gott, Mutter und Vater«, sagte eine Frau. »Ich würde sogar mein Blut für *Didi* geben«, meinte eine andere. Angoori lachte viel, wurde aber genauso schnell wütend, vor allem, wenn die Frauen nicht am Stocktraining oder den monatlichen Treffen teilnahmen. »Ziel der Grünen Bande ist es, die Belästigung der Frauen und Armen zu beenden. Ich rufe euch dazu auf, zwanzig oder mehr Frauen aus euren Dörfern zu rekrutieren«, sagte Angoori bei diesen Treffen. Sie sprach engagiert und mit erhobenem Zeigefinger. »Wenn es ein Problem gibt, taucht ihr in euren grünen Saris auf, und das Problem wird bald gelöst sein.«

Im folgenden Jahr stießen nicht nur Frauen aus Uttar Pradesh zur Grünen Bande. Auch Frauen in den Nachbarstaaten Rajasthan, Haryana und aus Indiens Hauptstadt Neu-Delhi traten bei. Jedes neue Mitglied zahlte eine Beitrittsgebühr von 20 Rupien (etwa 20 Cent) und erhielt dafür die offizielle Mitgliedskarte und einen grünen Sari. Angoori etablierte eine Hierarchie: Sie stand an der Spitze; jede Region hatte eine Leiterin, die ihr unterstellt war. Wurde eine Frau von Angoori zur Leiterin befördert, erhielt sie einen Sari mit orangefarbener Schmuckborte. Für die Beteiligung an Aktionen erhielten die Frauen ein Honorar, meist 100 Rupien (1,10 Euro) am Tag. Gab es in einer Region gerade keine Beschwerden, beschäftigte Angoori die Frauen auf andere Weise. »Findet heraus, wie viele Fälle von Mitgift oder Schwarzbrennerei es in eurer Gegend gibt«, wies sie an. Auch wenn das Mitgiftsystem in Indien zwar seit 1961 offiziell verboten ist, werden bis heute jedes Jahr Tausende Frauen wegen der Mitgift ermordet oder begehen Selbstmord. Die Frauen der Grünen Bande notierten, wer unrechtmäßig Geld von einer Brautfamilie verlangt hatte.

Angoori legte ein genaues Fallregister an. In einem weiteren Ordner sammelte sie Presseberichte über die Aktionen der Bande: »Frauen zwingen Mann, Unterrock und Bindi zu tragen«, »Grüne Bande geht bewaffnet gegen Schwarzbrenner vor«, »Grüne Bande wird Belästigung von Frauen stoppen«, »Grüne Bande verursacht Aufruhr«, »Die Grüne Bande wird Verbrechern eine Lektion erteilen« – so lauteten nur einige der Schlagzeilen. Angoori kultivierte ein bestimmtes, ihrer Position angemessenes Auftreten. Sie trug eine gefälschte Guess-Handtasche, eine Brille mit Goldrand und schweren Goldschmuck. Nichts davon war teuer, sah aber so aus. Sie hatte zugenommen, und ihre Augen schienen tiefer zu liegen. Durch die gepflasterten Straßen von Tirwa lief sie barfuß, eine Angewohnheit der Frauen in den Dörfern. Sie sprach laut und gestikulierte viel, wie sie es bei Bharat Gandhi beobachtet hatte. Es hieß, man müsse sich vor ihrem Temperament hüten. Mir sagte sie, sie werde sich »auf Biegen und Brechen« durchsetzen, jedes Mittel sei ihr recht. Die Selbststilisierung war Teil ihres Erfolgs. Selbst Polizei und Behörden betrachteten sie nicht mehr nur als Störfaktor und fürchteten sich, wenn sie bei ihnen auftauchte.

Ende 2010 mietete Angoori ein Büro in der Innenstadt von Tirwa. Es befand sich nahe dem Gebrauchtwagenmarkt in einer ruhigen Seitenstraße, die genug Privatsphäre bot, um Klientinnen zu empfangen. Einer ihrer Söhne war Anwalt, der andere Optiker, so dass sie sich die Miete leisten konnte. Das Büro grenzte an einen Tempel für Santoshi Maa, eine in Uttar Pradesh verehrte Gottheit mit Schwert und Dreizack, deren Name »Mutter der Zufriedenheit« bedeutet.

Zu dieser Zeit veranstaltete Angoori ein regelmäßiges, meist monatliches Stocktraining. Neumitglieder sollten den Umgang mit dem Stock lernen und die anderen Bandenmitglieder sollten üben. Jeder Frau kaufte sie auf dem Markt für 40 Rupien einen eigenen Lathi (44 Cent). Beim Training kämpften die Frauen stundenlang gegeneinander und besprachen auch andere Kampftechniken, etwa, jemanden am Kragen zu packen, an den Haaren zu ziehen oder mit Ledersandalen zu schlagen.

Die meisten Beschwerden, die bei Angoori eintrafen, hatten mit häuslicher Gewalt zu tun. Die Dalit-Aktivistin Thenmozhi Soundararajan schreibt in *The Trauma of Caste*, häusliche Gewalt könne mit einer durch das jahrhundertealte Kastensystem ausgelösten Traumatisierung zusammenhängen. Viele andere Beschwerden, die Angoori erhielt, betrafen Eheprobleme. »Die Grüne Bande ist am besten für Fälle geeignet, die mit Familienangelegenheiten zu tun haben«, so Neelam, der Journalist mit den gut geölten Haaren, denn die Polizei konzentriere sich auf schwere Verbrechen. »Bei Taten im häuslichen Kontext lassen sie sich oft bestechen und unternehmen nichts.«

Der Polizist Amod Kumar Singh, später Chef der Polizeiwache von Tirwa, berichtete mir, dass 90 Prozent der dort eingehenden Notrufe häusliche Gewalt betreffen. Er gab Alkoholismus, mangelnder Bildung und hoher Arbeitslosigkeit die Schuld. Singh widersprach Medienberichten, denen zufolge die Polizei sich nicht um die Beschwerden der Frauen kümmerte. Er sagte, seine Mitarbeiter seien oft mit der Bekämpfung der schlimmsten Verbrechen beschäftigt, die in Folge von »Demographie, mangelnder Bildung, Arbeitslosigkeit und politischen Rivalitäten« verübt würden. Die Polizisten seien zudem unterbezahlt und überarbeitet. Und doch habe man auf der Polizeiwache in Tirwa einen Raum für weibliche

Opfer eingerichtet und die Regel aufgestellt, dass Frauen niemals nach Einbruch der Dunkelheit einbestellt werden dürften. Singh fügte hinzu, dass Frauen manchmal Vergewaltigungen vortäuschten, die Polizei bei echten Fällen aber alles in ihrer Macht Stehende unternehme.

Die Frauenrechtlerin Roop Rekha Verma aus Lucknow, einer zwei Autostunden von Tirwa entfernten Großstadt, musste darüber laut lachen. »Ich kann Ihnen gar nicht sagen, wie schlecht die Polizei [von Uttar Pradesh] ist«, sagte sie, als ich sie 2018 in ihrem kargen Büro besuchte. Das gelte vor allem für Ermittlungen in Fällen häuslicher und sexueller Gewalt. »Ein Problem ist die Korruption. Doch das größere Problem ist Sexismus. Noch vor Beginn der Ermittlungen ist [für die Polizei] klar, dass Frauen ›die Familie zerstören‹ oder sich generell ständig beschweren« wollten.

Jeder in Tirwa kannte zudem Geschichten von Frauen, die von der Polizei vergewaltigt, und von Männern, die im Polizeigewahrsam zu Tode geprügelt wurden.

Valentinstag 1981. Klarer, neutral blauer Himmel. Wie viele abgelegene Dörfer in diesem wilden Teil Nordindiens liegt auch Behmai in einer kahlen Schlucht. Es gab also keine möglichen Verstecke und niemanden, den man zu Hilfe rufen konnte. Phoolan Devi und ihre Banditinnen waren in das Dorf gekommen, nachdem sie einen Tipp erhalten hatten. Eine Informantin hatte erzählt, dort versteckten sich die zwei Männer, die Devi vergewaltigt und auch ihren Geliebten getötet hatten – »Sie fielen über mich her wie Wölfe«, schrieb Devi.

Einem Bericht im *Atlantic* zufolge schenkten die Dorfbewohnerinnen und Dorfbewohner aus den höheren Kasten der Bande wenig Aufmerksamkeit, weil sie wie Polizistinnen gekleidet waren. Die Anführerin schien eine stellvertretende Kommissarin zu sein; sie trug eine khakifarbene Jacke mit drei silbernen Sternen, Jeans und Stiefel. Als die Gruppe sich näherte, bemerkten die Dorfbewohner, dass es sich tatsächlich um eine Teenagerin mit kurzen Haaren und knallrotem Lippenstift handelte. Sie trug eine Maschinenpistole und Munitionsgurte über der Brust.

Das Mädchen rief: »Hört zu! Ich weiß, dass Lala Ram und Sri Ram sich hier im Dorf verstecken! Wenn ihr sie nicht aushändigt, werde ich euch die Hintern mit meiner Pistole aufreißen!« Dann durchsuchten Phoolan Devis Banditinnen das Dorf, doch Lala Ram und Sri Ram, die das Mädchen angeblich vergewaltigt hatten, waren nirgends zu finden. Die Dorfbewohner behaupteten, die beiden nie gesehen zu haben. »Ihr lügt!«, schrie Phoolan Devi. Sie kündigte an, sie nun die Wahrheit zu lehren. Die Bande brachte alle jungen Männer aus Behmai ans Flussufer und erschoss sie.

Laut *The Atlantic* hatte Phoolan Devis Geliebter ihr kurz vor seinem Tod von einer alten Ballade erzählt: »Wenn du tötest, töte zwanzig, nicht nur einen. Denn wenn du zwanzig tötest, wirst du berühmt; wenn du nur einen tötest, wirst du als Mörderin gehängt.« Angoori hat zwar nie jemanden umgebracht, aber sie hatte die gleiche Philosophie: Je dreister, umso besser. Die Polizei und andere mächtige Männer sollten Angst vor ihr haben.

Eines Tages im Jahr 2010 wurde in Narangpur, einem Dorf bei Tirwa, der Ehemann einer jungen Frau namens Sapna von der Polizei verhaftet. Sapna hatte nie Vertrauen in die Polizei, musste sich aber bislang auch nicht mit ihr auseinandersetzen.

Sapna war klein, schmal, trug pinken Lippenstift und lila-goldene Saris. Ihr Ehemann erledigte Feldarbeit für Angehörige höherer Kasten. Die beiden hatten ein Kind und führten ein ruhiges Leben in ihrem Dorf. Doch eines Tages wurde der Traktor von Sapnas Ehemann gestohlen. Dieser zeigte den Diebstahl an. Die Familie der Oberkaste, für die er arbeitete, beschuldigte ihn, das Fahrzeug selbst gestohlen zu haben. Er wurde ins Gefängnis gebracht und dort angeblich von der Polizei geschlagen. Sapna berichtet, dass sie ihn im Gefängnis besuchen wollte und die Polizisten sie auslachten und ihr ein Stück Seife gaben mit der Aufforderung, nach Hause zu gehen, sich zu waschen, Make-up aufzutragen und zurückzukehren. Als sie zurückkam, war ihr Mann tot. Laut Polizei hatte er sich an der Eisenstange eines Ventilators erhängt, doch Sapna war überzeugt, dass die Polizisten ihn zu Tode geprügelt hatten. Ihre Befürchtung verstärkte sich, als sie um den Leichnam bat und die Polizisten ihn nicht herausgaben.

In ihrer Trauer wandte sich Sapna an Angoori. Sapna und andere Dorfbewohnerinnen hatten bereits die Straße zur Polizeiwache blockiert, doch der Leichnam ihres Ehemanns wurde noch immer nicht herausgegeben. Wütend traf Angoori in Narangpur ein. Je mehr Aktionen die Grüne Bande durchführte, umso mehr verabscheute Angoori die Polizei. Es heißt, sie habe einmal einen Inspektor geohrfeigt, und dieser habe sich lieber auf eine andere Polizeiwache überstellen lassen, als ihr noch einmal zu begegnen (niemand konnte allerdings sagen, wo sich das ereignet haben soll).

Noch wütender machte Angoori, dass dieses spezifische Problem von einer Familie aus einer hohen Kaste ausging. Angoori rief die Menschen im Dorf zusammen, um erneut zur Polizeiwache zu marschieren. Dann steckte sie die Wache in Brand. Gemeinsam zündeten sie auch sieben Polizeimotorräder an. Die Polizisten waren so viel Wut seitens der Dorfbewohnerinnen und Dorfbewohner nicht gewöhnt, so dass endlich einige von ihnen den Leichnam von Sapnas Ehemann hinaustrugen.

In Narangpur traf Angoori sich mit Sapna und den anderen aus dem Dorf. Sie hatten der Polizei zwar eine Lektion erteilt und den Leichnam erhalten, aber Sapnas Aussichten waren nicht gut: Es würde schwierig werden, allein für sich und ihr Kind aufzukommen. Ram Murti, eine Frau aus dem Dorf, die Ansehen genoss, weil sie »ging und sprach wie ein Mann«, meinte, man müsse mehr unternehmen. »Wenn [die Polizei] mich nicht respektiert, werde ich wie Phoolan Devi und …«, sagte sie und feuerte eine imaginäre Pistole ab. Angoori hörte der mutigen Frau zu und nickte. Auch hier in Narangpur war der Einfluss der Banditenkönigin groß. Doch die Polizei ein weiteres Mal einzuschüchtern, würde Sapna nicht helfen.

Bald nach den Ereignissen besuchte der Politiker Akhilesh Yadav das Dorf und entschuldigte sich bei Sapna für den Tod ihres Ehemanns. Dank des Eingreifens der Grünen Bande hatte er aus den Medien von dem Vorfall erfahren. Angoori sah eine Chance. Zu dieser Zeit war sie nur selten politisch tätig und half bei Bedarf Bharat Gandhis Partei aus, aber sie wusste immer noch, wie man einen Politiker zu einer Reaktion zwang. Zudem war Yadav Abgeordneter der sozialistischen Samajwadi Party, die in Uttar Pradesh fest verwurzelt und dafür bekannt war, niedrige Kasten zu unterstützen. Yadavs Vater war der Parteigründer. Angoori glaubte, es könnte ihrer Bande nützen, wenn er ihren Namen kannte.

Als Akhilesh Yadav im Dorf eintraf, wurde er von mehreren Dutzend Mitgliedern der Grünen Bande in Empfang genommen. Angoori trug ein Bandana um den Kopf wie einst Phoolan Devi, allerdings in dunkelgrün. Die Frauen hatten einen Koffer voller Schuhe dabei. Sie drohten, Yadav die Schuhe um den Hals zu binden und ihn vor der anwesenden Presse zu erniedrigen. Sollte der Politiker sich weigern, Sapna für den Verlust ihres Manns finanziell zu entschädigen, drohte Angoori: »Wir schmücken dich mit Schuhen und bewerfen dich mit Steinen.« Das Werfen schmutziger Schuhe gilt in Indien als Zeichen der Verachtung. Ram Murti öffnete den Koffer, um Yadav die Schuhe zu zeigen. Die Frauen meinten es ernst.

Eine Lokalzeitung berichtete über das Ereignis und bebilderte die Geschichte mit einem großen Foto. Yadav gab Sapna 75 000 Rupien (ca. 830 Euro). Nur zwei Jahre später wurde er Ministerpräsident von Uttar Pradesh und einer der einflussreichsten Politiker des Landes. Dies sollte Angoori sich zunutze machen. Als ich Yadav zu dem Vorfall befragte, wirkte er peinlich berührt und versuchte, die Sache abzutun: »Arme Leute machen manchmal solche Sachen.«

Seit Angoori die Grüne Bande leitete, machte sie nur noch selten Wahlkampf für Bharat Gandhi, der noch immer als politischer Außenseiter galt. 2012 beendete sie die Zusammenarbeit mit ihm endgültig. Sie begründete diesen Schritt mit der Arbeit für die Bande und der Ansicht, Gandhis utopische Vision überzeuge die Menschen nicht. Aus Gandhis Büro hörte ich jedoch eine ganz andere, höchst interessante Geschichte.

Laut Gandhis Büroleiter Navin Kumar plante die Partei, bei einer Nachwahl 2012 zwei Kandidaten gegen die Kandidatin der Samajwadi Party – nämlich Akhilesh Yadavs Frau, Dimple – antreten zu lassen. Es ging um einen Sitz im Unterparlament im Bezirk Kannauj, in dem Angoori lebte. Um die Konkurrenz auszuschalten, ließ die größere Samajwadi Party die beiden Kandidaten entführen und mit Waffengewalt festhalten, bis die Frist zur Einreichung der Kandidaturen verstrichen war – so Kumars Darstellung.

Als sozialistische Partei setzt sich die Samajwadi Party für Gleichheit ein, sah sich jedoch genauso häufig Korruptionsvorwürfen ausgesetzt wie jede andere Partei. (Selbst die Dalit-Ministerpräsidentin Mayawati litt unter Korruptionsvorwürfen, und Angoori hielt sie für eine Lügnerin.) Letztlich gewann Nadavs Frau Dimple den Sitz für den Bezirk Kannauj. Da die Konkurrenz weggefallen war, gab es keine Gegenkandidaten. Yadav kandidierte im gleichen Jahr erfolgreich für das Amt des Ministerpräsidenten von Uttar Pradesh. Gandhis Büroleiter sagte mir: »Akhilesh Yadav hat die Demokratie ermordet.«

Laut Kumar habe Angoori die Entführung der Kandidaten miterlebt, sich aber geweigert, der Polizei davon zu erzählen, nachdem sie von der Samajwadi Party unter Druck gesetzt und bestochen worden sei. Bald darauf verließ sie Gandhis idealistische Bewegung und unterstützte von nun an die Samajwadi Party. Beispielsweise versammelte sie hin und wieder etwa 100 ihrer Frauen auf Veranstaltungen zur Unterstützung bestimmter politischer Vorhaben der Partei. Gandhi schäumte vor Wut und sagte mir Jahre später, Angoori sei eine »sehr schlechte Frau«, die ihm bei der erstbesten Gelegenheit »in den Rücken gefallen« sei.

Auch Kumar war aufgebracht. Er erzählte, wie tief beeindruckt er zunächst von Angoori war, weil sie scheinbar »keine Angst hatte zu sterben«. Doch nun erkannte er, dass Angoori sich wie alle anderen einschüchtern und zur Korruption verleiten ließ. Ein Sprecher der Samajwadi Party bezeichnete Kumars Vorwürfe als »grundlos«: Angoori sei »fälschlich in diesen Fall verwickelt« worden und bezeichnete sie auch als »sehr engagiertes Mitglied« – was wohl heißen soll, dass sie genau das tat, was man von ihr erwartete.

Wie auch immer sich die Ereignisse genau zugetragen haben – 2012 ließ Angoori Bharat Gandhis Bewegung hinter sich und wurde zu einer getreuen Unterstützerin der Samajwadi Party. Sie war klug und wusste, dass ihre wachsende Frauenbande die größtmögliche politische Kraft an ihrer Seite benötigte. Mit mir wollte sie nicht genauer über den Vorfall sprechen, sagte aber, damals habe sie gerade ihre Bande aufgebaut und verstehe nicht, wie Bharat Gandhi ihr die Schuld geben konnte.

Ein Jahr zuvor bezeichnete Indiens nationale Frauenkommission Uttar Pradesh als den Bundesstaat mit den meisten Gewaltverbrechen gegen Frauen. Auch andere Gruppierungen hatten dies bereits festgestellt. Entsprechend lauteten die Schlagzeilen in diesem Jahr: »Indische Frau in Uttar Pradesh von mehreren Männern vergewaltigt und angezündet«, »vierzehnjähriges Mädchen … erleidet

Messerstich ins Auge bei dem Versuch, zwei Vergewaltiger abzuwehren«, »Mädchen… an einem Baum erhängt aufgefunden«, »Auf der Polizeiwache getötetes Mädchen war Opfer einer Gruppenvergewaltigung«, und so fort.

Das ganze Land hatte Schwierigkeiten, die Gleichberechtigung von Frauen sicherzustellen. 2012 benannten Gender-Expertinnen Indien unter allen G20-Staaten als schlimmsten Ort für Frauen, womit es noch hinter dem repressiven Saudi-Arabien lag. Ein Bericht des *Guardian* aus demselben Jahr listete die Gründe auf: Indiens fortdauernde Probleme mit Kinderhochzeiten (fast die Hälfte der Frauen in Indien wurden vor dem 18. Geburtstag verheiratet, so das International Center for Research on Women), Mitgiftstreitigkeiten (die Zahl der Verstöße gegen das Mitgiftverbot wuchs, was sich in der nationalen Verbrechensstatistik ablesen ließ) sowie häusliche Gewalt gegen Frauen (in einer Studie von UNICEF gaben über die Hälfte aller jungen indischen, männlichen wie weiblichen Befragten an, wenn ein Mann seine Frau schlage, sei dies gerechtfertigt). Doch Frauenrechtlerinnen erinnerten daran, dass Frauen Gewalt öfter zur Anzeige brachten als früher –, und warnten zugleich, dass viele Beschwerden abgewiesen würden. Es war also schwer festzustellen, ob das Problem größer oder kleiner wurde.

Im selben Jahr erlebte Indien den bislang vielleicht grausamsten Fall geschlechtsspezifischer Gewalt. Im Dezember 2012 fuhr Jyoti Singh Pandey, eine dreiundzwanzigjährige angehende Physiotherapeutin mit sanftem Lächeln und dem Traum, Ärztin zu werden, gemeinsam mit einem Freund im Bus nach Hause, als sie von mehreren Männern vergewaltigt und gefoltert wurde. Pandey und ihr Freund hatten gerade *Life of Pi: Schiffbruch mit Tiger* im Kino gesehen und waren kurz nach acht oder neun Uhr in den Bus gestiegen. Sechs Männer, die sich bereits im Bus befanden, zogen die beiden dafür auf, so spät noch unterwegs zu sein. Dann schlugen sie Pandeys Freund bewusstlos, zerrten sie in den hinteren Teil des Busses und missbrauchten und vergewaltigten sie. Sie wehrte sich, biss die Angreifer sogar, wurde aber überwältigt. Ärzte berichteten später, die Männer hätten ihr eine Eisenstange eingeführt, wodurch ihr Unterleib und ihre Genitalien schwer verletzt seien. Das verstörendste Detail lieferte einer der Angeklagten, der schilderte, wie während der Vergewaltigung ein seilartiger Gegenstand – wahrscheinlich Pandeys Darm – aus ihr herausgezogen wurde. Nachdem die Männer fertig waren, warfen sie Pandey und ihren Freund aus dem fahrenden Bus.

Pandey wurde fünfmal operiert, starb aber knapp zwei Wochen später. Nach ihrem Tod demonstrierten Tausende Frauen in Indien für besseren Schutz von Frauen. Sie nannten Pandey Nirbhaya (»die Furchtlose«). Indiens Parlament reagierte 2013 mit der Verabschiedung des Criminal Law (Amendment) Act. Darin wurde die Definition von Vergewaltigung um weitere Vergehen ergänzt und bewirkte, dass Täter mit potenziell schwereren Strafen belegt werden konnten. Vier Angreifer Pandeys wurden der Vergewaltigung und des Mordes schuldig gesprochen und zum Tode verurteilt; ein weiterer, minderjähriger Täter wurde zu drei Jahren Jugendstrafe verurteilt. In der Dokumentation *Indias Daughter* verteidigte einer der Täter die Vergewaltigung mit den Worten: »Man braucht zwei Hände, um zu klatschen«. Pandey habe bestraft werden müssen, weil sie als Frau noch so spät unterwegs war.

Angoori selbst hatte nie sexuelle Gewalt erlebt, aber die Geschichten, die ihr Frauen erzählten, machten sie wütend. Als Reaktion auf die öffentliche Missbilligung der Angriffe auf Pandey und andere Frauen richtete die Polizei von Uttar Pradesh eine Hotline ein, über die Fälle von sexueller und häuslicher Gewalt angezeigt werden konnten. Die Hotline soll Ministerpräsident Akhilesh Yadavs Idee gewesen sein, doch die Öffentlichkeit schrieb die Umsetzung Navniet Sekera zu, der Generalinspektorin der Polizei im Bundesstaat. Sekera sagte mir in einem Telefoninterview, dass 95 Prozent der angegriffenen Frauen angaben, den Täter persönlich zu kennen. »Wir merkten also, dass die beste Lösung darin liegt, unsere Frauen zum Sprechen zu bringen«, so Sekera. »Meistens sagen sie nichts, weil sie es nicht gelernt haben.« Um dieses Problem anzugehen, wurden Polizistinnen eingestellt, die Anrufe entgegennahmen und den Frauen zusicherten, dass ihre Identitäten anonym blieben.

Angoori hielt die Hotline theoretisch für eine gute Idee, wusste aber, dass viele Frauen sie nicht nutzen würden. Die Grüne Bande erhielt Beschwerden über sexuelle Übergriffe oder Inzest normalerweise durch eine dritte Person, weil die Frauen oft zu traumatisiert waren, um sich zu äußern, und eine Anzeige bei der Polizei ihnen zu riskant schien. Selbst das Versprechen der Anonymität konnte nicht verhindern, dass eine Frau leicht identifiziert werden konnte und damit rechnen musste, dass jemand aus ihrem Dorf Rache nehmen würde. Manche Männer schlugen ihre Frauen, stachen auf sie ein, zündeten sie an, übergossen sie mit Säure, vergewaltigten oder erhängten sie. Angoori glaubte, dass es schlicht wirkungsvoller war, Gewalt mit Gewalt zu bekämpfen.

2015 war die Grüne Bande bereits seit fünf Jahren aktiv. Zu dieser Zeit erfuhr Angoori von einer Angelegenheit, die sie später als »größten Fall meines Lebens« bezeichnen sollte. Die Bande hatte inzwischen über 1000 Mitglieder. Angoori las einen Zeitungsartikel über eine Gruppenvergewaltigung in Kachpura, einem über 30 Kilometer von Tirwa entfernten Dorf. Laut dem Artikel schlief ein Mädchen im Teenageralter auf der heimischen Terrasse, als zwei Männer kamen und sie vergewaltigten. Wenig später schluckte das Mädchen aus Scham über den Vorfall Rattengift – eine in Indien verbreitete Form des Suizids. Bislang hatte es keine Festnahmen gegeben. In dem Dorf wurden im vergangenen Jahr zahlreiche Belästigungen, Vergewaltigungen und Morde begangen, die scheinbar alle ohne Konsequenzen blieben. Angoori war klar, dass sie nach Kachpura fahren musste. Ihr Ehemann hatte Angst um sie. Er glaubte, die Täter stammten wohl aus höheren Kasten, und bei so heiklen Themen wie Vergewaltigungen »kann dir an einem Ort, den diese Leute beherrschen, alles passieren«. Doch Angoori fuhr trotzdem hin. Sie nahm ein Dutzend Frauen ihrer Bande mit, die sie bat, sich auf einen längeren Aufenthalt einzustellen.

Drei Tage nach dem Verbrechen traf Angoori in Kachpura ein und suchte die Mutter des Mädchens auf, die pausenlos weinte. Die Frau hatte die Vergewaltigung mitangesehen, aber wegen ihrer Behinderung nicht eingreifen können. Weder sie noch der blinde Vater des Mädchens konnten Angoori genau erzählen, was geschehen war. Auch niemand sonst im Dorf konnte es. »Aus Angst konnte keiner etwas sagen«, so Angoori. Denn die Opfer waren Dalit, und die Folgen konnten tödlich sein. Gleichzeitig glaubte sie, die Menschen in Kachpura wollten, dass sie bleibe und die Wahrheit ans Licht bringe, »denn es war ein Dorf, in dem sich solche Vorfälle häufig ereigneten und [polizeilich erfasste Fälle] nicht registriert wurden.«

Angoori verbrachte die nächsten acht Tage in Kachpura und lernte alle Mächtigen des Dorfs kennen. Die Mitglieder der Grünen Bande führten ein Gespräch nach dem anderen und erfuhren, dass das Mädchen vergeblich um Hilfe gerufen hatte. Es hieß, sie sei von verheirateten Männern vergewaltigt worden – die Namen dieser Männer wollte aber niemand nennen. Einige bestätigten, dass Vergewaltigungen in Kachpura ein anhaltendes Problem waren. Schließlich gelang es Angoori, ein Gespräch mit dem Dorfvorsteher zu führen. Sie setzte ihn unter Druck: Entweder, er tue etwas für die Familie des Opfers, oder er werde ihren Zorn zu spüren bekommen. Nach den Drohungen versprach der Dorfvorsteher, der Mutter des Opfers Land und eine Handpumpe für Wasser zu geben. Vielleicht tat er das, weil Angoori die Unterstützung der Samajwadi Pary genoss.

Doch Angoori war nicht zufrieden. Wer auch immer für die Gruppenvergewaltigung des Mädchens verantwortlich war, befand sich noch immer auf freiem Fuß. Die Polizei sagte Angoori, man könne nichts tun, da die Mutter die einzige Zeugin sei und nicht aussagen wolle. Die Mitglieder der Grünen Bande hatten bei ihren Befragungen aber erfahren, dass einflussreiche Menschen aus dem Dorf planten, die Mutter zur Polizeiwache zu bringen. Dort sollte sie aussagen, ihre Tochter sei nie vergewaltigt worden.

Schließlich hatte Angoori eine Idee. Bevor die einflussreichen Leute die Chance dazu hatten, wollte sie die Mutter entführen und überzeugen, die Vergewaltigung ihrer Tochter bei der Polizei anzuzeigen. Angoori war zwar bereits aufgrund des Vorfalls mit den Vertretern des Energieministeriums festgenommen worden, wusste aber, dass sie mit der Entführung der Frau eine weitere Grenze überschritt. Zumal die Ermittlungen in der Angelegenheit mit dem Energieministerium noch liefen und vermutlich vor Gericht gehen würden – letztlich wurde Angoori wegen eines Übergriffs auf einen Regierungsvertreter im Dienst und für die Beeinträchtigung von Regierungsarbeit verurteilt. Doch Angooris Entscheidung stand fest. Die anderen Frauen waren nicht überzeugt: »Selbst die Mitglieder meiner Bande hatten Angst, eine Frau zu entführen«, so Angoori. »Sie hatten Angst, bei der Polizei angezeigt zu werden.«

Doch Angoori beharrte auf dem Vorgehen. Sie und ihre Bandenmitglieder zwangen die Frau in ein Auto und fuhren sie in ein anderes, etwa 25 Kilometer entferntes Dorf. Dort brachten sie die Frau in einer Scheune unter. Angoori redete auf sie ein: »Was für eine Mutter bist du, wenn du nicht aussagst, um Gerechtigkeit für deine Tochter zu erreichen?« Sie machte der Frau auch falsche Versprechungen: Wenn sie mit der Polizei rede, bekäme sie bis zu ihrem Tod eine monatliche Pension von 1000 Rupien (11 Euro).

Sie wusste, dass die Frau arm war und diese Summe ihr sehr helfen würde. Angoori zufolge fragte die Frau nach zwei weiteren Handpumpen für Wasser und fünf Bigha Grund (eine südasiatische Einheit zur Landbemessung, die von Ort zu Ort unterschiedlich groß ist). »Dann werde ich die Wahrheit sagen«, habe sie angekündigt.

Angoori hatte zwar nicht viel Bargeld, aber genug Einfluss, um Ressourcen zu beschaffen, vor allem wenn es um – aus Sicht ihrer politischen Verbündeten – triviale Dinge wie Handpumpen und kleine Grundstücke ging. Ohne zu überlegen, willigte Angoori in die Bedingungen der Frau ein.

Sie brachte die Mutter zur Polizeiwache. Dort machte die Frau ihre Aussage und benannte die Schuldigen. Wie erwartet handelte es sich um zwei einflussreiche Männer aus dem Dorf. Angoori drohte der Polizei, sie solle die Männer sofort festnehmen. Ansonsten werde sie den Zorn ihrer Bande zu spüren bekommen. Zurück in Kachpura bat die Mutter Angoori um die Dinge, die sie gefordert hatte. Doch Angoori schubste sie aus dem Auto: »Geh. Die Polizei kennt jetzt die Wahrheit und wird handeln. Ich gehe.« Angoori mochte es nicht, wenn Leute gierig wurden. Die Polizei nahm bald die von der Mutter als Schuldige benannten Männer fest, was sich höchstwahrscheinlich auf Angooris Einsatz zurückführen ließ. Angoori machte sich keine Gedanken mehr um die Sache.

Der auf Hindi verfasste Roman *Raag Darbari* von Shrilal Shukla aus dem Jahr 1968 spielt in Uttar Pradesh und beschäftigt sich auf satirische Weise mit fast allen dörflichen Institutionen wie Polizei, Panchayats, Politik und Gericht. In den Dörfern, die Angoori besuchte, handelte die Polizei in vielen Fällen nicht gut, die Panchayats urteilten bei Streitigkeiten zum Teil wie im Mittelalter, die Politik verabschiedete Gesetze, die den Menschen nichts nützten, und die Gerichtsurteile ergingen viel zu spät. *Raag Darbari* deckt die

Korruption, Verlogenheit und Inkompetenz all dieser Institutionen auf und zeigt den hoffnungslosen Kampf eines Einzelnen für Gerechtigkeit. Der Autor Shrilal Shukla war einst selbst Bürokrat im Staatsdienst und verabscheute vor allem Indiens Gerichte, bei denen sich seit Jahrzehnten die unbearbeiteten Fälle anhäuften. »Die Theorie der Wiedergeburt wurde an den Zivilgerichten erfunden, damit weder Kläger noch Beklagter bei ihrem Tod ein ausstehendes Urteil bedauern«, so Shukla. 2013 war der Roman ein halbes Jahrhundert alt, doch an der Situation hatte sich laut *Bloomberg Businessweek* nicht viel geändert: In jenem Jahr gab es im Land 31 Millionen nicht abgeschlossene Gerichtsverfahren. »Wenn die Gerichte der Nation nonstop arbeiten, keine Schlaf- oder Esspausen machen und 100 Fälle pro Stunde abschließen würden, bräuchten sie mehr als 35 Jahre, um den Rückstau abzuarbeiten«, so die Website.

Der Rückstau betraf alle Klagenden, vor allem Frauen der niederen Kasten, die immer noch nur in Ausnahmefällen Anzeige erstatteten. Doch Priyanshi Rajput tat genau das: 2009, nur ein Jahr nach der Hochzeit, zeigte sie ihren Ehemann an. Sechs Jahre später war ihr Fall noch immer nicht abgeschlossen. Hier kam nun Angoori ins Spiel.

Die ruhige, belesene Priyanshi hatte einen Mann geheiratet, den ihre Mutter für sie ausgesucht hatte. Sie stammte aus einer armen Bauernfamilie, weshalb ihre Mutter einen Mann mit Festanstellung bei der Regierung auswählte. Zu ihrer Hochzeit trug Priyanshi einen roten Sari aus Seide, schweren Goldschmuck und eine Girlande aus Ringelblumen. Arvind Kumar, Priyanshis Bräutigam, hatte einen dünnen Schnurrbart und kämmte seine Haare jeden Morgen zur Seite. Auf Fotos vom Hochzeitstag steht Arvin mit ernstem Gesicht neben Priyanshi. In der Hand hält er eine Schachtel mit Süßigkeiten. Priyanshi sitzt mit leerem Blick auf einem Sofa. Sie schaut nicht zu ihrem Bräutigam hoch, weil eine Braut zurückhaltend zu sein hat. Priyanshi verspürte in diesem Moment widerstreitende Gefühle: Sie würde sich nun von ihren Eltern verabschieden und zu ihrem Ehemann ziehen.

Binnen weniger Monate begannen laut Priyanshi die Probleme in der Ehe. Die zwei Familien hatten sich zwar auf eine Mitgift geeinigt, doch Priyanshi sagte später, ihre Schwiegereltern hätten ihre Eltern beschuldigt, eine zu geringe Summe gezahlt zu haben. Jetzt verlangten sie ein Auto und zwei Lakh Rupien (etwa 2220 Euro). Priyanshis Eltern konnten diese Summe nicht aufbringen. Ihre Mutter gab deshalb den Bauernhof in Zahlung und begann, Lebensmittel wie Erdnüsse, Reis und Kichererbsenmehl zu verkaufen. Arvinds Familie forderte immer mehr, aber Priyanshis Mutter konnte nicht zahlen. Laut Priyanshi begannen die Schwiegereltern nun, sie zu schlagen. Bei einer medizinischen Untersuchung wurden an ihrem Körper Hämatome sowie ein geplatztes Trommelfell entdeckt. Sie sagte, die Männer der Schwiegerfamilie hätten sie auch bedrängt. »Sein Vater und sein Schwager wollten meine Hand halten«, berichtete sie mir. Dieser Euphemismus bedeutete, dass die beiden versucht hatten, mit ihr zu schlafen.

Priyanshi erinnerte sich, dass die Schläge und andere Formen des Missbrauchs immer mehr wurden, bis die Schwiegereltern sie im August 2009 mit Kerosin übergossen. Sie betrachtete das als Drohung: Wenn ihre Familie die neu festgesetzte Mitgift nicht zahlte, würde man Priyanshi anzünden. Im Hinduismus gilt Feuer als reinigend. Mitgiftmorde an Frauen werden aber auch durch Ertrinken, Vergiften oder Erwürgen verübt. Frauen, die Mitgiftverbrennungen überleben, tragen oft Narben am ganzen Körper davon.

Nach dem Vorfall mit dem Kerosin riefen Priyanshis Eltern die Polizei. Doch ihre Mutter berichtete, sie habe die Polizisten bestechen müssen. Trotzdem hätten sie wenig getan, um zu helfen. Als Priyanshis Schwiegereltern herausfanden, dass man sie angezeigt hatte, warfen sie Priyanshi aus dem Haus. Sie floh in ihr

Heimatdorf, wusste aber, dass sie dort nicht bleiben konnte, denn die Leute tratschten über eine Frau ohne Ehemann. Keine Frau im Dorf hatte sich je zuvor scheiden lassen, und sie konnte nicht die erste sein. Ihre Mutter klagte: »Wie kann eine Mutter glücklich sein, wenn die Tochter von ihrem Ehemann hinausgeworfen wird?« Also musste Priyanshi Arvind dazu bewegen, sie wieder aufzunehmen. Und sie musste die Schwiegereltern dazu bringen, sie nicht mehr zu schlagen.

Sie beschloss, gegen ihren Ehemann wegen häuslicher Gewalt, Belästigung und Verstoß gegen das Mitgiftrecht vor Gericht zu ziehen. Sie hoffte, das Gericht würde ihre Schwiegereltern zwingen, ihr die sichere Rückkehr in Arvinds Haus zu ermöglichen. Ihr Ehemann bestritt alle Vorwürfe und sagte, Priyanshi habe die Probleme ausgelöst, weil sie Zucker in sein Essen getan habe, obwohl er Diabetiker sei.

2015 zog sich Priyanshis Fall immer noch hin. Das Gericht schlug vor, Priyanshi solle vor Urteilsverkündung wieder bei ihren Schwiegereltern einziehen. Als Pryanshi dies tat, schlugen die Schwiegereltern sie so heftig, dass sie ins Krankenhaus eingeliefert werden musste. Nachdem Priyanshi herausfand, dass ihr Mann sich mit einer anderen Frau traf, war sie vollends beschämt.

In jenem Jahr fand eine Anhörung vor Gericht statt. Bei dieser Gelegenheit beklagte Priyanshi, dass ihr nie Gerechtigkeit widerfahren werde. Sechs Jahre waren inzwischen vergangen. Außer seltenen Anhörungen hatte das Gericht lediglich eine Mediation veranlasst, die allerdings gescheitert war. Laut Priyanshi habe man ihr geantwortet: »Hier findest du keine Hilfe. Du musst die Grüne Bande rufen.«

Von dieser Gruppe hatte Priyanshi noch nie gehört. Sie erkundigte sich in den umliegenden Dörfern, und was sie erfuhr, schien zu phantastisch, um wahr zu sein: Die Gang bestand aus Hunderten, vielleicht Tausenden Frauen aus niedrigen Kasten, die Lathis schwangen und von Angoori Dahariya, einer Frau mit wachen Augen und rauem, hemmungslosen Lachen, angeführt wurden.

Bald schon fand sich Priyanshi in einer ruhigen Seitenstraße von Tirwa vor einem zweistöckigen, pink und limettengrün gestrichenen Ziegelhaus wieder. Ein großes Banner zeigte ein halbes Dutzend Frauen in grünen Saris mit Bambusstöcken und erhobenen Fäusten. Angooris Sohn öffnete Priyanshi die Tür und erklärte, seine Mutter sei nicht zu Hause. Trotzdem schloss sich Priyanshi der Bande sofort an. Als Angoori sie einige Tage später anrief, berichtete sie mit ruhiger Stimme von den angeblichen Schlägen, den sexuellen Übergriffen und der Affäre ihres Ehemanns. Einige Tage später rief Angoori erneut an und erklärte, sie werde einige Bandenmitglieder dorthin schicken, wo Arvind und die andere Frau sich aufhielten. Sie beharrte darauf, dass Priyanshi die Frauen begleiten sollte.

Priyanshis Anwalt Pradeep Singh Chauhan, ein ernster Mann mit einem kleinen Büro in Kannauj, freute sich zunächst darüber, dass seine Klientin die Grüne Bande kontaktiert hatte. Er sagte mir, er habe die Gruppe als Verbindung zwischen Opfern und Gericht betrachtet sowie als Unterstützung der Frauen, deren Fälle sich endlos hinzogen. Am Gericht von Kannauj, wo Priyanshis Fall verhandelt wurde, befasste ein Richter sich mit vier bis fünf Fällen am Tag. Nach Chauhans Schätzung hätten es 100 Fälle täglich sein müssen, um den Rückstau abzuarbeiten. Die Stadt Kannauj ist für Parfüm bekannt. Düfte werden von dort aus in die ganze Welt exportiert. Ein Sprichwort lautet: *In Kannauj riecht selbst die Kanalisation nach Rosen.* Die Menschen aus Kannauj selbst fanden jedoch, dass die Stadt keineswegs so süß rieche, wie sie sollte, und Chauhan glaubte, auch die Justiz funktioniere in Kannauj nicht richtig.

Chauhan schätzte die Unterstützung der Grünen Bande besonders, wenn es um Klientinnen ging, deren Probleme mit Gewalt in der Familie zusammenhingen. Seit Beginn seiner strafrechtlichen Arbeit im Jahr 2001 war der Anteil der Fälle häuslicher Gewalt stetig gestiegen. Diese Entwicklung schrieb er dem sozialen Aufstieg der Frauen in der Region zu. »Ein frisch verheiratetes Mädchen kann sich einem Ehemann nicht mehr anpassen, so dass diese Fälle sich häufen«, stellte Chauhan fest. Er meinte, mehr Frauen sprächen inzwischen über die Gewalt oder wehrten sich gar. An jenem Tag verließ ein Mann, der eine ihm scheinbar bekannte Frau beschimpft hatte, das Gerichtsgebäude mit blutendem Kopf und berichtete, die Frau habe ihn mit einem Ziegel geschlagen.

Chauhan hoffte, die Grüne Bande möge der folgsamen Priyanshi eine Stimme verleihen, die sie von sich aus nicht hatte. Er wollte aber nicht, dass die Bande ihre Stöcke gegen Arvind erhob. Schließlich war er Anwalt, und obwohl er Arvind als »echten Kriminellen« betrachtete, der seine Klientin auf vielfache Art verletzt hatte, war er der Meinung, das Problem müsse auf legalem Weg gelöst werden. Und er wollte nicht, dass die Frauen sich auf Arvinds Affäre konzentrierten.

Doch Angoori glaubte, Priyanshi sollte nicht warten müssen, bis das Gericht endlich handelte. Ende 2015 marschierte eine Gruppe von Frauen der Grünen Bande zu dem Regierungskomplex, in dem Arvind sich mit der anderen Frau aufhielt. Priyanshi stand mit einem Bambusstock in der Hand neben Angoori. Sie hatte Angst, war aber zugleich froh, ihrem abtrünnigen Ehemann endlich etwas entgegenzusetzen. Die Frauen fanden Arvind und seine Affäre schlafend in einem Bett. *Auf frischer Tat ertappt*, dachte Priyanshi. Sie berichtet, das Paar gemeinsam mit den anderen Frauen geschlagen und beschimpft zu haben, bis Arvind weggelaufen sei. (Arvind stritt ab, geschlagen worden oder weggelaufen zu sein, bezeichnete die andere Frau als Verwandte und die Mitglieder der Grünen Bande als »Unruhestifterinnen«.)

Später rief Angoori Arvind an. So einschüchternd wie möglich forderte sie ihn auf, Priyanshi mit Respekt zu behandeln. Sie verlangte, dass er sie zurücknehmen müsse. Andernfalls ziehe er sich den Zorn der Bande zu. Laut Angoori klang Arvind nervös und versprach zu gehorchen. Doch es sollte der Bande diesmal nicht so leichtfallen, den Fall zu lösen – etwas, was in letzter Zeit häufiger geschah.

WIR KÖNNEN NOCH SCHLIMMER

Ich rufe an, um Ihnen zu sagen, dass Sie mir im Austausch für die Freiheit Ihrer Tochter 5000 Pesos geben müssen… Sobald Sie mir das Geld geben, erhalten Sie Ihre Tochter Maria zurück.

Die Drohung der leitenden Polizistin Nestora Salgado gegenüber einem Mann, dessen Kind sie entführt hat, nachdem er sich geweigert hatte, der Polizei Geld für Waffen zu geben, die im Kampf gegen die Drogenkartelle im mexikanischen Olinalá benötigt werden. *Yucatan Times*, 2018.

Silvester 2016. Angoori genoss den Höhenflug der Grünen Bande und war kaum wiederzuerkennen. Sechs Jahre nach Gründung der Bande trug sie Seidensaris statt billigen Modellen aus Nylon und ließ sich im Auto chauffieren, statt mit Bus oder Bahn zu fahren. Die Grüne Bande brachte nicht viel ein, weil die Mitgliedsbeiträge für grüne Saris oder Reisekosten verwendet wurden. Doch weil Angooris älterer Sohn Anwalt war, konnte sich die ganze Familie ein zweistöckiges Haus in Tirwa leisten. Die Menschen in der Stadt taten Angoori manchmal auch Gefallen (so erhielt sie etwa ein zinsloses Darlehen zur Renovierung ihres Hauses), weil sie sich mit ihr gut stellen wollten.

Angooris Tochter schimpfte mit ihrer Mutter, weil diese nicht genug Zeit mit ihren Enkeln verbrachte, aber die Anführerin der Grünen Bande war lieber draußen mit ihren Frauen unterwegs. War Angoori zu Hause, klingelten ihre beiden Telefone pausenlos: Entweder fragte ein Bandenmitglied um Rat, die Polizei oder ein Anwalt rief wegen eines Falls an, oder jemand wollte eine Beschwerde loswerden. Angoori meldete sich immer mit denselben Worten: »Hier Dahariya.« Wenn jemand sie kritisierte, brüllte sie ins Telefon: »*Hat madarchod!*« (»Lass mich in Ruhe, Vollidiot!«)

Abends entspannte Angoori sich zu Hause, indem sie ihre Lieblingssendungen im Fernsehen sah. Eine der Serien beschäftigte sich mit den indischen Freiheitskämpfern, die gegen die britische Kolonialherrschaft und für die Unabhängigkeit Indiens gekämpft hatten. »Das inspiriert mich. Ich beziehe vieles auf mich selbst«, so Angoori. »Wenn diese Leute für die Nation kämpfen können, warum nicht auch ich?«

Die Anführerin der Grünen Bande wurde immer selbstbewusster. Wenn sie in die Dörfer reiste, berührten die Frauen ehrerbietig ihre Füße und empfingen sie wie eine Göttin. Sie behandelte sie wie Kinder, zeigte Verständnis für ihre Beschwerden, wurde aber ungeduldig, wenn sie unreif argumentierten. Oft kommandierte sie die Frauen herum. Ihr Blick konnte binnen Sekunden von freundlich-verspielt zu grüblerisch-wütend wechseln. Zweifelten Frauen an ihr, erinnerte Angoori sie mit deutlichen Worten daran, wie stark die Grüne Bande gewachsen war und ihre Leben zum Besseren verändert hatte.

Einst hatten Männer in den Dörfern die Bande als »*hara dhoti wala gang*« (»grüne Unterwäsche-Bande«) verspottet. Doch jetzt, da die Grüne Bande möglicherweise Tausende Mitglieder hatte, wagte das niemand mehr. In einem dicken Buch hatte Angoori über 1000 Frauennamen samt Adressen und Fotos verzeichnet, doch bei meinen Besuchen schien es mir, als seien viele Mitglieder gar nicht aufgeführt. Angoori selbst kannte die genaue Zahl nicht, und auch die Journalistinnen und Journalisten aus der Gegend schienen den Überblick verloren zu haben. »Früher haben die Leute uns verspottet, aber jetzt respektieren sie uns« – mit diesen Worten zerstreute Angoori die Zweifel ihrer Frauen.

Angoori war am glücklichsten, wenn sie beobachten konnte, wie ein neues Mitglied einen Wandel durchlief. Viele Frauen und manchmal auch Männer traten mit gesenktem Blick an Angoori heran, so schüchtern und ängstlich, wie sie es einst selbst gewesen war. Doch binnen Wochen, manchmal Tagen, fielen sie in einen frecheren Tonfall, scherzten darüber, Polizisten zu ohrfeigen oder ihren Ehemännern oder Schwiegereltern zu widersprechen. Sie prahlten, dass sie Arbeit außerhalb ihres Zuhauses finden wollten und drohten damit, nie wieder zu kochen oder zu putzen. Angoori hatte das Gefühl, zwar nicht mit jedem Fall perfekt umzugehen, aber doch die Einstellung vieler Frauen zu verändern. »Sie sind jetzt so selbstbewusst, dass sie wissen, wie man mit Polizisten redet«, sagte sie. »Vorher wussten sie nur, wie man Gemüse anbaut und Kinder großzieht.«

Die Presse war der gleichen Meinung. Jahrelang lieferten die Aktionen der Grünen Bande zuverlässig Schlagzeilen, doch auch die meisten Berichten beschrieben es als Angooris größte Leistung, Mädchen, die einst gefügig wie Kühe waren, in störrische Bullen verwandelt zu haben. Manchmal wurde Angoori in Interviews gebeten, von ihrem früheren Leben als Hausfrau zu erzählen – von der Zeit, in der sie Tag und Nacht Pappschachteln herstellte, um sich ein paar Roti leisten zu können, und in der sie Angst vor ihrem eigenen Schatten hatte. Auch ich fragte sie danach. Doch sie konnte sich immer weniger an diese Zeit erinnern und hatte kaum noch etwas dazu zu sagen. Für Angoori fühlte sich die Zeit vor der Grünen Bande wie ein anderes Leben an.

Als Dr. Khushwaha Angoori nach Jahren wiedertraf, konnte er es kaum glauben. »Sie war am Boden, und jetzt ist sie im Himmel«, stellte er stolz fest. »Viele Menschen, die man ermutigt, gehen nicht voran, stehen nicht auf. Aber sie hat es getan. Sie stand auf, gewann an Selbstvertrauen und wurde sehr mutig.« Angoori begann, den Arzt wieder in seinem Büro in Tirwa zu besuchen. Er verteilte noch immer umsonst Medikamente. »Du bist wie ein Stein, der einst rau war und nun poliert ist«, sagte er in der schmeichlerischen Art, die Angoori gegenüber inzwischen viele an den Tag legten. »Dieser Stein könnte sich in einem Tempel befinden, und die Menschen könnten zu ihm beten.«

Angoori grinste. So viel Lob machte sie waghalsig. Sie begann, sich unberührbar zu fühlen.

So ging es auch Phoolan Devi nach dem Massaker in Behmai. Sie hatte den Rat ihres Geliebten befolgt, zwanzig Männer, statt nur einen zu töten, um berühmt zu werden, statt als gewöhnliche Mörderin erhängt zu werden. Doch dieser Ratschlag hielt der Wirklichkeit nicht stand.

Nach den Schlagzeilen über das Massaker von Behmai machte die Polizei von Uttar Pradesh Jagd auf Phoolan Devi. Doch die Polizei kannte die Schluchten nicht so gut wie die Banditinnen, so dass Devi zwei Jahre lang nicht gefasst wurde. Im Februar 1983 stellte sich die Banditenkönigin schließlich der Polizei, aber zu ihren eigenen Bedingungen: Der Polizeiinspektor sollte sie unbewaffnet im Banditengebiet treffen, ihre Familie musste geschützt werden, und sie würde nur acht Jahre gemeinsam mit ihren Anhängerinnen in einem VIP-Gefängnis einsitzen. Laut Devi wurden alle Bedingungen akzeptiert.

Gekleidet in ihre khakifarbene Banditenuniform und mit rotem Kopftuch erklomm Devi vor Tausenden Menschen ein hölzernes Podium im Chambal-Tal. Die Medien hatten sie stets als riesig beschrieben; in Wahrheit war sie aber nur etwa 1,50 Meter groß.

Sie hatte eine Stupsnase und Rehaugen. Sie lächelte in die Menge und legte ihr Gewehr neben einem Porträt von Durga nieder, der Göttin des Schutzes und der Zerstörung. Mit zum Namaste-Gruß gefalteten Händen stand sie da und lauschte dem Jubel. Die Reporterin Mary Anne Weaver schrieb im *Atlantic*, es habe sich nicht wie das Ende von Devis Geschichte angefühlt, sondern wie deren Anfang.

Weaver hatte recht. Im Lauf der Jahre durchstreifte Banditin um Banditin nach Phoolan Devis Vorbild die Schluchten. Angooris immer dicker werdender Ordner mit Presseberichten umfasste auch die Geschichten dieser Banditinnen. Zu ihnen gehörten Seema Parihar, die Dutzende getötet und Hunderte entführt hatte, und Sarla Jatav, eine Teenagerin, die sich mit ihren männlichen Opfern zunächst anfreundete, um sie dann zu entführen und hohe Lösegelder zu fordern. Aus dem Fernsehen erfuhr Angoori auch von Banditinnen in anderen Teilen der Welt. 2013 erschoss eine blonde (oder Perücke tragende) Frau zwei Busfahrer, nachdem in Ciudad Juárez Frauen in öffentlichen Bussen vergewaltigt worden waren. Die Frau schickte eine Mitteilung an die Presse, in der sie sich selbst als »Instrument« bezeichnete, das »Rache nehmen wird«. Die internationalen Medien nannten sie »Diana, Jägerin der Busfahrer«. 2020 begann in Kenia eine Gruppe von Frauen, die Opfer von Genitalverstümmelung geworden worden waren, auf die Ärzte Jagd zu machen, welche die Operationen durchgeführt hatten. Den Frauen zufolge starben durch diese Praxis viele andere aufgrund von gesundheitlichen Problemen oder Depressionen. Die Gruppe hatte bereits mindestens drei Menschen aus Rache angegriffen.

Angoori sammelte auch Geschichten über Sampat Pal, einer Frau aus Uttar Pradesh, die ungefähr zur gleichen Zeit wie Angoori eine Bande gegründet hatte. Pals Gruppe hieß Gulabi-Bande, oder Pinke Bande, und entstand 2006. Angoori behauptete stets, die Pinke Bande sei nicht die Inspiration für ihre Grüne Bande gewesen. Auch die Gulabi-Bande benutzte Bambusstöcke und konfrontierte Täter, doch sie war harmloser und überschritt nur selten die Grenzen dessen, was in der indischen – oder westlichen – Gesellschaft als akzeptabel galt. Sie entführte niemanden und setzte auch keine Polizeiwachen in Brand, sondern agierte eher wie jene Nonprofitorganisation zur Stärkung der Frauenrechte, die der Arzt Angoori einst vorgeschlagen hatte. So erhielt die Gulabi-Bande weltweite, positive Aufmerksamkeit. Selbst ein Film wurde über sie gedreht, ehe sie aus den internationalen Nachrichten verschwand. Angoori respektierte diese Herangehensweise, wollte aber, dass ihre Bande eher nach dem Vorbild der Banditinnen operierte. Angoori betrachtete sich inzwischen als Teil einer Bürgerwehr.

Zugleich war ihr jedoch bewusst, dass sie verwundbar war. Die Polizei Uttar Pradeshs konnte sie jederzeit festnehmen, verlangen, dass sie ihre Arbeit einstellte, oder sie zum Aufgeben zwingen, wie einige Banditinnen vor ihr. Nach 18 Jahren der Schreckensherrschaft wurde Seema Parihar im Jahr 2000 wegen zahlreicher Straftaten verhaftet. Sarla Jatavs ehemaliger Geliebter (und zugleich Mitglied ihrer Bande) hatte, um ihre Festnahme zu vermeiden, das Gerücht verbreitet, sie sei an einem Schlangenbiss gestorben. 2005 wurde sie festgenommen, als sie gerade in Mumbai auf den Zug wartete.

Angoori wusste, dass sie die Mächtigen weiterhin auf ihrer Seite haben musste, wenn sie eine Anzeige vermeiden wollte. Jeder Mann in ihrer Position würde genauso handeln. Also engagierte sie sich auch 2016 weiterhin in der Samajwadi Party, die, seit Akhilesh Yadav 2012 zum Ministerpräsidenten gewählt worden war, die Regierung von Uttar Pradesh anführte. Wann immer die Partei sie dazu aufrief, ein politisches Vorhaben zu unterstützen, erschien Angoori nun mit vielen Bandenmitgliedern. Sie liefen mit roten Kappen (die Farbe der Samajwadi-Partei) durch die Straßen und sangen Parolen. Im Gegenzug genoss Angoori die Unterstützung der Partei, was manchmal bedeutete, dass die Polizei Anzeigen gegen sie nicht entgegennahm oder wieder fallenließ. Angoori glaubte, irgendwann vielleicht ein Parteiamt zu erhalten, und etwa Bezirksvorstand zu werden. Vielleicht würde sie sogar in den Landtag gewählt.

Trotz ihrer politischen Ambitionen wusste Angoori, dass es von entscheidender Bedeutung war, die Unterstützung für die Grüne Bande in den Dörfern zu Hause zu festigen. Es gab in dieser Hinsicht eine Institution, um die sie sich noch nicht gekümmert hatte: die Panchayats, die mancherorts mehr Macht hatten als alle Politiker, Polizisten oder Richter.

Im Sommer 2016 bot sich Angoori eine Chance. Der Panchayat des Dorfs Chandiapur hatte ein besonders grausames Urteil über eine Frau aus dem Dorf gefällt. Panchayats bestehen im Allgemeinen aus fünf älteren Männern und sind für die Rechtsprechung bezüglich einer Vielzahl an Themen zuständig, darunter eheliche und geschäftliche Konflikte sowie Verstöße gegen kulturelle Normen. Der Begriff »Panchayat« setzt sich zusammen aus den Sanskrit-Worten *pancha* (fünf) und *ayatta* (abhängig von). Panchayats urteilen über Themen, die außerhalb des Zivil- und Strafrechts liegen, sind aber auch dafür bekannt, archaische kulturelle Normen aufrechtzuerhalten. In Chandiapur, einer armen Nomadengemeinde in der Nähe von Tirwa, gehorchten die Bewohner noch den Urteilssprüchen des Dorfrats.

In diesem Fall betraf das Urteil eine hart arbeitende Frau namens Meena Devi. Ihr Sohn sollte einem Mädchen aus dem Dorf geholfen haben, mit einem Liebhaber durchzubrennen. Meenas Sohn Pramod bestritt die Vorwürfe. Er sagte, das Mädchen habe für einige Tage seine Schwester besucht. Die Geschichte über seine Flucht sei erfunden worden, weil das Mädchen aus der einzigen Unterkastenfamilie der Gegend stamme. Meena und Pramod gehörten den Banjaras an, die manchmal abwertend als »Zigeuner Indiens« bezeichnet werden. »Es lag an der Feindschaft zwischen den Kasten«, erklärte mir Pramod. Wenig später wurde Meena von mehreren Männern durch ein Dachgitter aus ihrem Haus gezerrt. Die Männer schwärzten Meenas Gesicht mit Dieselöl, hängten ihr Schuhe um den Hals, zerrissen ihre Kleidung und zwangen sie, die Schuhe aller anwesenden Männer zu küssen.

Meena erinnerte sich an den Vorfall: »Ich schluchzte. Sie drückten mich nieder. Der Pradhan (der Anführer des Panchayat) flehte sie an, es nicht zu tun.« Er hatte scheinbar Mitleid mit ihr und hielt das Vorgehen der Männer für übertrieben. »Es geschah, weil ich eine Frau bin«, so Meena. Deshalb sei sie anstelle ihres Sohns bestraft worden.

Pramod berichtete mir, dass seine Mutter seit dem Ereignis »verstört« sei. Meena bekräftigte das. Der Vorfall sei für sie beleidigend und beschämend gewesen. Ein Regierungsvertreter habe sie danach von zwei Suizidversuchen abgehalten. Einmal habe er sie entdeckt, als sie in einen Brunnen springen wollte, ein andermal, als sie vorhatte, sich auf dem Feld zu erhängen. Während sie mir das erzählte, wischte sie sich mit ihrem himmelblauen Dupatta eine Träne aus dem Augenwinkel.

Falls der Panchayat Meena mit der Strafe erniedrigen wollte, war er erfolgreich. Taslima Nasrin, die in ihrem Roman *Lajja* von der Gewalt im ländlichen Uttar Pradesh in den 1990er Jahren erzählt, argumentierte vehement gegen den Einsatz von sozialen Normen, Religion oder Kultur als Waffe (wie es die Panchayats tun). Außerdem sagte sie: »Es ist dumm, sich einer Waffe mit bloßen Händen entgegenzustellen.«

Dieser Meinung war auch Angoori. Als sie von Meenas Fall erfuhr, wurde sie wütend. Sie und ihre Grüne Bande glaubten, Männer sollten Frauen niemals erniedrigen oder aufgrund ihrer Zugehörigkeit zu einer bestimmten Kaste bestrafen. Wenig später fuhren sie, bewaffnet mit ihren Lathis, nach Chandiapur, um mit Meena, Pramod und allen Zeugen des Vorfalls zu sprechen. Meena erinnert sich: »Es kamen 13 oder 14 Frauen mit weißen Kappen, grünen Saris und Lathis in den Händen. Die Menschen hatten Angst, weil es so viele waren. Sie tranken nicht einmal Tee bei uns. Sie wollten kein Geld.« Angoori und die anderen Frauen brachten Meena zur Polizeiwache und verlangten wütend, dass die Mitglieder des Panchayat festgenommen würden. Pramod sagte, die Polizei habe nur langsam reagiert, aber Angoori habe kontinuierlich Druck ausgeübt und die Medien immer wieder informiert – sie hatte im Lauf der Jahre gelernt, dass dieses Vorgehen erfolgversprechend war.

Irgendwann nahm die Polizei zwölf Männer fest, darunter vier Mitglieder des Panchayat (mit Ausnahme des Anführers, der die Strafe hatte verhindern wollen). Acht der Festgenommenen waren an der Tat beteiligt. Pramod war Angoori für ihre Hilfe dankbar und erzählte, in der Folge seien weitere Mädchen aus dem Dorf geflohen, weil sie nicht mehr das Gefühl hatten, der Panchayat könne sie aufhalten. Angoori hätte nicht glücklicher sein können. Nicht nur hatte die Polizei ihre Forderungen befolgt: Angoori hatte einen Panchayat gemaßregelt und nun den Dorfvorsteher auf ihrer Seite.

Jahre später erfuhr Angoori, dass Meenas Fall noch immer bei Gericht lag. Man hatte die zwölf Männer nur kurz festgehalten. Da ein abschließendes Urteil fehlte, war Meena noch immer verstört und konnte die Vergangenheit nicht loslassen. »Wenn ich vor Gericht keine Gerechtigkeit bekomme, bringe ich mich um, und Gott wird sie richten«, erzählte sie mir, ehe ihr die Stimme versagte. Angoori hoffte auf baldige Gerechtigkeit für Meena, aber der Fall war nicht mehr ihr Problem. Es gab zu viel zu tun, und bald schon sollte alles noch komplizierter werden.

Um diese Zeit trat ein neues Mitglied in die Grüne Bande ein, das schon bald in ihren Rängen aufsteigen würde. Sangita Singh ging eines Tages weinend die Straße hinunter, als eine ältere Frau aus der Grünen Bande sie entdeckte, ihr Wasser anbot und fragte, ob etwas nicht in Ordnung sei. Sangita berichtete, sie werde regelmäßig von ihren Schwiegereltern geschlagen, weil sie die Hautkrankheit Vitiligo habe, die auch als »Weißfleckenkrankheit« bezeichnet wird.[1] Ihre Haut war größtenteils dunkel und satt. Nur über ihren Augenbrauen, einigen Körperstellen und den Händen war sie weiß. Bei ihrer Hochzeit hatte Sangita die Stellen gut versteckt, aber nach der Hochzeit entdeckten die Schwiegereltern das Ausmaß und verlangten, ihr Sohn müsse seine Frau verlassen. Sangitas Ehemann, ein attraktiver Mann mit einem Funkeln in den grünen Augen, liebte sie jedoch und weigerte sich, die Ehe zu beenden. Stattdessen bot er ihr an, seine Familie anzuzeigen. Sangita war gerade auf dem Weg zur Polizeiwache, um ihn zu treffen. Sie war dankbar, dass er Anzeige erstatten wollte, zugleich jedoch sicher, dass die Polizei nichts unternehmen würde.

Die Frau im grünen Sari riet ihr, Angoori anzurufen, die sofort in Aktion treten würde. In den folgenden Wochen fuhren Angoori und ihre Bande zu Sangitas Schwiegereltern und überredeten sie, mit den Schlägen aufzuhören. Die Grüne Bande hatte die Bambusstöcke dabei, setzte sie aber nicht ein und versuchte es stattdessen mit Einschüchtern und Überreden. Die Gewalt endete. Sangita konnte es kaum glauben: »Mein Rücken war mit blauen Flecken übersät. Sie schlugen mich mit einem Gürtel. Ich war hilflos, konnte nichts tun«, berichtete sie mir, noch immer erstaunt über den Wandel. »Ohne Angoori wäre ich jetzt tot.« Sofort schloss sie sich der Grünen Bande an.

---

1 Ein Mitglied aus Sangitas angeheirateter Familie sagte, man habe Sangita nie geschlagen, aber »in Familien passier[t]en derartige Streits eben«.

Die Beschäftigung mit Sangitas Fall führte Angoori wieder zu der Frage, warum Missbrauch durch Schwiegereltern so ein großes Problem im Land war. Es war so verbreitet, dass eine südasiatische Legende besagte, eine Frau, die durch die Gewalt ihrer Schwiegereltern oder ihres Ehemanns (oder andere Traumata) ums Leben komme, tauche als lebendiger Leichnam (*churail*) wieder unter den Lebenden auf, um sich zu rächen. Churails halten sich der Legende nach in Bäumen auf und sind äußerst hässlich, können sich aber in wunderschöne Frauen verwandeln, um Männer anzulocken, die sie dann töten oder ihrer Lebenskraft berauben.

Nach Sangitas Eintritt in die Grüne Bande staunte ihr Mann, wie mutig seine Frau plötzlich geworden war. Die meisten Frauen in Tirwa kochten für ihre Männer und baten um Erlaubnis, wenn sie in die Stadt gehen wollten. Doch Sangita bereitete nicht mehr täglich das Abendessen zu und schien oft eigene Pläne zu haben. »Vor Angoori konnte ich nichts anderes als kochen«, sagte sie. Jetzt wollte sie Journalistin werden und begann eine Ausbildung bei einem örtlichen Fernsehsender. Angoori beobachtete diesen Wandel und machte Sangita zur stellvertretenden Bezirksleiterin der Bande – gemeinsam mit Priyanshi, die Nerven aus Stahl bewiesen und ihren Mann angezeigt hatte. Bei den monatlichen Versammlungen saßen Sangita, Priyanshi und Ram Kali, das erste Mitglied der Bande, in ihren grünen Saris mit den orangefarbenen Schmuckborten neben Angoori. Während die vier auf Stühlen saßen, trugen die Frauen ohne Führungspositionen schlichte Saris und nahmen auf dem Boden Platz. Die drei Stellvertreterinnen hatten je eigene Rollen: Ram Kali war Angooris ältestes und vertrautestes Bandenmitglied, Priyanshi strahlte Ruhe aus und konnte gut organisieren, und Sangita war unternehmungslustig und kämpferisch und hatte nun auch Kontakte zu den Medien, die der Bande helfen konnten.

2016 erstattete Sangita für eine andere Frau Anzeige auf der Polizeiwache von Tirwa und beschimpfte dabei einen Polizisten, der die Anzeige nicht aufnehmen wollte. »Sie wurden nicht aus dem Schoß einer Frau, sondern aus dem Schoß einer Kuh geboren«, sagte sie in verächtlichem Ton.

Sie und andere Mitglieder der Bande mochten einen Sprechgesang besonders gern, mit dem sie Polizisten drohten: »Lang lebe die Grüne Bande,/ Die gerechten Polizisten sind unsere Brüder,/ Die ruchlosen Polizisten bekämpfen wir mit Stöcken,/ Wer bestechlich ist, dem sollten wir die Nase abschneiden!« Weit entfernt in Mexiko City ging ein Kollektiv anarchistischer Frauen ähnlich unverfroren gegen Polizisten vor, die angeblich zwei Teenagerinnen vergewaltigt hatten. Sie nannten sich »Feminas Brujas e Insurreccionalistas« und drohten der Polizei 2019 online: »Wir sind schlimm und können noch schlimmer: Wir sind euer schlimmster Albtraum!«

Später erzählte Sangita mir kichernd von ihrem Verhältnis zur Polizei. »Wenn ich jetzt auf die Wache gehe, wird mir ein Stuhl angeboten. Und wenn mich jemand schlägt, schlage ich zurück.«

Kurz nachdem sich Sangita der Bande angeschlossen hatte, bat Angoori sie um Hilfe in einem schwierigen Fall. Es ging um ein Mädchen, dem angeblich eine Lektion erteilt werden musste. Die Grüne Bande war schon einige Male mit Täterinnen konfrontiert worden. So hatten die Frauen zum Beispiel Schwarzbrennerinnen verprügelt. Aber sie disziplinierten normalerweise keine Mädchen – erst recht nicht, wenn diese nicht gegen Gesetze verstoßen hatten. Die Mutter des Mädchens hatte Angoori um Hilfe gebeten: Ihre siebzehnjährige Tochter, die mit 15 verheiratet worden war, habe eine Affäre mit einem Ingenieur. Das Mädchen sei ihm verfallen, während es bei ihm als Haushälterin gearbeitet habe. Der Mutter zufolge schlug die Tochter sie, wenn sie eingreifen wollte. Die Affäre sei schändlich, der Ingenieur Alkoholiker. Sie bat die Grüne Bande, ihre Tochter zum rechtmäßigen Ehemann zurückzubringen, dabei aber nicht die Stöcke einzusetzen. »Schlagt meine Tochter nicht«, flehte die Mutter. »Bitte gebt ihr nur zu verstehen, dass ihr Tun falsch ist.«[2]

Sechs Monate lang setzten Angoori und Sangita das Mädchen verbal unter Druck, zu seinem Mann zurückzukehren. Sie tat es einige Male, blieb aber nie lange bei ihm. Die Frauen verlangten auch, das Mädchen dürfe seine Mutter nicht mehr schlagen – laut der Mutter ohne Erfolg. Schließlich hatte die Bande genug. An einem kühlen Morgen des Jahres 2016 stürmten Angoori, Sangita, Ram Kali und andere Bandenmitglieder mit Stöcken bewaffnet das Haus des Ingenieurs. Die Mutter des Mädchens war bei der Feldarbeit und sah die Frauen nicht kommen; der Ingenieur war auf Geschäftsreise. Sangita klopfte und verschaffte sich dann gewaltsam Zutritt. Die anderen Frauen folgten ihr.

Laut Sangita ärgerte sich das Mädchen über das gewaltsame Eindringen und biss sie in die Hand. Sangita schlug das Mädchen mehrfach mit dem Stock, Angoori mit ihren Sandalen. Ram Kali und die anderen Frauen zerrten das Mädchen an den Haaren aus dem Haus. Einige Lokalreporter, denen Angoori vorab von der Aktion erzählt hatte, filmten den Vorgang. »Sangita, schlag sie. Ram Kali, schlag sie«, ruft Angoori in einem der Videos, das schnell viral ging. »Scherst du dich um den Ruf deiner Eltern?«, fragt Angoori das Mädchen. »Fangt sie. Sie läuft weg«, warnt ein anderes Mitglied der Bande. Das Mädchen schluchzt und ruft nach seiner Mutter. Die Frauen schubsen das Mädchen in ein Auto. Hier bricht das Video abrupt ab.

Später prahlten Sangita und Angoori, sie hätten das Mädchen in ein anderes Dorf gebracht und gezwungen, einen dritten Mann zu heiraten. Sie glaubten, da der erste Mann das Mädchen nicht

---

2 Sowohl Mutter als auch Tochter wollten anonym bleiben, weil der Fall damals so viel Aufmerksamkeit erregt hatte.

von dem Ingenieur fernhalten konnte, würde ein zweiter Ehemann das Problem lösen. Die Polizei teilte diese Ansicht allerdings genauso wenig wie die Reporterinnen und Reporter, die aus Neu-Delhi anreisten und Angoori scharf kritisierten. »In Kannauj, Uttar Pradesh, haben sich Mitglieder der Grünen Bande wie Hooligans verhalten«, berichtete *India TV*. »Bandenmitglieder beschimpften das Mädchen und gerierten sich als Moralpolizei. Sie erniedrigten und schlugen sie in aller Öffentlichkeit. [...] Das Mädchen weinte, aber diese grausamen Frauen schlugen es weiter.«

Unter nationaler Aufmerksamkeit brachten Polizisten das Mädchen zu seiner Mutter zurück, wo ihm gestattet wurde, sich von dem zweiten Ehemann scheiden lassen. Angoori, Sangita und Ram Kali wurden festgenommen, beharrten aber darauf, nichts Falsches getan zu haben. Das Mädchen zeigte die Grüne Bande wegen acht Straftaten an, darunter Einbruch, Beleidigung, absichtliches Zufügen von Schmerzen, kriminelle Einschüchterung und Übergriff. Angoori saß fast eine Woche in Tirwa im Gefängnis. Hunderte Mitglieder der Grünen Bande kamen aus den umliegenden Dörfern und forderten ihre Freilassung. Viele von ihnen schliefen tagelang auf der Straße vor dem Gefängnis. Auch wenn die Polizei Angoori zwar vor Gericht bringen wollte, wurde die Klage schließlich abgewiesen. Als Angooris Anwalt fungierte ihr eigener Sohn.

Jahre später erzählte mir die betroffene junge Frau, sie sei von dem Ereignis noch immer traumatisiert. Mit zitternder Stimme und gesenktem Blick erinnerte sich die zierliche Frau, die deutlich jünger wirkte, als sie eigentlich war: »Sie verprügelten mich heftig, auch mit Stöcken. Sie schlugen meinen Kopf gegen die Wand.« Sie gab an, Sangita nie gebissen zu haben; trotzdem habe sie diese unglaublich heftig mit dem Stock geschlagen. »Und dann zwangen sie mich zu heiraten. Ich wusste nicht einmal, wie der Mann hieß«, klagte sie. »Es ist kein Verbrechen, jemanden zu lieben.« Nachdem sie sich auch von ihrem zweiten Ehemann scheiden lassen durfte, heiratete sie noch als Teenagerin den Ingenieur und bekam einen Sohn. Sie sagte, sie habe sich nie von dem Vorfall mit Angoori und Sangita erholt. »Ich bin schwach. Manchmal werde ich ohnmächtig«, sagte sie niedergeschlagen. »Wenn ich die Worte ›Grüne Bande‹ höre, fange ich an zu zittern.«

Angoori hat sich nie bei der jungen Frau entschuldigt. Aus ihrer Sicht hatte diese die Prügel verdient, weil sie ihre eigene Mutter geschlagen hatte. »Es sollte eine Lektion für andere Mädchen sein und ihnen zeigen, dass man seine Eltern ehren soll«, so Angoori. Im kollektivistischen Indien steht die Familie an erster Stelle. Ungeachtet ihrer fortschrittlichen Ansichten hinsichtlich des Kastensystems und der Geschlechtergerechtigkeit war Angoori bezüglich Familie und Ehe traditionell eingestellt. Zudem hatte das Mädchen gegen ein in vielen Teilen Indiens heiliges Prinzip verstoßen, demzufolge Frauen keusch sein müssen. Schon in der hinduistischen Mythologie muss Sita ihrem Ehemann Ram ihre Reinheit beweisen, indem sie über heiße Kohlen geht. Eine Frau darf ihren Mann nicht verlassen oder ihm fremdgehen; umgekehrt gilt das auch für Männer. »Wir bringen Familien zusammen, nicht auseinander«, so Angoori.

Sie entschuldigte sich auch nie bei der Mutter des Mädchens, die sie gebeten hatte, die Tochter nicht zu schlagen. »Es geschah im Eifer des Gefechts«, nachdem das Mädchen aggressiv geworden sei, so Angoori. »Ich wurde provoziert.« Die Mutter bekannte mir gegenüber, sie wünschte, sie hätte die Grüne Bande niemals um Hilfe gebeten.

Sangita lachte beim Gedanken an die Prügel, die das Mädchen eingesteckt hatte. Einst war sie selbst Opfer gewesen, nun ging die Gewalt von ihr aus. Sangita konnte darin nichts Falsches erkennen.

***

Die Presse in der Gegend, die bislang wohlwollend über Angooris Taten berichtet hatte, missbilligte diese nach dem Vorfall mit dem Mädchen und dem Ingenieur zunehmend. Pankaj Srivastava, der Journalist aus Kannauj, machte sich am meisten Sorgen. »Um gerecht zu sein, muss man beiden Parteien zuhören. Angoori hört nur einer zu«, sagte er mir. Das war Pankaj zwar schon vor dem Vorfall mit dem Mädchen aufgefallen, aber jetzt war die Sache für ihn klar. »Sie folgt den Beschwerden, interessiert sich aber nicht für die Fakten.« Er hatte das Gefühl, dass Angooris Nachforschungen mit den Jahren immer oberflächlicher wurden. Er glaubte immer noch, dass Angoori zur Emanzipation der Frauen beitrug – doch zu einem hohen Preis. Der Kriminalreporter Neelam Kumar Saxena stimmte zu: »Sie sollte niemanden schlagen oder das Gesetz selbst in die Hand nehmen«, erklärte er, obwohl er jahrelang begeistert über die Grüne Bande berichtet hatte. Er konnte nachvollziehen, warum Angoori Gewalttäter und Vergewaltiger bestraft hatte. Nun aber hatte sie ein Mädchen geschlagen, und Neelam war der Meinung, dass eine Person allein nicht Recht sprechen dürfe. Beide Journalisten bemerkten, dass Angooris Bambusstöcke nach dem Bekanntwerden des Vorfalls mit dem Mädchen seltener zum Einsatz kamen. »Seit Angoori ins Gefängnis musste, hat sie Angst«, so Pankaj. »Die Polizei ist ihr gegenüber jetzt negativ eingestellt.«

Angoori verlor an Macht. Die Medien waren skeptisch, die örtliche Polizei wandte sich gegen sie, und selbst ihre politischen Kontakte waren instabil geworden. Die Samajwadi Party musste in Uttar Pradesh an Einfluss einbüßen. 2017 verlor sie die Parlamentsmehrheit an die BJP, die nationalistische Hindu-Partei, die unter der armen Landbevölkerung viele Unterstützer hatte. Für die BJP war es ein überwältigender Erfolg; für die Samajwadi Party eine peinliche Niederlage. Sogar Frauenrechtlerinnen kritisierten inzwischen Angooris Selbstjustiz.

2017 sagte eine prominente indische Politikerin, Vergewaltiger sollten in der Öffentlichkeit gehäutet und vorgeführt werden. Roop Rekha Verma, die Frauenrechtlerin in Lucknow, sagte mir, Frauen wie diese Politikerin und Angoori verursachten mehr Schaden als Nutzen. Verma leitet die Nonprofitorganisation Saahji Duniya (»gemeinsame Welt«), die sich unter anderem für Geschlechtergerechtigkeit einsetzt. Sie hat auch das Institute of Women's Studies an der Universität von Lucknow gegründet und dort 39 Jahre lang Philosophie gelehrt. »Wer wirklich an Demokratie, Gesetze und individuelle Rechte glaubt, kann derartige Bewegungen nicht einmal im Namen der Gerechtigkeit unterstützen«, so Verma. »Selbst dann nicht, wenn sie eine Leerstelle im Justizsystem füllen.«

Verma kritisierte den Personenkult um die Banditenkönigin oder Hindu-Göttinnen der Zerstörung, so wie Durga oder Kali. Phoolan Devi sei immer noch eine Kriminelle.

Nachdem Phoolan Devi sich 1983 der Polizei gestellt hatte, wurde sie wegen 48 Straftaten angeklagt, darunter Mord, Raub und Entführung gegen Lösegeld. 30 Anklagepunkte wurden dem »Banditentum« zugeschrieben. Sie bekam eine Einzelzelle, doch das Leben im Gefängnis war nicht einfach. Während der Haft überlebte sie einige Mordversuche durch Mithäftlinge und musste mitansehen, wie männliche Mitglieder ihrer Bande früher entlassen wurden. Reportern erzählte sie, sie lebe wie eine »Ratte« hinter Gittern. Als bei ihr eine Ovarialzyste entdeckt wurde, nutzte der Gefängnisarzt die Gelegenheit und entfernte Phoolan Devi ohne ihr Wissen ihre Gebärmutter. Eine indische Aktivistin fragte den Gefängnisarzt später nach dem Grund für die Operation. Er lachte nur und sagte: »Wir wollen nicht, dass sie noch mehr Phoolan Devis ausbrütet.«

Die Banditenkönigin verbrachte elf Jahre im Gefängnis. Im Februar 1994 kam in Uttar Pradesh ein Politiker aus einer unteren Kaste an die Macht und begnadigte sie. Die Aktivistin Verma war nicht der Meinung, dass Frauen wie Phoolan Devi von der Gesellschaft Vergebung erwarten dürften.

Trotz der Geschlechter- und Kastendiskriminierung in Indiens Justiz, Polizei und den Panchayats betrachtete Verma Phoolan Devi und Angoori nicht als Heldinnen. Sie verschafften sich Recht, indem sie Unrecht begingen, und setzten eine Kette der Gewalt fort, die nie enden würde. »Es ist traurig, dass die Institutionen so schwach und hilflos geworden sind, dass manche das Gefühl haben, Selbstjustiz sei die einzige Lösung. Aber sie ist brutal und wird immer brutal sein. Zwei Brutalitäten ergeben zusammen kein Recht.«

LANG LEBE DIE GRÜNE BANDE

Ich habe die ganzen Waffen und das Geld. Ich kann äußeren und inneren Herausforderungen standhalten.

Elaine Brown, Vorsitzende der Black Panther Party, in ihren Memoiren *A Taste of Power: A Black Woman's Story* (1993)

Seit dem Vorfall mit dem Mädchen und dem Ingenieur machte Angoori sich Sorgen. Sie sorgte sich um ihre Fälle, ihre Frauen und ihren Einfluss, hauptsächlich aber um Geld. Einer ihrer Söhne verdiente zwar gut, aber die Grüne Bande benötigte mehr als je zuvor, weil die Polizei nun gegen sie war und deshalb mehr Bestechungsgelder nötig waren. Die Bande war außerdem auf mehrere Tausend – mehrheitlich bitterarme – Frauen angewachsen. Angoori verlangte noch immer eine Beitrittsgebühr von 150 Rupien, die aber nur die Kosten für einen billigen grünen Sari und eine Mitgliedskarte aus Plastik abdeckte. Neue Mitglieder baten Angoori oft um Essen, Kleidung und andere Notwendigkeiten des täglichen Lebens, die sie ihnen, wann immer möglich, gab. Sie zahlte den Frauen noch immer täglich 100 Rupien (1,10 Euro), fand den Betrag aber zu gering und wünschte, mehr geben zu können. Auch die Fälle selbst waren kostspielig, vor allem, wenn die Frauen mehrere Fahrten unternehmen mussten. Außerdem musste Angoori die Miete für ihr Büro bezahlen. Bald traf sie die schwierige Entscheidung, von ihren Klientinnen Geld für die Bearbeitung der Fälle zu verlangen.

Ungeachtet seiner Kritik an Angoori empfahl der Kriminalreporter Neelam im Sommer 2018 einer jungen Frau, die er auf einer Polizeiwache kennengelernt hatte, sich an die Grüne Bande zu wenden. Ihre Geschichte war so kompliziert, dass Neelam glaubte, nur Angoori könne damit umgehen. Die Frau hieß Rashmi Pal und hatte sich in einen dunkeläugigen Mann verliebt, der ihr Leben zerstört hatte.

Rashmi zufolge hatte sie mit dem Mann Sex gehabt, nachdem er versprochen hatte, sie zu heiraten. Dieses Versprechen habe er danach jedoch nicht gehalten. Rashmi liebte ihn, zwang sich jedoch, nach vorne zu schauen und heiratete schließlich einen anderen. Doch der Dunkeläugige tauchte wieder auf und begann »kompromittierende« Fotos zu verbreiten, die er von Rashmi gemacht hatte. Er schien Rashmis Ehemann dazu bringen zu wollen, sie zu verlassen. Tatsächlich ließ sich dieser scheiden, und Rashmi heiratete doch noch ihre erste Liebe.

Nach der Eheschließung gab es bald Probleme. Laut Rashmi begann ihr Mann, sie zu vergewaltigen. Gehorche sie nicht, werde er Nacktfotos von ihr im Internet verbreiten. Außerdem habe er eine Affäre mit einer Polizistin begonnen. Der Ehemann sagte mir, nichts davon sei wahr, er wolle anonym bleiben und habe Rashmi nie offiziell geheiratet.

Angesichts der Drohungen wollte Rashmi nicht länger mit ihm zusammenbleiben. Doch sie glaubte – genau wie Priyanshi Rajput und Phoolan Devi – nicht ohne einen Ehemann leben zu können. Das fürchterliche Sprichwort traf zu: *Eine Frau ohne Ehemann ist so gut wie tot*. Er musste sie zurücknehmen. 2018 ging sie also zur Polizei, um ihn anzuzeigen. Sie hoffte, das Gericht werde ihn zwingen, bei ihr zu bleiben. Nach Eingang der Anzeige nahm die Polizei den Mann wegen vorsätzlicher Verletzung, krimineller Einschüchterung und Vergewaltigung fest.

Doch nach 24 Stunden kam er frei; der Vorwurf der Vergewaltigung wurde fallengelassen. Rashmi war wutentbrannt. In dieser Situation begegnete sie Neelam, der ihr von der Grünen Bande erzählte.

Angoori traf Rashmi in deren kleinen, rosa gestrichenen Wohnung in Tirwa und sagte, sie könne helfen. Laut Rashmi stellte Angoori für ihre Dienste 21 500 Rupien (237 Euro) in Rechnung – viel Geld für jede Frau in Tirwa. Rashmi lebte bescheiden und war von den hohen Kosten irritiert. Angoori erklärte, um die Polizei zum Handeln zu bewegen, müsse die Grüne Bande sie bestechen. Rashmi willigte ein.

Wenig später tauchten Angoori und mehrere andere Bandenmitglieder beim Ehemann auf. Sie verschafften sich mit Hilfe ihrer Stöcke Zutritt und verlangten, er und seine Familie sollten ihr schlechtes Verhalten erklären und Rashmi zurücknehmen. Das führte jedoch nur zu einer hitzigen Diskussion. »Sie verschafften sich gewaltsam Zutritt zu meinem Haus. Sie glauben, sie können überall eindringen, weil sie Frauen sind«, erzählte mir der Mann später am Telefon. »Ich erklärte ihnen, mein Fall sei bei Gericht. Sie arbeiten mit halbgaren Informationen. Wie können sie sich einmischen, wenn Polizei und Gericht bereits involviert sind?«

Angoori übte Druck auf die Polizei aus, mehr in Rashmis Fall zu unternehmen – ohne Erfolg. Rashmi war sicher, ihr Mann habe mehr Bestechungsgelder gezahlt als die Grüne Bande. Ihr Schicksal lag nun in den Händen des Gerichts, das jedoch Jahre brauchen würde, um den Fall zu entscheiden – vielleicht ihr ganzes Leben. Angoori erklärte, es tue ihr leid, aber mehr könne sie nicht machen. Rashmi erinnerte sich voller Bitterkeit an das Gespräch: »Ich war 100 Prozent sicher, dass die Grüne Bande meinen Fall lösen würde.« Stattdessen war sie um Tausende Rupien ärmer und einer Lösung keinen Schritt näher.

Da die Grüne Bande nichts erreicht hatte, wollte Rashmi sich selbst zu ihrem Recht verhelfen. Sie ging auf die Polizeiwache und konfrontierte eine Polizistin mit der Affäre. Laut Berichten der Lokalpresse kam es bei diesem Besuch zu einer handgreiflichen Auseinandersetzung. Trotzdem kehrte ihr Ehemann nicht zu ihr zurück. Rashmi wurde mit jedem Tag wütender. »Wenn mein Ehemann mich nicht behalten will, werde ich ihn umbringen«, sagte sie mit verklärtem Blick. »Das meine ich sehr ernst. Ich habe keine Wahl. Also werde ich ihn einfach ermorden.«

Angoori wollte sich so weit wie möglich von dem dramatischen Fall distanzieren und gab Rashmi den größten Teil des Geldes zurück. »Ich habe den Fall abgegeben, weil ich Rashmi nicht traute«, sagte sie.

Zumal Angoori größere Probleme hatte. Angesichts schwindender Ressourcen und geringerem Einfluss hatte Angoori das Gefühl, die Bande nicht mehr unter Kontrolle zu haben. Zu viele Fälle blieben ungelöst, die Mitglieder wurden immer unzufriedener. Oft kam es zu Auseinandersetzungen mit dem neuen Polizeichef von Tirwa, dem schnauzbärtigen Beamten Amod Kumar Singh. Er nannte Angoori eine »Erpresserin mit krimineller Vergangenheit« und meinte, die Grüne Bande habe »keinen positiven Einfluss gehabt«. Angoori habe nur ihren eigenen Bandenmitgliedern geholfen und sich nicht um die Wahrheit geschert, vor allem jetzt nicht, wo die Bearbeitung etwas kostete. Ich wies darauf hin, dass die Polizei sich ständig bestechen lasse und Geld annehme. Doch er grinste nur: So sei das eben. Wenn Angoori die Gesellschaft verändern wolle, müsse sie sich besser verhalten als die anderen.

Als Phoolan Devi 1994 mit 30 Jahren endlich frei war, hatte sie noch immer die gleichen runden Wangen. Allerdings hatte sie zugenommen und nun einige Narben im Gesicht. Als sie sich der Polizei gestellt hatte, war sie gefragt worden, was sie mit ihrem Leben vorhabe. Damals hatte sie gesagt, sie könne nur schießen und mähen. Jetzt aber bewarb sie sich um einen Sitz im Parlament – als Mitglied der Samajwadi Party, die schon damals die niedrigen Kasten unterstützte. Aus ihrem Umfeld war zu hören, sie wolle sich mit der parlamentarischen Immunität vor weiterer Strafverfolgung schützen. Doch Devi selbst erzählte der Presse eine andere Geschichte: »Nun ist die Zeit gekommen, sich ernsthaft für die Menschen einzusetzen. Und ich glaube, am besten gelingt mir das am Sitz der Macht – im Parlament.« Auf einem Foto aus der Zeit ihres Wahlkampfs blickt sie entschlossen in die Kamera.

1996 wurde Devi ins Parlament gewählt. Damals erkämpften sich die unteren Kasten langsam mehr politische Macht. Als Angoori aus dem Haus geworfen wurde, war Devi im Amt. Obwohl die ehemalige Banditin jahrelang nicht im Rampenlicht gestanden hatte, konnte sie noch immer Menschenmengen begeistern. In ihren Wahlkampfreden sprach sie davon, Frauen und untere Kasten unterstützen zu wollen. Wer sie wähle, der beende die Zeit der Ausbeutung, denn nun hätten die Armen die Macht und die Mächtigen müssten gehorchen.

Die Banditenkönigin saß zwei Amtszeiten im Parlament und schien ein ausgeglichenes Leben zu führen. Sie bezog einen großen Bungalow in Neu-Delhi, den sie mit Porträts der Göttin Durga schmückte, und heiratete einen korpulenten Immobilienmakler namens Umed Singh, der für sie kochte. Sie adoptierte eine Dogge, nannte sie Jackie und verwöhnte sie mit Hühnchen. Das Tier beschützte Devi auf Schritt und Tritt. Devi machte sich Sorgen um ihre eigene Sicherheit, doch für ein halbes Jahrzehnt verlief ihr Leben zunächst unauffällig. Den Medien erzählte sie, sie fände Politik spannend, weil man so viele Menschen zufriedenstellen müsse.

Auch Angoori lernte diese Lektion. Zunehmende Kritik musste

sie sich unter anderem von dem langjährigen Bandenmitglied Urmila Sharma anhören. Sie hatte sich zur Generalsekretärin der Grünen Bande hochgearbeitet, war verantwortlich für Dokumentation und Finanzen und mit den Jahren immer unzufriedener mit Angoori. Es gefiel ihr nicht, dass Angoori arme Frauen ausschimpfte, weil sie bei ihrer Ankunft keinen Tee oder Snacks bereithielten. Die kritische Medienberichterstattung nach der Situation mit dem Mädchen und dem Ingenieur beunruhigte sie. Doch am schlimmsten fand Urmila, dass Angoori so viel Geld von Rashmi verlangt hatte. Als Generalsekretärin wusste sie, dass der Fall bei weitem nicht so viel gekostet hatte. »Ich habe Tag und Nacht hart für die Grüne Bande gearbeitet«, so Urmila. Sie glaubte inzwischen, dass Angoori »alle täuscht«.

Nach langen Überlegungen beschloss Urmila im Herbst 2018, Angoori von deren Posten als Bandenchefin zu verdrängen. Sie glaubte, die Grüne Bande brauche eine neue Führung, um zu ihren Wurzeln zurückzukehren und sich wieder für arme Frauen einzusetzen, die belästigt wurden. Urmila spielte sogar mit dem Gedanken, eine neue Bande zu gründen und die Mitglieder der Grünen Bande mitzunehmen. Sie wollte sie Narangi-Bande (Orangefarbene Bande) nennen – orange wie der Safran, die Farbe von Feuer und Reinheit. Ihre Bande sollte ehrlich sein und niemals gewinnorientiert. Über die Grüne Bande sagte Urmila: »Ich werde sie plattmachen und auf dem Markt bloßstellen«.

Priyanshi, Sangita und ein älteres Bandenmitglied, das manchmal für Angoori spionierte, erzählten der Chefin von Urmilas Umsturzplänen. Angoori hielt ein Notfalltreffen mit ihren engsten Anhängerinnen ab. »Wie viele Frauen wollen mit Urmila gehen?«, fragte sie die paar Dutzend Frauen, die vor ihr saßen. Diese murmelten, sie würden nicht mitgehen. »Urmila sagt: ›Ich habe diese Bande zu dem gemacht, was sie ist‹«, fuhr Angoori wütend fort. »Ich habe diese Versammlung einberufen, damit ihr mir sagen könnt, ob ihr genauso denkt. Heute ist es Urmila, die so spricht, morgen könnte es Sangita sein. Urmila erzählt den anderen Frauen, dass Angoori Dahariya nichts getan hat und sie selbst die Bande geschaffen und Mitglieder angeworben hat.« Sie wandte sich nun flehentlich an die Frauen: »Ich bin verletzt, seit ich davon erfahren habe. Ich habe nichts allein getan. Es war unser gemeinsames Werk.«

Die Frauen hörten schweigend zu. Angoori fuhr fort: »Wenn Urmila verantwortlich war, warum ist sie dann nicht hier? Nur ich habe euch hier versammelt.« Niemand antwortete.

Kurz nach dem Treffen warf Angoori Urmila aus der Bande. Illoyalität durfte nicht geduldet werden, auch nicht von jemandem, der von Anfang an dabei gewesen war.

Ende 2018 beschloss Angoori, dass es Zeit für eine noch drastischere Veränderung war. *Wenn Sie in der Politik wären, hätte niemand es gewagt, Sie anzufassen*, hatte der König von Tirwa ihr Jahre zuvor gesagt. Sie wusste: Wenn sie zum zweiten Mal in die Politik ging, würde es ganz anders werden. Jetzt, fast ein Jahrzehnt später, wäre sie keine arme, unbedeutende Frau, die mit gesenktem Kopf durch die Dörfer zieht und Menschen auf dem Land von idealistischen politischen Vorhaben überzeugen will. Jetzt hatte sie jeder politischen Partei etwas zu bieten, und Tausende Wählerinnenstimmen im Bezirk Kannauj in Uttar Pradesh wären ihr garantiert. Der Bundesstaat war ein Barometer für die Lage im Land; er hatte doppelt so viele Einwohnerinnen und Einwohner wie der zweitgrößte Bundesstaat und stellte die meisten Personen im Bundesparlament. Zudem machten Dalits hier ein Fünftel der Bevölkerung aus, und die Partei wusste, dass Angoori die Dalits hinter sich versammeln konnte.

In Indien werden Politikerinnen und Politiker oft bezichtigt, Geld zu hinterziehen, Staatseigentum zu stehlen, ihren Einfluss geltend zu machen, kriminell zu sein, und mehr. Angoori wusste, dass dieser Verdacht mit dem Eintritt in die Politik auch auf sie fallen würde – seitens ihrer Frauen, aber auch der breiteren Öffentlichkeit, denn jeder wusste, dass die Politik korrupt war. Sie versuchte, ihre Entscheidung vor mir zu verbergen, während ich in Tirwa war. Doch ich erfuhr, dass sie eine politische Veranstaltung plante. Milan Vaishnav erklärte beim Carnegie Endowment for International Peace im Jahr 2016, viele Menschen akzeptierten die Verbindung von Politik und Kriminalität. »Die Menschen in Indien wählen strategisch jene Politiker, die mit kriminellen Aktivitäten in Verbindung gebracht werden«, schreibt er. »Sie erhoffen sich Hilfe von starken Männern, welche die zahlreichen staatlichen Defizite ausgleichen sollen.« Angoori war eine Art »starker Mann« geworden, auch wenn sie nicht von allen so gesehen werden wollte.

Sie war zunehmend überzeugt, den Schutz und die Unterstützung zu brauchen, die die Politik ihr geben konnte. Sie brauchte auch die damit verbundene Macht – für sich und für Tausende Dalit-Frauen, die zu ihr aufsahen. Zwar hatte sich die Situation der Frauen verbessert, aber Angoori war nicht sicher, wie viel sich für die Kaste als solche geändert hatte. Um Änderungen außerhalb des Systems anzustoßen und das Überleben der Grünen Bande zu sichern, musste sie ihren Einfluss im Inneren sicherstellen.

2019 waren bundesweite Wahlen, weshalb bis zum Wahldatum täglich irgendeine politische Veranstaltung in Angooris Bezirk stattfand. Zu jener Zeit roch Kannauj nicht nach dem berühmten Zitronengras, sondern nach verbranntem Plastik und den von Politikern verteilten kostenlosen Samosas. Die Bevölkerung debattierte hitzig darüber, welcher Partei mehr Verbrecher angehörten. Die rivalisierende rechte BJP kontrollierte Landtag und Bundesparlament, doch die Samajwadi Party hatte gute Chancen, wenigstens vor Ort wieder die Macht zu übernehmen.

Einige Monate vor der Wahl, im November 2018, brachte Angoori 250 Frauen aus der Grünen Bande in die Großstadt Lucknow, wo die wichtigen Politiker wohnten. Sie forderte eine Pension von 1000 Rupien (ca. 11 Euro) für alle armen Frauen im Staat. Lokaljournalistinnen erzählten mir, sie habe mit diesem »politischen Stunt« ihrer langjährigen Verbündeten, der Samajwadi Party, zeigen wollen, dass es ihr ein Leichtes war, viele Wählerinnen zu versammeln. Damals hatte die Bande laut Angoori 14575 Mitglieder. Diese Zahl schien hoch gegriffen und war nicht zu verifizieren, doch mit Angooris Hilfe würde die Partei sicher Tausende Stimmen bekommen. Die Pension konnte Angoori nicht durchsetzen, aber die Samajwadi Party wollte sie als Wahlkämpferin gewinnen. Zudem schenkten sie der Grünen Bande 100 Handpumpen. Das war keine Kleinigkeit, denn die Hälfte der Dalit-Dörfer Indiens hatten noch immer keinen Zugang zu Wasser. Die Partei verlieh Angoori außerdem den Titel »Generalsekretärin des Frauenflügels der Samajwadi Party in Kannauj«.

Im Januar 2019 verkündete Angoori der Grünen Bande, dass sie offiziell für die Samajwadi Party Wahlkampf machen würde. Mit Hilfe der Bande wollte sie die Partei wieder in Regierungsverantwortung bringen, wofür die Partei ihnen die geforderten Pensionen gewähren würde. Zunächst wollte sie eine große Veranstaltung in Tirwa organisieren, zu der all ihre Frauen kommen sollten.

Sangita und Priyanshi organisierten die Veranstaltung gemeinsam. Sie riefen Bandenmitglieder aus weit entfernten Dörfern zusammen. Angoori hatte ihnen deutlich gemacht, wie wichtig ihre Unterstützung für die Partei war und dass sie Yadav erneut zum Ministerpräsidenten von Uttar Pradesh wählen sollten. Die bevorstehende Veranstaltung war Stadtgespräch.

Obwohl Tirwa meist unter einer Smogglocke verborgen war, begann der Tag kühl und klar. Doch bis zum Vormittag hatte die Sonne die kühle Luft bereits wieder vertrieben. Auf Anzeigentafeln in der Stadt war Angoori neben Akhilesh Yadav, dessen Frau Dimple und anderen lokalen Parteichefs zu sehen. Auf der Tafel stand auch Angooris neuer Titel. Die Veranstaltung wurde als Konferenz des neuen Frauenflügels der Samajwadi Party beschrieben. Dieser Flügel bestand fast nur aus Mitgliedern der Grünen Bande. An jenem Morgen kleidete Angoori sich nicht in ihrer typischen grünen Uniform, sondern zog einen teuren rotweißen Sari aus Chiffon in den offiziellen Farben der Samajwadi Party an.

Die Veranstaltung fand auf einem staubigen Platz mitten in Tirwa statt. Das Podium war mit roten Tüchern geschmückt. Hunderte Frauen kamen, obwohl sie arm waren und sich die Reise eigentlich nicht leisten konnten. Eine Teilnehmerin, eine Wäscherin, erzählte mir, sie komme gerne Angooris Bitte nach und wähle die Samajwadi Party, sofern sie am Ende die versprochene Pension erhalte. Alle teilnehmenden Frauen saßen auf roten Plastikstühlen vor der Bühne, während die Männer in Grüppchen hinter ihnen standen. Auch Angooris Ehemann, Sewa Lal, befand sich unter ihnen. Rote Flaggen wehten auf dem Platz. Auf allen war ein Fahrrad, das Symbol der Partei, zu sehen. Es wurde ausgewählt, weil es für die Menschen auf dem Land ein typisches Fortbewegungsmittel ist. Gegen Mittag kamen Angoori, Priyanshi, Sangita und Ram Kali hinzu – auch Angooris Begleiterinnen trugen Rot. Die Frauen waren zwar hier, um die Samajwadi Party zu unterstützen, wollten der Partei aber auch klarmachen, wer sie waren. »Lang lebe die Grüne Bande!«, riefen die Frauen mit erhobenen Fäusten, als Angoori den Platz betrat. »Lang lebe Angoori Dahariya!«

Die Veranstaltung wurde mit Reden einiger Parteifunktionäre eröffnet, die erklärten, die Partei müsse in Uttar Pradesh wieder an die Macht kommen. Das Mikrophon knisterte pausenlos, aber die Rednerinnen und Redner ließen sich nicht irritieren. Sie lobten Angoori dafür, so viele Menschen mobilisiert zu haben. »Wenn eine Frau die Stimme erhebt, verändert sie die Geschichte«, so eine Parteifunktionärin. Die Anwesenden schmückten Angoori mit Ringelblumen. Die Politikerin erklärte, man werde die Kontoinformationen der Anwesenden erheben, damit diese zu einem nicht näher bestimmten Zeitpunkt nach dem Wahlsieg die Pensionen erhalten könnten.

Dann trat Angoori ans Mikrophon. Sie kritisierte die BJP-Regierung für unbeliebte Maßnahmen wie die Entwertung der Rupie, unter der viele arme Menschen litten. Sie scherzte, die BJP arbeite »nur für Kühe und Bullen«, weil die Partei 2017 den Verkauf von Kühen zur Schlachtung verboten hatte. In der Folge gab es wiederholt Angriffe auf Muslime, die der Schlachtung von Kühen verdächtigt wurden, und auf Dalits, die beauftragt wurden, die Überreste zu beseitigen. »Ich rufe euch alle auf, für die Samajwadi Party zu arbeiten«, fuhr Angoori bestimmt, aber zu laut für das knisternde Mikrophon fort. Sie blickte in die Menschenmenge – sie kannte fast alle Anwesenden. Dann stimmte sie ein Lied aus einem Bollywood-Film an, wobei sie den Text der Situation anpasste: Statt *»Bahut pyaar karte hai tumko sanam«* sang sie »Ich liebe dich sehr, mein Herz, ich liebe dich, Samajwadi Party.« Während sich die Journalisten über diese offensichtliche Schmeichelei lustig machten, nickten die meisten Frauen zustimmend.

Als Angoori fertig war, sang Sangita: *»Angoori Dahariya zindabad!«* (»Lang lebe Angoori Dahariya!«) Die Menge stimmte ein. Angoori lächelte, hatte aber ein ungutes Gefühl. Zehn Jahre lang hatte sie Frauen geholfen. Jetzt hatte sie den Eindruck, sie zu verkaufen. Wie gutgläubige Kühe folgten sie ihr überall hin. Hoffentlich war das die Sache wert – hoffentlich würden die Frauen die Pension erhalten. Hoffentlich würde die Polizei sehen, dass die Grüne Bande die Unterstützung der Partei genoss, und sie wieder fürchten lernen.

Sangita lobte Angoori für ihre wunderbare Rede und sagte, sie hätte noch nie eine so große Menschenmenge gesehen. »Früher kamen nur Männer zu Wahlkampfveranstaltungen, aber jetzt sind hier so viele Frauen«, begeisterte sich Sangita. Priyanshi nickte.

Am Abend erklärte Angooris Mann Sewa Lal, sie zu unterstützen, falls sie sich für ein höheres politisches Amt bewerben würde. Er verstehe, dass sie auf diese Weise mehr Frauen helfen könne. Angoori beharrte darauf, keine derartigen Pläne zu haben –, obwohl klar war, dass sie mehr Ambitionen hegte.

***

Einige Tage später wurde Akhilesh Yadav auf einer Veranstaltung von der anwesenden Presse für seine Rolle in einem national diskutierten Minenskandal kritisiert. Yadav saß in gebügelter Kurta (ein langes, weit geschnittenes Hemd) und Weste auf einem mit blauer Seide bespannten Stuhl und lachte nur, obgleich die Anschuldigungen seine Chancen auf die Wahl zum Ministerpräsidenten zu mindern schienen. Schnell wechselte er das Thema.

Als ich ihn zur Seite nahm, um nach Angooris Unterstützung der Partei zu fragen, lobte er die Grüne Bande und ihre Taten. »Angoori macht hervorragende Arbeit. Sie schafft Bewusstsein in der Gesellschaft, vor allem unter marginalisierten Menschen.« Die Sicherheit von Frauen sei noch immer eines der größten Probleme Indiens, und Angoori nehme sich dessen an.

Es sei zwar nicht richtig, dass sie körperliche Gewalt anwende, aber er verstehe ihren Ansatz. Er schilderte, wie sich weibliche Selbstjustiz durch die gesamte indische Kultur und Geschichte zog: Phoolan Devis Leben werde in Schulen besprochen und in Filmen heroisiert, so auch in dem neuen Film *Sonchiriya*, der von den Taten der Banditen im Chambal-Tal erzähle. Er versprach, Angoori zu bitten, auf die Stöcke zu verzichten.

Während Yadav sprach, schüttelten einige Politiker die Köpfe. Abhishek Mishra, ein ehemaliger Minister der Partei, fand es aus Sicht der Frauen in ländlichen Gebieten sinnvoll, Gewalt einzusetzen: »Je weiter man jemanden in die Enge treibt, umso weiter springt er zurück«, so Mishra. »Wo Ausbeutung stattfindet, gibt es auch Aufstände.« Ein weiterer Parteifunktionär fügte hinzu, in der Indus-Ganges-Brahmaputra-Ebene, in der auch Tirwa liegt, sei es immer turbulent zugegangen. »Die Rebellion liegt uns im Blut«, meinte er.

Akhilesh Yadavs Frau Dimple, die in dem Entführungsfall angeklagt worden war, hatte ihren Parlamentssitz verloren. Während viele der männlichen Parteifunktionäre ungepflegt wirkten, trug sie makelloses Make-up, eine aufwendige Frisur und einen gebügelten Sari, wie es von einer Politikerin erwartet wurde. Auch sie verstehe, warum die Grüne Bande Gewalt mit Gewalt bekämpfe. Viele Frauen in den Dörfern bekämen keine Hilfe; gleichzeitig steige die Kriminalität gegen Frauen. »Die politischen Parteien müssen dies begreifen«, meinte sie und wies darauf hin, dass die Frauenhotline unter der Führung der Samajwadi Party eingerichtet wurde. Gleichzeitig verstehe sie, dass Frauen in Uttar Pradesh noch immer das Gefühl hatten, Bambusstöcke seien ihre einzige Möglichkeit zu reagieren: »Wenn die Polizei ihnen nicht zuhört, was sollen sie sonst tun?«

An einem ganz normalen Tag im Juli 2001 machte Phoolan Devi gerade in ihrem Bungalow in Neu-Delhi Mittagspause, als drei maskierte Männer sich dem Haus näherten und sie erschossen. Sie war noch keine zehn Jahre im Amt und 37 Jahre alt. Ihre Leiche lag im mit Patronenhülsen übersäten Vorgarten; der Boden neben dem Neembaum war blutbefleckt. Sie wurde ins Krankenhaus gebracht, den schluchzenden Umed an ihrer Seite, aber sie war bereits tot. Der geständige Mörder Sher Singh Rana erklärte, er habe sich für das Massaker von Behmai rächen wollen.

Angoori überraschte das jähe Ende von Phoolan Devis Geschichte nicht. Die Chefin einer weiblichen Bürgerwehr brachte eben viele Menschen gegen sich auf. Und wenn sie dann noch Politikerin wurde, war sie eine ständige Zielscheibe. In der Woche nach der Wahlkampfveranstaltung war Angoori erschöpft und verwirrt – es schien unmöglich, Gerechtigkeit zu erlangen. Sie war jetzt 55 und damit so alt, wie Devi es wäre, wenn sie noch lebte.

In jener Woche kam Gudden, ein Mitglied der Grünen Bande, mit blauen Flecken und Schnittwunden in Angooris Büro. Sie beklagte, eine andere Frau habe sie anlässlich eines Streits um eine Abwasserleitung geschlagen. Die Angelegenheit war geringfügig, weshalb Angoori beschloss, sich der Sache allein anzunehmen. Auf der Autofahrt zu Guddens Dorf blickte Angoori still aus dem Fenster auf die vorbeiziehenden Felder mit Senfblüten, Reis und Weizen.

Als sie ausstieg, stürmten die Menschen aus dem Dorf auf sie zu. Jeder wollte seine Version der Ereignisse loswerden. Der Streit sei durch ein selbstgebautes Badezimmer ausgelöst worden, welches das Trinkwasser des Dorfs verschmutzt habe. Angoori brachte die Menge zum Schweigen. »Ein Dorf ist wie eine Familie – weshalb schlagen wir einander?«, fragte sie ohne erkennbare Ironie. »Es ist falsch, jemanden zu schlagen.«

Eine Teenagerin zeigte Angoori Schnittwunden, die Gudden ihr zugefügt haben sollte. Angoori sagte, sie sähen aus wie alte Narben. Wahrscheinlich sei eher Gudden das Opfer. »Woher wissen Sie, dass wir sie geschlagen haben?«, unterbrach das Mädchen Angoori. »Waren Sie dabei?«

Stille. Endlich antwortete Angoori: »Ihr wisst, dass ich niemanden unterstütze, der falschliegt«, sagte sie leise. Die Menschen kamen näher, um sie besser zu verstehen. Streng forderte sie die Zuhörenden auf, sich nur an sie zu wenden, wenn sie einen Videobeweis für die Tat hatten. Angoori bat Gudden, zu ihr ins Auto zu steigen, und die beiden Frauen fuhren davon.

Auf der Rückfahrt schimpfte Angoori mit Gudden. Sie sei die Schuldige: »Wenn du weißt, dass du im Unrecht bist, warum hast du Streit angefangen? Dir werde ich nicht mehr helfen.« Doch da Gudden Mitglied der Grünen Bande war, würde Angoori sicherstellen, dass die Polizei auf ihrer Seite war. Angesichts des Einflussverlusts der Bande konnte Angoori es sich nicht leisten, Mitglieder zu verlieren. Es war genauso, wie der Journalist Pankaj befürchtet hatte: Ohne konkrete Beweise und selbst im Wissen, dass der Fehler bei Gudden lag, bevorzugte Angoori das Mitglied ihrer Bande.

Zurück in Tirwa fragte ich Angoori an jenem Nachmittag, ob sie glaube, dass es fair sei, Gudden zu unterstützen. Angoori gab an, nicht zu wissen, wer im Streit um das Abwasser im Recht sei. Dabei wirkte sie distanziert. »Es ist kompliziert und sehr schwierig, die Wahrheit herauszufinden.« Neben ihr auf dem Boden spielte ihr Enkelkind mit einem dürren Welpen. Vielleicht habe sie Gudden unfairerweise bevorzugt, fuhr sie fort, aber sie habe die Bambusstöcke nicht mehr eingesetzt. Sie betrachte sich bei weitem nicht als so korrupt wie viele Männer in Uttar Pradesh. Was sie täte, sei immer noch besser als die Tatenlosigkeit von Polizei, Gerichten und Politik.

Im März 2020 ordnete die indische Regierung aufgrund der Coronapandemie einen landesweiten Lockdown an. Damals waren in Indien erst 500 Erkrankungen mit dem Coronavirus bestätigt, doch mit 1,4 Milliarden Einwohnerinnen und Einwohnern, von denen viele in Großstädten lebten, war jedem klar, dass die Zahlen bald explodieren konnten. Millionen Menschen zogen in andere Bundestaaten, weil sie plötzlich ihre Arbeit verloren oder bei Familienmitgliedern sein wollten. Angoori blieb in Tirwa, schloss aber ihr Büro in der Stadt, weil sie sich nicht mehr persönlich mit ihrer Klientinnen treffen konnte. Anfangs fuhr sie noch mit ihren Frauen in die Dörfer um Männer, die sich nicht an die Hygienemaßnahmen hielten, zu zwingen, Masken zu tragen. Doch bald stellte die Grüne Bande ihre Aktivitäten gänzlich ein. Alle hatten Angst vor dem Virus, und niemand wollte das Haus verlassen. Der Lockdown in Indien wurde immer wieder verlängert, und Angoori sah schließlich ein, dass es auch Vorteile hatte, zu Hause zu bleiben. Sie litt jetzt, mit 57 Jahren, häufiger unter Müdigkeit und Gelenkschmerzen und genoss es, sich auszuruhen. Sie verbrachte Zeit mit ihren Enkelkindern und half ihnen, einen Hundewelpen großzuziehen, den die Familie aufgenommen hatte, nachdem er von älteren, streunenden Hunden angegriffen worden war. Im März 2021 kam es zu einer neuerlichen Infektionswelle und einem vollständigen Lockdown. Angoori protestierte nicht.

Stattdessen dachte sie über die Arbeit der Grünen Bande nach. Sie hatte das Gefühl, seit der Gründung sei die häusliche Gewalt in der Region zurückgegangen. Viele Frauen drohten nun den Männern, die sie zu schlagen versuchten. Das schien viele Aggressoren aufzuhalten. Die Datenlage in der Region Kannauj war nicht eindeutig: Es war unklar, ob die häusliche Gewalt ab- oder zugenommen hatte, weil laut den Anwälten mehr Fälle zur Anzeige gebracht wurden.

Bezüglich der Kasten hatte Angoori jedoch das Gefühl, es habe sich nur wenig verändert – ungeachtet der Versuche, Frauen aus niedrigen Kasten (wie Meena Devi) zu helfen, und ungeachtet Tausender Dalit-Frauen in der Grünen Bande. In ihren Memoiren *Ants Among Elephants* von 2017 beschreibt Sujatha Gidla die starren Strukturen des indischen Kastensystems: »Weil dein Leben deine Kaste ist, ist deine Kaste dein Leben.« Die Kaste prägt den Menschen von der Geburt bis zum Tod.

Dass Kasten »Fiktion« sind, ist laut der Aktivistin Thenmozhi Soundararajan unerheblich (*The Trauma of Caste*, 2022). Das Kastenwesen sei nur »ein menschengemachtes System zum Vorteil weniger und auf Kosten vieler.« Doch die Fiktion erwies sich als äußerst haltbar. Zwar haben mehr Frauen aus niedrigen Kasten heute Machtpositionen inne, doch viele Dalit-Frauen kämpfen noch immer ums Überleben. Angoori erschien das Problem der Unberührbarkeit genauso unbeweglich wie ein im Schlamm steckengebliebener Lastwagen.

Ende 2021 hatte sich die Pandemie beruhigt. Im Folgejahr würde der Landtag von Uttar Pradesh neu gewählt werden. Die Samajwadi Party bat Angoori erneut um Hilfe, da Akhilesh Yadav wieder das Ministerpräsidentenamt anstrebte. Bei den Wahlen 2019 hatte die Partei gegen ihren Hauptgegner, die BJP, verloren. Yadav erklärte die Wahl zu einem »Rennen zwischen einem Ferrari und einem Fahrrad«, wobei das klapprige Fahrrad für die Samajwadi Party stand, während die BJP genug Geld hatte, um sich so viel Medienpräsenz wie nötig zu erkaufen. Zum ersten Mal in der Geschichte hatten fast genauso viele Frauen wie Männer gewählt, doch viele Frauen und Dalits außerhalb von Kannauj hatten nicht für die Samajwadi Party gestimmt. Somit brauchte die Partei erneut dringend Unterstützung von Menschen wie Angoori, die ihnen Zugang zu diesen Wählerinnen und Wählern verschaffen konnten. Angoori gestand endlich ihr Interesse an einem Parteiamt – sie wollte Bezirksvorsitzende oder gar Abgeordnete werden.

2021 reaktivierte Angoori die Grüne Bande. Die Frauen gingen wieder auf die Straße – mit den alten Bambusstöcken, aber mit neuen Parolen: »*Akhilesh Yadav Zindabad!*« (»Lang lebe Akhilesh Yadav!«) Yadav war zwar kein Dalit, stammte aber aus einer offiziell »rückwärtsgewandten« Kaste und hatte Angoori erneut die Pension versprochen, für die sie und ihre Frauen sich schon früher eingesetzt hatten. Dieses Mal hieß es, arme Frauen und deren Familien würden 18 000 Rupien (200 Euro) Finanzhilfe jährlich erhalten, sofern Yadav gewählt würde. Er erinnerte das Wahlvolk daran, dass die Samajwadi Party Jahre zuvor die jährliche Zahlung von 6000 Rupien (66 Euro) an arme Familien bewirkt hatte.

Um den Jahreswechsel 2021/22 hörte die Grüne Bande auf, Fälle von Frauen zu bearbeiten. Nach all den Jahren wollte Angoori sich lieber auf die Lobbyarbeit für die Pensionszahlung konzentrieren. Das Geld würde vielen Frauen finanzielle Freiheit und Unabhängigkeit verschaffen und nicht nur einzelnen von ihnen punktuell helfen. Was alles möglich wäre, wenn sie ein Amt in der Partei erringen würde, konnte sie sich nicht einmal vorstellen. Also konzentrierte sie sich auf den Wahlkampf für Yadav und brachte ihre Frauen mit zu den Veranstaltungen. Sie organisierten öffentliche Versammlungen, gingen von Tür zu Tür und erzählten allen von der geplanten Pension. In einem Dorf wurde Anzeige gegen Angoori erstattet, weil sie »den Regierungsprozess gestört« haben sollte: Jemand hatte berichtet, sie habe den Kandidaten der Opposition davon abhalten wollen, seine Kandidatur einzureichen. Doch die Sache blieb folgenlos. Vielleicht erkannte die Polizei, dass Angoori die üblichen Aktivitäten der Grünen Bande eingestellt hatte und keine Bedrohung mehr darstellte. Vielleicht stand Angoori auch unter dem Schutz der Samajwadi Party.

Die Lokaljournalistinnen und -journalisten, die häufig über Angoori berichtet hatten, interessierten sich nicht für ihren politischen Aufstieg. Sie suchten eher nach neuen Vertreterinnen weiblicher Bürgerwehren, etwa Sadhna Patel, eine Banditin Anfang zwanzig, die in den Schluchten von Uttar Pradesh unterwegs gewesen war, bis sie jüngst in den Nachbarstaat Madhya Pradesh fliehen musste, um einer Festnahme zu entgehen. Monatelang hatte Sadhna Entführungen, Erpressungen und bewaffnete Raubüberfälle verübt. So hatte sie zum Beispiel viele Händler ausgeraubt und den Sohn eines Grundbesitzers gegen Lösegeld entführt. Die Polizei hatte auf ihre Festnahme eine Belohnung von 20 000 Rupien (220 Euro) ausgesetzt. Einige bezeichneten sie als neueste Banditenkönigin oder weiblichen Robin Hood.

Akhilesh Yadav hatte einst über die Aktionen der Grünen Bande gesagt, »arme Leute machen manchmal solche Sachen«. Jetzt verließ er sich auf Menschen wie Angoori, um genau diese armen Leute massenweise zu mobilisieren. Yadav selbst war nicht arm aufgewachsen, denn sein Vater war ein bekannter Politiker. Aber dieser Vater hatte ihm wahrscheinlich beigebracht, wie entscheidend die Stimmen armer Menschen bei Wahlen sein konnten.

Käme die Samajwadi Party an die Macht, würde Yadav ihr und den Frauen helfen – davon war Angoori überzeugt. Zusätzlich zu den Pensionen und einem möglichen Parteiamt für Angoori hatte Yadav versprochen, eine große Fabrik in Kannauj zu errichten, um den Frauen vor Ort neue Arbeitsmöglichkeiten zu verschaffen.

Die loyale Priyanshi unterstützte Angoori im Wahlkampf. Sie hoffte immer noch, dass ihr Problem mit ihrem Ehemann gelöst würde und andere Frauen aus niedrigen Kasten vor ähnlichen Schwierigkeiten bewahrt werden könnten. Doch Priyanshis Situation hatte sich verschlechtert, seit Angoori Priyanshis Ehemann Arvind befohlen hatte, sie zurückzunehmen. 2017 hatte Arvind gegenüber der Polizei behauptet, Priyanshis Bruder habe versucht, ihn zu erschießen. (Vielleicht wollte er damit eine Beilegung des gegen ihn laufenden Verfahrens erreichen.) Laut Medienberichten hatte Arvind die Schüsse inszeniert, indem er einen Feuerwerkskörper in seiner Brusttasche explodieren ließ. Ungeachtet aller Probleme wollte Priyanshi jedoch zu ihm zurückkehren, auch weil ihre Mutter ihr sagte, dass Scheidung oder Wiederheirat im Dorf noch nie vorgekommen seien und Priyanshi nicht die Erste sein wollte, die mit dieser Tradition brach. Angoori versprach ihr, dass sie wieder mit ihrem Mann vereint würde.

»Hab Geduld«, so Angoori. »Eines Tages werde ich diesen Fall lösen.« Doch selbst Angoori war klar, dass dies nicht mehr der Wahrheit entsprach. Priyanshis Ehemann hatte Priyanshi 2 Lakh Rupien (2200 Euro) im Gegenzug für eine Scheidung angeboten. Doch Angoori konnte Priyanshi im Jahr 2021 noch immer nicht überzeugen, sich darauf einzulassen. Die Angelegenheit zog sich nun schon über zwölf Jahre hin.

Im März 2022 siegte die BJP bei den Parlamentswahlen in Uttar Pradesh erneut über die Samajwadi Party. Yadav wurde nicht Premierminister. Für Angoori gab es kein Auto, kein Geld und kein angesehenes Parteiamt, und für ihre Frauen keine Pensionen und keine Fabrik. Angoori verriet mir, dass sie Trauer, Wut und tiefes Bedauern verspüre. Sie glaubte, die BJP müsse Wahlbetrug begangen haben, und wünschte, die Frauen nie um Hilfe beim Wahlkampf gebeten zu haben. »Ich bat meine Frauen, in die Dörfer zu fahren und die Menschen dort von der Samajwadi Party zu überzeugen, und bis zum Wahltag tat ich, was ich konnte. Dass ich die Hilfe meiner Mitglieder beansprucht habe, ohne sie finanziell zu entschädigen, ist nicht richtig.« Vielleicht hätte sie den Rat des Arztes befolgen, damals eine Nonprofitorganisation gründen und alles auf offizielle, konventionelle Weise tun sollen, und sich und ihren Frauen damit ein besseres Leben ermöglicht.

Je mehr Angoori darüber nachdachte, umso eher hatte sie das Gefühl, die Grüne Bande sei Zeitverschwendung gewesen. »Wenn meine Tochter und meine Schwiegertochter mich brauchten, war ich nicht daheim«, sagte sie. »Ich war immer bei der Bande und habe so viel Geld investiert, um Menschen zu helfen. Ich habe nichts zurückbekommen.« Mürrisch stellte sie fest: »Meine Frauen sind arm und haben immer noch kein Geld.«

Natürlich wusste sie, dass das so nicht stimmte. Angoori hatte enge Beziehungen zu einigen Frauen entwickelt, etwa zu der starken Ram Kali, der ernsten Priyanshi oder der wilden Sangita. Außerdem hatte sie viele Kämpfe für sich entschieden. Die Grüne Bande hatte sogar einigen Männern geholfen, darunter dem knochigen Bauern Babaram Das, dessen Familie wegen eines dummen Gerüchts belästigt wurde, woraufhin Das' Sohn sich aus Scham erhängte. Die Menschen im Dorf ließen die Familie erst in Ruhe, als Angoori vor Ort ankam.

Obwohl sie so vielen Menschen geholfen hatte, fiel es Angoori schwer, Stolz zu empfinden. Um Geld für ihre Familie zu verdienen, nahm Angoori eine Stelle bei Herbalife an, einer Firma, die Nahrungsergänzungsmittel vertreibt. Ihr Mann versuchte, ihr ein besseres Gefühl zu geben: »Was aus unserer Familie geworden ist und wie wir uns entwickelt haben, haben wir nur dir zu verdanken.« Doch damit fühlte sie sich nur noch schlechter. Sie überlegte, ob die Samajwadi Party das Problem war und sie einer anderen Partei beitreten sollte. Sie glaubte immer noch, die finanzielle und politische Unterstützung einer Partei zu benötigen, um ihre Frauen und sich zu schützen. »Man könnte mich umbringen oder angreifen«, fürchtete sie. Wie Phoolan Devi hatte auch sie viele Menschen gegen sich aufgebracht. Ohne Schutz konnte »alles passieren«.

Die wichtigsten Mitglieder der Grünen Bande mussten nun, da die Bande ihre Aktivitäten eingestellt hatte, andere Einnahmequellen finden. Im Frühling 2022 verdiente Priyanshi Geld, indem sie religiöse Lieder (*bhajans*) sang und Kleidung nähte und verkaufte – ein ruhiges, friedliches Leben. Ram Kali war nach Beginn der Pandemie zu ihrer Tochter in einen anderen Teil von Uttar Pradesh gezogen, was sie schon länger vorgehabt hatte. Und Sangita arbeitete inzwischen als Journalistin für einen Online-Nachrichtendienst. Sie kümmerte sich kaum um ihre Schwiegereltern, trug Jeans zu ihren Kurtas und machte aus ihrer Meinung keinen Hehl. Auch wenn Angoori das für einen Erfolg hielt, sorgte sie sich zuweilen, dass Sangita aufgrund ihres neuen Selbstbewusstseins zu große Risiken eingehen und sogar ihren Ehemann betrügen könnte.

Wenn Angoori auf die mehr als zehn Jahre zurückblickte, in denen die Grüne Bande aktiv war, blieb sie dabei, dass ihr nie ein großer Fehler unterlaufen sei. Manchmal hätten ihre Frauen nicht genügend Nachforschungen angestellt oder ohne ausreichende

Informationen gehandelt, vor allem in den späteren Jahren. Aber in allen wichtigen Fällen habe man das Richtige getan. Angoori war froh, dass sie die Mutter in Kachpura entführt hatte, damit sie gegen die Vergewaltiger aussagte. Sie bereute es nicht, jenes Mädchen verprügelt zu haben, das die Mutter geschlagen und den Ingenieur geliebt hatte. Sie war stolz, die Polizeiwache von Narangpur angezündet zu haben.

Jenseits der Politik gebe es nur einen Fehler, den sie bereue, so Angoori: Sie habe ihre Kinder geschlagen, als die Familie arm war und ihre Söhne Pappschachteln für Saris oder Armreifen verkauft hatten. Sie gab zu, dass sie doch schon einen Lathi in der Hand gehabt hatte, bevor sie sich beim Hinauswurf gegen den Grundbesitzer gewehrt habe. Als ihre Kinder jung waren, habe sie häufig einen Stock benutzt, um sie zu disziplinieren. »Sie schlug uns so heftig, dass wir Angst um unser Leben hatten«, erzählte mir ihre Tochter lachend. Angoori gab zu, dass das ein Fehler gewesen sei, denn die Kinder seien schwächer gewesen als sie. Anschließend küsste sie ihren Enkel auf den Kopf. Wenn sie eines von der Grünen Bande gelernt habe, dann dies. Stöcke solle man nur gegen Mächtige erheben.

Die Banditenkönigin war tot. Die Grüne Bande war politisch geworden und hatte sich dann im Staub des Alltags von Tirwa aufgelöst. Doch in Nordindien tauchten weitere Phoolan Devis und Angooris auf. In Bahraich drohte eine ältere Frau Schwarzbrennern, sie zu erschießen, wenn sie die Produktion von Alkohol nicht einstellten. Usha Vishwakarma, eine Lehrerin, deren Kollege versucht hatte, sie zu vergewaltigen, und deren ehemalige Schülerin von ihrem Onkel missbraucht wurde, rief in den Slums von Lucknow eine Gruppe von Teenagerinnen ins Leben, die sich Red Brigade (Rote Brigade) nannte. Sie brachte den Teenagerinnen bei, sich mit Kampftechniken und Stöcken selbst zu verteidigen. Und im

Bezirk Pilibhit griff die Witwe Sahana Begum drohend zum geladenen Gewehr, wann immer ein Mädchen sexuell belästigt wurde. Manchmal zwang sie die Männer, Sit-ups zu machen oder mit geschwärztem Gesicht auf einem Esel zu reiten. Sie sollten Scham empfinden. In Kannauj überlegte Urmila weiterhin, eine eigene Narangi-Bande zu gründen.

Im Dschungel des benachbarten Bundesstaats Madhya Pradesh hatte die Polizei inzwischen die junge Sadhna Patel gefasst, die Raubüberfälle und Entführungen begangen hatte. Ein Mann berichtete, sie habe ihm die Finger abgehackt. Nach der Festnahme präsentierte die Polizei Sadhna vor den Kameras und bezeichnete sie als »wild« und »personifizierten Terror«. Doch die zierliche Frau sah gar nicht danach aus. Ein Beamter bekannte, sie wirke »unschuldig« und ganz normal. Es könnte jede beliebige Frau sein.

Buch III
ÇIÇEK

SCHLAFENDE LÖWEN

[Er] hätte nie gedacht, dass ich Granaten, Gewehre Kaliber 22 und Kontaktbomben im Schrank hatte. Wenn er zur Arbeit ging, nahm ich seine Pistole und schoss in die Luft: »Bumm bumm bumm!« [...] Ich hatte es faustdick hinter den Ohren.

Ein weibliches Mitglied der Frente Sandinista de Liberación Nacional, die 1979 den nicaraguanischen Diktator stürzte (Dokumentation Las Sandinistas, 2018)

Die Drohne trifft das Gebäude gegen Tagesende, als die Sonne über der syrischen Wüste untergeht. Noch Monate später spielt Çiçek die Szene vor ihrem inneren Auge immer wieder ab. Ihre Kommandantin Sosin, mit der sie Geburtsort, Musikgeschmack und einen Traum für die Zukunft teilt, ist gerade in das Gebäude gegangen. Sosin war es, die den Klee vor dem neuen Militärbüro gepflanzt hat. Auf den Stufen befinden sich mehrere Zivilistinnen und Zivilisten. Çiçek raucht draußen eine Gauloises, wie sie es im Laufe des Tages häufiger tut. Andere Soldatinnen der YPJ (Frauenverteidigungseinheiten) sind beim Einkaufen. Sie hatten Çiçek angeboten mitzukommen, aber diese hatte ein ungutes Gefühl und lehnte ab. Sie wollte bei Sosin bleiben.

Es ist August 2021. Die Hitze liegt wie eine schwere Damastdecke über der Gegend. Dutzende Menschen, die durch die jüngsten Angriffe der türkischen Miliz vertrieben worden sind, hatten sich vor dem neuen Militärbüro versammelt. Sie brauchten Hilfe bei der Suche nach einer Unterkunft. Alle schwitzen. Das Geräusch der Missiles klingt wie eine Kettensäge, gefolgt von einer starken Explosion. Die Kämpferinnen der YPJ sind an das permanente Summen der Erkennungsdrohnen gewöhnt, aber das hier ist etwas anderes.

Nach dem Einschlag der Drohne wird Çiçek schwarz vor Augen. Sie weiß nicht, wie lange sie bewusstlos ist. Geweckt wird sie von einem hohen Klingelton und der Stimme einer anderen Kämpferin, die sagt, jemand sei unter dem Schutt begraben. Als Çiçek die Augen öffnet, merkt sie, dass die Frau sie meint. Sie liegt unter schwerem Schutt. Der Schmerz schießt vom Bein bis in den Rücken.

»Wo ist Kommandantin Sosin?«, fragt Çiçek. Niemand antwortet. »Wo ist sie?« Çiçek wird lauter. Jemand antwortet, sie werde nun ausgegraben und ins Krankenhaus gebracht. »Ich gehe nicht ins Krankenhaus, bis ich Sosin gesehen habe.«

Bei der Triage verweigert Çiçek die Schmerzmittel. Die Ärztin sagt ihr, nun sei nicht die Zeit für Heldentaten. Çiçeks Hüfte und Bein sind gebrochen, und sie muss sofort operiert werden, weil sie innere Blutungen hat. Drei Stunden nach dem Drohnenangriff weiß Çiçek noch immer nicht, ob Sosin tot oder lebendig ist.

Wir spulen zurück in das Syrien der frühen 2000er Jahre, in eine Zeit des Übergangs. Präsident Bashar al-Assad bewies, dass er seinem Vorgänger, dem eigenen Vater, in nichts nachstand: Auch er war autoritär und ließ Aktivisten und Politiker, die ihm nicht genehm waren, verhaften. Getreu dem alten kurdischen Sprichwort: *Will die Katze ihre Kätzchen fressen, sagt sie, sie sähen aus wie*

Mäuse. Auch unter der Herrschaft des jüngeren Assad behielt die Baath-Partei die Kontrolle über die syrische Politik, die sie schon seit den 1960er Jahren innehatte. Doch das Assad-Regime war stabiler als die Coups und Krisen, die sich aus der syrischen Unabhängigkeit 1946 ergeben hatten, und die meisten zogen sie den Jahrzehnten unter französischer Herrschaft vor.

Weit entfernt von den Machtspielen in Damaskus, im nordsyrischen Bezirk Afrin direkt an der Grenze zur Türkei, verlief das Leben ruhig. Hier wuchsen viele Olivenbäume, und durch die mehrheitlich arabische Stadt floss ein breiter Fluss. Fast jedes Haus hatte einen Garten, in dem Schmetterlinge flatterten und Kinder spielten. Die Männer arbeiteten auf den Feldern; die Frauen blieben zu Hause.

Çiçek Mustafa Zibo war die dritte von sieben Töchtern und als Unruhestifterin bekannt. Ihr Name bedeutet »Blume«, aber abgesehen von ihrer lieblichen Stimme war sie keineswegs zart. Sie hatte dickes, kastanienbraunes Haar, eine markante Nase und ein breites Lächeln. Ihr Lachen war hell und klar. In Afrin war es nicht üblich, dass Mädchen sich wie Jungen verhielten, aber das war Çiçek egal. Ihre Mutter bezeichnete sie als »heißblütig«, weil sie stur war und Konflikten nicht aus dem Weg ging. Eigentlich durften nur Jungen Fußball spielen und Fahrrad fahren, doch die kleine, aber starke Çiçek beharrte darauf, es ihnen gleichzutun. Wenn ihr Vater morgens aufs Feld fuhr, saß Çiçek mit auf dem Traktor. Mit zehn Jahren konnte sie sowohl den Traktor als auch das Motorrad der Familie fahren. Die Leute im Dorf begannen zu tratschen. Dem Vater sagten sie: »Es ist nicht erlaubt, dass ein Mädchen Traktor fährt. Das ist tabu. Warum erlaubst du ihr das?« Çiçek fand diese Kritik absurd. Ihre Mutter bekam später einen Jungen, aber damals hatte sie sechs Schwestern, und der Vater konnte die Hilfe gut gebrauchen. Çiçeks Vater ließ sie weiterhin fahren.

Die Männer in der Verwandtschaft tratschten weiter. Çiçek

machte das wütend. »Ich sah, wie Männer nach Belieben kamen und gingen, lachten und schrien, und niemand nach Begründungen fragte oder sie zur Verantwortung zog«, berichtete sie. »Aber wenn ich laut lachte, sagten sie, das sei falsch.« Bald begann sie zu rebellieren. Sie stahl Oliven von den Bäumen, einfach, »um etwas zu tun zu haben«. Für die Menschen in Afrin waren die Olivenbäume so wichtig wie die eigenen Kinder. Eines Tages brach Çiçek einen Ast ab und ging danach tagelang nicht nach Hause, um den Schlägen zu entgehen. Sie experimentierte im Garten mit der Herstellung von Sprengstoff aus einer Zitrone, Wasser, einer Flasche und anderen Haushaltsgegenständen. Manchmal funktionierte es. Im Fernsehen sah sie immer wieder Actionfilme mit spannenden Kampfszenen, etwa mit Jackie Chan. Çiçek sah auch die Fernsehübertragungen syrischer Militärparaden und träumte davon, dabei zu sein –, obwohl sie dort nie Soldatinnen entdeckte. Ihre Mutter sagte ihr nicht, dass ihre Träume vergeblich waren, und Çiçek liebte sie dafür abgöttisch.

Die Familie hatte zwei Ziegen, die Çiçek oft auf die Weide brachte. Als ein älterer Bäcker aus der Stadt Çiçeks Mutter schalt, weil sie ihre Tochter allein umherstreifen ließ, ging Çiçek zur Bäckerei: »Ich danke Gott, dass du ein alter Mann bist, ansonsten würde ich dir Probleme bereiten«, drohte sie ihm. Sie war erst sieben oder acht Jahre alt. Der Mann kritisierte sie nie wieder.

Als Çiçek elf Jahre alt war, lernte sie, dass sie zu weit gehen konnte. Eines Abends lief sie in einem weißen Kleid zu einer älteren Frau und tat, als sei sie ein Geist. »Ich bin gekommen, um deine Seele zu rauben«, sagte sie mit verstellter Stimme. Die Frau bekam vor Angst einen Herzanfall und starb. Çiçek wurde tagelang verprügelt und hatte zum ersten Mal ein schlechtes Gewissen.

Als sie älter wurde, träumte sie davon, Militärärztin zu werden. Sie wusste, dass Frauen in diesem Beruf manchmal von der syrischen Armee eingestellt wurden. Doch je länger sie zur Schule ging, umso weniger gefiel es ihr dort. In ihrem Dorf lebten hauptsächlich arabische Familien und nur vier oder fünf kurdische wie ihre. In der Schule durfte sie ihre Muttersprache Kurdisch nicht sprechen. Die staatenlose Minderheit der Kurden wird in Syrien unterdrückt, genau wie in anderen Ländern, in denen sie lebt, etwa der Türkei, dem Irak und dem Iran.

Çiçeks Familie bestand aus sunnitischen Muslimen und unterschied sich darin nicht von den arabischen Familien in der Stadt und im Großteil Syriens. Doch sie waren weniger streng als andere, weshalb die Eltern die Tochter beispielsweise nicht zwangen, zu Hause ein Kopftuch zu tragen. An der mehrheitlich arabischen Schule musste Çiçek jedoch eine Burka tragen, die nur einen kleinen Schlitz für die Augen freiließ. Auf den harten Stühlen und in der schweren Kleidung schaffte sie es nicht, stundenlang aufmerksam dem Unterricht zu folgen. Nach der siebten Klasse brach sie die Schule ab.

Sie half weiterhin ihrem Vater auf dem Feld, baute die Gemüsesorten an, die gerade Saison hatten, und hatte mehr und mehr Fragen. So wunderte sie sich, weshalb ihr Vater kein Land besaß, während andere Familien in Afrin reich waren. »Warum haben manche keinen Laib Brot, während andere im Luxus leben?«, wollte sie wissen. Auch der Umgang mit Frauen störte sie. Gemäß den syrischen Gesetzen waren Frauen von ihren Vätern oder Ehemännern abhängig. Çiçek störte es besonders, dass nie Frauen im Militär zu sehen waren. Im Garten bastelte sie Waffen, die natürlich nicht an die Originale heranreichten. Sie glaubte, Waffen würden sie so stark machen wie ein Mann.

Als Çiçek dreizehn Jahre alt war, hielt ein Verwandter eines Nachbarn bei der Familie um ihre Hand an. Die Mutter lehnte das Angebot ab, da ihre Tochter zu jung sei. Çiçek wusste, dass andere Mütter ihre Töchter in diesem Alter verheirateten. Sie wusste auch, dass von ihr erwartet wurde, eines Tages Hausfrau zu werden – wie so viele Frauen im ländlichen Syrien. Çiçek betrachtete das Haus als »Miniaturgefängnis« für Frauen. Ihr war bekannt, dass viele Frauen in ihren Ehen misshandelt wurden. Weder Vergewaltigung in der Ehe noch häusliche Gewalt waren nach syrischem Gesetz illegal. Auch ohne Missbrauch war die Ehe für Çiçek gleichbedeutend damit, Dienstbotin zu werden. Doch wann immer sie mit ihren Schwestern darüber sprach, sagten diese, die Ehe sei für Frauen eine unabänderliche Realität. Çiçek glaubte, sie hätten nur Angst vor dem Gerede der Leute.

Als sie älter wurde, stellte Çiçek ihren Eltern mehr Fragen über ihre kurdische Identität. Manchmal kamen fremde Kurden zu Besuch, die der Vater als »*Hevals*« (»Freunde«) bezeichnete. Ihr Vater begrüßte die Gäste freundlich und nutzte die Gelegenheit, um Çiçek von den Problemen der Kurden zu erzählen. Kurdistan war durch das Sykes-Picot-Abkommen von 1916 (und darauffolgende Verträge) mehrfach geteilt worden. England und Frankreich hatten das Abkommen zur Aufteilung des Osmanischen Reichs heimlich getroffen, um während des Ersten Weltkriegs ihre Einflusssphären zu sichern. Das Abkommen führte im Mittleren Osten über Jahrzehnte zu Ressentiments, vor allem unter den Kurden, die nun keinen eigenen Staat mehr hatten.

Fast 100 Jahre später beteiligten sich Çiçeks Eltern in aller Stille am Kampf der Kurden um ihre Rechte. Das Volk der Kurden ist mit 25 bis 35 Millionen Menschen eines der größten staatenlosen Völker weltweit und wurde oder wird in den Ländern, in denen es lebt (Irak, Iran, Türkei und Syrien), als Bedrohung betrachtet und verfolgt. Die Kurden der Generation von Çiçeks Eltern hatten schmerzhafte Erinnerungen an die Massaker an Kurden im Irak und der Türkei, einen großen Angriff mit Chemiewaffen auf Kurden in der irakischen Stadt Halabja und an Verbrennungen von Kurden bei lebendigem Leib in der irakischen Wüste.

Eine Volkszählung sollte 1962 in Syrien »fremde Eindringlinge«

ausmerzen und hatte in der Folge ein Fünftel aller Kurden ihrer Staatsangehörigkeit beraubt. Die kurdische Sprache, die Veröffentlichung kurdischer Bücher und die Registrierung kurdischer Namen wurden verboten, und viele Kurden hatten kein volles Wahlrecht. Syrische Kurden durften ihre Feiertage nicht begehen, feierten jedoch heimlich – beispielsweise das kurdische Neujahr Newroz, an dem eines mythologischen Siegs über die Tyrannei gedacht wurde. Damit war dieses Fest für kurdische Familien umso bedeutsamer.

In dem Gedicht »Zählen« schreibt der kurdische Dichter Sherko Bekas, wenn ein Mensch alle Blätter in einem Garten, alle Fische in einem Fluss und alle Zugvögel nacheinander zählen könne, so könne er auch »all die Opfer dieses geliebten Lands Kurdistan« zählen. Die kurdische Geschichte war zwar voller Schmerz, doch es hatte auch unzählige kurdische Aufstände gegeben. In einem anderen Gedicht schreibt Bekas, wenn vier Kinder unterschiedlicher kultureller Hintergründe das Bild eines Manns zeichnen müssten, würden türkische, persische und arabische Kinder Kopf und Körper zeichnen, während kurdische Kinder das »Gewehr auf dessen Schulter« darstellen würden.

Als Çiçek ihren Vater nach dem kurdischen Freiheitskampf fragte, erzählte er ihr von Abdullah Öcalan, dem ideologischen Anführer der Kurden. Öcalan und andere kurdische Studierende hatten in der Türkei der 1970er Jahre die marxistische Gruppierung PKK (Arbeiterpartei Kurdistans) ins Leben gerufen. Ihr Ziel war die Gründung eines unabhängigen Kurdistans. Später rief die PKK zum bewaffneten, gewalttätigen Aufstand. Mit Selbstmordattentaten, Entführungen und Ermordungen kämpfte sie für die Rechte der Kurden. In der Folge klassifizierten die USA und die EU die PKK als terroristische Vereinigung. 1999 wurde Öcalan von den Türken festgenommen, die seine Ideologie und die wachsende Macht der Kurden als eine der größten existenziellen Bedrohungen der Türkei betrachteten. Die Türkei hielt Öcalan für so gefährlich, dass sie ihn zum Tode verurteilte – ein Urteil, das später allerdings in lebenslange Haft umgewandelt wurde. Er wurde auf einer abgelegenen Insel vor der türkischen Küste inhaftiert. Schnell verbreiteten sich die abenteuerlichsten Geschichten über sein dortiges Schicksal: Er sei der einzige Gefangene (was zeitweise vielleicht zutraf) und werde von 1000 Männern bewacht. Auf Fotos wirkte Öcalan mit seinem buschigen Schnurrbart und den funkelnden Augen für Çiçek wie ein freundlicher alter Onkel. Die aggressive Verfolgung der Kurden und Öcalans ergab aus ihrer Sicht keinen Sinn. »Das waren für mich Fragezeichen«, sagte sie später.

Öcalans Ideologie gefiel ihr zunehmend. Selbst aus seiner Gefängniszelle heraus versuchte Öcalan, ein Intellektueller, der von seinen Anhängerinnen und Anhängern nahezu religiös verklärt wurde, die kurdische Revolution weiterhin zu steuern. Zunächst wies er sie an, für einen unabhängigen kurdischen Staat zu kämpfen. Später revidierte er diese Position: Die Kurden sollten sich für Autonomiegebiete in ihren Regionen einsetzen, gleichzeitig aber Menschen anderer Kulturen tolerieren. Öcalan las viele historische und philosophische Werke und betonte auch die Rolle der Frauen im Freiheitskampf. Er schrieb: »[D]ie 5000 Jahre alte Geschichte der Zivilisation ist im Wesentlichen eine Geschichte der Versklavung von Frauen«. Für die Frauen sei die Zeit gekommen, sich zu verteidigen. PKK-Frauen in der Türkei, die selbst Waffen trugen, forderten dies bereits seit Jahrzehnten und organisierten sich selbst. Sakine Cansiz, eine Mitgründerin der PKK, schrieb in ihren Memoiren *Mein ganzes Leben war ein Kampf*: »[Meine Mutter] sagte oft, ›Wärst du doch kein Mädchen geworden!‹, und je häufiger sie es sagte, umso mehr liebte ich mein Frausein.«

Öcalans Ideologie schien wie für Çiçek geschaffen: Frauen konnten kämpfen und stark sein, Kurden hatten Rechte, und Klassen- und ethnische Differenzen konnten überwunden werden.

2011 breiteten sich die Proteste des Arabischen Frühlings im Mittleren Osten aus. Auch in Syrien gab es Demonstrationen gegen das Assad-Regime. Im Januar zündete sich im Nordosten des Landes Hasan Ali Akleh aus Protest gegen das repressive Regime an; im März schrieben Teenager im Südwesten Syriens ein Graffiti mit dem Text: »Jetzt bist du dran, Doktor«, was auf Assads Beruf – Augenarzt – bezogen war. Die Teenager wurden festgenommen und gefoltert; unter anderem wurden ihnen die Fingernägel entfernt. Im Juli protestierten in ganz Syrien bereits 100 000 Menschen. Der Aufstand sollte zwar eigentlich Assad entmachten, aber auch eine kurdische Revolution ermöglichen.

Die Kurden in Syrien waren schon länger nervös, vor allem während der Unruhen in Qamischli 2004, die nach einem Fußballspiel begannen. Arabische Fans hatten Bilder des irakischen Führers Saddam Hussein hochgehalten, der einen Genozid an den Kurden in seinem Land verübt hatte. Wütende Kurden brannten daraufhin das Ortsbüro der Baath-Partei nieder, der sowohl Hussein als auch Assad angehörten. Die Unruhen wurden von den Sicherheitskräften des Regimes brutal niedergeschlagen.

Doch erst 2011 sahen die etwa zwei Millionen syrischen Kurden eine echte Chance zur Revolution. Als die Rebellion gegen Assad sich im ganzen Land ausbreitete, versammelten sich kurdische Gruppierungen aus dem Untergrund und erklärten offiziell die Gründung einer kurdischen Miliz in Nordsyrien, wo viele syrische Kurden lebten. Die Miliz wurde als Volksverteidigungseinheit (YPG) bezeichnet und war direkt von Öcalans Gedankengut und der PKK beeinflusst, grenzte sich jedoch von der PKK hinsichtlich ihrer Entstehung und Ziele klar ab. Die Türkei stufte die PKK als terroristische Vereinigung ein und behauptete immer noch, sie wolle die Regierung stürzen. 2011 kam es zu tödlichen Konflikten zwischen PKK-Kämpfern und türkischen Kräften. Die YPG konzentrierte sich hingegen auf die Konsolidierung und Verteidigung kurdischer Gebiete mit dem Ziel einer autonomen Heimat in Syrien.

Die syrischen Kräfte waren mit dem Kampf gegen Rebellengruppen beschäftigt – später sollte daraus der syrische Bürgerkrieg entstehen. In der Zwischenzeit konnte die YPG ganze Dörfer und Städte mit mehrheitlich kurdischer Bevölkerung ohne größere Konflikte einnehmen. Assad, der von inneren Feinden bedroht war und auf die Unterstützung der Kurden hoffte, verlieh 2012 Tausenden Kurden die Staatsbürgerschaft und gestattete ihnen die Kontrolle weiter Teile Nordsyriens, darunter auch Çiçeks Heimatbezirk Afrin. Im folgenden Jahr erklärte die YPG im Geiste Öcalans und der Überzeugungen der PKK hinsichtlich der Geschlechtergleichheit die Gründung einer rein weiblichen Miliz, der sogenannten Frauenverteidigungseinheiten (YPJ). Sie sollten parallel zu den Männereinheiten unter gleicher Führung und mit gleichem Mandat operieren.

Çiçeks Leben veränderte sich mit rasender Geschwindigkeit. Eben hatte sie noch auf eine Zukunft als Hausfrau geblickt, die kaum je die Welt jenseits ihres Dorfs sehen würde und den Geschichten ihres Vaters über die rechtelosen Kurden lauschte. Jetzt führten Kurden wie sie plötzlich die Region an, und kurdische Frauen handhabten Waffen, als hätten sie nie etwas anderes getan.

Im Winter 2013 war Çiçek 17 Jahre alt und selbstbewusst wie eh und je. Sie erfuhr, dass die YPG bald in ihr Dorf kommen würde. Seit der Gründung der Frauenmiliz im Frühling konnte sie an nichts anderes denken. Sie hatte gehört, dass in jedem Bezirk Nordsyriens Einheiten dieser Miliz aufgebaut würden und bereits Hunderte, vielleicht Tausende Frauen beigetreten waren. Sie hatten die Aufgabe, die neue, mehrheitlich kurdische Autonomieregion zu schützen, während Syrien immer instabiler wurde und Rebellengruppen und islamistische Terroristen versuchten, das Machtvakuum für sich zu nutzen. Dafür war Assad zum Teil selbst verantwortlich, hatte er doch Mitte 2011 Hunderte Islamisten aus der Haft entlassen, um die Gefahren eines nicht säkularen Regimes zu illustrieren. Çiçek konnte die Frauen der YPJ kaum erwarten – sie wollte unbedingt herausfinden, ob sie ganz normal oder irgendwie übermenschlich aussahen.

So stand sie aufgeregt am Straßenrand, als die Kämpferinnen sich dem Dorf näherten. Sie trugen Tarnanzüge, lächelten und hatten statt Kindern Kalaschnikows in den Armen. In ihre Haare hatten sie Bänder und Schals geknüpft. Ihre Aufregung war ansteckend. »In diesem Moment wollte ich eine von ihnen sein und stellte mir vor, wie das wäre«, so Çiçek. Sie malte sich aus, eine eigene Waffe zu tragen, selbstbewusst umherzugehen und von anderen gefürchtet zu sein.

An jenem Abend verkündete Çiçek ihren Eltern, sie werde der YPJ beitreten. Ihre Eltern waren nicht überrascht. Sie hatten schon damit gerechnet, wussten um die Sturheit ihrer Tochter und versuchten nicht, sie davon abzubringen. Ihr Vater sagte, es sei eine Ehre und ein »Geschenk an die Partei«, dass sie den Kurden durch ihren Beitritt bei der Selbstverteidigung helfen würde. Ihre Mutter sagte, sie werde die Tochter sehr vermissen, gab Çiçek aber ihren Segen. Eine Woche später fuhr Çiçek in ein Trainingslager in einer anderen Gegend von Afrin. »Ich ging zur YPJ und begann mein neues Leben. Es war wie eine Neugeburt«, sagte sie. Als sie der Organisation beitrat, wählte sie – wie fast alle Rekrutinnen – einen neuen Namen, um anzuzeigen, dass ihr altes Ich sich von dem neuen, revolutionären unterschied. Sie entschied sich für Viyan. Der Name bedeutet nichts Zartes, wie Çiçek (Blume). Viyan heißt »Forderung« oder »Begehr« – als habe Çiçek sich ihr Leben lang etwas gewünscht, das nun endlich und unerwartet in Erfüllung ging.

Çiçek trainierte zwei Monate lang mit 30 weiteren Rekrutinnen. Manche waren jung – erst 13, 14 oder 15 Jahre alt. Einige waren mit Erlaubnis der Eltern dort, andere waren vor geplanten Kinderehen oder aus strengen Familien geflüchtet. Internationale Menschenrechtsgruppen kritisierten die YPJ schon bald für die Anwerbung und Aufnahme von Kindersoldatinnen, aber Çiçek hatte das Gefühl, der Westen verstehe nicht, wovor die Mädchen weg- oder worauf sie zuliefen. Man verstehe nicht, dass auch Frauen kämpfen wollten.

Jener Winter war bitterkalt und verregnet. Die Rekrutinnen schliefen draußen. Doch Çiçek war das egal. Sie und die anderen Neulinge bombardierten die erfahrenen Kämpferinnen mit Fragen: *Erzähl uns alles über die YPJ. Wie kämpfen wir? Wie ist die Situation an der Front? Kennen alle Kämpferinnen einander gut? Wie spricht man Ältere an? Wie benutzt man eine Waffe?*

Çiçek war überrascht, dass die YPJ nicht nur aus Kurdinnen bestand. Sie traf auch auf syrische Araberinnen und Armenierinnen. Später kamen Frauen aus der ganzen Welt hinzu – aus Frankreich, Großbritannien, Spanien, den USA und anderen Ländern. Sie teilten die Prinzipien der kurdischen Revolution, die nicht nur eine autonome Region errichten wollte, sondern auch nach Demokratie, Gleichheit und Feminismus strebte. Die Revolution erschien nicht nur als Alternative zu Assads autokratischem Regime, sondern auch zum demokratischen Kapitalismus des Westens. Während der Ausbildung lernte Çiçek, dass die Kämpferinnen einander »*Hevals*« (»Freundinnen« oder »Kameradinnen«) nannten. Dieses kurdische Wort hatte auch ihr Vater für die kurdischen Fremden verwendet, die früher zu ihnen nach Hause gekommen waren. Manche Hevals nannten sie Viyan, die meisten aber Çiçek (obwohl fast alle Kämpferinnen ihren neuen Namen benutzten). Der Name Çiçek hatte zwar eine sanfte Bedeutung, klang aber hart und passte besser zu ihr.

Während der Ausbildung wurde die Ideologie der YPJ gelehrt.

Çiçek gefiel das anfangs nicht, weil die Klassenräume sie an die Schule erinnerten. Aber der Lehrinhalt war völlig anders. Ihre Lehrerinnen erklärten ihnen die Pläne für die neue Autonomieregion, die Rojava genannt wurde – »das Land, in dem die Sonne untergeht«, oder »Westen«, da die Kurden hofften, Rojava könne eines Tages der westliche Arm eines vereinigten Kurdistans sein. Man erklärte den Rekrutinnen, welches föderale, demokratische System Rojava einführen wollte: Entscheidungen sollten von unten nach oben durch lokale, miteinander in Verbindung stehende Räte getroffen werden. Einst sei die Gesellschaft ein Matriarchat gewesen, bis vor 5000 Jahren Männer die Macht übernommen hätten. (Diese Darstellung wird von der westlichen Geschichtswissenschaft vielfach bestritten.) Gleichberechtigung sei wichtig, weil sonst immer eine Gruppe unterdrückt werde. Einige der jungen Frauen sagten, die vielen neuen Informationen bereiteten ihnen Kopfschmerzen – so auch Çiçek. Doch zugleich fühlte sie sich gebildeter, reifer und selbstbewusster als je zuvor.

Zur Ausbildung gehörte auch die von Öcalan entwickelte »Jineologie« oder »Wissenschaft von den Frauen«. Die Jineologie-Kurse befassten sich eingehender mit der möglichen Entstehung des Patriarchats. Gelehrt wurde, dass die frühen Gesellschaften Muttergöttinnen verehrten und erst nach der Entstehung der Arbeitsteilung Männer zunächst die Kontrolle der Güterüberschüsse in den Stadtstaaten und später insgesamt die Macht übernahmen. Öcalan wollte den Typus des »dominanten Manns« abschaffen, den er in Autokraten wie Assad oder Erdoğan verkörpert sah. Um diese Männer zu töten, müssten Frauen mobilisiert werden. Die Jineologie sollte Frauen wie Çiçek ermöglichen, die sie umgebenden Machtsysteme nicht nur physisch, sondern auch ideologisch zu bekämpfen. Gleichzeitig war die Mobilisierung der Frauen ein probater Weg, die Zahl der kurdischen Revolutionäre zu verdoppeln.

Çiçek interessierte sich zwar für die Doktrinen, bevorzugte aber das körperliche Training. Die Rekrutinnen rannten Berge hinauf und hinunter und lernten, sich durch dichte Wälder zu bewegen. Sie kletterten stundenlang ohne Pause mit über 13 Kilogramm Ausrüstung auf dem Rücken. Schweigend gingen sie den Berg im Dunkeln wieder hinunter. Ein altes Sprichwort besagt: *Außer den Bergen haben Kurden keine Freunde*. Es zeigte, wie verlassen und betrogen sich das Volk fühlte. Die Kandil-Berge waren das Hauptquartier der PKK, und auch Çiçeks Dorf in Afrin war von Bergen umgeben. Hier fühlte sie sich wohl.

Selbst beim körperlichen Training fehlte die Ideologie nicht. So lernten die Rekrutinnen Öcalans »Theorie der Rose« zur Legitimation der Selbstverteidigung kennen. Demnach hat eine Rose ihre Dornen nicht, um andere zu verletzen, sondern, um sich selbst zu schützen. Die Ausbilderinnen erklärten, dass Gewalt nie offensiv eingesetzt werden oder anderen Angst einflößen sollte. Çiçek hatte diese Lektion bereits gelernt, als sie die alte Dame zu Tode erschreckt hatte. Gewalt war einzig und allein als Mittel der Selbstverteidigung zugelassen. »Wenn du dich nicht schützen kannst, wirst du getötet«, erklärte eine Ausbilderin.

Nach dieser Lektion erhielt Çiçek eine Kalaschnikow. Das russische Maschinengewehr enthielt 7,62 x 39 mm große Patronen, die den menschlichen Körper durchdringen können. Die Gewehre waren billig, verlässlich und im gesamten Mittleren Osten auf dem Schwarzmarkt erhältlich. Die Rekrutinnen lernten, wie man die Waffe zerlegte und wieder zusammenbaute. Sie lernten, auf Sicht und ohne Sicht zu schießen. Çiçek war überrascht, wie leicht und mühelos das Schießen war – wie in einem Dialog aus dem bekannten US-Film *G.I. Jane*, in dem ein Journalist eine Senatorin fragt, ob die körperlich meist schwächeren Frauen in der Lage seien, Soldatinnen zu werden. Die Senatorin antwortet: »Wie stark muss man sein, um den Abzug zu drücken?«

Laut Çiçek trafen ihre ersten zwölf Schüsse ins Schwarze.

Nach der Ausbildung wurde Çiçek Fahrerin für die YPJ. Als eine der wenigen YPJ-Kämpferinnen konnte sie fahren – sie hatte es als Mädchen auf dem Traktor und dem Motorrad ihres Vaters gelernt. In dieser Zeit verfolgte sie Nachrichten über den wachsenden Einfluss islamistischer Gruppierungen. In der Region waren verschiedene Gruppen unterschiedlicher Herkunft aktiv, doch Anfang 2014 hatte der sogenannte Islamische Staat von Irak und Syrien (IS, auch Daesch) die größte Macht. Die IS-Kämpfer trugen schwarze Flaggen, schwarze Kleidung, Skimasken, lange Bärte und verbreiteten eine Ideologie des Terrors. Sie planten ein weltweites Kalifat, das über alle Muslime herrschen sollte. Es handelte sich um salafistische Muslime. *Salaf* bedeutet »Vergangenheit«, und genau dahin – speziell ins 7. Jahrhundert – wollten sie zurück. Sie predigten, dass Ungläubige ausgelöscht oder unterworfen und Frauen benutzt und kontrolliert werden müssten, und rechtfertigten diese Behauptungen mit alten islamischen Texten.

Çiçek sah Fernsehberichte über öffentliche Enthauptungen, Steinigungen und Vergewaltigungen von Zivilisten durch IS-Kämpfer im Namen des Islam. Doch es war ein Islam, den Çiçek nicht kannte. Sie selbst war zwar sunnitische Muslimin, jedoch nicht gläubig. Sie hörte die militanten IS-Mitglieder »*Allahu Akbar!*« rufen, während sie muslimische Opfer hinrichteten. Das erschien ihr sinnlos. *Sie wissen nicht, was Menschlichkeit ist*, dachte sie.

Die Berichte machten Çiçek so große Angst, dass sie danach manchmal verwirrt war und weinte. »Warum tun sie das?«, fragte sie eine ältere Heval, die erklärte: »Dafür trainieren wir. Wir müssen gut vorbereitet sein, wenn wir auf diese dunklen Mächte treffen.«

Die Hevals erinnerten sie daran, dass sie gegen den IS kämpften, um die neue, autonome Kurdenregion Rojava in Nordsyrien zu halten. Die Demokratische Unionspartei, Syriens größte kurdische Partei und der politische Flügel von YPG und YPJ, erklärte Rojava 2014 offiziell zur von Syrien unabhängigen Autonomieregion. Die

Kurden in der Türkei und im Iran hatten schon lange und ohne Erfolg auf eine solche Region gehofft. Rojava war ein Lichtblick.

Im Januar verabschiedete Rojava eine Verfassung, in der Geschlechtergleichheit sowie kulturelle, religiöse und politische Freiheit als Grundrechte aller Bewohnerinnen und Bewohner festgeschrieben wurden. Nichts könnte der Ideologie des IS mehr entgegenstehen. Im März 2014 entführte der IS 153 syrisch-kurdische Schüler, schickte sie auf eine dschihadistische Schule und drohte mit Enthauptungen im Fall einer Flucht. Im Juni erklärte der IS die syrische Stadt ar-Raqqa zu seiner Hauptstadt und begann mit der strengen Umsetzung der Scharia. Bei Nichtbefolgen galt die Todesstrafe. Im August griffen IS-Kämpfer Dörfer und Städte nahe des irakischen Sindschar-Höhenzugs an, entführten Tausende Angehörige der religiösen Minderheit der Jesiden (von denen einige sich als Kurden identifizieren) und vergewaltigten viele jesidische Frauen.

YPG und YPJ retteten die Opfer, indem sie einen Korridor im Sindschar eröffneten, durch den die Jesiden aus den irakischen Bergen nach Syrien fliehen konnten. Çiçek sah all dies im Fernsehen, wie einst die Jackie-Chan-Filme und syrischen Militärparaden. Doch jetzt waren die kurdischen Milizen die wahren Heldinnen.

Im September griff der IS die mehrheitlich kurdische Stadt Kobani in Nordsyrien, direkt an der türkischen Grenze, an. Die Herkunft des Worts Kobani ist unklar, aber schon bald kannte es die ganze Welt aus Liedern, Gedichten und Fernsehnachrichten. Kobani hatte 400 000 Einwohnerinnen und Einwohner, hauptsächlich Menschen, die vor dem syrischen Bürgerkrieg geflohen waren. Der IS-Angriff hatte Tausende dazu gebracht, sich erneut auf die Flucht zu begeben, zu Fuß, mit Babys in den Armen und überquellenden Taschen auf den Köpfen. YPG und YPJ begannen mit der Verteidigung der Stadt, obwohl manche nicht einmal eine Waffe hatten. Çiçek saß wie gebannt vor dem Fernseher. Wenn der IS Kobani einnahm, wäre der Traum von der Autonomieregion Rojava ausgeträumt und die ganze Gegend in den Händen der Dschihadisten.

»Ich will nach Kobani und helfen«, erklärte Çiçek den älteren Hevals. Sie arbeitete gerne als Fahrerin, war aber bereit, selbst zu kämpfen. Die Hevals lehnten ab. Unerfahrene Soldatinnen und Soldaten waren bereits in den ersten Tagen in Kobani ums Leben gekommen, und die Kommandantinnen waren der Meinung, Çiçek benötige mehr Training. »Das ist mir egal«, erwiderte diese. »Ich gehe.« Sie bestand so lange darauf, dass die Hevals schließlich nachgaben und ihr erlaubten, sich einem Bataillon von 50 Kämpferinnen anzuschließen, das am nächsten Tag aus Afrin aufbrechen sollte.

Kobani ist eine dichtbesiedelte Stadt mit engen, mehrstöckigen Wohnhäusern und typisch arabischen Flachbauten. Sie ist umgeben von Hügeln und Ebenen. Entlang der Hauptstraßen hat sich die Stadt ins Umland gefressen. Als Çiçek im August eintraf, waren viele Menschen – vor allem Kurden, aber auch syrische Araber und Türken – noch nicht geflohen. In einem von Hevals kontrollierten Haus wusch Çiçek sich Gesicht und Hände. Sie wusste, dass es für eine ganze Weile das letzte Mal sein würde. Dann zog sie sich dunkle Kleidung an, weil sie noch keine YPJ-Uniform besaß. Eine ältere Heval bedeutete ihr, zusammen mit einem YPG-Soldaten vor einem nahegelegenen Gebäude Position zu beziehen. Beide waren bewaffnet.

»Das ist mein erster Kampfeinsatz«, sagte Çiçek leise zu ihrem Kameraden. »Ich habe noch nie auf jemanden geschossen oder jemanden getötet.« »Kein Problem«, antwortete er laut Çiçeks Erinnerung. »Lade einfach deine Waffe und versuche zu schießen.« Çiçek lud die Waffe. Sie dachte an ihre Mutter. Unwillkürlich traten ihr Tränen in die Augen. Sie war erst 17 Jahre alt. Dann dachte sie an das, was sie während der Ausbildung gelernt hatte: Alle Mütter in Syrien, nicht nur die biologische, waren ihre Mutter. *Ich muss an Größeres denken, an höhere Prinzipien*, redete sie sich ein. Sie zielte. Sie fürchtete, die Kugel könne abprallen und versehentlich ihren Kameraden töten. »Das schaffst du schon«, sagte er. »Schieß einfach, wenn Feinde kommen. Das wird dir den Mut geben weiterzuschießen.«

Çiçek war sich bewusst: Wenn Kobani fiele, würde der IS ihre Heimatregion einnehmen. Ihr Dorf könnte das nächste sein. Sie würden ihren Vater köpfen, ihre Mutter vergewaltigen und ihre Schwestern als Sexsklavinnen verkaufen. Die IS-Kämpfer waren noch ein Stück von ihrer Position entfernt, aber ihr Kamerad riet ihr, Übungsschüsse abzufeuern. Çiçek feuerte alle 30 Schuss und atmete erleichtert aus. »Wie fühlst du dich jetzt?«, wollte er wissen. Sie lachte. Die Anspannung wich aus ihrem Körper. »Jetzt habe ich viele Schüsse abgefeuert. Ich bin bereit.«

Die Kämpfe begannen am Nachmittag und zogen sich bis fünf Uhr früh hin. Es regnete stark, und die Kämpfenden waren bis auf die Haut durchnässt. Çiçek erschoss niemanden, feuerte aber oft, damit der Feind um ihre Anwesenheit wusste und »nicht wagte, uns anzugreifen«. Sie merkte, dass sie gerne schoss: »Es gibt mir Energie und Macht.« Nach den Kämpfen spürte Çiçek nur noch Erschöpfung. Sie war klatschnass. In einem Haus der YJP schlief sie auf der Stelle ein und wurde zwei Stunden später von Frühstücksduft geweckt. Die anderen hatten Oliven mit Thymian und Olivenöl sowie Chai vorbereitet, was sie an zu Hause erinnerte. Beim Frühstück unterhielt Çiçek sich mit den Kameradinnen. Sie erzählte, dass sie aus Afrin stammte und Auto fahren konnte. Die anderen meinten, das würde ihr in Kobani bestimmt nützen.

Es war die letzte Unterhaltung für Tage. Plötzlich tauchten mehr IS-Kämpfer auf, zunächst in kleinen Gruppen, die sich von Straße zu Straße vorkämpften, dann in größerer Zahl und schwer bewaffnet. Sie hatten Panzer, Maschinengewehre und Mörser, die sie mit Geld aus der Ölförderung und aus Schmuggelgeschäften gekauft hatten. Die YPJ hatte keine Finanzmittel und keine Artillerie, sondern nur Kalaschnikows aus zweiter Hand, Granaten und ein paar Panzer, die sie aus Pick-up-Lastern selbst gebaut hatten. Aber sie waren ausgebildete Guerillakämpferinnen und beweglicher als die Männer vom IS.

Wie andere Guerillakämpferinnen auf der ganzen Welt hatte auch Çiçek in ihrer Ausbildung gelernt, sich den letzten Schuss aufzuheben. Geriete sie in Gefangenschaft, könnte sie sich damit töten, statt vom Feind vergewaltigt zu werden. Die Tamil Tigers in Sri Lanka, die auch für einen unabhängigen Staat kämpften, trugen eine Kapsel mit Zyanid um den Hals. Der Tod war besser als eine Vergewaltigung.

An einem ihrer ersten Tage in Kobani beobachtete Çiçek von einem Dach das Herannahen von IS-Kämpfern. Die Männer trugen schwarze Dschallabijas (lange Tuniken) und schlichen leise an einer leer stehenden Grundschule vorbei. Çiçek fand die Stille beunruhigend. Dann erhielt sie eine Nachricht über ihr Walkie-Talkie: In einem Haus in der Nähe befanden sich verwundete Kameraden, die Hilfe brauchten. Çiçek beriet sich mit ihrem Mitstreiter. Minutenlang debattierten sie, wer zuerst zum Haus gehen sollte. Wer immer es war, ging das Risiko ein, vom IS erschossen zu werden –, und beide wollten die gefährlichere Aufgabe.

»Ich gehe zuerst«, sagte Çiçek dem männlichen Heval mit ihrer üblichen Sturheit. »Und wenn du mich nicht lässt, dann lasse ich dich hier allein zurück.« Er stimmte zu. Çiçek rannte los und überquerte die Straße sicher. Doch das Haus schien leer zu sein. Wie viele Häuser in der Stadt hatte es ein großes Loch in der Wand. YPG und YPJ hämmerten diese Löcher in die Hauswände, um leicht von einem Gebäude zum nächsten rennen zu können. Çiçek fragte sich, ob die verwundeten Kameraden vielleicht direkt vor dem Haus waren, doch als sie durch das Loch sprang, stand dort ein einzelner IS-Kämpfer. Er starrte sie an. Çiçek wich zurück. Beide standen reglos mit gesenkten Gewehren da. Hob einer die Waffe, konnte es den Tod für beide bedeuten.

Inzwischen machte Çiçeks Kamerad sich Sorgen, weil sie so lange weg war, und lief zum Haus. Lautlos trat er hinter den IS-Kämpfer und bedeutete Çiçek seinen Plan: Er würde bis drei zählen, dann solle Çiçek sich zu Boden werfen, und er würde dem IS-Mann in den Rücken schießen. *1, 2, 3!* Çiçek warf sich auf den Boden, und ihr Kamerad schoss über ein Dutzend Mal auf den IS-Mann. Mit der ersten Kugel tötete er ihn, der Rest war zur Sicherheit. Çiçek beobachtete, wie das Blut des Manns auf den staubigen Boden spritzte. Er war der erste Tote, den sie aus der Nähe sah.

Über Funk kam die Nachricht, dass die verwundeten Kämpfer gefunden wurden. Çiçek und ihr Kamerad gingen zu einem Heval-Haus, in dem eine Familie Kibbeh für sie vorbereitet hatte – würziges Fleisch, in Mehl frittiert. »Siehst du, ich konnte dich retten«, scherzte der Soldat beim Essen. Er wollte Çiçek necken. Sie nickte knapp. Das Einzige, was sie bedauerte, war, den IS-Kämpfer nicht selbst getötet zu haben.

***

In Kobani wurde wochenlang gekämpft. Oft näherten sich die IS-Kämpfer den Truppen von YPG und YPJ laut rufend: »*Allahu Akbar!* Wir sind hier, um euch zu köpfen!« An vielen Tagen regnete es. Çiçeks selbst zusammengestellte Uniform war ständig durchnässt. Zwischen den Gefechten wusch sie schnell ihr Gesicht und ihre Haare, die ihr bis zu den Knien reichten und die sie stets streng zurückband. Doch es gelang ihr nicht immer, das Blut vollständig abzuwaschen. Sie hatte Hunger, spürte ihn aber kaum. Auch ihre

Müdigkeit spürte sie nicht. Wer seine Erschöpfung eingestand, war verletzlich und konnte ums Leben kommen.

Viele der einstöckigen Häuser und Gärten von Kobani waren bereits durch Panzer zerstört worden. Die mehrstöckigen Häuser hatten Löcher oder waren in sich zusammengestürzt. Überall roch es nach verwesenden Leichen. Selbst wenn genug Zeit zum Essen war (meist Dosenfleisch oder Kibbeh), hatten viele Kämpfer wegen des ständigen Verwesungsgeruchs keinen Appetit. Çiçek hingegen brüstete sich gegenüber den Kameraden: »Ich kann überall essen, sogar neben einer Leiche.« Für sie war es einfach eine Frage der Verdrängung. Wenn man es nur versuchte, konnte man sich vorstellen, man säße auf einem Olivenbaum in Afrin.

Es war unmöglich, im Kampf einen Rhythmus zu finden, weil jeder Tag anders war. Manchmal wurde den ganzen Tag lang durchgehend gekämpft, dann wieder herrschte stunden- oder tagelang Ruhe. Manchmal gab es offene Kämpfe; an anderen Tagen griffen IS-Scharfschützen von oben an oder YPG und YPJ wurden von Selbstmordattentätern in Fahrzeugen angegriffen. Der IS hatte sogar Nachtsichtgeräte und wärmesuchende Raketen.

Die Miliz unter kurdischer Führung hatte kluge Verteidigungs- und Angriffssysteme entwickelt, um auszugleichen, dass sie in der Unterzahl waren. Die Kommunikation lief über Walkie-Talkies und manchmal über Codes, weil beide Seiten sich gegenseitig abhörten. Wenn die Munition ausging, erzählten sie anderen Hevals über Funk, sie bräuchten »Essen«. Wenn der IS einen kurdischen Kämpfenden mit einem Walkie-Talkie gefangen nahm, wurde der Code gewechselt. Manchmal zog sich ein männlicher YPG-Kämpfer mit langen Haaren und Bart eine schwarze Dschallabija an und mischte sich unbemerkt unter die IS-Männer, um sie in eine Falle zu locken. Die YPJ-Kämpferinnen brachten die Sache mit Kalaschnikows und Granaten zu Ende. Dann feierte man gemeinsam den Erfolg.

Vor und nach den Gefechten hörten die Kämpferinnen Musik, »Revolutionslieder, die uns Kraft zum Kämpfen gaben«, so Çiçek. Auch neue Lieder über Kobani und die YPJ waren dabei. »Ich bin ein kurdisches Mädchen, groß und mit dunklen Augen. Die Erfahrung wurde zu meiner Ausbildung«, lautete eines. Einige Frauen tanzten, während sie in den Kampf zogen. Nach einem Gefecht waren die Frauen immer aufgedreht und lachten viel. Sie brauchten ein Ventil, um das absurd hohe Stressniveau zu kompensieren.

Manchmal wurden die Tänze jäh unterbrochen. Einmal sah Çiçek, wie IS-Kämpfer die Leiche einer YPJ-Kameradin hinter ihrem Auto durch den Staub zogen. Çiçek kannte die Frau. Sie war aus Rojava und hatte helle, beinahe blonde Haare. Bei dem Anblick wurde ihr übler als bei jedem Leichengeruch, den sie bisher wahrgenommen hatte. Ihr wurde auch schlecht, als der IS in Kobani Tiere mit Sprengkörpern in die Luft jagte, um die kurdischen Kämpfer zu töten.

Schon bald entwickelte Çiçek Rachegelüste. Sie wollte Vergeltung für all die neuen Freundinnen und Freunde, die der IS getötet oder verwundet hatte. Noch im Vorjahr hatte sie mit ihrem Vater auf dem Feld gearbeitet. Damals waren ihre größte Sorge die tratschenden alten Männer aus dem Dorf gewesen. Jetzt rechnete sie selbst im Schlaf damit, jederzeit umgebracht werden zu können. Einige Wochen nach ihrer Ankunft in Kobani bekam sie eine Chance, ihre Kameradinnen zu rächen, als ein bärtiger IS-Kämpfer durch ein Loch in einer Hauswand auf sie zurannte. Çiçek befand sich im Inneren des Gebäudes und richtete die Kalaschnikow mit ruhiger Hand auf den Mann. Sie wusste, dass IS-Männer fürchteten, von Frauen getötet zu werden, weil sie dann nicht in den Himmel kämen und auf die versprochenen 72 Jungfrauen verzichten müssten. Sie sah die Angst in den Augen des Manns, zielte und schoss ihm erst ins Herz, dann in den Bauch. Çiçek schoss immer wieder, obwohl sie wusste, dass der Mann bereits tot war, einfach

»um es zu genießen, ihn zu töten, um meine Wut loszuwerden«. Er war der erste Mensch, den sie umgebracht hatte, und sie erzählte, währenddessen »nur Freude« verspürt zu haben.

Auch in den folgenden Tagen setzten sich die heftigen Kämpfe fort. Çiçek erschoss noch etwa ein Dutzend weitere Männer. Zu dieser Zeit hatte sie ihre Periode und musste sich zwischen den Gefechten in leerstehenden Häusern waschen. Weil ohnehin überall Blut war, spielte das kaum eine Rolle.

Nicht lange nachdem sie zum ersten Mal jemanden getötet hatte, nahmen die YPJ-Kämpferinnen um Çiçek mehrere Dutzend IS-Männer gefangen. In den Taschen der Männer fanden sie Munition, Injektionsnadeln und Tabletten. Später kam heraus, dass der IS eine illegal hergestellte Form von Captagon einsetzte, ein Amphetamin, das euphorisch macht und den Kämpfern tagelang Energie gibt. Çiçek erinnert sich, wie sie die Gefangenen wütend und mit einer Überheblichkeit anbrüllte, die sie sich durch das Überleben mehrere Wochen des Kriegs angeeignet hatte: »Leute, soll ich euch töten?« Sie schüttelten die Köpfe. »Ich werde euch nicht töten«, erklärte sie und fuhr fort: »Denn ihr seid nicht bewaffnet. Hättet ihr uns gefangen genommen, würdet ihr uns gnadenlos töten. Aber das entspricht nicht dem, was wir gelernt haben. Wir werden euch nicht auf diese Art umbringen.« Stattdessen kamen viele der IS-Kämpfer ins Gefängnis.

In der jahrzehntelangen Kampagne für die Rechte von Kurden inner- und außerhalb der Türkei hatte die PKK Tausende türkische Sicherheitsbeamte und einige Zivilpersonen getötet. Der türkische Staat hatte zweifelsohne noch mehr Kurden umgebracht. Die PKK hielt die Tötungen für gerechtfertigt, aber YPG und YPJ wollten beweisen, dass sie anders waren. Sie wollten zeigen, dass nicht sie die Terroristen waren, sondern der IS.

Der IS gewann in Syrien und im Irak zunehmend an Einfluss und kontrollierte inzwischen ein riesiges Gebiet. Kobani war auf drei Seiten von Kämpfern eingekesselt (auf der verbleibenden Seite befand sich die Türkei). Die USA beschlossen einzuschreiten. Immerhin war der IS gewissermaßen eine amerikanische Schöpfung, denn die US-amerikanische Invasion des Iraks im Jahr 2003 führte zur Entstehung des Terrornetzwerks Al-Qaida, das wiederum zur Bildung des IS führte. Lydia Wilson vom Centre for the Resolution of Intractable Conflict an der University of Oxford schrieb 2015 in *The Nation*, die Dschihadisten seien »Kinder der [US]-Besatzung, viele von ihnen ohne Väter […], voller Wut auf Amerika und auf die eigene Regierung.« Der IS sei die erste Gruppierung »seit der Niederschlagung von Al-Qaida, die diesen erniedrigten und wütenden jungen Männern die Möglichkeit bietet, ihre Würde, ihre Familie und ihren Stamm zu verteidigen.«

Im September 2014 stimmte das US-Repräsentantenhaus mit 237 zu 156 Stimmen dafür, dass die USA vor Ort Militärpartner ausbilden und bewaffnen durften. Das verärgerte die Türkei, die die YPG und YPJ genauso wie die PKK als Terroristen ansah. Die USA versprachen YPG und YPJ Unterstützung durch Geheimdienst und Luftwaffe. Çiçek war dankbar. Sie wusste, dass die Guerillakämpferinnen mit der Situation am Boden umgehen konnten. In der Luft sah die Situation allerdings anders aus. Gemeinsam mit ihren Hevals suchte sie schon bald den Himmel über Kobani nach den versprochenen B-1B-Bombern der amerikanischen Luftwaffe ab.

Sie warteten und warteten. Mehrere Tage vergingen. Çiçek verbrachte die Zeit in Häuserruinen zwischen den Überresten vergangenen Lebens: zerfetzte Matratzen, umgestürzte Tische und Wäsche, die noch an der Leine hing. Die Geisterhäuser erinnerten sie an das, wofür sie kämpfte: Frieden und Sicherheit für alle Kurden und gleiche Rechte für alle in Nordsyrien. Nur fünf Tage nach der Abstimmung und doch eine gefühlte Ewigkeit später kamen die Bomber. Von oben blickten die Piloten hinab auf Krater der Zerstörung.

Tage später betraten Çiçek und ihre Kameradinnen ein Wohngebäude, das von einem US-Luftschlag getroffen und teilweise eingestürzt war. Çiçek erklärte, sie wolle die Ruine gründlich durchsuchen, um sicherzustellen, dass alle darin tot waren. Auf dem Boden lagen Leichen von IS-Kämpfern, darunter auch die eines Manns, der unverletzt, aber leblos schien. Als Çiçek sich umdrehte, packte sie jemand an ihrem langen Zopf. Der Mann zog mit festem Griff. Çiçek schrie, rammte dem IS-Mann ihren Ellbogen in den Bauch und rannte los. Vor dem Haus fragten die anderen, was geschehen sei. »Da drin lebt noch einer«, keuchte Çiçek. Die Hevals gingen hinein und töteten ihn. Oder ging Çiçek mit ihnen zurück und schoss ihm in den Bauch? Irgendwann verschwammen manche Ereignisse in Çiçeks Erinnerung.

Die USA führten noch viele weitere Luftschläge gegen IS-Positionen aus. Manchmal waren die Kämpferinnen der YPJ so nah am Geschehen, dass sie selbst verletzt wurden. Einmal bekamen Çiçek und andere Hevals den Befehl, mit Hilfe einer Leiter in den zweiten Stock eines zerstörten Gebäudes zu klettern. Es war ein Luftschlag gegen IS-Kämpfer in der Nähe geplant, und die Hevals wären oben sicherer. Çiçek und die anderen warteten gespannt auf den Luftschlag. *Wenn das Gebäude einstürzt, werden wir unter dem Schutt begraben*, dachte Çiçek. Alle begannen zu beten. Sie drückten mit den Händen gegen die Wände, als könnten sie das Gebäude vor dem Einsturz bewahren.

Der Luftschlag war präzise; das Gebäude hielt. Alle jubelten, und Çiçek stieß ein lautes Freudengeheul, genannt Ululation, aus, mit dem auf syrischen Hochzeiten traditionell das Brautpaar begrüßt wird. Die YPJ-Kämpferinnen stimmten ein. Für Çiçek war die Ululation auch eine Botschaft an ihre Feinde: »Was immer ihr tut, wir haben die Kraft, zu kämpfen und gleichzeitig Spaß zu haben.«

Wegen Çiçeks charakteristischen Freudenrufen, ihrer Sturheit, ihrer Beteiligung an vielen Gefechten und wegen ihrer zahlreichen Talente als Kämpferin erwähnten ihre Mitstreiterinnen sie häufig über Funk. Die IS-Kämpfer hörten ihren Namen also häufig und nahmen sich daher vor, sie zu töten. Über ihre Walkie-Talkies prahlten sie, Çiçek sei so gut wie tot. Doch ihr war das egal. Die Zeit in Kobani hatte sie noch weitaus mutiger gemacht, als sie bereits als Kind gewesen war. Während der Gefechte dachte sie nicht mehr an ihre Mutter. Die Taten des IS brachten sie nicht mehr zum Weinen. YPG und YPJ hatten genügend IS-Kämpfer festgenommen, um Helme und kugelsichere Westen an alle Mitglieder zu verteilen – außer an Çiçek und die anderen. Sie betrachteten sich als Guerillakämpferinnen und mussten beweglich bleiben. Çiçek erzählte, eines Tages sei sie unbemerkt an einem Feuergefecht in der Stadt vorbeigejoggt, obwohl sie gar keinen Auftrag in dem Gebiet hatte. Sie wollte sich lediglich einen Eindruck von dem Kampf verschaffen.

»Du bist kaltblütig«, sagte ihr eine der Hevals und meinte damit, Çiçek sei furcht- und leidenschaftslos, beinahe gefühllos beim Kämpfen und Töten. Bis dato hatte sie fast ein Dutzend Männer umgebracht. Diese Beschreibung war das Gegenteil der Einschätzung ihrer Mutter, die die kleine Çiçek als »heißblütig« bezeichnet hatte. »Du solltest Kobani verlassen und dich in Sicherheit begeben«, riet eine Kameradin, denn der IS war fest entschlossen, Çiçek zu töten. Doch Çiçek hatte keine Angst. Es hatte einen Grund, dass sie das syrische Militär als Kind bewunderte, Dinge im Garten ihrer Eltern explodieren ließ und sich gegen Männer aus dem Dorf zur Wehr setzte: Sie war genau dazu geboren.

Anfang Oktober 2014 mussten YPG und YPJ trotz der Unterstützung der USA Verluste hinnehmen. Aufgrund ihrer schweren Waffen (Panzer, Artillerie, Haubitzen) und ihrer Bereitschaft, noch die schlimmsten Taten zu begehen, waren die IS-Kämpfer klar im Vorteil. Die Dschihadisten prahlten, sie würden das anstehende Eid-Fest in den Moscheen Kobanis feiern. Der türkische Präsident Erdoğan, der auch auf die Niederlage der Kurden hoffte, warnte die USA: »Kobani steht vor dem Fall [...] Ich sage dem Westen: Es ist keine Lösung, Bomben abzuwerfen.«

YPG und YPJ verzweifelten zunehmend. In dieser Zeit umstellte der IS auf dem Mischtanur-Hügel eine Gruppe kurdischer Kämpferinnen, darunter Arin Mirkan, eine YPJ-Kommandantin Mitte zwanzig mit dunklen Augen und strahlendem Lächeln. Doch statt sich zu ergeben, sprengte Mirkan sich in die Luft und tötete dabei einige IS-Kämpfer. Damit ist sie die erste bekannte Selbstmordbomberin der YPJ. Çiçek bewunderte Mirkans Mut.

Die PKK hatte jahrelang Selbstmordattentate begangen. Für YPG- und YPJ-Mitglieder war es deshalb eine Ehre, als Schahid, als Märtyrer zu sterben. Die große Mehrheit der so ums Leben gekommenen Kämpfer starb nicht absichtlich. Vielleicht hilft der Begriff des Märtyrertums den Familien, mit ihrem Verlust umzugehen. Ungeachtet vieler solcher Opfer hisste der IS noch im Oktober seine schwarze Flagge auf dem Mischtanur-Hügel, um den Sieg über die Region anzuzeigen.

Unten in Kobani fanden sich Çiçek und ein Dutzend weitere YPG- und YPJ-Mitglieder in einem Haus von IS-Kämpfern umstellt. Plötzlich gab es eine Explosion – wahrscheinlich ein US-Luftschlag gegen den IS –, und die Hevals sahen nur noch Staub. Zerstörte Möbel im Haus fingen Feuer, und der IS begann zu schießen. Zwei Kameradinnen von Çiçek wurden verwundet. Auch Çiçek spürte ein Stechen im Oberschenkel. Sie rannte los. Wieder verspürte sie einen stechenden Schmerz, diesmal an der linken Rippe und im Bauch. Ein Geschoss hatte sie diagonal getroffen.

Çiçek rannte bis zu einem sicheren Haus der Hevals. Sie sah an sich hinab und dachte, als habe es nicht viel mit ihr zu tun: *Da ist Blut an meinem Körper*. Die Hevals kümmerten sich um sie. Wie Çiçek selbst es schon für zahllose verwundete Kameradinnen getan hatte, nahmen sie ihr das Tuch ab und banden es um ihr Bein. Sie bandagierten auch den Bauch, aber schnell sickerte Blut durch den Verband. In Kobani war es Nacht, und die Gefechte waren noch in vollem Gang. Çiçek erklärte, sie könne weiterkämpfen. Vollgepumpt mit Adrenalin spürte sie die Schmerzen kaum. »Aber geht es dir denn gut?«, fragten die Hevals. »Es geht mir gut. Ich habe damit gerechnet«, antwortete sie, obwohl sie spüren konnte, dass sie schwächer wurde.

Dann: ein anderes Haus, ein neuer Luftschlag, eine weitaus größere Explosion. Die anderen flohen, aber Çiçek konnte nicht rennen und erklärte, sie würde zurückbleiben. Zu ihrem Schutz hatte sie ihr Gewehr und zwei Granaten. Die Hevals versprachen, sie später herauszuholen. Als sie fort waren, hörte Çiçek, wie jemand vor dem Haus Arabisch sprach. Wahrscheinlich waren IS-Kämpfer in der Nähe. Sie versteckte sich hinter einer Waschmaschine im Bad des Hauses. Das Ende der Kalaschnikow nahm sie in den Mund. Würde sie gefunden, konnte sie dem IS die Granaten entgegenwerfen und sich selbst erschießen, statt sich zu ergeben. Alles drehte sich. Çiçek glaubte nun, Kurdisch zu hören, aber vielleicht war es immer noch Arabisch – sie war nicht sicher.

Nach einiger Zeit – es mögen Minuten oder Stunden gewesen sein – ebbten die Gefechte ab. Çiçeks Kameraden fanden sie in ihrem Versteck. Sie konnten kaum glauben, dass sie noch lebte und nicht erschossen oder vom IS entführt worden war. Çiçek war durstig und bat um Wasser, was ihr aufgrund ihrer Verletzungen verweigert wurde. Sie musste dringend ins Krankenhaus.

Die Fahrt aus der Stadt hinaus bekam sie nur teilweise mit, da ihr immer wieder schwarz vor den Augen wurde. Was auch immer als Nächstes geschah – sie würde Kobani nie vergessen: *Wo immer ich hingehe, werde ich den Menschen erzählen, was hier geschehen ist.* Ihr früheres Leben als junges Mädchen inmitten von Olivenhainen schien Çiçek wie ein ferner Traum. Die Ereignisse von Kobani stellten alles in den Schatten. Çiçek spürte, dass Hevals um sie herum waren, aber sie konnte nicht sprechen. Man erzählte ihr, sie werde über die Grenze ins türkische Urfa gebracht, das nur zwei Autostunden entfernt lag. Dort gäbe es bessere Krankenhäuser und viele Kurden.

Während die Schlacht um Kobani weitertobte, lag Çiçek im Krankenhaus und war gezwungen, ihren Kameradinnen aus der Ferne zuzusehen. Ein Arzt erklärte ihr, sie habe Glück gehabt, die zwei Schüsse überlebt zu haben, zumal eine der Kugeln ihren Bauch aufgerissen habe. Im November hatte der IS so viele Kämpfer verloren, dass er Tausende mehr zu Hilfe rief. YPG und YPJ hatten das Gefühl, die Oberhand zu gewinnen. Doch die kurdische Miliz konnte zwar Siege verbuchen, hatte aber selbst Hunderte Männer und Frauen verloren, vielleicht sogar mehr.

Im Krankenhaus in Urfa sah Çiçek Nachrichten über die Gräueltaten des IS im Fernsehen. Der *Guardian* berichtete in jenem Monat, eine Frau und ein acht Jahre altes Mädchen seien tot aufgefunden worden, vergewaltigt vom IS. Man hatte ihnen die Herzen herausgeschnitten und auf ihren geschundenen Leichen abgelegt. Çiçek, deren Bauch mit 35 Stichen genäht worden war, schwor Rache für jede Frau, die Opfer des IS wurde.

BILDER AN DER WAND

Frauen! Steht auf!
Wir knieten unter der Feudalherrschaft;
Wir waren nur Marionetten.
Jetzt haben wir Waffen wie die Männer
Und eines Tages werden wir frei sein.

»Martas Lied«, gesungen von Frauen aus der Volksbefreiungsfront von Tigray, die seit Jahrzehnten gegen Äthiopiens Regierung kämpft.

Unter der kurdischen Guerilla kursiert eine Legende, die vielleicht bis ins letzte Detail wahr ist. 1991 trat eine junge Frau namens Beritan in der gebirgigen türkischen Region Sirnak der PKK bei. Ein Jahr später bekam sie den Auftrag, eine Gruppe ins Gefecht zu führen. Damals kämpfte die PKK gegen irakische Kurden, die sich mit der Türkei verbündet hatten und mit der PKK um die Kontrolle über das Gebiet konkurrierten. Beritans Gruppe erklomm eine Bergkuppe, um dann festzustellen, dass der Feind dort in der Überzahl war. Beritan ordnete den Rückzug an. Sie selbst wollte bleiben und bis zur letzten Kugel kämpfen. Als sie alle Patronen verschossen hatte, forderten die Gegner sie auf, sich zu ergeben. Stattdessen kletterte Beritan auf einen Felsen und sprang in die Tiefe.

Sofort wurde sie zum Symbol des Widerstands. Es heißt, nach ihrem Sprung hätten die Männer, die sie gefangen nehmen sollten, die Waffen niedergelegt und alle Angriffe eingestellt. Über Beritan wurde ein Film gedreht, Lieder wurden komponiert und zahllose Babys nach ihr benannt. Auch viele YPJ-Kämpferinnen wählten Beritan als ihren neuen Namen.

Eine von ihnen (geb. Randa Mohamed Ibrahim, umbenannt in Beritan) hatte bereits mehrere Gefechte für die YPJ hinter sich gebracht, als Çiçek sich der Miliz in Afrin anschloss. Diese Beritan war der YPJ beigetreten, weil sie als Kind zusehen musste, wie das syrische Regime ihren Vater, einen der PKK verbundenen kurdischen Aktivisten, festnahm. Sie war groß und schlaksig, hatte kaffeebraunes Haar, eine große, runde Brille und eine ruhige, vorsichtige Art. Nach ihrem Eintritt in die YPJ brachte man ihr bei, Landminen zu bauen. Als Çiçek nach Kobani kam, hatte Beritan bereits Hunderte Minen gebaut. Dabei saß sie in einem winzigen Zimmer; der Harnstoff und der Rauch brannten in ihrem Hals. Beritan hatte schon in verschiedenen Städten gegen den IS gekämpft und war dabei einmal fast von einer Autobombe getötet worden. Sie war so nah am Geschehen, dass sie die brennenden Körper riechen konnte. Zu diesem Zeitpunkt hatte sie sich bereits vergeblich um die Ausbildung zur Scharfschützin beworben: Sie war zwar vorsichtig, hatte aber ein explosives Temperament, das für eine Scharfschützin lebensgefährlich sein konnte. Außerdem hatte Beritan sich in einen Soldaten der YPG verliebt, obwohl Beziehungen zwischen Mitgliedern beider Gruppen verboten waren.

2013, ein Jahr bevor Çiçek in Kobani angeschossen wurde, schickte man die zwanzigjährige Beritan, die als Kämpferin noch unerfahren war, in eine Basis der YPG/YPJ in Tal Tamr, etwa vier Autostunden von Kobani entfernt. Wie so oft in neuen Situationen blieb Beritan zunächst für sich, doch irgendwann kam der YPG-Kämpfer Shiar auf sie zu. Er war Beritan schon aufgefallen, weil er zu den Leuten gehörte, die immer Energie und Kampfgeist zu haben schienen. »Warum bist du wütend?«, fragte er sie zur Begrüßung. »Ich bin nicht wütend«, antwortete sie mit ernstem Blick. »Doch, das bist du«, beharrte er lachend. Beritan ärgerte sich. So ging es zwischen den beiden hin und her, bis sie sich irgendwann ein Lächeln gestattete. Shiar grinste und ließ sie in Ruhe.

Am nächsten Tag begann er erneut, sie zu necken. Diesmal erlaubte Beritan sich ein Lachen. Die beiden freundeten sich schnell an. Shiar nannte sie »Barry«, und Beritan fing an, kleine Details an Shiar zu bemerken: Er war klein, aber kräftig, und schlief nicht im Liegen, sondern mit dem Rücken an die Wand gelehnt. Oft wachte er auf und rief: »Oh! Ich habe noch mehr zu tun!« Beritan bemerkte, dass Shiars Augen immer funkelten – obgleich er wenig schlief und viel arbeitete.

Wenn Shiar die Basis verließ, gab er Beritan Bescheid, wohin er ging. Denn wer zur Front zog, kam vielleicht nie mehr zurück. Eines Tages erreichte die Gruppe die Nachricht, dass IS-Kämpfer in einem Dorf in der Nähe gesichtet wurden. Alle Hevals bereiteten sich auf die Abfahrt vor. Shiar warnte Beritan, nicht zu gehen. Beritan war wütend. *Wie kann er mich vor den anderen Hevals so erniedrigen?*, dachte sie. Beritan gehörte zu den erfahrensten Kämpferinnen der YPJ, sie konnte Minen bauen und hatte viele IS-Kämpfer getötet, und dennoch ließ er sie wie ein kleines Mädchen dastehen. Sein Verhalten erinnerte sie an ihren Bruder, der nicht wollte, dass Beritan der YPJ beitrat, weil es sich für ein Mädchen nicht gehöre zu kämpfen. Sie hatte gehofft, dass Shiar nicht so ein Typ Mann war. Obwohl er sich später bei ihr entschuldigte, ignorierte Beritan ihn, bis er sie am Handgelenk fasste. »Beritan, es tut mir leid«, sagte er ernst. »Die Wahrheit ist: Ich wollte nicht, dass du dorthin gehst, weil ich dich beschützen wollte.« Beritan wurde nachgiebiger. *Er mag mich*, dachte sie und wurde rot. »Ok«, sagte sie, »mach das einfach nicht noch einmal.«

Romantische Beziehungen galten als Ablenkung vom Kampf. Heirat und Kinder waren für Frauen außerhalb der YPJ gedacht. Würde eine Frau schwanger, könnte sie nicht mehr kämpfen. In ihrem Memoiren *Freedom Fighter* schildert die kurdisch-dänische ehemalige YPJ-Kämpferin Joanna Palani, mit welcher Strafe eine Frau zu rechnen hatte, wenn sie schwanger wurde: Es konnte passieren, dass eine Kämpferin den Mann heiraten musste. Andernfalls wurde sie zur Strafe in ein Lager in den Bergen geschickt. Beritan hatte nie von solchen Strafen gehört, wusste aber, dass sie wegen Shiar Ärger bekommen würde, falls die Sache aufflog.

Im Zweiten Weltkrieg war die Situation für Frauen ähnlich. Ein weiblicher Oberstabsfeldwebel beschreibt in Swetlana Alexievichs *Der Krieg hat kein weibliches Gesicht*: »Liebe war an der Front verboten. Wir freuten uns über unsere Liebe und hielten sie geheim. [...] ich glaube, hätte ich mich im Krieg nicht verliebt, hätte ich nicht überlebt.«

Trotz des Risikos sprach Beritan weiter mit Shiar und dachte an ihn. Er linderte die Grausamkeit des Kriegs; brachte ihr Schmerz und Freude zugleich.

Im Dezember 2014 lag Çiçek noch immer im Krankenhaus im türkischen Urfa und überlegte, wie sie entkommen und nach Kobani zurückkehren könnte. Das Krankenhaus war gut, und ihre Schusswunde heilte schnell. Als höhergestellte Hevals sie einige Wochen nach der Einlieferung besuchten, erklärte sie ihnen, sie wolle an die Front zurückkehren: »Es geht mir gut. Ich kann Waffen tragen.« Die Hevals waren anderer Meinung. Wenn sie es im Krankenhaus nicht mehr aushalte, solle sie sich im Haus einer kurdischen Familie vor Ort erholen.

Bei der Familie verfolgte Çiçek im Fernsehen, wie die Truppen unter kurdischer Führung Kurbani zurückeroberten. Der IS hatte noch immer unerschöpfliche Ressourcen; der Sieg war keineswegs gewiss. Nach zwei Wochen hielt Çiçek es nicht mehr aus, nur zuzusehen. Sie erklärte der Familie, sie werde nach Kurbani zurückkehren, obgleich die Narben an ihrem Bauch noch nicht vollständig verheilt waren. »Ich sollte gehen, ich sollte gehen«, wiederholte sie so lange, bis die Familie nachgab. An Silvester 2014 erlaubte sie ihr, sich einer Gruppe Kurden anzuschließen, die von Urfa nach Kurbani reiste. Ihrer Kommandantin sollte sie aber erst vor Ort Bescheid sagen.

Als Çiçek in Kurbani eintraf, herrschte dort Feierstimmung. Der IS war größtenteils besiegt, auch wenn viele umliegende Dörfer sich noch unter der Kontrolle der Dschihadisten befanden. Die Kommandantur war wütend auf Çiçek. Eine ältere Heval namens Viyan sagte mir später: »Sie ist eine Unruhestifterin. Sie will immer Probleme machen. Sie kann nicht an einem Ort bleiben.« Eine andere Kommandantin nickte zustimmend. »Aber sie ist auch sehr stark und mutig«, fuhr Viyan fort. »Sie ist eine hervorragende Kämpferin, weil sie keine Angst kennt. Sie kämpft wie jemand, der Angst einfach nicht wahrnimmt. Sie tut es einfach, ohne sich vor dem IS oder vor Söldnern zu fürchten.«

Çiçeks Reputation verbreitete sich auch während ihrer Genesungszeit weiter. Viyan hatte Geschichten über sie von der Front gehört. Çiçek habe »versucht, ihr Leben für das ihrer Kameradinnen zu opfern. Und sie tat es mit einem Lächeln. Selbst wenn sie unter Beschuss war, lächelte sie, um die Moral ihrer Mitstreiterinnen aufrechtzuerhalten.«

In Kobani untersuchten die älteren Hevals Çiçeks Bauch. Ihre Haut war gerötet und die Stiche hielten die Wunde kaum zusammen. Die YPJ hatte schon viele Soldatinnen in Kobani verloren und wollte einen weiteren Verlust vermeiden. Doch Çiçek weigerte sich, nach Urfa zurückzukehren. So schickte die Kommandantur sie widerwillig in ein örtliches Versorgungszentrum für verwundete YPJ-Kämpferinnen. Çiçek staunte über das, was sie auf der Fahrt dorthin durch die Autofenster sah: Die Stadt war ruhig und weitgehend von IS-Kämpfern befreit. Die Gefechte hatten hauptsächlich Ruinen hinterlassen, aber die Stadt war frei.

Im Haus befanden sich bereits zehn andere Frauen, alle mit leichteren Verletzungen als Çiçek. Die meisten Kämpferinnen mit Schusswunden befanden sich noch in Krankenhäusern. Die anderen Frauen im Haus hatten wie Çiçek Granatsplitter von Explosionen im Körper. Für Çiçek waren diese Verletzungen unbedeutend. Wie sie wollten alle verwundeten Guerillakämpferinnen im Haus so bald wie möglich in den Kampf zurückkehren, denn die Schlacht um die Dörfer war noch nicht vorbei.

Den Silvesterabend im Haus der Verwundeten sollte Çiçek nie vergessen. »Wir feierten, weil die ganze Stadt uns gehörte«, erzählte sie. Die Frauen schenkten einander, was immer sie auftreiben konnten: Socken, Parfüm, Tücher und Ketten. Als improvisierte Geschenkverpackungen nutzten sie Pappschachteln und Papier. Ihre Kleidung war zwar schmutzig, aber das war ihnen egal. Sie sangen Lieder über Kobani und die Befreiung. Ihre Gesellschaft sollte feministisch, demokratisch, stolz und frei sein. Wer konnte, tanzte bis in den Morgen. Dann schliefen alle erschöpft und glücklich ein.

Im Januar 2015 führten die USA und andere Verbündete Luftschläge gegen die letzten IS-Stellungen in Kobani und an anderen Orten in Syrien und im Irak durch. YPG und YPJ vertrieben die noch verbliebenen IS-Kämpfer aus der Stadt. Die von Kurden geführte Miliz erklärte, nun die Dörfer um Kobani zurückerobern zu wollen, die, so erfuhr Çiçek von einer Heval, noch immer mit Dschihadisten »verseucht« waren. Die Frauen im Haus wurden unruhig. Sie wussten, dass die Kameradinnen bald ihre Hilfe brauchen würden.

»Warum sitzen wir hier nur herum?«, fragte Çiçek eine andere verwundete Kämpferin. Diese schlug vor, den Hevals »Probleme zu machen«, falls sie nicht bald an die Front geschickt würden. Als ein Vorgesetzter hinzukam, schlug Çiçek gegen das verletzte Bein ihrer Kameradin, während diese Çiçek in den Bauch schlug, bis er blutete. »Wenn du uns nicht an die Front bringst, machen wir so etwas«, sagte Çiçek, trotzig wie einst das kleines Mädchen, das den Bäcker bedroht hatte. Der Vorgesetzte war wütend und verbot den beiden, sich wie Kinder zu benehmen. Verhielten sie sich weiter so unreif, würde er sie zurück in das türkische Krankenhaus schicken. Daraufhin hörten Çiçek und die andere Frau auf. Hier waren sie immerhin nahe am Geschehen.

Am 26. Januar 2015 erklärte die YPJ Kobani offiziell für »befreit«. Überall wurden YPJ- und kurdische Flaggen gehisst, auch auf dem Hügel von Mischtanur, wo Arin Mirkan sich einst in die Luft gesprengt und wo noch bis vor kurzem die schwarze Flagge des IS geweht hatte.

Nach zwei Wochen im Haus durfte Çiçek zurück an die Front. Wegen ihrer Verletzungen sollte sie aber nur als Fahrerin eingesetzt werden. Sie wurde an die östliche Front entsendet. Dort traf sie die zehn Jahre ältere Buhar. Die beiden verstanden sich von Anfang an. Sie umarmten sich, als seien sie ein Leben lang Freundinnen gewesen, und scherzten beim Tee miteinander. Buhar zeigte Çiçek mit verschmitztem Lächeln Reste einer Bombe, die in ihrem unteren Rücken steckten; Çiçek zeigte ihr im Gegenzug ihren Frankenstein-Bauch. Buhar bat Çiçek, ihr das Fahren beizubringen, was diese direkt nach der Befreiung der Dörfer tun wollte. Trotz der Dinge, die beide in Kobani erlebt hatten, war Buhar stets positiv und energiegeladen – oder wie Çiçek es formulierte: »stark und lebendig«. Buhar trug ein schwarzes Kopftuch mit bunten Blumen, genau wie Çiçek und die anderen Kämpferinnen. Sie hatte die Angewohnheit, an ihren Fingernägeln zu kauen.

Eines Tages weckte Buhar Çiçek von einem Nickerchen in einem der Häuser im Dorf auf. Sie bat sie, Tee zu kochen –, es seien Gäste auf dem Weg zu ihnen. Çiçek nahm an, es kämen Vorgesetzte, um ihnen Anweisungen zu erteilen. Doch als der Chai fertig war – ein Beutel Schwarztee mit mehreren Löffeln Zucker, genau wie Çiçek ihn mochte –, tauchte niemand auf. Als Çiçek fragte, wo die Gäste seien, lachte Buhar: »Unsere Gäste sind vom IS. Ich habe über das Walkie-Talkie gehört, dass sie kommen. Anscheinend verspäten sie sich.« Çiçek lachte mit. Während sie auf den Feind warteten, tranken die beiden Frauen Tee und unterhielten sich.

In dieser Zeit verbrachten sie viele Tage damit, darauf zu warten, dass die Kämpfe begannen. Einmal fanden Çiçek und Buhar in einem verlassenen Haus eine kaputte Parfümflasche. Sie nutzten die Chance, sich mit dem süßen Duft zu besprühen und den Geruch von Leichen und Schweiß zu übertünchen. Zurück im Haus fanden die anderen Hevals, die beiden röchen merkwürdig. Çiçek und Buhar tauschten Blicke. Die anderen Frauen wurden von Fliegen umschwirrt, doch wenn diese in Çiçeks oder Buhars Nähe kamen, fielen sie zu Boden. Eine andere Heval vermutete, die beiden hätten sich mit Pestiziden statt mit Parfüm eingesprüht. Çiçek und Buhar lachten sich kaputt. Die anderen stimmten ein und machten sich noch wochenlang über die beiden lustig.

Während eines nächsten Auftrags sollten die Frauen sich in einem zweistöckigen Gebäude verstecken, das zwar einen Ventilator, aber keinen Strom hatte. Sie beschlossen, den Ventilator mit Hilfe eines Stocks per Hand anzutreiben. In den Dörfern war es heiß, und der Ventilator würde auch Insekten abhalten. Wenn Çiçek müde wurde, war Buhar an der Reihe. Doch als Buhar sich hinsetzte, um den Ventilator zu bedienen, brach der Stuhl unter ihr zusammen. Die Frauen lachten, bis sie Bauchweh bekamen.

Schon bald wurde Çiçek damit betraut, eine berühmte Kommandantin, über die gerade eine Dokumentation gedreht wurde, durch die Dörfer zu fahren. Die Dokumentation *Commander Arian*, die von der spanischen Filmemacherin Alba Sotorra gedreht worden war, erschien 2018. Darin erzählt die Kommandantin von einem zwölf- oder dreizehnjährigen Mädchen, das entführt, vergewaltigt und geschwängert und dann von seiner Familie umgebracht wurde. Die Familie verübte die Tat zur »Wiederherstellung ihrer Ehre«. Diese doppelte Tragödie sensibilisierte Arian für die Frauenfeindlichkeit in ihrer Gemeinschaft. Wie Çiçek war sie beeindruckt von dem Ausweg, den die YPJ den Frauen bot.

Kommandantin Arian war bekannt für ihre herausragenden Fähigkeiten im Kampf und ihr abgebrühtes Auftreten. Im Film erzählt die Rekrutin Sozdar Arian, sie wolle die YPJ verlassen und zu ihrer Familie zurückkehren. Arian beschwört sie zu bleiben: »Welches Leben willst du?«, fragt sie. »Das Leben einer Sklavin? Ein Leben ohne Sinn? Ein Leben, indem niemand dich als Frau wertschätzt? Oder ein schwieriges Leben, das nur dir selbst gehört? [...] Welches Leben ist dir lieber?« »Ich werde darüber nachdenken«, antwortet Sozdar. »Ich gehe nur für eine Weile. Dann komme ich zurück.« Arian ist nicht überzeugt und drängt die junge Frau, eine definitive Entscheidung zu treffen. »Entscheide dich [...] aber sag nicht, dass du bleiben willst, und mach uns dann hier das Leben schwer«, fährt die Kommandantin fort. »Das ist das Leben der Märtyrer.« Es war ein Leben, in dem man jeden Moment für den guten Zweck sterben konnte. Es war ein Leben, in dem sich ein Mädchen oder eine junge Frau entscheidet, sich in einer Männerwelt zu beweisen. Und doch: Als Sozdar ihrer Kommandantin von Rückenschmerzen berichtet, massiert Arian ihr den Rücken.

Çiçek bewunderte, dass Arian gleichermaßen streng und freundlich sein konnte. Ihre Zeit mit der Kommandantin endete früher als erwartet: YPJ-Kämpferinnen in verschiedenen Dörfern benötigten neue Munition, um auf Hinterhalte des IS reagieren zu können. Kommandantin Arian brach auf, um das Problem anzugehen, und

Çiçek musste als Fahrerin anderer Hevals vor Ort bleiben. Doch ohne Kommandantin Arian hatte sie darauf keine Lust mehr: »Ich bin Kämpferin, nicht Fahrerin«, verkündete sie. Buhar wurde zu einem IS-Posten in einem der umgebenden Dörfer geschickt, und Çiçek wollte sie unbedingt begleiten. Ihre Vorgesetzten, die um Çiçeks legendäre Sturheit wussten, lehnten ab. Die YPJ wollte zwar so wenig hierarchisch wie möglich sein, trotzdem wiesen die Kommandantinnen und älteren Hevals den Jüngeren die Aufgaben zu. Doch plötzlich besetzte der IS ein Dorf ganz in der Nähe, und Çiçek sah ihre Chance gekommen. Sie sagte einem Kameraden, der mit Buhar losfuhr, dass sie mitkommen werde – ob er wolle oder nicht. Sie kletterte in seinen Wagen und bat ihn, sie unter einigen Taschen zu verstecken. Und so fuhr er mit der versteckten Çiçek ins IS-Gebiet, immer hinter Buhars Auto her.

Die Frauen landeten in Korke, einem großen Dorf aus Zement- und Lehmhäusern außerhalb von Kobani, umgeben von einer flachen Ebene. Die Kommandanten hatten erfahren, dass der IS an jenem Abend das Dorf angreifen würde. Wahrscheinlich hofften die Kämpfer, dass sie in ihrer dunklen Kleidung und den Skimasken im Dunkeln nicht sichtbar wären. In der offenen Ebene wäre es für die Hevals aber ein Leichtes, sie zu identifizieren. Umgekehrt hieß das aber auch, dass die IS-Männer jede Bewegung von YPG und YPJ sofort sehen würden. Das Ziel war, Korke zu halten und dem IS keinen Landgewinn einzuräumen.

Çiçek ging zu Buhar. Die Frauen umarmten einander. Es war März 2015 und sehr heiß für die Jahreszeit. Buhar bat Çiçek, mit dem Mobiltelefon einer anderen Heval ein Foto von ihr zu machen, ehe der Kampf begann. »Vielleicht werde ich heute eine Schahid«, sagte Buhar und benutzte das Wort für Märtyrerin nur halb im Scherz. »Dann bräuchtest du etwas, um dich an mich zu erinnern.«

Als die Frauen in jener Nacht Wache hielten, scherzte Buhar, es sei zu heiß für einen IS-Angriff. In diesem Moment erschien, wie auf Kommando, eine Gruppe von Kämpfern in der Ferne. Die Scharfschützin Buhar kletterte mit anderen YPJ-Kämpferinnen auf ein Hausdach, während Çiçek unten blieb. Die Männer kamen schnell näher. Bald hatten sie sie erreicht. Einige der Männer kletterten auf Hausdächer, um ihre Scharfschützengewehre zu positionieren. Binnen Minuten – zwei, fünf, vielleicht zehn? Çiçek war nicht sicher – rief eine YPJ-Soldatin vom Dach, dass Buhar getroffen worden sei. Çiçek blickte nach oben und sah, wie ihre Kameradinnen Buhars Kopfwunde bandagierten. *Nein, nein, nein*, dachte Çiçek. Ein Kopfschuss war oft tödlich. Aber Buhar richtete sich wieder auf und schoss. *Es muss eine leichte Verletzung sein*, dachte Çiçek.

Minuten vergingen, vielleicht eine Stunde. Die Zeit schien sich während der Gefechte stets auszudehnen und zusammenzuziehen, jedenfalls nicht den Gesetzen der normalen Zeitrechnung zu gehorchen. Immer mehr IS-Kämpfer trafen ein, und Çiçek feuerte ihre Kalaschnikow so oft ab, dass sie es nicht mehr zählen konnte. Männer drangen in den Garten des Hauses ein, auf dessen Dach Buhar war. Dann betraten sie das Erdgeschoss. In wenigen Minuten würden sie bei Buhar auf dem Dach sein. Çiçek schoss pflichtgemäß weiter, während sie wusste, dass ihre Freundin in Gefahr schwebte.

Später erfuhr sie, dass Buhar ihre Kameradinnen gebeten hatte, sich selbst zu retten, weil sie keine Kraft mehr für die Flucht hatte. »Ich schieße so lange, bis ich keine Munition mehr habe«, kündigte sie an. Ihre Kameradinnen sprangen vom Dach, wobei eine sich den Rücken brach. Çiçek war nicht weit von Buhar entfernt und sah, wie die IS-Kämpfer das Dach betraten. Dann hörte sie, wie eine Vorgesetzte über Funk das Okay für einen US-Luftschlag gab. Als die Koordinaten des Hauses genannt wurden, war Buhar immer noch auf dem Dach und schoss. Das Haus wurde getroffen und durch die mächtige Explosion zum Einsturz gebracht. Die IS-Kämpfer wurden getötet. Çiçek wusste, dass auch Buhar tot sein musste.

Sie blinzelte. *Jetzt gehen wir und holen die Leichen. Vielleicht finde ich Teile von Buhar und muss sie einsammeln*, dachte sie. Doch Buhars Leichnam war unversehrt und frei von Blut – als sei sie beim Einsturz des Dachs wie ein Engel zur Erde geschwebt.

Als Çiçek ihr den Verband abnahm, sah sie, dass ihr ein Scharfschütze in den Schädel geschossen hatte. Es war ein Wunder, dass sie noch so lange aufrecht sitzen und schießen konnte. Çiçek erinnerte sich an das Foto. *Sie ist zur Märtyrerin geworden, wie sie es vorhergesagt hat*, dachte sie stolz. Als der Leichnam ihrer Freundin weggetragen wurde, fühlte sie sich taub. Buhar sollte später auf einem Märtyrerfriedhof begraben werden, doch Çiçek würde zu diesem Zeitpunkt noch kämpfen und nicht teilnehmen können. Ihre Freundin war zwar älter gewesen als Çiçek, aber ausgelassen wie eine Teenagerin und lustiger als alle anderen Hevals, die Çiçek kannte. Ihr Foto wurde zu den vielen anderen Bildern von Märtyrerinnen an eine Wand in einem YPJ-Gebäude gehängt.

Nach Buhars Tod schrumpfte der für Çiçek einst so Furcht einflößende IS auf das zusammen, was er wirklich war: ein Haufen wütender, schlecht ausgebildeter Männer. YPG und YPJ brauchten keine Drogen, um zu kämpfen. Für sie war der Verlust von Freunden und Familie Motivation genug. Jedes Mal, wenn Çiçek an die gemeinsamen Momente mit Buhar dachte, schnürte sich ihre Brust zusammen. Jetzt verstand sie, dass die kurdischen Milizen resilienter, beweglicher und besser ausgebildet waren. Sie waren diejenigen, die tatsächlich an ihre Sache glaubten.

In Kobani hatte Çiçek ungefähr ein Dutzend IS-Kämpfer erschossen. In den Operationen rund um die Dörfer waren es schätzungsweise 50 bis 60 Männer. Sie wurde immer besser im Zielen und war eine so gute Schützin wie Hannie Schaft, die niederländische Widerstandskämpferin, die im Zweiten Weltkrieg zusammen mit zwei Schwestern eine Zelle zur Ermordung von Nazis gebildet hatte. Nachdem sie bei ihrer Hinrichtung zunächst nur verwundet worden war, lauteten ihre letzten Worte angeblich: »Ich kann besser schießen.« Çiçek sagte, sie habe viele Kämpfer mit der Präzision einer Attentäterin erschossen und bewundere jedes Mal ihr handwerkliches Geschick.

Auf Beritans Stützpunkt in Tal Tamr stand das Eid-Fest kurz bevor. Sie plante, eine Kampfpause einzulegen und zu ihrer Familie nach al-Darbasiyah zu fahren. Sie wollte Shiar nicht zurücklassen, aber er beruhigte sie. »Mach dir keine Sorgen, Barry. Ich gehe nicht ohne dich an die Front.« Sie waren nun beide so lange dabei, dass sie Mobiltelefone hatten. Sie konnten also auch während Beritans Abwesenheit in Kontakt bleiben.

Beritan mochte al-Darbasiyah nicht. Die Gegend war flach, langweilig und für nichts Besonderes bekannt. Ihre Familie lebte dort in einem einfachen Lehmhaus, an dessen Wänden Koransuren hingen. Die Mahlzeiten wurden im Sitzkreis auf dem Boden eingenommen und bestanden meist aus Huhn und Reis, die von ihrer Mutter oder Schwester in stundenlanger Arbeit zubereitet wurden. Sobald Beritan zu Hause ankam, meldete sie sich bei Shiar. Durch das Telefon hörte sie lautes Knallen, das gar nicht zu der Normalität von al-Darbasiyah passte, wo jeden Morgen die Hähne krähten. »Du hast versprochen, nicht ohne mich an die Front zu fahren. Du hast gelogen«, warf sie ihm wütend vor. »Komm zurück und kämpfe, Barry«, sagte Shiar, ohne sich zu entschuldigen. Beritan legte auf.

Nach dem Telefonat machte sie sich Vorwürfe. Wäre sie eine Frau, die einfach nur ein Leben auf dem Dorf führt, wäre es vielleicht akzeptabel aufzulegen, weil ihr Freund sie nervte. Aber Shiar war an der Front und sie hatte aufgelegt, ohne zu wissen, ob sie ihn je wieder sprechen würde. Ihr war klar, dass jederzeit alles passieren konnte. Einmal wollte sie lediglich eine Straßenmine platzieren und wurde vom Feind überrascht, während sie eine Pause einlegte, um zu essen. Und Shiar war gerade an einem weitaus gefährlicheren Ort. Auch als sie mit ihrer Schwester in der Stadt beim Einkaufen war, machte sie sich weiter Vorwürfe. Beritans Schwester bemerkte die schlechte Stimmung und bestand darauf, dass Beritan Shiar zurückrief.

»Wir kämpfen noch«, sagte Shiar diesmal, ohne anzudeuten, wie der Kampf verlief. An jenem Abend rief sie ihn noch dreimal an. Jedes Mal hatte er keine besonderen Neuigkeiten. »Barry, komm einfach morgen zurück«, sagte er schließlich erschöpft, »und nach einem Tag schicke ich dich wieder nach Hause.« *Nein.* Beritan war wieder irritiert und immer noch wütend über Shiars Lüge. Sie konnte nicht einfach nach Tal Tamr zurückkehren wie eine traditionelle Frau – nur weil der Mann es verlangte. »Ich komme nach dem Eid-Fest«, versprach sie ihm und fiel in einen ruhelosen Schlaf.

Um fünf Uhr morgens klingelte ihr Telefon. »Heval Shiar ist den Märtyrertod gestorben«, sagte ihr eine Freundin. Beritans Welt brach auseinander. Sie sprang aus dem Bett und fuhr sofort ins nur wenige Autostunden entfernte Tal Tamr. In der Basis weinten alle Kameradinnen und Kameraden – alle hatten Shiar gemocht. »Zeigt mir, wo er gestorben ist«, verlangte Beritan von den Vorgesetzten, aber diese verneinten – es sei zu gefährlich. Beritan blieb stur. Sie konnte nicht glaubte, dass Shiar wirklich tot war. Er war ein talentierter Kämpfer, der sein ganzes Leben dem Freiheitskampf widmen wollte. In der Nacht zuvor hatte Beritan dreimal mit ihm gesprochen. Dass er tot war, schien unmöglich.

Nachdem Beritan von der Front zurückgekehrt war, durchsuchte sie in der Basis Shiars Sachen. Sie fand seine Granaten und einen

Stift, den er sehr mochte. Den Stift wollte sie behalten, aber nie benutzen, damit die Tinte nicht aufgebraucht würde. Und sie wollte ihren Namen in »Beritan Shiar« ändern. Ihr alter Name Randa bedeutete ihr wenig.

Wie Çiçek nach Buhars Tod wurde auch Beritan nach Shiars Tod härter. Sie lernte noch viele männliche und weibliche Hevals kennen, ließ aber niemanden an sich heran. Sie konzentrierte sich nur auf den Kampf, was leichter war, nachdem sie in die nordsyrische Stadt Tall Abyad (später umbenannt in Girê Spî) geschickt wurde, wo der IS unaussprechliche Gräueltaten verübte. In Tall Abyad sah Beritan Männer in Käfigen, Frauen mit ausdruckslosen Gesichtern, die vergewaltigt worden waren, und Kinder, die sich duckten, wenn man auf sie zuging. YPG und YPJ drängten den IS bald nach Beritans Ankunft aus der Stadt und gaben den Menschen dort Wasser, Nahrung und Süßigkeiten, um ihnen zu zeigen, dass sie – anders als der IS – keine Monster waren. An Tagen wie diesen konnte Beritan Shiar für ein oder zwei Stunden vergessen.

YPG und YPJ waren in den Dörfern um Kobani letztlich siegreich. Um zu feiern, fuhr Çiçek in das eine Autostunde entfernte Tall Abyad, eine wichtige Station auf der Durchreise nach Nordostsyrien. In Tall Abyad hisste die YPJ ihre Flagge, um den Sieg über die gesamte Region anzuzeigen. Tausende Menschen, die aus Kobani geflohen waren, hatten andernorts Unterschlupf gefunden. Manche kehrten jedoch zu ihren Häusern zurück, betrachteten den Schaden, rollten ihre Schlafmatten aus und fanden einen Weg, die Vorratsschränke wieder zu füllen. »Ich kann nicht beschreiben, wie glücklich ich war, dass die Menschen glücklich und sicher nach Hause zurückkehren konnten«, so Çiçek.

Im Juni versuchten die Dschihadisten ein weiteres Mal, Kobani anzugreifen, doch YPG und YPJ wehrten sie schnell ab. Der IS war nicht länger die gefährliche Kraft, die er immer sein wollte – weder in Wirklichkeit noch in der Phantasie der Menschen. Er hatte nach der unwahrscheinlichen Niederlage gegen die kurdisch geführten Kräfte in Kobani an Macht verloren. Die Verteidiger hatten zwar die Unterstützung der USA und unter ihnen waren mehr Männer als Frauen, aber die YPJ war dennoch ein wichtiger Faktor für den Sieg und wusste das auch. Bei der Zusammenkunft in Tall Abyad jubelten die Frauen und sangen Befreiungslieder. Çiçek konnte nur an Buhar denken. Ganz in der Nähe trauerte Beritan um Shiar.

Buhar hat gesagt, dass Kobani eines Tages befreit wird und wir alle feiern werden, dachte Çiçek. Doch Buhar war – wie Shiar und viele andere – nur noch ein Bild an der Wand.

DER ZORN DER OLIVEN

Das ist keine Kriegserklärung. Wir sind schon seit Jahrzehnten im Krieg. In einem Krieg, den wir nicht wollten und nicht provoziert haben [...] Das war nur eine Warnung [...] und wir werden nicht noch einmal warnen [...]. Wir sind nicht eine Gruppe, sondern viele. Wir sind in eurer Stadt. Wir sind in jeder Stadt. Eure Unterdrückung stärkt nur unseren Zusammenhalt und unsere Entschlossenheit.

Kommuniqué von Jane's Revenge, einer anonymen Gruppe, die im Mai 2022 einen Brandanschlag auf ein Anti-Abtreibungszentrum in Wisconsin verübte –, kurz bevor der Oberste Gerichtshof der USA das Abtreibungsrecht kippte.

Im August 2015 war es knapp zwei Jahre her, dass Çiçek in ihrem Dorf am Straßenrand stand und YPJ-Kämpferinnen vorbeiziehen sah. Diese zwei Jahre kamen ihr wie zehn vor, und so viel älter fühlte sie sich auch. Ihr langes, dünnes Haar war immer fettig, ihre Haut nicht mehr weich und faltenlos. Ihr Körper war sonnengegerbt und aufgerissen von Metall und Blei. Doch in ihren Augen war noch immer dieser Schalk.

Im August verkündeten YPG und YPJ, dass sie über ein doppelt so großes Territorium in Nordsyrien die Kontrolle hatten wie im Jahr zuvor. Die gemeinsame Truppenstärke schätzten sie auf 40 000. Im Oktober gaben sie sich einen neuen Namen. Sie hatten die USA als Partner, arbeiteten mit jesidischen und arabischen Freiheitskämpfern zusammen und nannten sich nun Demokratische Kräfte Syriens (DKS). Diese Bezeichnung erleichterte es den USA, an der Seite der Kurden gegen den IS zu kämpfen, ohne den mächtigen NATO-Partner Türkei zu verärgern. Die USA wollten den Unterschied zwischen der kurdisch geführten syrischen Miliz und der PKK hervorheben. Letztere betrachtete die Türkei als terroristische Vereinigung.

Aber die Türkei war trotzdem aufgebracht. Die Kurden galten im Land seit Jahrzehnten als Sicherheitsrisiko und waren zuerst vom Osmanischen Reich und später von der Türkei unterdrückt, vertrieben, inhaftiert und getötet worden. Als Reaktion darauf hatten sie sich bewaffnet und ihrerseits Türken getötet. Nach der Einschätzung von Expertinnen und Experten sind seit den 1980er Jahren im Konflikt zwischen PKK und Türkei auf beiden Seiten über 50 000 Menschen ums Leben gekommen. Die Auseinandersetzung mit den kurdischen Kämpfern hatte die Türkei Billionen Dollar gekostet und das Bruttosozialprodukt des Landes deutlich gesenkt. Im Vergleich zur kurdischen Guerilla war die türkische Armee riesig, doch das schreckte die Kurden nicht ab.

Im Herbst 2015 veröffentlichte die Menschenrechtsorganisation Amnesty International zwei Berichte, die kurdische Gruppen für schwere Verbrechen in Nordsyrien verantwortlich machten. Laut den Berichten hatten YPG und YPJ bei der Rückeroberung einiger Gebiete vom IS arabische Einwohnerinnen und Einwohner verjagt und deren Häuser zerstört. Zudem habe die Partei der Demokratischen Union (PYD) Menschen ungerechtfertigt festgehalten und unfaire Gerichtsprozesse durchgeführt. Doch eine UN-Kommission fand später keine Beweise dafür, dass kurdische Gruppen je gegen Araber vorgegangen waren. Die Führung von YPG und YPJ argumentierte, die Berichte seien politisch motiviert gewesen. Aus Çiçeks Sicht ergaben die Vorwürfe keinen Sinn, da sie Seite an Seite mit arabischen Menschen gekämpft hatte und das Ziel von Rojava darin bestand, die Rechte aller ethnischen Gruppen im Sinne eines friedlichen Zusammenlebens zu schützen.

Während in der Türkei Verärgerung herrschte, der syrische Bürgerkrieg sich hinzog und der IS sich an sein kleiner werdendes Kalifat klammerte, versuchten die Kurden, Rojava aufzubauen. Sie bildeten eine neue Regierung und teilten Rojava in »Kantone« (Verwaltungsbezirke) auf. In allen Regierungskörperschaften galt ein Frauenanteil von mindestens 40 Prozent. Die Regierungsarbeit war demokratisch und wurde geteilt. Die PYD, Anfang der 2000er Jahre als syrischer Arm der PKK gegründet, hatte allerdings den größten Einfluss und arbeitete in einer Koalition mit kleineren Parteien zusammen. In der Großstadt Qamischli wurde eine koedukative Universität eröffnet. Jahrzehntelang war es vielen syrischen Kurden nicht möglich gewesen, in ihrer Muttersprache zu studieren. Später wurde die Stadt Jinwar gegründet. Sie sollte explizit Frauen und Kindern eine Heimat bieten, die ihre Ehemänner und Väter im Krieg verloren hatten, nicht heiraten wollten oder vor häuslicher Gewalt geflohen waren. Ungeachtet des Kriegschaos oder vielleicht gerade deshalb war Rojava ein Experiment des Feminismus und der Gleichberechtigung.

Im Herbst 2015 veröffentlichte das *New York Times Magazine* einen Artikel über Rojava, der die Autonomieregion als »säkulare Utopie im Vorgarten des IS« beschrieb. Der Artikel führte aus, dass die Vision von Rojava nicht im Verhältnis zur Realität im Mittleren Osten, sondern zur ganzen Welt radikal war. »Wir kämpfen für unsere Ideen«, erklärt ein Lehrer dem Magazin. »Ideen sterben, genau wie Menschen, wenn wir nicht für sie kämpfen.« Auch andere westliche Medien griffen das Thema auf, darunter auch das *Slate Magazine*, das sich wunderte, dass die nordsyrische Region, die »von militanten feministischen Anarchistinnen« angeführt wurde, nicht mehr Aufmerksamkeit erhielt. Der Anthropologe David Graeber – einer der wenigen Amerikaner, die Rojava von Beginn an mit Interesse verfolgten – erzählte mir am Telefon, dieser Aspekt der weiblichen Revolution sei schlicht »eine wundersame historische Tatsache«. Wir sprachen im Februar 2020. Ich hatte die Ereignisse um die YPJ-Kämpferinnen jahrelang aus der Ferne verfolgt und nun begonnen, intensiver über die Region zu recherchieren. Für Graeber, der nur wenige Monate später überraschend starb, war Rojava ein Lichtstrahl inmitten der dunklen, blutigen Geschehnisse in der Region.

Im Kanton Afrin, in dem Kurden und Araber lebten, trat Çiçeks Mutter Asiya einer Kommune bei, die vor Ort beim Bau und der Reparatur von Krankenhäusern, Schulen und Straßen Hilfe leistete. »Wir machen die Gegend schöner«, erklärte mir Asiya am Telefon. »Das gemeinsame Ziel ist uns in Fleisch und Blut übergegangen. Ich werde es immer beschützen.« Çiçeks Mutter klang wie eine YPJ-Kämpferin. Viele Menschen in Rojava redeten jetzt so. Der Idealismus der Revolution war ansteckend. Afrin war bislang von der Gewalt des IS verschont geblieben, aber Çiçek fürchtete, der Kanton könnte als Nächstes an der Reihe sein.

2016 wurde Çiçek nach Manbij geschickt. Die mehrheitlich arabische Stadt in Nordsyrien befand sich seit zweieinhalb Jahren unter der Kontrolle des IS. Als die Demokratischen Kräfte Syriens (YPG, YPJ und US-Partner) dort eintrafen, waren viele Zivilisten bereits vor den Dschihadisten geflohen. Çiçek zitterte, wenn sie sich an die Zeit in Manbij erinnerte.

Ihre Freundin Amara, eine immer fröhliche Kameradin aus der YPJ, wollte in Manbij einer jungen Mutter mit Baby auf dem Arm helfen. Sie glaubte, die Frau fliehe vor dem IS und suche den Schutz der DKS. Doch als Amara das erst vier oder fünf Monate alte Baby auf den Arm nahm, drückte die arabische Mutter einen Knopf unter der Burka und sprengte sich in die Luft. Auch Amara und das Baby starben. Eine andere Bewohnerin erzählte den YPJ-Kämpferinnen später, der IS habe die Mutter gezwungen, den Sprengstoffgürtel zu tragen, und ihr gedroht: Wenn sie sich nicht selbst in die Luft sprenge, würden sie es per Fernsteuerung tun. Vielleicht hatte die Mutter angenommen, ihr Baby würde in Amaras Armen überleben.

In Manbij sah Çiçek, wie IS-Kämpfer einem Zivilisten in den Kopf schossen, um das Voranschreiten der DKS zu verhindern. »Einen haben wir getötet«, verkündete der IS laut Çiçeks Erinnerung. »Und wir werden noch mehr töten, wenn Ihr weiter vorrückt oder uns angreift.« Sie sah, wie der IS einer fliehenden Frau in den Rücken schoss. Die Frau wurde nach vorn geschleudert und fiel zu Boden. Später sah Çiçek an einem Kreisverkehr zwei Köpfe; die Körper waren nirgends zu sehen.

Als Çiçek ein vierstöckiges Gebäude bewachte, blickte sie auf ein vom IS kontrolliertes, gegenüberliegendes Gebiet. Sie sah zu, wie IS-Kämpfer einen weißhaarigen Mann in schwarzen Hosen und blauem Hemd auf die Knie zwangen. Es hätte genauso gut jeder beliebige alte Mann sein können – ihr Onkel, ihr Vater. Von ihrem Posten aus konnte Çiçek nicht sehen, ob er weinte oder letzte Worte sprach. Aber sie sah, wie ein IS-Kämpfer ein Messer nahm und ihn köpfte. Vielleicht machten die brechenden Nackenknochen ein schreckliches Geräusch – sie war zu weit weg, um es zu hören. Ihre Kameradinnen vor Ort überlegten, ob man die Kämpfer erschießen sollte, um die Enthauptungen zu stoppen, doch es waren zu viele Zivilpersonen in der Nähe. Die DKS kamen in Manbij kaum voran, weil Menschen, die dort lebten, im Kreuzfeuer gefährdet waren und der IS überall Landminen und Sprengkörper platziert hatte.

Nach der Enthauptung hielt ein IS-Mann den Kopf des Manns wie eine Trophäe hoch. Ältere Hevals erklärten Çiçek, die Enthauptungen seien eine Strategie des IS, um den Menschen so viel

Angst einzuflößen, dass sie es nicht wagten, auf die Seite der DKS zu fliehen.

Manchmal, in den Feuerpausen, lief Çiçek alleine durch die Straßen und betrachtete die Ruinen und die Leichen. Sie war überwältigt. »In Manbij saß ich manchmal einfach unter einem Baum oder in einer Ecke und weinte«, erinnert sie sich. »Ich konnte die Zerstörung nicht ertragen.« Früher hatte sie wegen des IS geweint, weil sie ihre Mutter vermisste oder als ihre geliebte Buhar starb. Jetzt weinte sie aus purer Hilflosigkeit: Sie hatten versucht, so viel zu beschützen, und dennoch konnte der IS so viel zerstören. Wenn sie durch Manbij fuhr, hörte sie traurige Lieder, blickte durch die Fenster in zerstörte Häuser und fragte sich, wie es hier wohl vor dem Krieg gewesen war. Sie stellte sich vor, wie Menschen zusammen am Tisch saßen, sich vor dem Spiegel anzogen, eine lustige Fernsehsendung ansahen.

In Manbij war es so heiß, dass selbst das Leitungswasser warm aus dem Hahn kam. Bald bekam Çiçek hohes Fieber. Die Leichen und die hohen Temperaturen waren einfach zu viel. Weil sie sich nicht bewegen konnte, brachten die Hevals sie zu einem Arzt in der Nähe. Bei ihrer Rückkehr erfuhr Çiçek, dass die DKS Manbij vom IS befreit hatten. Die restlichen IS-Kämpfer waren in Autos geflohen. Auch andere Dörfer und Städte waren »befreit«, wie die Hevals es nannten. Das galt auch für asch-Schaddadi in Nordostsyrien. Dort soll der IS am Stadttor Kurdinnen als Sexsklavinnen verkauft haben.

Einmal fuhr Çiçek mit ihren Kameradinnen durch Manbij und sah, wie ein Mann seine Tochter mit einem Plastikschlauch schlug. Die Hevals hielten an und fragten, was los sei. »Meine Tochter will nicht zur Schule gehen«, sagte der Vater laut Çiçek. »Aber sie ist meine Tochter, und die Sache geht euch nichts an.« Die Hevals sagten, er solle seiner Tochter lieber die Wichtigkeit des Schulbesuchs erklären, statt sie zu schlagen. Sie warnten ihn: Wenn sie noch einmal sähen, dass er die Tochter schlage, würden sie ihn ins Gefängnis stecken.

Einige Tage später kamen Çiçek und die Hevals wieder am Haus des Manns vorbei, und wieder schlug er seine Tochter. Diesmal griffen sie ein. Doch statt den Mann festzunehmen, brachten sie ihn und seine Tochter zu einem »Mala Jin« (Frauenhaus). 2011 war in Rojava ein Netzwerk solcher, von Frauen geleiteten Häuser entstanden. Die YPJ arbeitete mit den Frauenhäusern zusammen, um Frauen vor Ort zu helfen. An die Mala Jins konnten sich Frauen mit Problemen wie häusliche oder sexuelle Gewalt, Zwangs- und Kinderehen, Polygamie etc. wenden. Mit neuen Technologien, die in Syrien Verbreitung fanden, kamen zunehmend auch Themen wie Online-Belästigung auf; auch diese wurden in den Mala Jins adressiert. Die Mitarbeiterinnen kannten die Rechtslage in Syrien und Rojava, waren in Vermittlungs- und Mediationstechniken, Sozialarbeit und dem Sammeln von Daten ausgebildet. Notfalls reichten sie ein Problem an Polizei oder Gericht weiter.

2014 hatte Rojava ein Frauengesetz verabschiedet, dass viele alte, für Frauen und Kinder nachteilige Praktiken abschaffte, darunter die Polygamie, das Mitgiftsystem und den Austausch zweier Töchter einer Familie gegen den Sohn einer anderen Familie. Dennoch galten in großen Teilen Nordsyriens noch immer tradierte religiöse und stammesbezogene Praktiken, die alle auf einer Vorstellung von Ehre beruhten. Die Politikwissenschaftlerin Handan Caglayan von der Universität Ankara schrieb 2012 im *European Journal of Turkish Studies*: »Hauptmerkmal der gesellschaftlichen Strukturen des patriarchalen Gürtels [im Mittleren Osten, Nordafrika und Südasien] ist die strenge Kontrolle über das Verhalten der Frauen. Es herrscht eine starke Ideologie, die Familienehre mit weiblicher Keuschheit verbindet.«

Bald entstanden in Nordsyrien Dutzende Mala Jins. Jeden Tag kamen in das Mala Jin von Qamischli ungefähr 15 Frauen mit den verschiedensten Problemen. Während ich dort war, berichtete eine Teenagerin, ein Junge zwinge sie zum Sex und drohe damit, andernfalls ein Nacktfoto von ihr zu veröffentlichen, das sie ihm geschickt hatte. Eine Roma-Frau mit geröteter, wunder Haut erzählte mir, sie habe sich selbst angezündet, weil ihr Ehemann sie regelmäßig schlage und ihren Bruder töten lassen wolle. Sie sei der Gewalt »müde«. »Er ist der Grund, dass ich mich angezündet habe.« Eine andere Frau schilderte, wie ihr Ehemann und ihre Schwiegereltern sie geschlagen hätten, als sie schwanger war, so dass das Baby im Bauch starb. Auch ein Mann kam ins Mala Jin und klagte, seine Frau erlaube ihm nicht, die eigene Tochter zum Eid-Fest zu sehen.

Als das System der Mala Jins in Rojava eingeführt wurde, gab es vereinzelte Berichte, die suggerierten, dass manche Frauen zu weit gingen: Sie hätten sich durch die Mala Jins so gestärkt gefühlt, dass sie ihre gewalttätigen Ehemänner geschlagen hätten. Die Leiterin des Mala Jin in Qamischli, Behia Murad, bestätigt, anfangs habe es möglicherweise solche Vorkommnisse gegeben: »Vielleicht haben die Frauen ihre Macht anfangs ausgenutzt«, erklärte sie mir. »Aber am Anfang ließen Ehemänner, deren Frauen ins Mala Jin wollten, sich direkt scheiden. Die Männer konnten sich darüber hinaus nicht vorstellen, dass eine Frau ihre Probleme lösen konnte.« Doch nach mehreren Jahren, so Behia Murad, habe sich das Mala-Jin-System verbessert. »Jetzt kommen sogar viele Männer mit ihren Problemen zu uns.«

Çiçek staunte über einige der Geschichten, die sie im Mala Jin hörte. Eine Frau klagte, ihr Mann schlage sie. Gleichzeitig wollte sie aber ihre neunjährige Tochter an einen sechzigjährigen Mann verheiraten. Aus Çiçeks Sicht war dieser Fall ein Sinnbild dafür, wie schwierig es war, soziale Veränderungen in der Region herbeizuführen. Ein Schritt vorwärts schien stets mit einem Rückschritt einherzugehen. Çiçek berichtete, das Frauenhaus habe mit dem Ehepaar gearbeitet, um der häuslichen Gewalt Einhalt zu gebieten. Die YPJ habe die Tochter in Obhut genommen. Das geschah manchmal, wenn die Rechte eines Mädchens verletzt wurden – oft in Absprache mit der Polizei von Rojava. Die Neunjährige war verängstigt und traumatisiert – und nun Teil einer Miliz, obwohl Çiçek betonte, dass sie erst mit 16 Jahren in den Kampf geschickt würde.

Nach diesen Erfahrungen merkte Çiçek, dass die YPJ sich auf den Kampf gegen den IS und dessen Verbrechen konzentriert hatte, während geschlechterbasierte Gewalt in ihrem Umfeld noch immer weit verbreitet war. »Unsere Leute taten das Gleiche wie unsere Feinde«, sagte sie. »Es ist schockierend, diese Geschichten zu hören, weil die Menschen leiden, leiden, leiden und nichts sagen. Wenn sie dann endlich etwas sagen, sieht man erst, wie groß das Problem wirklich ist.«

2016 berichteten westliche Medien intensiv über den Kampf der YPJ gegen den IS – mit der Schlacht von Kobani hatte der Konflikt die Aufmerksamkeit der Medien erregt. Jeder wollte über die Kämpferinnen berichten, die bunte Kopftücher oder Haarbänder trugen und Kalaschnikows im Arm hielten. Die Journalistin Gayle Tzemach Lemmon erinnert sich in ihrem Buch *Daughters of Kobani*, die Nähe der Stadt zur Türkei habe es westlichen Journalistinnen und Journalisten ermöglicht, die Kämpfe aus einer sicheren Position gleich hinter der Grenze zu beobachten. Die Presse veröffentlichte Foto um Foto der »jungen Frauen mit Zöpfen und Blumenkopftüchern und Ak-47-Maschinengewehren«, so Lemmon. »Je mehr Bilder es gab, je stärker und beeindruckender war das Narrativ von der zusammengewürfelten Miliz, die es mit den brutalen, international organisierten Terroristen aufnahm.« Jede YPJ-Kämpferin, die mir begegnet ist, freute sich über die positive internationale Berichterstattung, die dazu beitrug, Öcalans Gedankengut zu verbreiten und die weitere Unterstützung des US-Militärs zu sichern.

Gleichzeitig neigte die westliche Presse dazu, die Kämpferinnen zu sexualisieren. Eine neunzehnjährige YPJ-Kämpferin wurde aufgrund ihres Aussehens als die »Angelina Jolie Kurdistans« bezeichnet, eine blonde Kämpferin, die angeblich ums Leben kam, war »der Engel von Kobani«. Die Geschichten wurden immer sensationeller: Beispielsweise sollte der IS 917 000 Euro Kopfgeld auf die ehemalige YPJ-Kämpferin Joanna Palani ausgesetzt haben, weil sie über 100 IS-Männer getötet habe. Palani erklärte Reportern später, sie habe ihre Tötungen nie gezählt, die Zahl könne aber stimmen. Die Geschichte mit dem Kopfgeld schien jedoch konstruiert.

Die bekannte kurdische Aktivistin Dilar Dirik, die auch zur kurdischen Frauenbewegung forscht, veröffentlichte bereits 2014 einen Essay, in dem sie die »Kurzsichtigkeit« der westlichen Medien bei der Berichterstattung über die YPJ kritisierte: Die Presse konzentrierte sich auf Oberflächlichkeiten, statt zu erforschen, warum die Frauen wirklich zu den Waffen griffen. »Wie faszinierend es von außen auch sein mag, eine Frauenrevolution unter den Kurden zu beobachten – meine Generation ist ganz selbstverständlich mit Kämpferinnen aufgewachsen; sie gehören zu unserer Identität«, schrieb Dirik in *Al Jazeera*. Sie erinnerte an die Geschichten über die kurdischen Kämpferinnen Kara Fatma Khanum, die im 19. Jahrhundert ein Bataillon von 300 Männern gegen die Russen ins Feld führte, und Leyla Qasim, eine Zweiundzwanzigjährige, die 1974 vom irakischen Regime hingerichtet wurde, weil sie in der kurdischen Studierendenbewegung aktiv war. Vor ihrer Hinrichtung soll Qasim zum Richter gesagt haben: »Töten Sie mich! Aber Sie sollten wissen, dass Tausende Kurden nach meinem Tod aus ihrem tiefen Schlaf erwachen werden.«

Die westliche Berichterstattung über die YPJ geriet bald zusätzlich dafür in die Kritik, die Kurden zu lobhudelnd und unkritisch darzustellen. In dem Blogbeitrag »Romancing Rojava« (»Die Romantisierung Rojavas«) argumentieren der britisch-assyrische Journalist Mardean Isaac und der assyrische Künstler Max J. Joseph, die Medien ignorierten, dass die Kurden den Assyrern, einer Ethnie aus der Region, ihre Ideologie aufzwangen. Die Selbstverwaltung von Rojava widersprach den Behauptungen – Kern ihrer Revolution sei die friedliche Koexistenz verschiedener Völker. Doch manche assyrischen Schulen schienen durch kurdische ersetzt worden zu sein. Die großen Medienhäuser recherchierten damals kaum, ob die Vorwürfe zutrafen, und konzentrierten sich weiter auf die exotisierende Berichterstattung über die Kämpferinnen.

Der Wissenschaftler Richard C. Reuben schrieb 2009 in seinem Artikel »The Impact of News Coverage on Conflict« (»Der Einfluss der Medienberichterstattung auf Konflikte«), die traditionelle Kriegsberichterstattung fokussiere »Gewalt, Propaganda, Eliten [...] und Siege.« Im Fall Rojavas schien die Berichterstattung stark von der kurdischen Propaganda über Rojava sowie der Propaganda kritischer Stimmen beeinflusst zu sein. Bei meinen Reisen nach Rojava hatte ich Schwierigkeiten, verlässliche Nachrichtenquellen und unvoreingenommene Expertinnen und Experten zu finden, um der Sache auf den Grund zu gehen. Ich beschäftigte mich erst spät mit dem Thema, hatte somit aber Gelegenheit, alle Berichte und Forschungsarbeiten zu lesen, die bereits über Rojava erschienen waren. Als ich 2021 dort eintraf, hatten die USA die Kurden bereits durch die Ankündigung verraten, Truppen aus Nordsyrien abzuziehen. Die groben Fehler, die Amerika in der Region gemacht hatte, standen nun mehr im Fokus der Öffentlichkeit.

Bereits im Mai 2017 hatte die *New York Times* allerdings berichtet, dass Luftschläge seit Beginn des Kriegs gegen den IS unter amerikanischem Kommando mindestens 352 Zivilpersonen in Syrien und im Irak getötet hatten. Das Militär bestätigte diese Zahl. Die Nonprofitorganisation Airwars, die Schäden an Zivilistinnen und

Zivilisten in der Region beobachtete, setzte die Zahl jedoch um das Achtfache höher an. Ein einzelner Luftschlag in Nordsyrien tötete in jenem Jahr Hunderte Menschen, die in einer Schule Unterschlupf gesucht hatten, in deren Nähe sich IS-Kämpfer versteckten. Ein Journalist, der über den Luftschlag berichtet hatte, erzählte mir später: »Man hörte ein Flugzeug. Dann ein Zischen und einen Knall. Manche Menschen starben unter dem Schutt. Andere wurden von Hunden gefressen.«

Der Großteil der Berichte erzählte 2017 aber noch die andere, schönere Geschichte, die auch stimmte – dass junge Frauen wie Çiçek, mutig wie Löwinnen, in Nordsyrien einen Dschihadisten nach dem anderen töteten.

2017 wurde auf Youtube ein Video aus ar-Raqqa, IS-Hauptstützpunkt und angebliche Hauptstadt des Kalifats veröffentlicht. Das Video wurde auch von der BBC geteilt. Es zeigt eine junge YPJ-Kämpferin an einem Fenster. Sie hat eine Kalaschnikow auf der Schulter und trägt ein blaues Kopftuch. Eine Kugel fliegt direkt an ihrem Ohr vorbei. Ungläubig lacht sie darüber, wie knapp das war, und streckt die Zunge heraus. Das Video ging bald viral. »Die wäre ihr fast ins Auge gegangen!«, lautete ein Kommentar auf Youtube. »Und sie hat auch noch gelacht«, antwortete ein anderer. Manche glaubten nicht, dass das Video echt sei.

Im Oktober 2017 erklärten die DKS den Sieg über den IS in ar-Raqqa. Der IS hatte dort einen Markt für Sexsklavinnen betrieben und die Köpfe von Opfern auf Stangen präsentiert. Die Hauptstadt des Kalifats war gefallen.

Çiçek wurde kurz vor dem Ende der Kämpfe nach ar-Raqqa entsandt. Sie erzählt, wie die Soldatinnen den Kindern am Tag des Sieges Brot, Süßigkeiten, Softdrinks und Wasser gaben. Den Männern schenkten sie Zigaretten, weil der IS das Rauchen verboten hatte. Frauen legten auf den Straßen ihre Schleier und Abayas ab, die sie unter dem IS tragen mussten. Viele Mädchen, die mit IS-Kämpfern zwangsverheiratet wurden, waren bereits geflohen. Andere versuchten, sich der YPJ anzuschließen. Laut Çiçek wurde allen unter 16 Jahren gesagt, sie seien zu jung, um sich an den Kämpfen zu beteiligen.

Ein UN-Bericht von 2018 über die Rekrutierung von Kindersoldaten in Syrien legte hingegen nahe, die YPJ nehme immer noch Minderjährige auf. Zwischen 2013 und 2018 seien 137 minderjährige Mädchen rekrutiert worden. In der Türkei gingen Dutzende kurdische Eltern auf die Straße. Sie gaben an, ihre Kinder seien entführt worden, um für die PKK oder die YPJ zu kämpfen. Die Türkei nutzte diese Proteste im Sinne ihrer Propaganda.

YPG und YPJ zögerten nicht, die Verbreitung von Öcalans Gedankengut als »Propagandaarbeit« zu bezeichnen. Auch Çiçek sagte oft, alles, was sie tue sei für »Serok Apo« – ein Spitzname für Öcalan, der in etwa »Präsident Onkel« bedeutet. Öcalans Foto war in Rojava omnipräsent. Es befand sich auf Anzeigetafeln und Schildern; außerdem hingen überall Porträts – wie von Mao oder Lenin. Seit Jahrzehnten existierte dieser Personenkult um Öcalan, aber es war unklar, wie viel Kontrolle über die kurdischen Kämpferinnen und Kämpfer er aus dem Gefängnis tatsächlich ausübte. Çiçek sagte, Öcalans Ideologie habe sie schon als Mädchen angesprochen und spreche sie noch heute an, weil sie schon immer stur, kämpferisch und idealistisch gewesen sei. Außerdem hätten auch die Menschen im Westen Ideologien angenommen, die sie für problematisch hielt, etwa den Kapitalismus, der aus ihrer Sicht alles zu einer Ware mache. Wie alle YPJ-Kämpferinnen trug auch Çiçek kein Make-up, kaufte nichts, was sie nicht unbedingt brauchte, und besaß kein Mobiltelefon. Sie verstand weder den Reiz des Konsums noch das Bedürfnis, Dinge anzuhäufen. Öcalan hatte ihr beigebracht, als Frau zu leben, ohne Angst vor Männern zu haben. Ohne seine Ideologie würde sie wie die konservativen syrisch-arabischen

Frauen in einem Dorf leben, ihr Gesicht verschleiern und sich auf Haus und Hof beschränken.

Öcalans Jineologie, die »Wissenschaft von den Frauen«, wurde damals in mindestens acht Städten Rojavas an Universitäten und sogar an einer Jungenschule unterrichtet. Manche männlichen Kämpfer kritisierten das, andere erzählten mir, es habe ihre Einstellung verändert. Der Kämpfer Dilbrin Rumailan meldete sich in einem Kurs in al-Hasakah und erklärte, früher habe er nicht verstanden, warum Frauen Freiheit bräuchten. Er wollte nicht, dass seine Schwester das Haus verließ oder seine Frau länger als eine Stunde ihre Familie besuchte. Doch nach dem Kurs gestand er seiner Lehrerin Roken 23 Doshka (benannt nach der Maschinenpistole): »Ich sehe jetzt, dass selbst die Frau ein Leben, eine Ideologie und eine eigene, unabhängige Persönlichkeit hat [...]. Ich verstehe, dass ich mich falsch verhalten und sie beleidigt habe.«

Bei meinem Interview mit Aldar Khalil, dem Co-Vorsitzenden der PYD (der stärksten Kraft in Rojava) war ich überrascht, als ich erfuhr, dass auch er Jineologie-Kurse besucht hatte. »Selbst ich habe begonnen, mich als Mann zu hinterfragen.« Khalil hatte in der PKK gekämpft und schämte sich, einst geglaubt zu haben, nur Männer könnten eine Waffe abfeuern: »Ich hasste mich als Mann. Wie hatten wir die Frauen behandelt, wie konnten wir ihnen Respekt und eigene Rechte verweigern?«

In mehreren Jineologie-Klassenräumen, die ich besuchte, hingen Bilder der mythischen Figur Shahmaran, die halb Schlange, halb Frau ist und für die Kurden ein Symbol der Weisheit und Heilung darstellt. Laut dem Mythos wurde sie von ihrem Geliebten verraten und tötete ihn. Shahmaran verkörpert auf gewisse Weise die Lehren der Jineologie über die Fähigkeiten der Frauen und die Gefährlichkeit der Männer.

Die Feministin Meredith Tax argumentiert in ihrem Buch *A Road Unforeseen*, feministische Lehren wie die Jineologie machten

Rojava wahrscheinlich zum besten Ort für Frauen im Mittleren Osten. Das galt jedoch nicht für queere Personen: Zoza, eine achtundzwanzigjährige syrisch-kurdische trans Frau, die in Rojava aufwuchs und später als Geflüchtete nach Toronto kam, erklärte 2017 gegenüber der Website *The Intercept*: »Rojava war nie ein Ort, an dem queere Menschen willkommen geheißen werden, und wird es auch nie sein.« Nur wenige Menschen dort sind trans oder schwul. Das Thema Queerness spielte fast keine Rolle.

In der YPJ war Sexualität jeder Art nachrangig; Ziel war ein unabhängiges Leben. Die zweiundzwanzigjährige Roz Abdulbaki Ali, die Jineologie an der Universität Qamischli studiert hat, erzählte mir: »Ich träume nicht mehr länger von Ehe, Haus und Mann.« Darin erinnerte sie mich an Çiçek, die einst sagte: »Kochen, Putzen, Kinderkriegen, Ehefrau sein – so ein Leben kann ich nicht ertragen.«

In den Jineologie-Kursräumen hingen auch Porträts der sumerischen Göttin Inanna, eine jener Muttergöttinnen, die laut Öcalan vor der Entstehung des Patriarchats verehrt wurden. Inanna war eine gefürchtete Göttin, die über Unterwelt, Erde und Himmel herrschte und unter anderem für das Wachstum der Pflanzen zuständig war. In Afrin wurde 2016 als Teil der Wiederaufbauinitiative die rein weibliche Inanna Agriculture Cooperative gegründet. Die Frauen pflanzten dort Zwiebeln, Knoblauch, Kichererbsen und andere Hülsenfrüchte an. Sie wollten zeigen, wie das Wachstum der Landwirtschaft in Nordsyrien angeregt werden könnte. Die Frauen hofften, dass Rojavas Wirtschaft genauso gemeinschaftlich und kooperativ würde, wie es die Regierung der Autonomieregion war.

Mehrere Jahre zuvor saß Beritan 2014 in der nordsyrischen Stadt Qamischli neben ihrem bettlägerigen Kameraden Haroun, dessen Hände durch eine Minenexplosion verstümmelt worden waren.

Beritan wusste zu diesem Zeitpunkt längst nicht mehr, wie viele Minen sie selbst gebaut hatte. Haroun war in Jazaa verletzt worden, wo sich damals viele IS-Kämpfer aufhielten. Ein Scharfschütze hatte Haroun an der Schulter getroffen, und ein Mörserangriff hatte seine Sicht eingeschränkt. Doch die Mine hatte den größten Schaden angerichtet. Harouns eine Hand war entstellt, die andere fast verschwunden. Beritan wusste genau, welchen Schaden Minen anrichten konnten.

Während sie an Harouns Bett saß, kam er manchmal zu Bewusstsein und erinnerte sich an Einzelheiten jenes Tages. Er war gefahren und hatte angehalten, die Hände immer noch am Lenkrad. Dann ein Knall – oder eine Explosion. Seine Hand wurde vom Handgelenk abgetrennt. Der Kopf seines Kameraden flog in die eine Richtung, der Körper in die andere. An viel mehr erinnerte Haroun sich nicht. Er wusste, dass eine Freundin namens Beritan an seinem Bett saß und ruhig mit ihm sprach. Er hatte gemeinsam mit ihr gekämpft und sie immer anders eingeschätzt als die anderen YPJ-Kämpferinnen. Beritan war reif, selbstbewusst und niemals hochmütig. Ihm gefiel, wie sie mit anderen Hevals sprach. Wieder verlor er das Bewusstsein.

Beritan erinnerte sich, wie sie als Teenagerin eines Abends gen Himmel geblickt hatte. Erst kurz zuvor hatte sie von dem arabischen Märchen der unglücklichen Liebe zwischen Layla und Madschnun gehört. In jener Nacht sah sie beim Einschlafen zwei Sterne, die einander berührten. Damals war sie Romantikerin gewesen, aber heute, nach dem Verlust Shiars, interessierte sie diese Art von Liebe nicht mehr. Im Kurdischen ist eine andere Formulierung für »Ich liebe dich«: »Ohne dich habe ich kein Herz.« Beritan glaubte nicht mehr an diese Form der Liebe, an zwei Menschen, die füreinander bestimmt waren, und an eine Leidenschaft, die einem den Schlaf raubt. Beritan glaubte, falls sie nach Shiar wieder jemanden lieben würde, dann einen Freund, jemanden, der sie beruhigte. Jemanden, mit dem sie über den Krieg und ihre Liebe zu Tieren sprechen konnte, mit dem sie essen oder ein Lied auf dem Tanbur spielen würde.

Haroun wachte auf. Beritan war immer noch da. Er kannte die Regel, dass Mitglieder der YPG keine Beziehungen zu Frauen der YPJ haben durften. Beritan war eine Freundin und besuchte ihn vielleicht nur, weil sie ein großes Herz hatte. Doch Haroun wollte nicht irgendeine Beziehung. Er wollte heiraten. Seine Eltern hatten ihm erst vor kurzem gesagt: »Irgendwann sterben wir, und du solltest jemanden haben, der bei dir ist.« Beritan wusste, wie man Menschen Hoffnung machte. Sie saß an seinem Bett. Er konnte sich keine bessere Frau vorstellen.

Haroun gefiel Beritan aus ganz ähnlichen Gründen. Er war freundlicher, sanfter und schien unschuldiger als viele andere YPG-Männer, die zum Teil unreife Witze über die Kämpferinnen machten. Haroun sagte, wenn die beiden zusammen kämpften, sei das, als betrete er ein Haus, in dem er immer willkommen war. Vielleicht würde Beritan so antworten, wenn man sie fragte, was Liebe sei. Sie hatte beschlossen, dass Liebe nicht Sex oder Besessenheit bedeutete, sondern Fürsorge und Schutz zweier Menschen füreinander. Es ging um das Gefühl, zu Hause zu sein. Sie saß an Harouns Bett und sprach mit ihm, obwohl sie nicht glaubte, dass er sie hören konnte. Sie war froh, dort zu sein.

Nach jahrelangen Spannungen und tagelangen Drohungen begann die Türkei im Januar 2018 mit Bombenangriffen auf Çiçeks Heimat Afrin. Dann kamen die Bodentruppen. Die Türkei nannte die Offensive ganz unironisch »Operation Olivenzweig«.

Die Probleme fingen an, nachdem die Kurden in Nordsyrien große Landgewinne verzeichnen konnten und die USA erklärte, man werde 30 000 Mitglieder der DKS bewaffnen und ausbilden. Die Türkei interpretierte beides als direkte Bedrohung. Präsident

Erdoğan war wutentbrannt: »Ein Land, das wir als unseren Verbündeten bezeichnen, stellt eine Terrorarmee direkt an unserer Grenze auf«, schimpfte er in einer Rede in Ankara. »Wen soll die Terrorarmee angreifen – außer der Türkei? Unser Auftrag ist, sie im Keim zu ersticken.« Die YPJ hatte bereits Kräfte in Afrin stationiert und schickte bald mehr. Doch diesmal war die Lage anders als gegen den IS. Die Türkei war die achtgrößte Militärmacht der Welt und verfügte über fast 750 000 aktive Soldaten und Reservisten, verglichen mit den etwa 60 000 Kräften von YPG und YPJ. Wenn die Türkei ganz Afrin einnehmen wollte, war sie dazu in der Lage – falls die USA und Syrien sie nicht aufhielten.

Acht Tage nach Beginn der Operation Olivenzweig warf die YPJ-Kämpferin Avesta Habur eine Granate in die Einstiegsluke eines türkischen Panzers. Damit tötete sie sich selbst und zwei türkische Soldaten. Habur war wie Çiçek mit 17 aus dem Kanton Afrin zur YPJ gekommen. Knapp drei Jahre nach Arin Mirkan hatte die YPJ nun eine weitere Selbstmordattentäterin (wobei es wahrscheinlich mehr gab, über die aber nichts bekannt wurde).

Im Februar konnte Çiçek ihre Kommandantin überzeugen, sie nach Afrin zu schicken. Ihr Geburtsort, Heimat ihrer Eltern und Großeltern, ein Ort, den sie als »Heiliges Land« betrachtete, war unter Beschuss. Der Bezirk Afrin hatte eine Fläche von fast 4000 Quadratkilometern und Hunderttausende Einwohner. Çiçeks Familie war bisher sicher, aber das konnte sich bald ändern. Sie stellte sich vor, wie türkische Söldner in ihr Dorf und in das Haus ihrer Eltern eindrangen und ihre Schwestern von gesichtslosen Männern in Uniform vergewaltigt wurden.

Çiçek merkte, wie sie ruhiger wurde, als sie sich Afrin näherten. Sie war gefasster, wenn sie in den Kampf zog und die Ereignisse nicht passiv im Fernsehen verfolgen musste. Çiçek saß am Steuer eines Mitsubishi Pick-ups und fuhr den Berg Jabal al-Alam (Berg der Träume) hoch, der südlich der Stadt Afrin lag. Çiçek war ganz in ihrem Element. Sie fuhr schnell und erzählte ihren Mitfahrerinnen von der Schönheit Afrins, da die meisten von ihnen nicht aus der Gegend stammten. Sie berichtete vom angenehm kühlen Klima und den Olivenhainen, so weit das Auge reicht. »Wo man auch hingeht, sieht man Bäume. Hier ist es grün, hier gibt es Berge, einfach alles.« Sie redete immer weiter. Afrin sei schöner als jede andere Gegend in Rojava.

Das Fahrzeug näherte sich einer Polizeikontrolle. Die Hevals schalteten ein YPJ-Lied ein. Çiçek bekam ein mulmiges Gefühl. Sie öffnete das Autofenster und hörte eine Stimme. Die Zeit schien stehenzubleiben. Dann flog das Auto in die Luft. Die drei Hevals auf der Rückbank warfen sich aus den Autotüren; die Kämpferin auf dem Beifahrersitz sprang aus dem Fenster. Çiçek war hinter dem Lenkrad eingeklemmt. Ihre Tür war verschlossen; sie konnte sich nicht bewegen. Aufgrund der Explosion konnte sie nichts hören. Der Qualm und der Staub nahmen ihr die Sicht.

Çiçek zwang sich, reglos zu bleiben. Wenn der Feind Bewegung sah, käme vielleicht ein weiterer Drohnenangriff. Sobald sich die Situation beruhigt hatte, würde sie fliehen. Sie hörte eine Männerstimme. Der Mann öffnete die Tür und zog sie hinter dem Lenkrad hervor. »Komm mit«, sagte er. Çiçek stolperte und bemühte sich, etwas zu hören oder zu erkennen. »Wer bist du und wie heißt du? Ich muss wissen, wer mich hier herausholt«, sagte sie. Er gab sich als Heval zu erkennen.

Çiçek dachte, der Drohnenschlag habe nur ihre Sicht und ihr Hörvermögen eingeschränkt, aber jetzt spürte sie ein Brennen am Bauch, genau an der Stelle, wo sie bereits früher verwundet worden war. Sie tastete ihr Gesicht ab. Es war voller Blut. *Ist das Blut von meinen Augen oder meinem Bauch?*, überlegte sie. Sicher war sie nicht. Vielleicht hatte sie Granatsplitter im Bauch. Der Heval legte sie im Schatten eines Baums nieder. Çiçek wusste, dass sie nun doch nicht an Afrins Front kämpfen würde.

Çiçeks Kameradinnen versammelten sich um sie. Ihre Uniformen waren bei der Explosion zum Teil verbrannt, so dass zwei der Frauen fast nackt waren. Çiçek hatte die schwersten Verletzungen davongetragen. Sie rieb sich die Augen. In der Ferne erkannte sie die Umrisse des zerfetzten Pick-ups. »Beim Anblick des Autos konnte man gar nicht glauben, dass wir die Explosion überlebt haben«, sagte sie später.

Çiçek blieb neun Tage im Krankenhaus. Die Granatsplitter wurden entfernt und ihr Bauch mit vier Stichen genäht, genau dort, wo zuvor die 35 Stiche gewesen waren. Auch ihre Hüfte war gebrochen. Ihre Mutter Asiya kam sie im Krankenhaus besuchen und schenkte ihr das eigene, leuchtend rot-blaue Kopftuch als Glücksbringer. Asiya arbeitete inzwischen in einem weiteren lokalen Komitee, dessen Aufgabe die Schlichtung von Konflikten in der Gemeinde war. Sie machte sich Sorgen um ihre Tochter, war aber auch stolz auf sie.

Zur selben Zeit starb in Afrin die britische YPJ-Kämpferin Anna Campbell bei einem türkischen Raketenangriff. Das Foto der jungen, blonden Frau mit den blauen Augen, die sich freiwillig gemeldet hatte, um den Kurden zu helfen, ging um die Welt. Campbells Vater sagte der BBC, er sei über den Verlust seiner Tochter »erschüttert«, aber sie habe genau gewusst, was sie tue. »Als sie von dem politischen Experiment in Rojava erfuhr, hatte sie das Gefühl, die ganze Welt müsse so organisiert sein«, so der Vater. »Die soziale Organisation auf allen Ebenen, die Gleichheit. Sie wollte helfen, das zu beschützen.«

Auch wenn Rojava auf die eigene Entwicklung konzentriert war, glaubten viele, es tauge als Modell für Autonomieregionen und direkte Demokratie in anderen Teilen der Welt. Von baskischen Separatisten in Spanien über die Irisch-Republikanische Armee bis zu einem Netzwerk Schwarzer Arbeiterkooperativen in Jackson, Mississippi tauschten die verschiedensten Gruppierungen Informationen mit Rojava aus. Frauen aus der ganzen Welt – Frauen wie Campbell – fühlten sich von diesen Idealen angezogen.

Campbell starb mit 26 Jahren. In jenem März nahmen die türkischen Truppen große Teile Afrins ein.

Nach der Explosion hatte Çiçek noch monatelang Probleme mit dem Sehen und konnte deshalb nicht mehr so gut schießen. Sie schlief nur noch mit dem Gesicht nach unten, damit bei einem erneuten Angriff aus dem Hinterhalt nicht wieder ihr Bauch verletzt würde. Sie hatte oft Albträume, in denen sie das Geräusch einer über ihr schwebenden Drohne hörte oder Horden von IS-Kämpfern in Kobani eintrafen. Immer wenn Çiçek von Drohnen träumte, wurde sie im Traum von einer Rakete getroffen und wachte auf. Die Albträume schilderte sie einer Heval, die ihr den Rat gab, »vor dem Schlafengehen an gute Dinge zu denken und den IS und die Kämpfe zu vergessen.« Doch selbst wenn sie mit schönen Gedanken einschlief, etwa an Buhar, ihre Mutter oder die Olivenhaine in ihrem Dorf, hatte sie die gleichen düsteren Träume.

Ihre Familie musste bald aus Afrin fliehen. Sie zog in ein Geflüchtetenlager im Kanton Schahba, eine Autostunde von Afrin-Stadt entfernt. Ein Pressevideo der YPJ mahnte die Kämpferinnen: »Früher wart ihr Mitglieder eurer Familie. Jetzt seid ihr Mitglieder eurer Nation.«

Çiçek musste wegen ihrer Augen, der Hüfte und des Bauchs zu verschiedenen medizinischen Untersuchungen, unter anderem auch zu einer im irakischen Sindschar. Damit verließ sie seit Jahren zum ersten Mal das große, idealistische Experiment namens Rojava. *Rojava ist mein ganzes Leben*, dachte sie. Sie hatte keine Angst, dafür zu sterben. Nach einem Jahr Genesung sah Çiçek im März 2019 in einem Krankenzimmer, wie die DKS im Fernsehen endlich den kompletten territorialen Sieg über den IS verkündete.

Ein IS-Scharfschütze hatte Buhar getötet, eine IS-Bombe Amara. IS-Kämpfer hatten so viele von Çiçeks Kameradinnen und

Kameraden umgebracht. Jetzt endlich war der IS besiegt. Doch der Sieg fühlte sich enttäuschend an, weil Çiçek gelernt hatte, dass der Fall eines Feinds oft den Aufstieg des nächsten nach sich zog. Jetzt war Afrin von der Türkei besetzt, und die UN sowie internationale Menschenrechtsorganisationen warnten vor zunehmenden Menschenrechtsverletzungen in der Region. Dazu gehörten Vertreibungen von Kurden, Vergewaltigungen von Frauen und Entführungen von Männern. Medien berichteten, dass türkische Söldner im Rahmen der Operation Olivenzweig Tausende der in Afrin so beliebten Olivenbäume angezündet hatten.

Währenddessen begann die extremistische Gruppe Ghadab al-Zaytoun (»Die Wut der Oliven«), gewaltsam zurückzuschlagen und darüber zu berichten. Die Gruppe prahlte mit Entführungen und Hinrichtungen türkischer Söldner, aber auch mit der Hinrichtung von Kurden, die der Zusammenarbeit mit dem Feind verdächtigt wurden. »Seit dem ersten Tag der türkischen Besetzung der Region Afrin haben wir gewarnt, dass jene, die mit den Besatzern zusammenarbeiten, als Verräter und Volksfeinde betrachtet werden und sie das gleiche Schicksal ereilen wird wie die getöteten Soldaten«, so eine Stellungnahme der »Wut der Oliven« von Juni 2019.

In einer Analyse für die Investigativgruppe *Bellingcat* vermutete der Journalist Alexander McKeever, die »Wut der Oliven« könne ein gewalttätiger Arm von YPG und YPJ sein, der extreme Aktionen durchführte, mit denen beide nicht öffentlich in Verbindung gebracht werden wollten. YPG und YPJ bestritten, etwas mit der Gruppe zu tun zu haben. Soldatinnen wie Çiçek sollten nie erfahren, ob das stimmte oder nicht. Und sie konnte auch nicht nach Afrin zurückkehren, um es herauszufinden.

Nachdem sie sich erholt hatte, wurde Çiçek nicht nach Afrin zurückgeschickt, sondern nach al-Hol entsandt – ein riesiges, teilweise gesetzloses Geflüchtetenlager in Nordsyrien, in dem Zehntausende gefangene IS-Familien lebten. Meist handelte es sich um die Frauen der Kämpfer und deren Kinder. Verängstigt blickten die Frauen unter ihren Niqabs und Hidschabs hervor.

Çiçek wurde einer Antiterroreinheit zugewiesen, die in al-Hol patrouillieren sollte. Die meisten geflüchteten Frauen, mit denen sie in Kontakt kam, behaupteten, dem IS nur wegen ihrer Männer beigetreten zu sein, nachdem die Dschihadisten ihre Städte und Dörfer eingenommen hatten. Es war schwer zu sagen, wer sich dem IS unter Druck angeschlossen hatte und wer dies freiwillig getan hatte. Çiçek traf auch viele im Ausland geborene IS-Frauen, die berichteten, man habe sie zum Beitritt gezwungen oder entsprechend indoktriniert. Shamima Begum, eine in England geborene Frau aus Bangladesch, die mit 15 aus Großbritannien zum IS gegangen war, hatte einen IS-Kämpfer geheiratet und war neu in al-Hol. Mit ihrem Mann hatte sie drei Kinder, die alle gestorben waren. Es hieß, Begum sei eine der strengsten Vertreterinnen der IS-Moral gewesen und habe Menschen in Bombenwesten für Selbstmordanschläge eingenäht. Doch Begum beharrte darauf, sie sei der Gruppe nur aus jugendlicher Unwissenheit beigetreten und die Berichte über sie seien falsch.

In al-Hol fing Çiçek an, regelmäßig zu rauchen, obwohl sie eigentlich fand, dass Zigaretten im Kampf besser schmeckten. Aber sie merkte, dass sie durch das Rauchen nicht so oft hungrig und weniger ängstlich war. Die Erinnerungen an die Gefechte quälten sie, und die Lage in al-Hol war unsicher und unvorhersehbar. Überall im Camp hatte der IS seine Schläferzellen – ehemalige Kämpfer, die einen Aufstand planten. Ständig gab es Fluchtaktionen und Gewalt. Eines Tages begleitete Çiçek zwei Polizistinnen auf ihrer üblichen Wachrunde, als ihnen Dutzende Schuhe vor einem Zelt auffielen. Im Inneren bereiteten gerade 100 Frauen die Enthauptung einer Inderin vor, die einen Vorfall der Polizei gemeldet hatte.

Çiçek und die Polizistinnen kamen »gerade rechtzeitig, um sie zu retten«, so Çiçek. »Wir drohten den Frauen: ›Wenn ihr die Frau nicht in Ruhe lasst, töten wir euch alle.‹«

Manchmal absolvierte Çiçek die Kontrollen in al-Hol auch in einem Patrouillenfahrzeug. Sie war lieber allein unterwegs, weil sie die Bewohner dann ungestört beobachten konnte. Wenn sie auch nur eine Kleinigkeit übersah, könnte jemand sterben. Eines Tages wurde ihr gemeldet, dass eine Frau einer anderen mit einem Hammer den Kopf einschlug. Die Frau starb, bevor jemand einschreiten konnte.

Im Sommer 2019 wurde eine Frauenleiche in einem Abwassertunnel in al-Hol gefunden. Der Verwesungsprozess war schon so weit fortgeschritten, dass Gesicht und Körper deformiert waren. Die Lagerleitung benötigte ein Körperteil der Frau zur Identifizierung ihrer Nationalität. Çiçek meldete sich freiwillig, um es zu holen. Nach all den Leichen, die sie gesehen hatte, hielt sie das für keine große Sache. Der Leichnam bestand nur noch aus Knochen und roch auch nicht streng. Sie wusste nicht mehr, ob sie einen Arm oder ein Bein genommen hatte, aber das war egal. Es gab so viele anonyme Opfer. Niemand wusste, was mit den Frauen und Kindern in al-Hol geschehen sollte, auch weil manche Herkunftsländer sie nicht zurücknehmen wollten.

Am 6. Oktober 2019 verkündete der damalige US-Präsident Donald Trump ohne Vorwarnung, dass er die amerikanischen Truppen aus Nordsyrien abziehen werde. Damit gab er letztlich grünes Licht für einen türkischen Einmarsch. Den Kurden, Partner der USA im Kampf gegen den IS, sagte er vorher nichts von seinen Plänen. Stattdessen warnte er die Türkei halbherzig, nichts »Verbotenes« zu tun.

Drei Tage nach Trumps Ankündigung begann die Türkei mit Luftschlägen gegen nordostsyrische Grenzstädte. Die Operation lief unter dem Namen »Friedensfrühling«. Der *Economist* schrieb damals sarkastisch: »Sehet die ›große und unerreichte Weisheit‹ von Präsident Donald Trump«. Die türkische Offensive drohe, den IS wiederzubeleben und »Syrien zu einem weiteren Kreislauf des Todes zu verurteilen«. Auch das demokratische Experiment Rojava sei bedroht; eine humanitäre Krise sei zu befürchten.

US-amerikanische ehemalige und derzeitige Topmilitärvertreterinnen und -vertreter kritisierten den geplanten Abzug, den sie als Verrat an den kurdisch geführten Milizen betrachteten. Diese hatten große Opfer für die USA gebracht, indem sie den IS am Boden bekämpft hatten. Çiçek nahm die Nachricht vom geplanten Abzug mit gemischten Gefühlen auf. »Es ist nicht ihr Krieg«, sagte sie und erinnerte daran, dass 2019 bei einer vom IS ausgelösten Explosion vier US-Mitarbeitende getötet wurden. »Es ist ihre Entscheidung, ob sie bleiben wollen oder nicht. Was mich wütend machte, war: Warum haben sie der Türkei grünes Licht gegeben, uns anzugreifen?«

Sie wurde lauter, gestikulierte frustriert. Sie glaubte, die USA hätten »den Luftraum für die Türkei eröffnet«, indem sie die Türkei nicht länger davon abhielt, Angriffe zu fliegen. »Und wenn sie das tun, können wir uns nicht verteidigen«, fuhr sie fort. »Wir haben die Waffen und die Moral, um am Boden zu kämpfen – aber nicht in der Luft. Für uns ist es zu schwierig, Luftschläge abzuwehren. Wenn sie ihre Truppen abziehen möchten – in Ordnung. Aber sie dürfen ihnen den Himmel nicht überlassen.«

Nach dem Beginn der Operation Friedensfrühling wurde Çiçek nach Ras al-Ayn geschickt. Die Grenzstadt in Nordostsyrien war von so vielen Flüssen und Bächen durchzogen, dass sie den Namen »Ursprung der Quelle« trug. Çiçek traf am zweiten Tag der Operation ein und wurde dem Team zugeteilt, das für die schweren Waffen zuständig war. Sie bekam eine schwere Waffe mit Wärmebildaufsatz, mit der sie während ihrer Ausbildung nie gelernt hatte umzugehen. Das Gerät konnte in völliger Dunkelheit Wärmequellen identifizieren. Çiçek benutzte es, um türkische Fahrzeuge und Panzer zu identifizieren.

YPG und YPJ drängten alle Zivilpersonen in Ras al-Ayn zur Evakuierung, weil mit vielen weiteren Luftschlägen zu rechnen war. Çiçek hielt die Türkei für feige, weil sie sich auf Drohnen, Jets und Raketen verließ und nur minimal Bodentruppen einsetzte, die zwar unter türkischer Führung agierten, aber kaum türkische Staatsbürger umfassten. »Ohne die Lufteinsätze kämen sie keinen Schritt voran«, prahlte Çiçek. In Wahrheit hatte die Türkei genügend Truppen, um auch am Boden die Vorherrschaft zu erringen. Trotzdem war es unwahrscheinlich, dass die Türkei eine umfassende Invasion plante, weil die NATO dies nicht unterstützen würde.

Während der Operation Friedensfrühling flohen über 200 000 Menschen aus der syrischen Grenzregion, doch viele weigerten sich zu fliehen. »Das ist unser Land, unsere Heimat«, hörte Çiçek von vielen Familien. Sie antwortete, sie werden niemanden zwingen zu gehen. Allerdings hatten manche Menschen keinerlei Waffen, um sich gegen die türkischen Truppen zu verteidigen. Nie war Çiçek überzeugter davon gewesen, dass man eine Waffe haben und wissen sollte, wie man damit umgeht. Die kurdische Aktivistin Elif Sarican erzählte mir am Telefon: »Die kurdische Freiheitsbewegung hat die zweitgrößte NATO-Armee [Türkei] gegen sich. Wer sich auf gewaltlose Verteidigungsmethoden beschränkt, wird ausgelöscht. Gewaltlosigkeit ist ein Privileg.«

Am 17. Oktober 2019, elf Tage nach Trumps Ankündigung, die US-Truppen aus der Region abzuziehen, stimmte die Türkei aufgrund des Drucks seitens der USA einer Pause in der Operation Friedensfrühling zu. Laut Rojavas Gesundheitsbehörde waren zu diesem Zeitpunkt bereits 218 Zivilpersonen getötet worden. Çiçek wusste, dass dies erst der Anfang war.

Nachdem Haroun sich im Krankenhaus erholt hatte, sollte er ins irakische Baschur gebracht werden, damit seine verletzten Hände weiterbehandelt werden konnten. Ärztinnen und Ärzte aus verschiedenen Ländern hatten unterschiedliche Lösungen vorgeschlagen: Man könnte Gewebe vom Bauch an die Hände transplantieren, ein Metallimplantat einsetzen oder künstliche Hände anfertigen. Im Augenblick konnte er mit beiden Händen weder schreiben oder ein Glas halten noch die Finger bewegen. Eigentlich wollte er einen renommierten Handchirurgen in Italien aufsuchen – die Hevals hatten sogar angeboten, dafür zu bezahlen. Doch als syrischer Staatsangehöriger bekam er kein Visum. Also würde er sich für mehrere Monate im Irak behandeln lassen. Beritan bot an, ihn zur Grenze zu fahren.

Zu dieser Zeit führten Beritan und Haroun bereits eine heimliche Beziehung. Auch über Heirat hatten sie schon gesprochen. Eheschließungen waren in der YPJ nicht erlaubt; Beritan würde die Miliz also verlassen müssen. Sie hatte schon vier Jahre lang gekämpft und war der Meinung, die Front sei kein guter Ort für eine Mutter. Haroun war aufgrund seiner Verletzungen kein aktiver Soldat mehr. Die beiden träumten von einem normalen, friedlichen Leben: Haroun würde ein Geschäft eröffnen, und Beritan würde in Rojavas Selbstverwaltung oder bei der Polizei arbeiten. Sie benötigten nur noch die Erlaubnis ihrer Familien, denen sie noch nichts von ihrem Plan erzählt hatten.

Haroun stieg zu Beritan ins Auto und begann zu weinen. Syrische Männer sah man selten Tränen vergießen. Beritan wusste nicht, was sie tun sollte. Sie schwieg, drehte die Musik leiser und fuhr langsam, damit Haroun genug Zeit hatte, sich alles von der Seele zu reden. Sie wusste nicht, ob er wegen seiner Hände oder aus anderen Gründen weinte, und sie wagte nicht zu fragen. Als sie das Auto parkte, stieg Haroun wortlos aus. Beritan war verwirrt und rief ihm nach: »Warum weinst du?« »Weil ich dich verlasse und nicht weiß, was passieren wird.« Beritan konnte nicht glauben, dass sie – und nicht seine Hände oder der nicht enden wollende Krieg – der Grund für seine Tränen war. »Ach komm«, versuchte sie, ihn zu beruhigen. »Du gehst dorthin, bleibst eine Weile dort, kommst zurück, und ich werde hier sein.«

Je besser Beritan Haroun kennengelernt hatte, umso mehr hatte sie das Gefühl, dass die beiden etwas Besonderes teilten. Sie sahen einander nicht oft, aber wenn sie zusammen waren, redeten sie stundenlang. Sie spielten keine Spielchen und behandelten einander mit Bewunderung und Respekt. Einmal hatte Haroun sie nach ihrem Nachnamen »Shiar« gefragt. Sie erzählte ihm von dem Freund, der den Märtyrertod starb. Sie erzählte Haroun nicht, dass sie Shiar geliebt hatte, und er fragte nicht weiter. Irgendwie war nie genug Zeit, um ihm die ganze Geschichte zu erzählen.

Unter der türkischen Besatzung von Afrin waren einige Frauen verschwunden. Andere berichteten von Vergewaltigungen durch die unter türkischer Führung stehenden Milizen und Söldner. 2018 erschien ein Video, auf dem ein Söldner den halbnackten Leichnam der YPJ-Kämpferin Barin Kobani verstümmelte. »Das ist unsere Rache an den Schweinen von der PKK«, sagt der Mann im Video, während die Organe der Frau aus dem Körper gleiten. Ein anderer grinst anzüglich: »Mann, ist die hübsch.« YPJ-Vertreterinnen sagten später, Barin Kobani habe sich selbst in die Luft gesprengt, aber es ist unklar, ob sie damit nur ihr Gesicht wahren wollten.

Die Kurdenforscherin Meghan Bodette dokumentiert mit ihrem Missing Afrin Women Project die Entführungen und das Verschwinden von Frauen in Afrin seit 2018. Bodette nutzt Daten von Menschenrechtsbeobachtern, Nonprofitorganisationen, lokalen Medien und Aktivistinnennetzwerken. Sie listet die vermissten Frauen auf, die Orte, an denen sie verschwunden sind, ob sexuelle Gewalt oder Folter stattgefunden und welche Miliz oder Polizei die jeweilige Frau entführt haben soll. Zwar werden auch Männer vermisst, aber laut Bodette »zielte die Türkei eindeutig auf Frauen ab«. Sie erwähnte in unserem Gespräch den Fall von Hevrin Khalaf, einer kurdisch-syrischen Politikerin, die im Oktober 2019 von einer durch die Türkei unterstützten Miliz getötet wurde. Ein Autopsiebericht zeigt, dass Khalaf auf den Kopf geschlagen, mit scharfen Gegenständen an den Beinen verletzt, an den Haaren gezogen und erschossen wurde. »Deutlicher könnten sie nicht zeigen, was sie von Frauen halten«, so Bodette.

Ein Bericht des US-Außenministeriums über Syrien aus dem Jahr 2020 warnt vor Entführungen von Frauen durch von der Türkei unterstützte Milizen sowie vor Folter und Vergewaltigung von Minderjährigen und Zwangsverheiratungen kurdischer Frauen. Gleichzeitig zerstörten türkische Söldner weiterhin Afrins Olivenhaine, darunter auch das Gebiet um Çiçeks Geburtsdorf.

In jenem Jahr schickte die YPJ Çiçek in den Kanton Shahba, wo ihre Familie in einem Geflüchtetenlager lebte. Çiçek besuchte sie nicht. »Ich wollte nicht hingehen und meine Mutter in so einer Situation sehen«, so Çiçek. Sie verdrängte, wie schwer das Leben für ihre Familie geworden war, und konnte den Anblick der Realität nicht ertragen. Doch irgendwann begegnete Çiçek ihrer Mutter. Die Frauen umarmten einander und redeten stundenlang. Çiçek sah, dass vor der bescheidenen Unterkunft der Familie ein Olivenbaum wuchs. Sie betrachtete den vertraut knorrigen Stamm und die silbrigen, graugrünen Blätter. Hier in Shahba, das erkannte Çiçek nun, lag das Schicksal ihrer Familie in ihren Händen. Sie war jetzt 23 Jahre alt und hatte sich nie weniger wie ein Kind gefühlt.

WIR SIND EIN VOLK

> [Leila] Khaled, eine schlanke, dunkeläugige vierundzwanzigjährige Lehrerin, die fließend Englisch spricht, wurde am Sonntag am Flughafen Heathrow festgenommen, nachdem sie versucht hatte, ein israelisches Flugzeug mit Ziel New York und 145 Passagieren an Bord zu entführen [...] »Ich bin eine Kämpferin, genau wie alle anderen Palästinenser, die Palästina zurückerobern wollen«, [so Khaled]. »Es tut uns leid, dass wir [den Passagieren] Unannehmlichkeiten bereitet haben, aber die Welt soll wissen, dass wir ein Volk sind und Rechte haben.«
>
> *New York Times*, 9. September 1970

Sonnenaufgang in Rojava. Es ist wieder Eid. Auf einem Märtyrerfriedhof von YPG und YPJ hat sich unter dem grau-rosa farbenen Himmel eine Menschenmenge versammelt. Eine Mutter streichelt schluchzend ein Foto auf einem Grabstein, während eine alte Frau neben ihr ins Leere starrt. Ihre Zigarette brennt herunter. In der Nähe sammeln Kinder hingeworfene Süßigkeiten ein. Soldaten mit Gewehren stehen auf Sandsäcken an den Ausgängen des Friedhofs und patrouillieren. Die Front ist nicht weit weg.

Am Mittag treiben Beduinen eine Schafherde auf die Weide, während Bauern mit Sensen auf den umliegenden, trockenen Feldern Gerste ernten. Vorbeifahrende Motorräder wirbeln Staub auf. In der Ferne sind Tunnel zu erkennen, die wie große Kratzer in der Erde aussehen. Sie wurden in Vorbereitung auf weitere Invasionen der Türkei gegraben. Von hier aus sollen Militäroperationen durchgeführt werden. Aber die Menschen fühlen sich durch die Tunnel nicht sicherer.

Zur goldenen Stunde taucht die Sonne Abdullah Öcalans Gesicht auf den Anzeigentafeln in goldenes Licht: Öcalan blickt freundlich, Öcalan liest ein Buch, Öcalan steht vor einem Gebirge. In der Innenstadt befinden sich Dutzende nicht fertiggestellte Wohngebäude, doch an den meisten Tagen geht es hier geschäftig zu: Frauen machen die Abendeinkäufe, Männer halten an, um Fleisch zu kaufen. Einige der verbliebenen amerikanischen Soldaten gefallen sich in der Rolle der Retter und zeigen einem kleinen Jungen ihre großen Waffen. Ein Graffiti neben ihnen lautet: »Frauen sind das Leben, töte das Leben nicht.«

Einige Autostunden weiter östlich, nachts an der Grenze, Mondlicht, Nebel. Der Tigris fließt schnell unter einer wackeligen Brücke hindurch, auf der man vom Irak nach Syrien kommt. Unsichtbare Linien markieren die Grenze zwischen zwei Hüttendörfern, die ziemlich ähnlich aussehen und zwischen denen Verwandtschaftsbeziehungen bestehen. In der Ferne, jenseits der türkischen Grenze, wird der Nachthimmel von Lichtern erhellt, während in Rojava nur wenige Lichter zu sehen sind. An einigen Orten ist es ganz dunkel.

Im Mai 2021 saß die YPJ-Generalkommandantin Newroz Ahmed, die innerhalb der Miliz die höchste Position innehat, im neuen Hauptquartier der DKS vor dem Fernseher und sah Jin TV. Ich kam hinzu. »*Jin*« heißt auf Kurdisch »Frau«. Jin TV ist ein von

Frauen betriebener Sender, der sich ausschließlich den Geschichten von Frauen widmet. Ahmed erzählte, sie schalte den Sender oft ein. Der Raum war schlicht. Er war dafür gedacht, die Presse zu empfangen oder Meetings abzuhalten, und er war schöner als die meisten Büros in den anderen YPJ-Stützpunkten, mit blauen Einbauleuchten und beigebraunen Kunstledersofas statt einfachen Sitzkissen auf dem Boden. Eine Heval mit einer Fußprothese saß Ahmed und mir gegenüber. In einer Schachtel auf dem Boden döste ein grau-weißes Kätzchen.

Ich hatte viele Fragen an Ahmed. Sie war Mitte 40 und wirkte, bis auf ihren wissenden Blick, bescheiden. Als ich fragte, wie nahe YPG und YPJ der PKK noch standen, war ich überrascht, dass sie die Verbindungen nicht zu überspielen versuchte, wie es die kurdischen Milizen jahrelang versucht hatten. Stattdessen gab sie freimütig zu, dass sie Öcalans Ideologie teilten, dass viele Kameraden von der PKK sich der Revolution in Rojava angeschlossen hatten und dass sie manchmal mit der PKK-Führung im Austausch stand. »Falls wir sagen sollen, dass die PKK schlecht ist: Das werden wir niemals tun«, so Ahmed. Sie argumentierte, die PKK kämpfe genauso für die Rechte der Kurden wie die YPJ. Aber sie beharrte darauf, dass die PKK in Rojava nicht den Ton angebe. Man sei nicht das Kind, sondern eine Schwester der PKK.

Zudem entwickele sich die YPJ ständig weiter. Im anfänglichen Chaos der Revolution sei es eine Herausforderung gewesen zu kontrollieren, wer sich der Miliz anschloss. Frauen und Mädchen jeden Alters und mit allen möglichen Fähigkeiten griffen zu den Waffen, um gegen den IS zu kämpfen. Inmitten der Gefechte sei es unmöglich gewesen, das Alter jeder Kämpferin zu überprüfen. Doch seit der internationalen Empörung sei man diesbezüglich vorsichtiger. Nachdem sie inzwischen 11 000 oder mehr Kameradinnen und Kameraden verloren hatten, sei die YPJ auch wählerischer geworden: »Wir akzeptieren nicht jede. Wir wollen, dass es sich bei der YPJ um eine Elite handelt, um einzigartige Menschen.« Auch verheiratete Frauen würden nicht mehr aufgenommen.

Ahmed schätzte, dass die YPJ 2021 etwa 5000 Soldatinnen umfasste. Das war ungefähr die gleiche Zahl wie während des Kampfs gegen den IS, doch die internationalen Medien hätten diese Zahl regelmäßig aufgebläht. Vorher hätten sie ständig Kämpferinnen verloren und hinzugewonnen; heute hingegen sei die Zahl weitgehend stabil. Sie wolle, dass jede YPJ-Soldatin gut ausgebildet sei und einen Zwei-Jahres-Vertrag sowie einen Lohn erhalte. Die Guerilla war zu einer Art professioneller Armee geworden.

Ahmed betrachtete die YPJ langfristig als starke Miliz. Doch sie hoffte auch, dass ein anderer Kampf im Fokus stehen würde: der anhaltende Kampf um die Veränderung der chauvinistischen Mentalität innerhalb der syrischen Gesellschaft. Rojava basierte auf neuen, feministischen Idealen, doch in den Familien und Gemeinschaften wurde noch immer gegen diese Ideale verstoßen. Sie glaubte, alle syrischen Frauen müssten lernen, sich selbst zu verteidigen. »Unser Ziel ist nicht, dass sie einfach nur eine Waffe halten können, sondern dass sie Bescheid wissen«, so Ahmed. »Und das ist noch schwerer umzusetzen als eine Militäroperation.«

Als Ahmed von all den verschiedenen Problemen in Rojava erzählte, wirkte sie überwältigt. Die Liste war lang: Die syrische Mentalität gegenüber Frauen und Minderheiten, die zunehmende Wirtschaftskrise aufgrund des langen Konflikts, die ungewisse politische Situation des syrischen Regimes, die potenzielle Wiederauferstehung des IS, die türkischen Invasionsdrohungen und, am schlimmsten von allem, die Gefahr, in einem unendlichen Krieg gefangen zu sein.

Hier, im maximal gesicherten Hauptquartier der SDK, wo auch die amerikanischen Streitkräfte präsent waren, fühlte man sich sicher. Nach der starken Kritik an Trumps Truppenabzugsplänen hatte er einen Kurswechsel vollzogen und die US-Truppen vor Ort belassen.

Mir jedoch war klar, dass Ahmed und die anderen YPJ-Kommandantinnen fast an allen anderen Orten Zielscheiben waren. Die Türkei hatte Führungspersönlichkeiten der YPJ nach und nach beseitigt, genau wie die mexikanische Regierung einst die Anführer der Zapatisten einen nach dem anderen unschädlich gemacht hatten. Mit dieser Bewegung für die Rechte der Indigenen wurde der kurdische Freiheitskampf oft verglichen. In einem Interview von 1994 erzählte die Zapatisten-Majorin Ana Maria einer Kameradin: »Sie griffen sich unsere Führungspersönlichkeiten. Sie inhaftierten sie. Sie schleiften sie an Pferden hinter sich her, um sie zu foltern.« Die türkisch unterstützten Kräfte inhaftierten oder folterten die YPJ-Kommandantinnen nicht. Stattdessen erklärten sie, die Kommandantinnen seien durch Luftschläge »neutralisiert« – damals erst wenige, aber mehr sollten folgen.

Seit ihrer Verletzung in Afrin hatte Çiçek nicht gekämpft, weil sie sich erholen sollte. Sie bat ihre Vorgesetzten, ihr eine interessante Aufgabe zuzuweisen, am liebsten an der Front. Stattdessen wurde sie als Fahrerin für Kommandantin Sosin Birhat beordert. Sosin Birhat war weithin respektiert und leitete eine Basis in der nordostsyrischen Stadt Tal Tamr. Çiçek war Sosin bereits bei einem Auffrischungstraining ein oder zwei Jahre zuvor begegnet und hatte sie gleichermaßen gefürchtet und bewundert. Sosin war 1996 in die kurdische Befreiungsbewegung eingetreten und seit 2014 Kommandantin der YPJ.

Zum ersten Mal traf ich Sosin im Frühling 2021. Sie war eine schmale, aber imposante Frau mit intensivem Blick und einem Tonfall, der nicht zu Scherzen einlud. Die Menschen betrachteten sie als lebende Legende. Sie erinnerte mich an eine Beschreibung der sogenannten »*Nanny of the Maroons*«, die Anfang des 18. Jahrhunderts ehemalige afrikanische Sklaven in einem Aufstand gegen die britischen Kolonialherren angeführt hatte. Der Jamaica Information Service beschrieb Nanny als »kleine, drahtige Frau mit stechendem Blick«, deren »Klugheit bei der Planung des Guerillakampfs die Briten verwirrte«. So war auch Sosin: schlau, strategisch und einschüchternd.

Selbst Çiçek hatte in ihrer Gegenwart Angst, Witze zu machen oder zu widersprechen. Anders als sonst war sie nicht vorlaut, sondern ruhig und wollte alles hören und verstehen, was die Kommandantin zu sagen hatte. »Wenn man Sosin reden hört, will man sich neben sie setzen und noch besser aufpassen«, so Çiçek. »Und wenn man mit ihr diskutiert, ist man völlig von dem überzeugt, was sie sagt.«

Sosin hatte sich Çiçek als Fahrerin gewünscht. Die gerade erst dreiundzwanzigjährige Kämpferin war in der YPJ bekannt, weil sie schon viele Hevals durch die verschiedensten Gefechte gefahren hatte, ohne dass sie verletzt wurden. Dennoch war Çiçek zu diesem Zeitpunkt keine naheliegende Wahl, weil sie nach dem Drohnenangriff in Afrin noch immer nicht gut sah und jetzt auch noch Automatikfahrzeuge fuhr, weil das Schalten mit den Bein- und Bauchschmerzen zu schwierig war. Doch Sosin hatte gehört, dass Çiçek unbedingt an die Front wollte, und bat darum, dass die sture junge Heval sie fahren sollte.

»Warum willst du immer kämpfen?«, fragte Sosin Çiçek an ihrem ersten Tag 2020 mit freundlicher, aber mahnender Stimme. »Das liegt in meiner Natur«, antwortete Çiçek. Beide lachten.

Danach war Çiçek immer an Sosins Seite. Sie erinnerte sich daran, wie sie während der Ausbildung so beeindruckt von der Kommandantin war, dass sie sich nicht vorstellen konnte, mit ihr zu sprechen oder zu scherzen. Jetzt tat sie auf den langen Autofahrten genau das. Beide Frauen mochten dieselbe Revolutionsmusik und Lieder aus Afrin, wo sie beide herkamen. Çiçek interessierte sich noch immer für alles, was Sosin sagte. Und mit welchem Problem sie auch zu ihr kam, Sosin hatte immer eine Lösung. Nicht lange nach ihrem Einzug im Tal-Tamr-Stützpunkt erfuhr Çiçek, dass eine Freundin umgekommen war. Plötzlich stand Sosin in der Tür und fragte in der für sie typischen, direkten Art: »Warum bist du traurig und wütend?« Çiçek brach zusammen und erzählte ihr, dass eine Kameradin den Märtyrertod gestorben war. »Wenn wir Freunde verlieren, ist das gewiss ein großer Verlust«, sagte Sosin. »Aber wenn man seinen Körper nicht der Sache opfert, wie kann man dann unserem Volk dienen?«

Çiçek nickte. Sie fühlte sich besser. Über PTBS, die wahrscheinlich die meisten Kämpferinnen hatten, wurde nie gesprochen, aber es gab YPJ-Flugblätter mit Tipps zur Stressreduktion: weniger rauchen und Kaffee trinken, sich nicht isolieren. Çiçek fühlte sich nie allein, wenn sie mit ihrer Kommandantin zusammen war. Sosin folgte streng der Ideologie, aber Çiçek schätzte das. Die Kommandantin half ihr, sich auf das große Ganze zu konzentrieren – nicht nur die Verteidigung Rojavas, sondern auch die Umformung der Gesellschaft. Das half Çiçek, nicht ständig an die Gesichter ihrer toten Kameradinnen zu denken.

Ungeachtet der Gewalt an der nahen Grenze war es in Çiçeks Basis in Tal Tamr oft idyllisch. Morgens zwitscherten die Vögel, nachmittags waren Krähen zu hören. Manchmal kam ein zerzauster weißer Hund vorbei und bettelte um Futter. Die Basis selbst bestand aus einem alten, einstöckigen Zementbau, der früher dem syrischen Regime gehört hatte. Die Graffiti im Eingangsbereich, die das Regime priesen, waren längst durchgestrichen. Das Gebäude bestand aus Küche, Konferenzraum, Schlafzimmer und Außentoilette – als kleine Basis war es somit perfekt geeignet. Der Hof war von Pinien umgeben. Die Kämpferinnen hatten hier einen Volleyballplatz eingerichtet. Es roch nach Pinienharz. Auch im Sommer ging hier stets ein leichter Wind. Manchmal sah man in der Ferne einen Sandsturm. In heißen Nächten schliefen die Frauen im Freien.

Eines Tages half Çiçek gerade Kommandantin Sosin beim Tragen einer schweren Batterie, als sie spürte, dass die Stiche ihrer Bauchwunde aufplatzten. »Migo!«, rief sie aus wie ein Kind, dann fiel sie zu Boden. Sosin brachte sie eilig ins Krankenhaus. »Warum machst du dumme Sachen und trägst eine Batterie, wenn du so eine Wunde hast?«, schimpfte sie während der Fahrt. Sie machte sich offensichtlich Sorgen um ihre Heval. »Du solltest besser auf dich achtgeben, Çiçek.«

Später, als Çiçek im Krankenhausbett lag, redete Sosin erneut auf sie ein. »Çiçek, hör zu. Wir sind Freundinnen, wir sind Hevals, wir gleichen einander. Errichte keine Hindernisse zwischen uns.« Çiçek nickte. Sie wusste, dass Sosin recht hatte, denn als Kommandantin war sie bescheiden, kochte und machte ihren Tee selbst. Çiçek durfte nicht so stur sein. »Wir sind gleich, Çiçek, und ich sage dir: achte auf dich«, mahnte Sosin.

Mehrere Krankenhausmitarbeiter betraten den Raum. Einer fragte Çiçek, ob sie Sosins Tochter sei. Çiçek wurde rot. Sie sah der schmalen Kommandantin gar nicht ähnlich. Sie hatte ein breites Gesicht, breite Schultern und eine schelmische Art. Aber der Vergleich war eine Ehre. »Sie ist nicht meine Mutter. Ich kann meiner Mutter in Afrin 20 Jahre lang fernbleiben. Aber Heval Sosin kann ich nicht länger als ein paar Minuten fernbleiben.« Den Rest sprach sie nicht aus, nämlich: *Ich will Sosin immer nah sein. Ich will den Rest meines Lebens an ihrer Seite verbringen.*

Nach Çiçeks Rückkehr zur Basis übertrug Sosin ihr mehr Verantwortung, obwohl sie mir verriet, dass sie Çiçek nicht für die Rolle der Kommandantin geeignet hielt. Wenigstens damals noch nicht. Çiçek war eine gefürchtete Kämpferin und konnte die Moral unter den Kameradinnen hervorragend hochhalten, aber sie war noch zu stur und wagemutig. Sosin ernannte Çiçek also zur

Ausbildungsoffizierin und betraute sie mit einem viertägigen Kurs im nahegelegenen historischen Sugar Palace. Am ersten Tag trug Çiçek den Auszubildenden auf, im Wind die Treppen hinauf- und hinunterzurennen. Eine sture Heval weigerte sich. »Zähl die Schritte, und es wird dir leichtfallen«, erklärte ihr Çiçek. Am Ende stieß die Heval atemlos »184« hervor.

An den meisten Trainingstagen war es kalt und regnerisch. Çiçek musste sich anstrengen, um die Moral der Teilnehmerinnen hochzuhalten. Sie fragte sich, ob die Kälte ihrem Bauch schaden würde, konnte die Schmerzen aber besser ignorieren, wenn sie in Bewegung war. Genauso ging sie mit ihren Hevals um und forderte von ihnen, schneller, stärker und klüger zu werden. Mit für sie untypischer Geduld zeigte sie ihnen den Umgang mit Kalaschnikows und Maschinenpistolen. Sie lehrte die Frauen, wie man sich auf einen Hinterhalt vorbereitet oder Angriffe im Schutz der Nacht durchführt. Am regnerischsten Tag des Kurses wies Çiçek die Hevals an, mit den Rucksäcken auf den Rücken im Schlamm zu kauern und dann zu rennen. Die Kleidung der Hevals wurde so nass, wie damals Çiçeks Kleidung im Gefecht in Kobani. Sie glaubte, die Hevals auf jede mögliche Situation vorbereiten zu müssen, weil niemand wusste, welche Kämpfe ihnen noch bevorstanden. Sie erinnerte sich gut daran, dass sie an ihrem ersten Tag in Kobani kaum wusste, wie man ein Gewehr abfeuert. Diese Frauen waren nun viel besser auf die weitaus größere Bedrohung durch die Türkei vorbereitet.

Çiçeks sonnengegerbte Haut, ihre Angewohnheit, Kette zu rauchen, und ihre vielen Verletzungen machten sie in den Augen der weniger erfahrenen Hevals zu einer beeindruckenden Veteranin. Sie sahen zu ihr auf, wie Çiçek selbst einst zu Kommandantin Sosin aufgeschaut hatte: mit einer Mischung aus Bewunderung und Angst. »Wisst ihr, wie häufig ich durch den IS fast gestorben wäre?«, fragte Çiçek. »Wie oft?«, wollten die Frauen wissen. »Einundzwanzigmal.« »Erstaunlich, dass du nicht zur Märtyrerin geworden bist«, sagte eine Heval. Çiçek wurde ernst: »Ziel ist es nicht zu sterben, sondern zu leben und dich selbst und andere zu schützen.«

Wenn das repetitive Training die Frauen missmutig machte, dachte Çiçek sich Herausforderungen aus. Zum Beispiel bekamen die Hevals Steine auf die Brust und sollten diese Steine vor Angriffen schützen. Nach dem Training spielte Çiçek jeden Tag kurdische und arabische Musik, gab den Hevals Wasserbehälter, die sie als Trommeln nutzen konnten, und ermutigte sie, zu singen und zu tanzen. Sie versammelte die Frauen um ein Feuer im Erker des Palasts. Die Wände waren mit Graffiti besprüht; auf dem Boden lagen Zigarettenkippen. Çiçek erzählte den Hevals von der strahlenden Vergangenheit des Palasts, als der Kurde Saladin erster Sultan von Ägypten und Syrien war. Nachts schliefen die Frauen tief und fest unter dem Sternenhimmel.

Am letzten Abend des Kurses reisten die Frauen ab. Als sie den Sugar Palace verließen, fragte ein Passant, wer sie seien. »Wir sind die Kinder Saladins«, hauchte Çiçek, »und wir suchen sein Grab heim.« Sie konnte es sich einfach nicht verkneifen. Der Mann eilte davon, und die Hevals lachten. Çiçek war ihre Lieblingsausbilderin.

Zur gleichen Zeit bildete auch Beritan junge Hevals in al-Hasaka (nahe Tal Tamr) aus. Sie hatte ihren Eltern endlich erzählt, dass sie Haroun heiraten wollte. Sie fuhr in ihr Heimatdorf und zeigte ihrer Mutter auf ihrem Handy ein Foto von Haroun. »Nach dem Bild zu urteilen, ist er gut«, sagte die Mutter. Haroun sah auf dem Foto groß, schlank und attraktiv aus. Er hatte dunkle Haare und haselnussbraune Augen. Keine Mutter würde zu diesem Bild nein sagen. Leise fügte Beritan hinzu: »Aber da ist noch etwas. Er ist behindert, und ihm fehlt eine Hand.« Die Mutter zuckte zurück und schüttelte den Kopf. »Dann akzeptiere ich ihn nicht. Du kannst keinen behinderten Ehemann haben.«

Beritan redete auf ihre Mutter ein. Sie sprach auch mit ihrem Vater, der, so glaubte sie, mehr Verständnis haben würde. Aber er verwies sie an die Mutter. Selbst einige von Beritans Geschwistern waren gegen die Verbindung. »Warum willst du einen behinderten Mann heiraten?«, fragte eine Schwester. »Die Leute werden reden.« Beritan schüttelte den Kopf. »Genau diese Gesellschaft hat unser Leben zerstört. Die Gesellschaft, die sagt: ›Du musst dies und jenes tun‹«, antwortete sie verbittert.

Für Beritan kam es nicht in Frage, sich ihrer Familie zu widersetzen. Sie erklärte Haroun, sie könne die Familie nicht verletzen, sie aber überzeugen. Vor allem ihren Vater. Er hatte sie immer verstanden.

Doch im Frühjahr 2020 breitete sich die Coronapandemie auf der Welt aus. Die Jüngeren waren kaum betroffen, aber Beritans Vater steckte sich an. Vier Tage nach der Diagnose starb er. Beritan war so wütend darüber, dass sie ihr Handy zerschmetterte. Wenn sie Haroun die Neuigkeiten schreiben wollte, würden ihr die Splitter des Bildschirms in die Finger schneiden.

Als ich im Mai 2021 auf Çiçeks Basis in Tal Tamr zu Besuch war, lieferte eines Tages eine Gruppe Männer einen Kühlschrank. Alle Frauen sprangen auf, um zu helfen, so auch Çiçek, denn Sosin war nicht da, um sie daran zu hindern. Ungeachtet der siegreichen Gefechte der YPJ gegen den IS waren die Männer in der Gegend noch immer nicht von der Stärke der Kämpferinnen überzeugt. Die Frauen nutzten deshalb jede Gelegenheit, um sie ihnen zu beweisen.

Am Stützpunkt waren an diesem Tag außer Çiçek hauptsächlich neue Rekrutinnen – ein halbes Dutzend junge Frauen Anfang und Mitte 20 sowie eine Frau Ende 20 namens Zeynab, die nach türkischen Bombenangriffen auf ihr Heimatdorf der YPJ beigetreten war. Sie war als Kurdin in einem arabischen Dorf aufgewachsen und sprach eine verwirrende Mischung beider Sprachen. Sie hatte dicke, rabenschwarze Haare, eine große Lücke zwischen den Schneidezähnen und humpelte aufgrund einer Verletzung, die sie sich während der YPJ-Ausbildung zugezogen hatte. Çiçek mochte Zeynabs »komische Persönlichkeit« und nahm sie sofort unter ihre Fittiche. Die beiden machten Witze und erzählten einander Geschichten. Zeynab las Çiçeks aus dem Kaffeesatz, worüber Çiçek nur lachte.

Manchmal unterhielten die beiden sich auch über ernste Dinge, etwa, was mit Zeynabs Familie in ihrem Heimatdorf Ras al-Ayn geschehen war. Wenige Tage nach Donald Trumps Ankündigung des Truppenabzugs wurde Zeynabs Familie vor unmittelbar bevorstehenden türkischen Luftschlägen gewarnt. »Zuerst wollten wir es nicht glauben«, so Zeynab. Dass der friedliche Garten mit Blumen, Trauben, Feigen- und Aprikosenbäumen plötzlich dem Erdboden gleichgemacht werden könnte, erschien ihnen absurd. »Doch um 04.30 Uhr griffen plötzlich Flugzeuge das Gebiet an. Um elf Uhr nachts verließen wir unser Haus und fuhren in die Wüste.« Aus dem Autofenster sah die Familie, wie Mörser auf ihr Dorf regneten. Später erfuhr Zeynab, dass von der Türkei unterstützte Milizen nach den Luftschlägen ihr Haus niederbrannten, weil dort ein Foto von Öcalan an der Wand hing.

Wenig später verkündete Zeynab ihrer Mutter, dass sie der YPJ beitreten würde. Ihre Familie unterstützte zwar den kurdischen Freiheitskampf, aber ihre Mutter war trotzdem vehement gegen Zeynabs Vorhaben, weil zwei männliche Verwandte bereits im Einsatz für die YPG gestorben waren. Doch Zeynab blieb stur: »Wir sind aus unserem Land vertrieben worden. Also sollten wir dieses Land jetzt verteidigen«, sagte sie mit neu entdecktem Mut. »Jetzt habe ich eine Aufgabe – und ein Ziel.«

Çiçek beobachtete mit Freude, wie Zeynab sich entwickelte. Als Zeynab neu zur YPJ kam, fürchtete sie sich laut Çiçek vor großen

Höhen und vor Fremden und konnte sich nicht gut ausdrücken. Doch jetzt, nach einigen Monaten, wisse sie, »wie man mit Menschen spricht und umgeht. Und sie will immer an die Front.« Çiçek warnte Zeynab, dass an der Front viele Verluste warteten, dass sie aber durchhalten würde, wenn sie immer an ihre Liebe zu Rojava denke.

Um sich an ereignislosen Tagen ohne Fronteinsatz zu beschäftigen, tranken die Frauen Tee oder Instantkaffee und unterhielten sich. Zeynab war für die Zubereitung der Getränke zuständig, weil ihr das Freude machte. Auf dem Stützpunkt hatte niemand ein Telefon, weil die türkischen Drohnen sie darüber orten konnten. Doch niemand schien die Geräte zu vermissen. Die Frauen aßen einfache, köstliche Mahlzeiten: Hot Dogs, Hummus, Ramen, Pommes Frites und weichgekochtes Grünzeug – Essen für Kriegszeiten. Sie hielten die Basis blitzsauber. Im Garten bauten sie Trauben an, wie es Zeynabs Familie früher getan hatte. An der Wand hing ein alter Fernseher. Zeynab, die in einem arabischen Dorf aufgewachsen war, schaute gerne Bollywood-Filme und Serien.

Die Frauen sprachen fast nie über Jungs oder Männer. Sie sagten mir, sie seien der YPG beigetreten, um gleichberechtigt zu sein und nicht, um sich zu verlieben. Sie erinnerten mich daran, dass Homosexualität ein Tabu war – *haram*. In Rojava gab es – ungeachtet der Fortschrittlichkeit auf anderen Gebieten – keine Gesetze, die sich mit Queerness befassten. Allein der Gedanke an eine Beziehung schien Çiçek albern, vor allem mitten im Krieg. Die Frauen in der Basis gingen sich manchmal auch gegenseitig auf die Nerven, aber es gab kaum Streitereien oder Tratsch. Dafür stand zu viel auf dem Spiel. Angst hatten die Frauen, selbst Çiçek, nur vor einer Ratte, die manchmal durchs Gebäude huschte.

An höllisch heißen Tagen wurden die Frauen erfinderisch, um sich Abkühlung zu verschaffen – genauso wie es Çiçek und Buhar getan hatten, als sie in dem Dorf bei Kobani den Ventilator mit einem Stock gedreht hatten. Eines Nachmittags, als Sosin nicht zugegen war, begann Çiçek eine Wasserschlacht. Sie füllte einen Eimer mit Wasser und spritzte es auf die jüngeren Hevals. Zeynab half ihr grinsend und hielt die anderen Hevals fest. Die jungen Frauen kicherten – letztlich waren sie immer noch Mädchen. Als alle durchnässt waren, drehte Çiçek arabische Musik aus dem Autoradio auf und die Frauen tanzten Arm in Arm.

In jener Nacht waren die Zikaden laut wie Sirenen. Die Frauen schliefen im Freien; ich legte mich neben sie. In der Ferne waren nur wenige Lichter zu sehen, und außer den Rufen der Zikaden war es ruhig. Nur selten hörte man aus einiger Entfernung das Brummen eines Motorrads oder das Jaulen eines Hundes. Die Frauen blickten in den Sternenhimmel. Abwechselnd hielten sie Ausschau nach türkischen Drohnen, die immer häufiger die Gegend um Tal Tamr überwachten. Eine Frau rauchte viel, um sich wach zu halten. Çiçek erwachte durch die Schmerzen in ihren Beinen, doch sie drehte sich wieder um und versuchte, sie zu ignorieren. Als sie wieder einschlief, träumte sie von Mörsern, von Flugzeugen und dem Angriff auf ihr Auto in Afrin. Morgens versuchte sie, ihre Erinnerungen in einem Tagebuch festzuhalten, aber sie war mit dem Ergebnis unzufrieden und verbrannte die Seiten.

Çiçeks Familie in Afrin war inzwischen vom Geflüchtetenlager in ein verlassenes Haus gezogen und befand sich jetzt ungefähr eine Autostunde von den Luftangriffen entfernt. Weil der Vater nichts anbauen konnte, hatte er Schwierigkeiten, die Familie zu versorgen. Als Çiçek von den Hevals erfuhr, in welcher Situation ihre Familie war, wies sie die Rekrutinnen streng an, die Nachrichten über die Gräueltaten der türkischen Milizen in Afrin genau zu verfolgen, inklusive der Vergewaltigungen, willkürlichen Festnahmen und Morde. »Wenn diese Leute hierherkommen, werden sie das Gleiche mit uns machen. Deshalb kämpfen wir.« So ähnlich hatte es eine ältere Heval der jungen Çiçek auch erklärt, als es um den IS ging. »Wir werden das nicht akzeptieren. Wir werden zu den Waffen greifen und uns ihnen entgegenstellen.«

Doch Çiçek selbst schaute fast nie Nachrichten. Sie konnte den Anblick weinender Menschen und zerstörter Olivenhaine in Afrin nicht ertragen. Weil auch Kommandantin Sosin aus Afrin stammte, sprachen die beiden ständig über die dortigen Geschehnisse. »Ich werde so traurig sein, wenn ich den Märtyrertod sterbe und die Befreiung Afrins nicht mehr erlebe«, meinte Sosin. Sie war 20 Jahre älter als Çiçek, sprach aber offen mit ihr. Çiçek nickte. Sie verstand den Wunsch, Afrin befreit zu sehen, und teilte Sosins Ansichten über den kurdischen Freiheitskampf. »Wenn es nur die geringste Chance für mich gibt, dort zu kämpfen«, antwortete Çiçek, »dann werde ich die Erste sein.«

Die Drohne traf das Gebäude am Ende des Tages, als die Sonne gerade unterging. Die Szene brannte sich in Çiçeks Gedächtnis; sie würde sie später immer wieder vor ihrem inneren Auge abspielen. Kommandantin Sosin, mit der sie Geburtsort, Musikgeschmack und einen Traum teilte, war gerade ins Gebäude gegangen. Çiçek rauchte draußen eine Gauloises, wie sie es im Laufe des Tages häufiger tat. Andere Soldatinnen waren gerade zum Einkaufen gegangen. Sie hatten Çiçek angeboten mitzukommen, aber diese hatte ein ungutes Gefühl und lehnte ab. Sie wollte bei Sosin bleiben.

Es war August 2021. Die Hitze lag wie eine schwere Damastdecke über der Gegend. Dutzende Menschen, die durch die jüngsten Angriffe der türkischen Miliz vertrieben worden sind, hatten sich vor dem neuen Militärbüro versammelt. Sie brauchten Hilfe bei der Suche nach einer Unterkunft. Nach dem Drohnenschlag wurde alles um Çiçek schwarz.

Als sie im Krankenhaus zu sich kam, erzählten ihr die Hevals, dass Sosin und drei andere Frauen ums Leben gekommen waren.

Ihr habt mich angelogen, dachte Çiçek wütend. Sie hatten schon von Sosins Tod gewusst, als sie Çiçek aus den Trümmern zogen, es ihr aber verschwiegen, obwohl sie gefragt hatte. Die Hevals wussten, dass Çiçek die Operation verweigern würde, wenn sie es erführe. Denn ohne Sosin wollte sie nicht leben.

Flüsternde Menschen standen um Çiçeks Bett. Çiçek wurde wütend. Sie verweigerte so lange das Essen, bis der Arzt ihr sagte, ihr Zustand werde sich verschlimmern, und sie werde über ein Jahr im Krankenhaus bleiben müssen, wenn sie keine Nahrung zu sich nehme. Çiçek aß nur das Nötigste, um am Leben zu bleiben. *Meine Kommandantin hätte gewollt, dass ich für ein freies Rojava weiterkämpfe*, dachte sie. Während Sosins Beerdigung war sie noch immer im Krankenhaus. Zeynab flocht ihr zu diesem Anlass das rabenschwarze Haar zu Zöpfen und machte keinen einzigen Scherz. Sosins Tod zwang alle Hevals in Tal Tamr, schneller erwachsen zu werden.

Einige Wochen später hatte Zeynab einen lebhaften Traum, in dem Sosin ihr einen weißen Hochzeitsschleier über das Gesicht legte. Zeynab erzählte den anderen Kämpferinnen in der Basis, dies müsse ihren eigenen Tod bedeuten, weil Menschen in Syrien oft in weißen Tüchern begraben werden und Weiß dort als Farbe des Todes gilt. Eine Heval interpretierte den Traum als Zeichen einer bevorstehenden Heirat, aber Zeynab widersprach.

Am Nachmittag wurde Zeynab an die Front geschickt. Sie war noch nicht oft dort gewesen und hatte wochenlang darum gebeten, zurückkehren zu dürfen. Aufgeregt grinsend verließ sie die Basis in Tal Tamr in voller Montur, mit Kalaschnikow und Munitionsgürtel. Es heißt, sie habe den Kämpfern an der Front gerade Tee zubereitet, als sie durch einen Drohnenangriff getötet wurde.

Çiçek erfuhr noch im Krankenhaus davon. Diesmal fühlte sie rein gar nichts. Zeynabs Tod ergab für sie keinen Sinn. Sosin war eine erfahrene Kommandantin gewesen, die für die Türkei ein logisches Ziel war. Doch Zeynab hatte bisher nicht eine Kugel abgefeuert. Ja, sie wollte an die Front zurückkehren, sie hatte darauf beharrt, und die Hevals erzählten, dass sie freudestrahlend aufgebrochen war. Çiçek machte sich klar, dass jede Frau, die die YPJ-Uniform anzog, genau wusste, dass sie verletzt oder getötet werden konnte. Auch Zeynab hatte es gewusst. Dennoch schien der Verlust sinnlos.

Die Hevals legten einen weißen Schleier auf Zeynabs Grab – als Zeichen, dass sie nun bei Sosin war. Zeynabs Mutter Zulekha Juma Rashid hatte immer gehofft, dass ihre Tochter eines Tages einen Hochzeitsschleier tragen sollte. Nun wurde sie damit begraben. Rashid hatte nicht angenommen, dass ihre Tochter für immer Guerillakämpferin sein würde. »Sie war nicht nur meine Tochter, sie war meine Freundin«, weinte sie, als sie zu Hause Fotos ihrer Tochter betrachtete. Nur Tage zuvor hatte Zeynab ihr noch Weinblätter aus Tal Tamr gebracht, die sie zum Abendessen zubereitete. »Ich weiß nicht, was der türkische Präsident Erdoğan von uns will«, rief Rashid. »Wir haben unser Zuhause verloren und unsere Stadt. Wir leben unter schwierigsten Bedingungen [...]. Und heute haben sie uns meine wunderschöne Tochter Zeynab genommen. Was soll diese Ungerechtigkeit? Wir sind müde.«

Nach Zeynabs Tod wollte Çiçek das Krankenhaus verlassen und zum Stützpunkt in Tal Tamr zurückkehren. Die neue Kommandantin dort bot ihr an, sie einer anderen Basis in Rojava zuzuweisen, aber Çiçek beharrte darauf, zu ihren Kameradinnen inmitten der Pinien zurückzukehren. Nach dem Verlust von Sosin und Zeynab konnte sie an keinen anderen Ort gehen. Zum ersten Mal hatte sie das Gefühl, die Hoffnung zu verlieren – bezüglich des Freiheitskampfs, aber auch insgesamt. Sie hatte mit Sosin sterben wollen, und fühlte sich jetzt orientierungslos. »Ich weigere mich, den Ort zu verlassen, an dem meine Freundinnen den Märtyrertod gestorben sind«, sagte sie. »Wenn ich durch Tal Tamr gehe, denke ich immer an das, was dort geschehen ist. Ich will es nicht vergessen.«

Im 9600 Kilometer entfernten Washington, D. C. studierte die Forscherin Amy Austin Holmes vom Think Tank Wilson Center Daten von der türkisch-syrischen Grenze. Jahrelang hatte die Türkei ihre Operationen in Syrien mit dem Argument gerechtfertigt, YPG und YPJ seien Terroristen, die das Land bedrohten, und vergleichbar mit der PKK, die jahrzehntelang innerhalb der Türkei gefürchtet war. Holmes wollte diese Behauptung überprüfen, indem sie untersuchte, wie viele Angriffe es von jeder Seite gab.

Monatelang analysierte sie Armed Conflict Location & Event Data (ACLED), die weltweit politische Gewalt und Proteste verzeichnet. Sie untersuchte 4000 Ereignisse an der türkischen Grenze zu Nordsyrien zwischen Januar 2017 und August 2020 und entdeckte Überraschendes: Die Türkei und Milizen mit türkischer Unterstützung hatten in den dreieinhalb Jahren über 3300 Angriffe auf YPJ, YPG, die SDK oder Zivilisten durchgeführt – im Vergleich zu 22 Angriffen der kurdisch geführten Kräfte im selben Zeitraum. Von den 22 Angriffen konnte Holmes zehn nicht unabhängig verifizieren. Die verbleibenden 12 ereigneten sich zwischen Oktober 2019, als die Türkei mit der Operation Frühlingsfrieden begann, und August 2020, als die Daten erhoben wurden. Sie verbuchte die 12 Angriffe deshalb unter Selbstverteidigung.

Holmes war bestürzt. Die Behauptungen der Türkei wurden von den US-Außenpolitikern weitgehend geglaubt, vor allem, weil die Türkei ebenfalls NATO-Mitglied ist. Doch diese Behauptungen hielten der kritischen Betrachtung nicht stand. Holmes veröffentlichte ihre Ergebnisse in einem Bericht des Wilson Center von 2021. Am Telefon sagte sie mir: »Um es ganz direkt zu sagen: Die türkische Intervention [in Nordostsyrien] basierte auf einer Lüge. Die Türkei hatte versprochen, während ihrer Operation religiöse und ethnische Minderheiten sowie Zivilpersonen zu schützen. Doch das tat sie nicht.« Wie allseits bekannt, bestand das Ziel der Türkei in der Auslöschung von YPG und YPJ und deren angeblichem Terrorismus. Die Türkei hatte nach der Aufregung um den geplanten Truppenabzug ein Waffenstillstandsabkommen mit US-Präsident Donald Trump unterzeichnet. Holmes fand jedoch heraus, dass die Türkei das Abkommen bereits im ersten Jahr nach der Unterzeichnung über 800-mal verletzt hatte.

Und sie entdeckte noch etwas: Eine Stadt namens Tal Tamr, weit außerhalb der von der Türkei angeblich kontrollierten Region gelegen und mit hoher Präsenz von YPG und YPJ, war jeden Monat von türkischen Drohnen angegriffen oder beschossen worden.

Nach Sosins Tod begann Çiçek, Tagebuch zu führen. »Ich griff zum Stift, um mein Leid niederzuschreiben«, schrieb sie mit einer poetischen Stimme, von der sie bislang nichts gewusst hatte. »Der Stift weinte, noch ehe mir Tränen in den Augen standen.« Sie riss die Seite heraus und klebte sie auf den Buchdeckel. In das Tagebuch klebte sie ein Foto von Kommandantin Sosin und schrieb darunter: »Heval Sosin war – und ist noch immer – ein ganz besonderer Mensch.« Çiçek wusste nicht, wie sie ihre Kommandantin beschreiben sollte. Sie hatte so viel zu sagen, aber so wenige Ausdrucksmöglichkeiten. Also versuchte sie es in Versen: »Jede Erinnerung birgt Hoffnung. Und in der Hoffnung ist eine Begegnung. In jeder Begegnung ist ein Abschied.« Sie war Sosin begegnet, hatte ein wundervolles Jahr mit ihr verbracht, und dann hatte Sosin sie plötzlich verlassen. »Jeder Abschied birgt Tränen. Und in jeder Träne ist Liebe. Die Liebe birgt den Geist der Kameradschaft, und der Geist der Kameradschaft birgt das Opfer.« Das Opfer war Sosins Tod.

Çiçek spürte wieder den Drang, das Tagebuch zu verbrennen. Sie blätterte um und schrieb: »Ich frage den Tod, gibt es etwas Stärkeres als dich? Er antwortet leise: ›Wenn du jemanden verlierst, vermisst du ihn in jedem Augenblick.‹« Darunter fügte sie ein Zitat von Öcalan ein: »Ich wollte meinen Körper verbrennen, um den dunklen Weg zu erhellen.« Dann schrieb sie: »Sehîd Namirin«. *Märtyrer sterben nie.*

Je mehr Çiçek in ihr Tagebuch schrieb, umso chaotischer wurde ihre Schrift. Auf der fünften Seite war es nur mehr ein Gekrakel. »Du kannst deine Wunden vergessen« – in ihrem Fall Augen, Arme, Beine und Bauch –, »aber du wirst nie die Worte deiner Heval vergessen«. *Wir sind Freundinnen, wir sind Hevals, wir gleichen einander*, hatte Sosin gesagt, als Çiçek sich im Krankenhaus vom Heben der Batterie erholte. *Ich sage dir: achte auf dich, Çiçek.*

Çiçek schrieb auch über Zeynab, was ihr leichter fiel. Sie schrieb, dass Zeynab die einzige Tochter der Familie war und aus Ras al-Ayn stammte, dass Zeynab freundlich und selbstlos war und nicht wusste, wie seltsam sie war, und dass es mit ihr nie langweilig war. Während des Schreibens wechselte Çiçek von der Vergangenheitsform in die Gegenwart, wie viele es tun, die einen geliebten Menschen verloren haben –, als sei Zeynab noch am Leben: »Mit ihrer Moral stärkte sie all ihre Freundinnen. Sie wollte niemanden verärgern. Sie hat das freundlichste Herz.« Çiçek erwähnte Zeynabs Lieblingsessen (Maschi, gefüllte Zucchini), ihre Lieblingsfarbe (Schwarz) und ihren Lebenstraum (dem Feind gegenüberstehen). Zeynab war zwar neu auf dem Stützpunkt, aber Çiçek schrieb: »Wer Zeynab sah, dachte, sie sei schon über zehn Jahre bei uns, weil sie alle respektierte und mit den Leuten freundlich umging. Jeder mochte sie. Sie lachte meistens.«

Çiçek fiel es leichter, den Verlust Zeynabs und die Trauer um die Freundin zu beschreiben. Doch ihre Trauer um Sosin war anders. Zu groß, um ausgesprochen zu werden. Çiçek glaubte, Sosin und Zeynab wären nun zusammen. Dadurch fühlte sie sich etwas besser. Zeynab, die lustige und mutige Heval, war bei Sosin, ihrer klugen, beeindruckenden Kommandantin, ihrer Seelenverwandten und Kameradin, einer Frau, die sie geliebt und nach der sie sich auf eine Weise gesehnt hatte, die sie nicht beschreiben konnte.

Auf der letzten Seite des Tagebuchs klebte Çiçek ein Post-it ein: »Der Tod ist besser als ein Leben ohne Leid.« Çiçek hatte viel gelitten, aber sie hatte auch einen Lebenssinn und ein Ziel: eine Revolution für die Rechte der Frauen und Kurden und für eine bessere Welt. Sosin hätte nicht gewollt, dass sie diesen Kampf aus den Augen verlor.

10 000 MEILEN

Sage nicht, Frauen / wären nicht der Stoff, aus dem Helden sind / Ich allein ritt / 10 000 Meilen durch die Winde des Ostmeeres.

Qiū Jin, chinesische Dichterin und Feministin (19./20. Jh.). Aus ihrem Gedicht »Capping Rhymes with Sir Ishii from Sun's Root Land«.

In fast allen utopischen Gesellschaften gibt es einen Moment, in dem etwas schiefgeht. Im Fall der Revolution in Rojava entstand dieser Moment nicht, weil Frauen zu den Waffen griffen. Das Geschick, mit dem sie dies taten, akzeptierten sogar die konservativsten syrischen Männer. Vielmehr begannen viele Nordsyrer die Revolution kritisch zu sehen, als die Region 2021 in eine Wirtschaftskrise geriet. Die Gründe waren zahlreich: Das Kriegsjahrzehnt hatte die Ressourcen der selbstverwalteten Region stark ausgedünnt, das wärmere Klima und die geringeren Niederschlagsmengen gefährdeten die Weizenproduktion, und die Türkei kappte die Wasserversorgung durch den Fluss Euphrat, so dass der an sich fruchtbare nordsyrische Boden weiter austrocknete. Obgleich in der Region täglich 2,4 Millionen Liter Öl gefördert wurden, beklagte die Selbstverwaltung, sie verdiene damit kaum etwas.

Der Co-Vorsitzende der Demokratischen Unionspartei, Aldar Khalil, gab den Sanktionen die Schuld, die dem syrischen Regime von Europa, den USA und anderen Ländern auferlegten worden waren: Syrien könne das Öl nicht an andere Länder verkaufen. »Also sind wir gezwungen, mit Ölschmugglern Handel zu treiben, die uns ausnutzen.« 40 Prozent des Öls gehe an das syrische Regime, dessen Währung nahezu wertlos sei und dessen Präsident Bashar al-Assad noch immer an der Macht ist.

Die Versprechen einer demokratischen, egalitären und feministischen Gesellschaft verlor für viele Menschen, die kein Brot hatten, zunehmend an Bedeutung. Viele verspürten Wut auf die kurdischen Milizen, die den IS so heldenhaft bekämpft hatten. Den Bewohnern Rojavas fehlten die elementarsten Dinge. Gleichzeitig sahen sie, wie YPG und YPJ einen teuren Tunnel nach dem anderen bauten. Khalil gab mir gegenüber zu, dass 60 Prozent des Budgets der Selbstverwaltung in das Militär flossen – dies sei aber notwendig. Als Beispiel nannte er Çiçeks Heimatregion Afrin, in die Entwicklungszuschüsse der Selbstverwaltung geflossen seien. »Dann wurde [die Region] von den Türken eingenommen, und wir haben alles verloren«, so Kahlil. »Wir müssen uns zuerst schützen. Erst dann können wir etwas aufbauen.«

Doch selbst die unzufriedensten Bewohner Rojavas zogen die Selbstverwaltung der Herrschaft des IS, der Türkei oder des syrischen Regimes vor – Letzteres hatte abweichende Positionen gnadenlos niedergeschlagen und litt ebenfalls unter wirtschaftlichen Problemen. Im Mai 2022, nach über einem Jahrzehnt blutigen Bürgerkriegs, ließ der syrische Präsident Assad Hunderte Häftlinge frei. Viele von ihnen wussten aufgrund der schweren Folter jedoch nicht einmal mehr, wer sie waren. Im nordostsyrischen Qamischli spielten die Menschen Tic-Tac-Toe auf dem Sockel der einst heiligen Statue von Assads Vater Hafez al-Assad. Die Selbstverwaltung Rojavas war immer noch besser als Diktatoren oder Salafisten.

Jenseits der Grenze, im Irak, betrachteten manche Kurden die Revolution in Rojava mit Skepsis. 1991 hatte sich das irakische Volk gegen den Diktator Saddam Hussein und sein Baathisten-Regime erhoben, die irakische Armee zum Teil aus dem Norden des Landes vertrieben und im Jahr darauf die Autonome Region Kurdistan gegründet. Die Region war ähnlich groß und hatte vergleichbar viele Einwohner wie Rojava.

Anders als dort wurde in der Autonomen Region Kurdistans von oben nach unten regiert: Man wählte einen Präsidenten und einen Premierminister und folgte hinsichtlich der wirtschaftlichen Entwicklung kapitalistischen Prinzipien. Eine kurdische Frau, die zu Beginn des Bürgerkriegs von Nordsyrien in die Autonome Region Kurdistan geflohen war, kritisierte Rojavas Selbstverwaltung stark: »Die Straßen sind beschädigt, und es gibt keine Verbesserungen. Mit dem Öl verdienen sie Millionen von Dollar, nehmen den Leuten aber alles weg. Es ist alles umsonst«, so die Frau, die aus Sicherheitsgründen nicht namentlich genannt werden wollte.

Die Frau fand Öcalan und die Ideologie, in deren Namen die syrischen Kurden kämpften, abstoßend. Für sie war es nicht idealistisch, in einem ewigen Krieg gefangen zu sein, in dem ein Feind den anderen ablöste – ganz egal, um welche gute Sache es ging. Sie betrachtete das Vorgehen als kriminell. »Zur Hölle mit Apo [Öcalan]. Er ist ein Tier«, erzählte sie mir voller Abscheu. »Er hat so viele wunderbare Männer und Frauen in den Tod getrieben. Würden wir dort leben, müssten meine Kinder in den Kampf ziehen.«

Die Frauen der YPJ betrachtete sie als Opfer einer Gehirnwäsche.

Die meisten YPJ-Kämpferinnen besaßen keine Mobiltelefone. Ihre Erinnerungsfotos schossen sie mit den Telefonen oder Kameras von Vorgesetzten und speicherten sie auf USB-Sticks. In der Basis in Tal Tamr scrollte Çiçek auf einem geliehenen Computer durch den Inhalt ihres Sticks. Darauf waren auch mehrere Videos, welche die Hevals von Çiçek zusammengestellt hatten, als sie glaubten, sie sei durch den Drohnenangriff in Afrin ums Leben gekommen. Es war unter den Hevals üblich, Videos zu schneiden, um diejenigen zu ehren, die den Märtyrertod gestorben waren. In einem Video trägt Çiçek eine Baseballkappe und eine kugelsichere Weste. Bunte Graphiken flimmern durch das Bild. In einem anderen Video regnen Blütenblätter über ihr Gesicht. Ein drittes Video zeigt ein animiertes Foto von Çiçek als Rekrutin. Sie sitzt in Uniform in einem Auto und sieht unglaublich jung aus. Alle drei Videos sind mit dramatischer Musik unterlegt, um die Hevals an das immense Opfer der Märtyrerin Çiçek zu erinnern, sowie an die Brutalität des Feinds, der ihr das Leben genommen hat. Çiçek lachte, als sie die Videos wieder ansah. Erneut war sie dem Tod entkommen.

Hauptsächlich sammelte sie auf ihrem USB-Stick jedoch Fotos und Videos aus glücklicheren Zeiten, darunter auch vom Ausbildungslager, mit dessen Leitung Sosin sie beauftragt hatte: Hier kriechen ihre Hevals mit schlammigen Gesichtern über den Boden, hier feuert Çiçek ihr Gewehr und ruft den Auszubildenden zu, sie sollen loslaufen. Dann drückt sie ab und fängt den Rückstoß mit der Schulter auf.

Sie fand auch Bilder aus ihrer Anfangszeit in der YPJ: Çiçek in eine Decke gehüllt neben einer Heval, auf einem Berg mit freudig ausgebreiteten Armen, grinsend neben einer riesigen Maschinenpistole, die größer ist als sie. Auch ein Foto von ihrer Mutter Asiya war dabei. Sie trug ein Kopftuch und lächelte mit strahlenden Augen. Çiçek hatte ihre Mutter monatelang nicht gesehen.

Auf dem USB-Stick befanden sich auch Çiçeks kurdische und arabische Lieblingssongs, die sie auf langen Autofahrten hörte. Darunter war *Haremni* (*Entziehe es mir*), ein romantisches Lied des libanesischen Sängers Roro Harb. Es handelt davon, jene nicht zu vergessen, die fortgegangen sind. Im Text heißt es: »Zwinge mich, die Kleider des Vergessens zu tragen, aber ich schwöre, ich werde dich nicht vergessen. Wenn sie mein Herz verbrennen, schwöre ich, dass ich dich nicht verlassen werde.« Wie viele Drohnenangriffe auf Tal Tamr niedergehen mochten – Çiçek schwor, dass sie die Basis, in der ihre Kameradinnen starben, nicht verlassen würde.

In den Monaten seit Sosins und Zeynabs Tod hatte Tal Tamr sich zu einer Kriegsfront entwickelt, an der es wöchentlich zu Beschuss und Luftschlägen kam. Çiçek war noch immer am gleichen Stützpunkt. Das Gebäude, in dem Sosin getötet wurde, hatte man in einen Garten verwandelt. Eines Tages rannten Çiçek und ihre Kameradinnen von Dorf zu Dorf, um dem Beschuss zu entgehen. Wenn die Artillerie zuschlug, warfen sie sich in den Staub. Als sie es endlich an einen sicheren Ort geschafft hatten, lachten sie: »Wir sahen aus, als bestünden wir komplett aus Staub«, so Çiçek. Sie riet den jüngeren Rekrutinnen, immer alles mit Humor zu nehmen, vor allem nach einem Gefecht. »Ihr müsst euer Leben genießen. Wenn ihr euch in eure Trauer einschließt, kommt ihr nicht voran. Dann bleibt ihr stecken.« Buhar hatte ihr beigebracht, dass ein Mensch nicht ständig leiden kann.

Çiçek war auch der Ansicht, dass man Wundern Aufmerksamkeit schenken müsse. Eines Tages gerieten die YPJ-Kämpferinnen an der Front in Tal Tamr unter Beschuss. Çiçeks Hüfte schmerzte noch von dem Drohnenschlag in Afrin, so dass sie nicht schnell rennen konnte. Doch eine Freundin rannte mit ihr langsam in ein anderes Dorf, damit wenigstens keine der beiden alleine überleben oder sterben würde. Sie schafften es, aber auch im nächsten Dorf schwebte eine Drohne über ihnen und nahm mehrere Häuser unter Beschuss. Über Funk informierte Çiçek die Basis, dass der Beschuss zu stark war und sie es in jener Nacht nicht zurück zum Stützpunkt schaffen würden. Sie war sicher, dass sie und ihre Freundin sterben würden.

Dann hörten die beiden Frauen ein Bellen. Ein struppiger weißer Hund tauchte auf. Sie kannten ihn nicht. Der Hund war mager, wie alle Hunde in Kriegszeiten. Der Hund trottete weiter und drehte sich nach ihnen um. Çiçek schlug vor, ihm zu folgen. Die beiden Frauen rannten dem mageren Hund hinterher, der sie an einen sicheren Ort führte. Danach kehrten sie zur Basis zurück. Çiçek staunte. Keiner in der Basis hatte noch mit ihrem Überleben gerechnet, doch nun waren sie hier, sicher und unverletzt, dank eines hungernden Tiers. Im Krieg gab es viele solche Wunder. Çiçek glaubte, das galt auch für das normale Leben, aber man bemerkte es nur im Krieg.

Im Mai 2021 trafen sich Beritan und Haroun in einem Café in Ain Dinwar, nahe der Stadt Derik in Nordostsyrien. Damit brachen sie die Regeln von YPG und YPJ. Einige Journalisten aus der Gegend und ich begleiteten das Paar, wodurch das Treffen weniger verdächtig erschien. Auf dem Weg zum Café fächelte Beritan sich Luft zu und rang nervös die Hände. Sie trug ihre eckige Brille, und ihre Haare wurden von einer silber-türkisen Spange zusammengehalten.

Als die beiden aufeinandertrafen, strahlten sie. Haroun schüttelte Beritan ganz formell die Hand – mit der, die weniger verletzt war. Vom Café blickte man auf den Fluss Tigris. Weil das Café für sein hervorragendes Essen bekannt war, bestellten wir ein Festmahl: Fattusch-Salat mit Granatapfelsauce, Tomaten-Gurken-Salat, Hummus und Pitabrot, Kebab von Huhn und Lamm mit gekochten Zwiebeln und Paprika sowie frische Brombeeren als Dessert. Nach dem Essen saßen die beiden zusammen, so dicht, dass sie einander hätten berühren können. Das Gespräch verlief zuerst steif. Die beiden mussten sich wieder aneinander gewöhnen.

In der Zeit, die sie getrennt voneinander verbracht hatten,

hatte Haroun Beritan ein Selfie geschickt, auf dem er mit einer eingegipsten Hand und einer rosafarbenen Blume zu sehen war. »Warum hast du deine Hände auf dem Foto versteckt?«, fragte Beritan. Selbst im Café trug Haroun einen Handschuh über dem Stumpf. »Ich will nicht, dass du mich so siehst«, erklärte er. Beritan nickte: »Ich wünschte, ich könnte dir deine Hände zurückgeben.«

Bereits am Telefon hatten die beiden einen neuen Plan ausgeheckt. Haroun wollte seine stärker verletzte Hand von einem renommierten Arzt in Jordanien operieren lassen, damit Beritans Mutter ihn als Schwiegersohn akzeptierte. Konnte der Arzt die Hand operieren, würden die beiden sofort heiraten. Beritan würde die YPJ verlassen und eine Stelle in der Verwaltung oder bei der Polizei antreten. »Hoffentlich klappt das«, sagte Beritan. »Meinst du, es klappt nicht?«, fragte Haroun. »Nein, warum sollte ich das sagen?«, reagierte Beritan verletzt. Haroun schüttelte den Kopf. *Es tut mir leid.* In der Ferne wirbelte der Wind das Gras auf. Die beiden hatten Angst, dass ihr Plan scheitern könnte.

Doch gegen Ende des Treffens im Café lachten sie. Haroun flüsterte etwas in Beritans Ohr. Sie machten Selfies. Beritan erzählte Haroun nicht, dass sie noch immer an Shiars Grab weinte. Sie hatten keine Zeit für solche langen Geschichten. Stattdessen versicherte sie Haroun, dass die beiden die Hindernisse überwinden würden. Sie blickte ihn an: »Ich bin immer noch mit dir zusammen«.

Als Haroun gegangen war, fragte Beritan sich und uns noch lange, wie das Treffen gelaufen war.

Im Januar 2022 brach der IS in al-Hasaka in ein Gefängnis ein. Die Kämpfer durchbrachen die Gefängnismauer mit einer Autobombe. Die Insassen – alles ehemalige IS-Kämpfer – strömten heraus. Kräfte der DKS eilten hinzu, aber die Kämpfer nutzten inhaftierte Jungen als menschliche Schutzschilde. Der Aufstand und die Straßenkämpfe waren deshalb schwer zu kontrollieren. Beritans Stützpunkt befand sich zwar in al-Hasaka, aber sie wurde nicht zum Einsatz beordert. Sie ging dennoch hin und filmte das Geschehen. Als Kämpferin konnte sie nicht tatenlos zusehen. Sie sah, wie kurdische Kämpfer einen Mann auf einem Motorrad anhielten, weil sie fälschlicherweise glaubten, er gehöre zum IS. Ein IS-Mann sprang von einem Dach auf ein anderes und wurde gefasst.

Nur 45 Autominuten entfernt in Tal Tamr sah Çiçek den Ausbruchsversuch im Fernsehen. Sie war bereit, jederzeit zu helfen, war aber nicht mehr so wagemutig wie früher, als sie sich grundlos in jeden Kampf stürzte. *Pass auf dich auf, Çiçek. Mach keine Dummheiten.* Außerdem hatte sie die Verantwortung für andere Hevals in Tal Tamr.

In al-Hasaka gab es zehn Tage lang heftige Kämpfe, doch es sollte einen Monat dauern, bis die DKS wieder die Kontrolle über das Gefängnis hatte. Bis dahin waren bereits Hunderte IS-Gefangene geflohen. Manche Expertinnen und Experten für Außenpolitik warnten, dies könne der Beginn eines neuerlichen IS-Aufstands sein, aber Çiçek war sicher, dass die Kurden sich jetzt hauptsächlich mit der Türkei auseinandersetzen mussten.

Mitten im Chaos Nordsyriens klagten immer mehr lokale Journalistinnen und Journalisten, dass die Selbstverwaltung abweichende Meinungen zu unterdrücken versuchte. Zwischen 2021 und 2022 wurde fast ein Dutzend Journalisten in Rojava suspendiert oder festgenommen. Häufig geschah dies, nachdem sie einen kritischen Bericht über die Revolution oder die Selbstverwaltung veröffentlicht hatten. Die Behörden behauptete, sich nur um die Lizensierung aller Journalisten zu bemühen. Gleichzeitig wurde Khalils Demokratische Unionspartei beschuldigt, Rivalen ins Exil abzuschieben und die Büros einer Oppositionsgruppe in Brand gesteckt zu haben. Khalil bestritt alle Vorwürfe. Menschen hätten die Geschichten erfunden, um andernorts Asyl zu bekommen. Man könne »die jungen Wütenden nicht kontrollieren, die manchmal individuell das Gesetz brechen«.

Doch die syrische Presse blieb gegenüber der Administration und den großen kurdischen Parteien skeptisch. Ein Journalist, der aus Angst vor Repressalien nicht genannt werden wollte, kritisierte: »Sie sagen, sie sind nicht die PKK. Aber von bestimmten, tieferliegenden Verbindungen kann man sich nicht distanzieren.« Ein anderer betrachtete die Revolution in Rojava wie die Revolution der Tiere in George Orwells *Farm der Tiere*, bei der am Ende auch keine bessere Gesellschaft entsteht.

Allerdings bestand kein Zweifel daran, dass Rojava die Lebenswirklichkeit der Frauen tatsächlich veränderte – vielleicht radikaler als die Autonome Region Kurdistan im Irak, in der nur manche Frauen sich nach Belieben kleiden oder arbeiten konnten. In beiden Gebieten war die traditionelle Frauenrolle noch fest in der Gesellschaft verankert. Im Juli 2021 machten zwei sogenannte Ehrenmorde an Frauen in Nordsyrien Schlagzeilen. Einer davon existiert auf Video. Man sieht, wie drei Männer ein Mädchen in ein leerstehendes Haus zerren und erschießen. Das Mädchen hatte sich geweigert, seinen Cousin zu heiraten, weil es in einen anderen Mann verliebt war. Tage später erwürgte ein Vater seine sechzehnjährige Tochter, die von einem Verwandten vergewaltigt worden war.

Diese sogenannten Ehrenmorde hatte es in der Region immer gegeben, aber vor der Revolution in Rojava wurden sie oft kaum beachtet. Diesmal gingen wütende Frauen in al-Hasakah und ar-Raqqa auf die Straße und forderten Gerechtigkeit. Auf ihren Plakaten standen Slogans wie »Stoppt die Frauenmorde« und »Mord hat keine Ehre«.

Laut den Mitarbeiterinnen der Mala Jins wehrten sich in den Städten auch Frauen aus dem konservativen Umfeld zunehmend gegen häusliche Gewalt. Die Mala Jin sammelten nicht systematisch Daten, aber die anekdotische Evidenz schien diese Beobachtung zu stützen. Die YPJ-Kämpferin Safaa Noori, aufgewachsen in einer traditionellen arabischen Gemeinschaft, hielt Veränderungen für möglich, nachdem sie Frauen mit Waffen gesehen hatte: »Ich erfuhr, dass sie sich für Frauenrechte einsetzten, und ich dachte, auch ich sollte bei der Befreiung der Frau eine Rolle spielen«, sagte sie mir. Sie hatte eine jahrelange, gewaltvolle Kinderehe hinter sich, in der sie zu Hause eingesperrt war »wie ein Vogel im Käfig«. Sie floh aus der Ehe und aus ihrem Dorf und ging zur YPJ.

Dort durften Frauen rauchen, Auto fahren, Waffen benutzen und im Freien schlafen. Safaa hoffte, den Umgang mit DSchKs, raketengetriebenen Granaten und Maschinengewehren zu lernen. Sie wollte nicht nur kämpfen, sondern auch die syrische Gesellschaft verändern. »Wir haben gelernt, dass die Gleichheit von Mann und Frau beide Geschlechter befreien wird. Nicht nur die Frauen, sondern auch die Männer sind durch die männliche Mentalität versklavt worden«, zitierte sie aus einem ihrer Jineologie-Kurse. Nach kurzer Überlegung fuhr sie fort: »Ich glaube, wir können nur gemeinsam eine neue Gesellschaft aufbauen.«

Am Internationalen Frauentag im März 2022 bekam Çiçek einen unerwarteten Anruf von einer älteren Heval. Diese kündigte einen Überraschungsgast an und nannte einen Treffpunkt in einem christlichen Dorf in der Region Tal Tamr. Çiçek hörte Frauen jubeln, als sie das genannte Haus betrat. Dann sah sie ihre Eltern, die sie lächelnd erwarteten, während die umstehenden Frauen Freudenschreie ausstießen. Çiçek weinte und umarmte ihre Eltern. »Der Internationale Frauentag war für mich ohnehin schon etwas Besonderes, aber jetzt gilt das doppelt«, freute sie sich.

Sie fragte ihre Eltern nach der Situation in der Heimat. Sie erzählten, türkische und von den Türken unterstützte Kräfte hätten die gesamte Region Afrin besetzt. Es gebe regelmäßig Beschuss und Gefechte. Die von der Türkei unterstützte Syrische Nationalarmee habe den Berg der Träume eingenommen. »Wird Afrin je befreit werden?«, wollte die Mutter wissen. Çiçek nickte und versuchte, Gewissheit auszustrahlen. »Natürlich. Eines Tages werden wir nach Hause zurückkehren.«

Am nächsten Tag zeigte Çiçek ihren Eltern das Gebäude in Tal Tamr, in dem Sosin ums Leben gekommen war. Sie zeigte ihnen den Garten, den man in ihrem Namen angelegt hatte, und erzählte ihnen alles über die geliebte Kommandantin, aber auch über Zeynab und die anderen Hevals auf dem Stützpunkt. Endlich trafen Çiçeks beide Welten aufeinander.

Im Frühling wurde Çiçek zur Kommandantin der Basis in Tal Tamr ernannt. Sie fragte sich, was Sosin wohl davon halten würde. Zum ersten Mal war sie nicht nur Kämpferin oder Fahrerin. Ihre Aufgabe bestand darin, neue YPJ-Kämpferinnen in Politik und Militäroperationen auszubilden. Wenn sie an die Front geschickt wurden, würde sie ihnen die Positionen zuweisen. Mit ihren 24 Jahren kam sie sich für Rojava alt vor, obwohl die Hevals fanden, sie wirke noch jung. Viele Kommandantinnen waren älter.

Als Kommandantin gab Çiçek ein beeindruckendes Bild ab. Sie hatte klare Gesichtszüge, breite Schultern und trug eine weite Camouflage-Uniform. Sie aß und schlief selten, weil es immer viel zu tun gab. Sie meldete sich zu einem zweiwöchigen Training mit Wärmebildwaffen an. Das Gewicht der schweren Waffen würde ihren Bauch belasten, aber sie konnte nicht immer auf Sosin hören. *Wenn ich meine Situation mit meinen Wunden in Verbindung bringe, kann ich gar nichts tun*, dachte sie. Buhar wäre stolz auf sie.

Çiçeks Beine und Hüfte schmerzten noch immer, vor allem wenn sie rannte, lange Strecken lief oder Motorrad fuhr. Kobani hatte ein Bein verletzt, Tal Tamr das andere. Beide Orte – und Afrin – waren für ihren kaputten Bauch verantwortlich. Die Hevals nannten sie inzwischen »Terminator« – nach dem Cyborg-Attentäter, den sie im türkischen Fernsehen gesehen hatten. Çiçek amüsierte sich über den Spitznamen. Der Feind mochte sich schwergetan haben, sie umzubringen, aber sie hatte sich auch schwergetan, weiterhin Gefühle zuzulassen. Seit Sosins Tod war es ihr langsam gelungen, wieder Raum für freudige Momente zu finden. In Tal Tamr dachte sie ständig an ihre Zeit mit Sosin, der klügsten Frau und größten Liebe, die sie je gekannt hatte.

Wenn sie Sosins Foto an der Wand sah, dachte sie: »Früher gingen wir zusammen spazieren und unterhielten uns, und jetzt ist sie nur noch ein Bild. Viele Hevals haben sich in Bilder an der Wand verwandelt. In jeder Straße sehe ich vor meinem inneren Auge Freundinnen, mit denen ich gegessen und gescherzt habe und spazieren gegangen bin. Diese Gefühle lassen sich nicht verhindern; wir sind Menschen. Aber diese Gefühle beeinflussen auch unser Denken – mein Denken.« Sie hielt inne und versuchte, ihre Trauer mit der für sie typischen Angeberei herunterzuspielen. »Was soll ich machen? Das [Leid] macht mich mutig.« Sie lachte.

Çiçek hatte sich angewöhnt, den Kaffeesatz auszuschütten, wann immer sie Kaffee trank. Das sollte Glück bringen. Außerdem hatte Zeynab es immer so gemacht.

Während Haroun seine Reise nach Jordanien vorbereitete, um sich operieren zu lassen, verließ Beritan die YPJ und nahm eine Stelle bei der Polizei von Rojava an. Beritans Kommandantin der YPJ war zu einer anderen Einheit überstellt worden, so dass Beritan den Zeitpunkt für eine Neuorientierung gekommen sah. Ihre neue Aufgabe bestand darin, die Arbeit anderer Polizistinnen und Polizisten zu beaufsichtigen. Sie saß deshalb stundenlang im Büro und beschäftigte sich mit Papierkram, Protokollen und Bürokratie. Schnell langweilte sie sich. Sie war es gewöhnt, draußen, mitten im Geschehen, an der Front zu sein. Kurz vor ihrem Austritt aus der YPJ hatte sie am Stützpunkt noch eine Wüstenkobra mit einem

Handtuch getötet. Sie wusste nicht, wie lange sie es am Schreibtisch aushalten würde.

Kurze Zeit später beendete Haroun die Beziehung mit Beritan, weil auch seine Mutter mit den Heiratsplänen nicht einverstanden war. Viele syrische Mütter mochten Frauen nicht, die im Krieg waren. Es hieß, sie würden keine guten Mütter und verhielten sich zu Hause dominant statt unterwürfig. Sie hätten zu viel gesehen und seien nicht mehr weich und empfindsam. Von den gleichen Vorurteilen berichtet auch Swetlana Alexievich in *Der Krieg hat kein weibliches Gesicht*. Während des Kriegs war sie die »liebe Krankenschwester« und eine Heldin, doch danach wurde sie als beschädigte Ware betrachtet. Als die ehemalige Unteroffizierin einen Kommandanten heiratete, den sie aus dem Krieg kannte, »nahm seine Mutter ihn zur Seite und weinte: ›Wen hast du da geheiratet? Ein Mädchen von der Front… Du hast zwei Schwestern. Wer wird die jetzt heiraten wollen?‹« Ähnlich empfand auch Harouns Mutter gegenüber Beritan. Sie war eine so starke Kämpferin, dass sie eine schlechte Ehefrau abgeben würde. Haroun entschied, sich seiner Mutter nicht zu widersetzen.

Beritan konnte es anfangs nicht glauben. Doch nachdem sie die Neuigkeit akzeptiert hatte, geriet sie in einen Strudel der Emotionen – Enttäuschung, Wut, Sorge und, am schlimmsten von allen: Desillusionierung. Sie redete sich ein, dass die Zeit auch diese Wunde heilen würde. Aber sie war nicht sicher, ob sich ihr Glauben an Beziehungen oder die Gesellschaft je erholen würde. Sie war so verwirrt und verletzt, dass sie mit niemandem darüber sprach. Als ich sie zum ersten Mal fragte, was zwischen Haroun und ihr passiert sei, wandte sie den Kopf ab und weinte. »Es ist besser, nicht davon zu sprechen«, antwortete sie.

Nach wenigen Monaten trat sie wieder in die YPJ ein. Sie folgte ihrer alten Kommandantin in die Kommandozentrale von YPG und YPJ und bekam dort eine Führungsposition. Sie war dankbar, wieder in der Miliz zu sein. Ihre Aufgabe war hochriskant, hochgeheim und hochintensiv. Sie war jetzt 34 und galt als ältere Heval, zu der die anderen aufschauten und sich Führung erhofften. Ihre Freundinnen in der Heimat waren erstaunt, wie sehr sie unter der Geschichte mit Haroun zu leiden schien. »Für unsere Freundinnen sind wir Soldatinnen und Kämpferinnen. Sie glauben, dass wir nur ans Kämpfen denken und keine Schmerzen haben, wenn wir zum Arzt gehen«, erklärte Beritan mit – ungeachtet ihrer Emotionen – ruhiger Stimme. »Aber wir sind Menschen, wir empfinden Leidenschaft und Schmerz. Wir fühlen alles.«

Monatelang fühlte Beritan jeden Tag alles. Sie hatte ihr Handy dabei, aber Haroun rief nicht an. Ein YPG-Kämpfer, der in sie verliebt war, kontaktierte sie, um sich mit ihr zu treffen, aber Beritan blockierte ihn sofort. Sie hatte kein Interesse mehr an Liebesbeziehungen. Immerhin ihre Beziehung zu Shiar war rein gewesen. Anders als Haroun hatte Shiar sie nie wie einen alten Mantel weggeworfen. Sie trug noch immer den Namen Beritan Shiar und würde ihn auch nie ablegen. *Sehîd Namirin*. Märtyrer sterben nie. Sie hatte die Erinnerungen an Shiar, und sie hatte sich selbst. Für den Moment war das genug.

Im Mai 2022 kündigte die Türkei an, Bodentruppen in Nordostsyrien einzusetzen. Präsident Erdoğan erklärte, seine Truppen wollten eine »30 Kilometer tiefe Sicherheitszone« im Land einrichten, was ihnen 2019 und davor nicht gelungen war. Ein Sprecher des US-Außenministeriums sagte, Amerika sei »zutiefst besorgt« über diese Drohung, deren Umsetzung einer Invasion des Landes gleichkäme. Zur selben Zeit kündigten die USA an, die für Nordsyrien bestehenden Wirtschaftssanktionen aufzuheben. Für den Rest Syriens sollten sie jedoch aufrechterhalten werden, damit der Druck auf das Regime fortbestehe. Die Aufhebung könnte helfen, die schwere Wirtschaftskrise in der Region zu mildern.

Doch die syrischen Kurden verließen sich nicht mehr auf die USA als Retter Rojavas. Jahrzehntelang waren sie von den Supermächten dieser Welt betrogen und zu einem Spielball gemacht worden. Daraus hatten sie gelernt. Die Selbstverwaltung erklärte den Notstand, um die Truppen zu mobilisieren. Çiçek versetzte ihre Soldatinnen in Tal Tamr in Kampfbereitschaft. Inmitten dieser Situation versuchten ganz normale Syrer jeden Tag, eine bessere Zukunft für sich und ihre Familien zu schaffen.

In dieser Zeit wurden immer wieder YPJ-Kämpferinnen durch türkische Drohnenangriffe ausgeschaltet. Im April tötete die Türkei auf diese Weise drei YPJ-Mitglieder; im Mai ein weiteres. Im Juli wurden auf dem Rückweg von einer Konferenz für Frauen drei YPJ-Kämpferinnen getötet, darunter eine bekannte Kommandantin. Die US-Medien, die seit dem Sieg der YPJ über den IS kaum mehr über die Organisation berichtet hatten, interessierten sich nun wieder für die YPJ. »Kurdische Kommandantin, die ›amerikanische Leben gerettet‹ hat, durch türkischen Drohnenangriff getötet«, lautete eine NBC-Schlagzeile in jenem Sommer.

Im Juli verkündeten die SDK die Festnahme dreier Spione. Sie sollten in den Drohnenanschlag verwickelt sein, der Kommandantin Sosin getötet und Çiçek verletzt hatte. Die Spione – ein Mann und zwei Frauen, deren Namen nicht publik wurden – hatten gestanden, Befehle vom türkischen Geheimdienst erhalten und weitere Angriffspläne verfolgt zu haben.

Die Berichte über die Doppelagenten hätten Çiçek vielleicht beunruhigen müssen. Von der kurdischen Aktivistin und Politikerin Leyla Zana stammt jedoch der berühmte Ausspruch: »Kurden sind wie Feuer. Wenn du dich ihnen freundlich näherst, wärmen sie dich, aber wenn du dich feindlich näherst, werden sie dich verbrennen.« Çiçek glaubte, die SDK, zu denen auch die YPJ gehörte, würden alle Spione ausmerzen, genau wie sie eines Tages die Türkei aus dem Land vertreiben würde. »Hinsichtlich der Türkei ist das Risiko jetzt nicht größer; es ist so, wie es immer war«, sagte Çiçek mit der gleichen Entschlossenheit wie einst Sosin. »Wenn sie uns beschießen, reagieren wir. Wenn sie uns angreifen, reagieren wir. Wir rechnen mit allem, weil wir wissen, dass die Türkei in unser Land eindringen will.«

Çiçek sprach zwar mit der Autorität und Ruhe einer Kommandantin, doch manchmal gewann ihr alter Wagemut die Oberhand. Als sie erfuhr, dass Kameradinnen von ihrem Stützpunkt bei einem Angriff in Tal Tamr verletzt wurden, sprang sie auf ein Motorrad und fuhr selbst hin, um sie zu retten. Sie raste mitten durch den Beschuss, hörte die Drohnen und ignorierte das Risiko. *Was geschieht, geschieht, hier oder dort*, dachte sie. *Ich tue, was ich tun muss. Wo Krieg ist, dort sollte ich sein.*

Nach neun Jahren Krieg, vielen toten Kameradinnen, Schießereien und Drohnenangriffen, die Çiçek erlebt hatte, war sie in manchen Nächten hoffnungslos und verbittert. Sie konnte das Gefühl nicht abschütteln, dass sich seit Sosins Tod alles verändert hatte. Sie dachte an all die Kameradinnen, nun Bilder an der Wand. Ihre Kommandantin war nicht hier, um sie an das große Ganze zu erinnern. *Weniger rauchen und Kaffee trinken, sich nicht isolieren.* Aber das funktionierte nicht richtig. Manchmal vergaß sie sogar die hehren Ideale, für die sie alle kämpften. Oft schwebte sie zwischen Trauer und Desillusionierung. Trost spendete ihr nur die Bedeutung der Sache, um die es hier ging. Sie sehnte sich nach ihrem alten Enthusiasmus, doch letztlich wollte sie nur eines: Sosin.

Aber sie war noch nicht völlig abgestumpft. In letzter Zeit hatte sie eine gewisse Nähe zu Arjin entwickelt, einer Kämpferin, die inzwischen an eine andere Basis versetzt worden war. Vor der Abreise hatte Arjin ihr ein Armband geschenkt. *Ich liebe dich*, stand darauf. Çiçek trug das Armband am Handgelenk. Arjin stammte auch aus Afrin. Abends unterhielten die beiden Frauen sich manchmal per Funk. Çiçek fand es beruhigend, noch zwischenmenschliche Beziehungen eingehen zu können. Sie war nicht zu abgehärtet. Solche Verbindungen betrachtete sie als essenziell. Sie waren nur möglich, wenn man sich selbst liebte und die Hoffnung nicht verlor.

Sie redete sich ein, dass sie noch Hoffnung hatte, selbst nach Sosins Tod. Es war ihre Pflicht, Sosin zu rächen, Rojava für ihre Familie und alle anderen zu schützen und zu garantieren, dass jede Frau frei leben konnte. Çiçek wusste, dass Frauen auf der ganzen Welt für ihre Rechte kämpften. Auf einem Youtube-Kanal über Jineologie verbinden Verse den Kampf der Frauen um Freiheit und Selbstbestimmung in den verschiedensten Ländern: »Wir sind kurdische Guerilla-Kämpferinnen / Wir sind [...] indische Kriegerinnen / [...] Wir sind gestresste Mütter.« Frauen kämpfen überall, aber Çiçeks Kampf fand hier in Rojava statt.

»Solange es die YPJ gibt, gibt es Çiçek«, sagte sie. »So lange gibt es mich.«

Solange sie lebt, existieren auch die Erinnerungen an die Zeit mit ihren Hevals. Die Frauen hatten so viele lange Abende und Nächte gemeinsam in der Basis verbracht, ruhelos und kampfbereit. Besonders an eine Nacht dachte Çiçek immer wieder. Es war, bevor sie Sohin kannte und bevor sie Buhar verlor. Mit einem umgedrehten Eimer als Trommel sang Çiçek für ihre Hevals. Die Frauen tanzten gemeinsam, während sie allein den Rhythmus vorgab.

NACHWORT

Im März 2022 wurde Brittany in Stevenson, Alabama festgenommen, weil sie nach einem Rückfall einen Drogentest gefälscht hatte. Sie bat den Richter um die Teilnahme an einem Rehabilitationsprogramm. Nach mehreren Rückfällen brauche sie Hilfe, sagte sie ihm. Stattdessen verurteilte der Richter sie zu neun Monaten Gefängnis. Sie kam ins Julia-Tutwiler-Frauengefängnis in Wetumpka, Alabama. Sie würde im Dezember freikommen – rechtzeitig, um Weihnachten mit ihren Kindern zu verbringen. Am Telefon fragte ihre siebenjährige Tochter sie, warum sie wieder im Gefängnis war. »Darüber müssen wir sprechen, wenn du etwas älter bist«, antwortete Brittany. Dann würde sie ihr alles erzählen: von den Geburten, dem verstorbenen Bruder Will, ihrem Kampf mit der Sucht und davon, wie ihr etwas angetan wurde und sie sich wehrte. Später schickte ich Brittany eine Nachricht über die App des Gefängnisses. Ich fragte, warum sie mir für dieses Buch und für eine Dokumentation, die ich über ihren Fall produziert habe (*State of Alabama vs. Brittany Smith*), alles erzählt hat. Sie schrieb zurück: »So viele Frauen geben nach einer Missbrauchserfahrung ihre Ziele und ihr Leben auf.« Sie wolle nicht, dass ihre Geschichte so ende. Wenn ihr Leben stabiler sei, wolle sie sich für andere Frauen einsetzen. »Es ist Zeit, laut zu werden, aufzustehen, zusammenzuhalten und sich Gehör zu verschaffen. Eine Stimme zu haben«, schrieb sie. »Konsequenzen hin oder her.« Sie fügte hinzu: Steh immer für dich selbst ein. Zum Zeitpunkt dieser Niederschrift, im Januar 2023, ist Brittany auf freiem Fuß und nach allen verfügbaren Informationen seit zehn Monaten clean.

Fast 13 000 Kilometer weit weg, im indischen Tirwa, wandte sich Angoori nach dem Ende der Coronapandemie wieder dem Aktivismus zu. Per WhatsApp schickte sie mir ein Video. Es zeigte sie mit Dutzenden anderen – Mitgliedern der Grünen Bande sowie Menschen aus Tirwa – bei Protesten gegen die kritische Darstellung eines ehemaligen Königs von Kannauj in einem Bollywood-Film. Der Film präsentierte den König als Verräter und Bösewicht, obwohl er in Kannauj als Held galt. Angoori kannte das Gefühl, Heldin zu sein und als böswillig dargestellt zu werden. Es fühlte sich gut an, wieder auf der Straße zu sein, mit gereckter Faust Parolen zu rufen und viele Männer und Frauen hinter sich zu wissen. Immer wenn ich sie fragte, warum sie mit mir sprechen wollte, wich sie aus. Schließlich verriet sie, dass sie hoffte, die Regierung würde nachträglich die Arbeit anerkennen, die sie für Frauen geleistet habe. Ihr Engagement für die Grüne Bande hatte sie in den Bankrott getrieben. Und auch, wenn sie nicht machtlos war, wäre es falsch, sie als mächtig zu bezeichnen. Nichtsdestotrotz schickte sie mir noch Jahre nach unserer letzten persönlichen Begegnung Fotos und Videos der vereinzelten Aktionen, an denen sie beteiligt war. Etwa zwang sie einen störrischen Mann, eine Maske zu tragen, oder forderte, einen Mann zu erhängen, der eine Frau aus ihrer Gegend ermordet hatte. Sie wollte beweisen, dass sie nicht aufgehört hatte zu kämpfen.

Çiçek sah ich zuletzt im Hauptquartier der YPG-YPJ. Wir saßen in einem kleinen Zimmer mit kaffeebraunen Sofas und zögerten den Abschied hinaus. Sie erzählte, warum sie sich bei unserer ersten Begegnung am Stützpunkt in Tal Tamr entschieden hatte, mit mir zusammenzuarbeiten. Die anderen Hevals hätten ihr gesagt, sie sei

»wie eine Zeugin« Rojavas – von der Revolution über die großen Schlachten gegen den IS bis zur Gründung der Autonomieregion und dem Eindringen der Türkei. Auch Kommandantin Sosin hielt Çiçeks Geschichte für wichtig. Dennoch war Çiçek während vieler unserer Interviews unruhig, weil sie sich wieder ins Gefecht stürzen wollte. In meiner letzten Woche in Nordostsyrien eskalierten die Spannungen mit der Türkei, so dass selbst die geduldige Beritan sich lieber wichtigeren Dingen als den Gesprächen mit mir widmen wollte. An unserem letzten Tag bat Çiçek mich, das Buch möglichst schnell fertig zu schreiben. Sie hatte Sorge, getötet zu werden, ehe sie es lesen konnte. In der Nacht zuvor habe sie geträumt, dass jemand ihr das fertige Buch zum Stützpunkt bringen wollte und erfuhr, dass sie gerade »den Märtyrertod gestorben« sei.

Als ich gerade in den Endzügen des Buches steckte, erhielt ich die Nachricht, dass Çiçek die YPJ plötzlich verlassen hatte. Ihre Seele sei müde und sie brauche Ruhe, ein Leben ohne Krieg. Sie zog zu ihrer Familie nach Schahba und verbrachte die meiste Zeit in ihrem Zimmer, wo sie mit einem Foto von Kommandantin Sosin sprach. »Ich spreche nicht mit meiner Mutter oder meinen Schwestern. Nur mit Sosins Bild«, sagte sie. »Sie war ein Teil von mir, und ich habe den besten Teil von mir verloren. An manchen Tagen habe ich das Gefühl, dass ich nicht weitermachen kann.« Sie überlege, sich vom Dach zu stürzen, war aber der Ansicht, dass sie nicht das Recht habe, sich das Leben zu nehmen. Der Stress und die Kriegstraumata hatten sie nun eingeholt und ihren Mut durch eine Art Wahn ersetzt. Sie hatte gekämpft und gekämpft und gekämpft und am Ende so viel verloren.

Dennoch gingen im selben Monat Frauen im gesamten Irak auf die Straßen, verbrannten ihre Kopftücher oder weigerten sich, sie zu tragen. Damit reagierten sie auf den Tod einer iranisch-kurdischen Frau, die von der Moralpolizei festgenommen wurde und im

Gefängnis starb. Die iranischen Frauen riefen eine kurdische Parole, die ich gut kannte: »Frauen, Leben, Freiheit.« Çiçeks Kampf lebte weiter.

Nach Jahren der Berichterstattung über Brittany, Angoori und Çiçek erkannte ich, wie deren gewalttätiges Handeln ihnen selbst und anderen sowohl geholfen als auch geschadet hatte. Brittany rettete sich wahrscheinlich selbst das Leben. Angoori veränderte ein Schicksal, das ihr als Dalit-Frau vorgezeichnet war. Çiçek entkam dem Miniaturgefängnis, das sie so fürchtete. Sie alle entdeckten Selbstwirksamkeit, eine Stimme und eine Identität jenseits dessen, was Männer von ihnen erwarteten. Doch auf keine von ihnen wartete ein perfektes Happy End. Sie alle machten Fehler: Brittanys Drogensucht und die Angewohnheit, von der Wahrheit abzuweichen, Angooris Streben nach Macht und Çiçeks blinde Akzeptanz der Propaganda Öcalans holten die Frauen jeweils ein und machten ihre Geschichten kompliziert. Die drei Frauen wollten den Status quo ändern, entkamen aber nie ganz den Systemen der Unterdrückung, in denen sie aufgewachsen waren und noch immer lebten. Ihr Scheitern ist zum Teil eine Folge des Lebens in Kulturen, deren schädliches, oberstes Prinzip die Ehre ist.

Es ist wichtig zu betonen, dass die Taten aller drei Frauen nicht nur ihre eigenen Leben veränderten, sondern auch gesellschaftliche Auswirkungen hatten. Brittany war nicht das perfekte Opfer und zwang die Polizei doch, den Missbrauchsanzeigen in ihrem Bezirk mehr Beachtung zu schenken. Angoori konnte sich letztlich nicht vorstellen, wie individuelle Macht für sie aussehen könnte, es gelang ihr aber, vielen Frauen genau dazu zu verhelfen. Und Çiçek, die bis zu unserem letzten Interview Idealistin blieb, wurde zwar desillusioniert, inspirierte aber vorher viele Hevals, als befreite Frauen zu leben. Die Gewalttaten der Frauen ergaben letztlich etwas Wertvolles und setzten Ereignisse in Bewegung, die vielleicht die Welt verändern werden.

Drei Frauen – drei Furien. Sie hatten genug von der Ungerechtigkeit und kämpften für eine Alternative. Könnten wir doch alle so kämpfen.

DANKSAGUNG

Wer ein Buch schreibt, braucht immer viel Unterstützung, aber für dieses Buch war besonders viel davon nötig. Großer Dank geht an:

Meine Lektorin bei Harper, Jenny Xu, die dieses Buch mit immenser Intelligenz, Einsicht und Freundlichkeit begleitet hat; meiner Agentin bei WME, Suzanne Gluck, die als Erste an mein Thema glaubte; Jennifer Barth, die mir vertraute und mich drängte, meine Gedanken weiterzuentwickeln; und Emily Graff und Emily Griffin, die es mit großer Sorgfalt über die Ziellinie brachten. Elizabeth Wachtel und Addie Poris, die mir halfen, diese Geschichten in anderen Medien zu erzählen, sowie alle bei HarperCollins und WME, die mit diesem Buch zu tun hatten.

Die Journalisten Kamiran Sadoun, Obeid Sheikhi und Majd Helobi, die mir Syrien gezeigt haben und deren Arbeit für dieses Projekt entscheidend war. Solin Muhammed Amin, die dieses Buch sofort verstand und mich von Anfang an begleitete. Saurabh Sharma, dessen Arbeit mit seiner verstorbenen Frau Dipa mir geholfen hat, ein Land besser zu verstehen, das ich immer noch weiter kennenlerne. Ashley Remkus, die für ihre Reportagen über Alabama verdient Pulitzer-Preise gewonnen hat.

Tenzin Tsagong, deren Faktenchecks und Recherche von unschätzbarem Wert waren und dieses Buch erheblich unterstützt haben. Alle verbleibenden Fehler in diesem Buch stammen von mir.

Pooja Salhotra, die verlässlichste Forschungsassistentin, und Kimon de Greef, Robin Visbal, Matt Nelson und Jeongyoon Han, für essenzielle redaktionelle Hilfe.

Meine NYU-Familie: Rob Boynton, Ted Conover, Brooke Kroeger und Katie Roiphe, die mir (noch einmal von vorne) beigebracht hat, wie man schreibt. Meine Kolleginnen und Kollegen von der *PBS NewsHour*, der *New Yorker*, das *California Sunday Magazine*, *The Economist*, *The Guardian*, *Foreign Policy* und Lemonada Media für die Unterstützung dieser Art von Geschichten, mit besonderem Dank an Willing Davidson und Raha Naddaf, sowie Tripod Media für die Sorgfalt bei der Arbeit an der Dokumentation über Brittanys Geschichte.

Die International Women's Media Foundation für die wichtige und großzügige finanzielle Unterstützung der Berichterstattung in Syrien sowie das Pulitzer Center on Crisis Reporting für die frühe Unterstützung der Berichterstattung in Alabama. PEN Amerika und insbesondere Caits Meissner für ein hilfreiches Stipendium, das mein Verständnis von Amerikas Strafrechtssystem vertieft hat.

Miranda Lambert, Heather Little, Sony Music und Nashville Star Music, weil sie mir die kraftvollen Zeilen von »Gunpowder & Lead« zur Verfügung gestellt haben. Marge Piercy dafür, dass sie sich in ihren radikalen Texten mit Inez Garcia beschäftigt hat.

Lance Richardson und Daniel Stone, meine brillante Schriftstellerfamilie, die mich immer unterstützt. Tania Rashid und Glenna Gordon, geliebte Freundinnen und die beeindruckendsten Journalistinnen, die ich kenne. Jon Gerberg, der mich beschützt hat.

Meine Freundinnen und Freunde, dank derer dieses Buch besser geworden ist: Charlotte Grubb, Katie Reisner, Em Brush, Arathi und Aswathi Jayaram, Bianca Elder, Reilly Nelson, Alexshea Conn, Miles Hall, Swati Sharma, Ali Withers, Hayley Harper, Lisa Levy, Jennifer Olson, Rita O'Connell und Siobhan Bonny-O'Rourke,

Sonia Paul, Marie Elizabeth Oliver, Antanas Petkus, Beth Rehn, Joon Soo Song, Meredith Stoner, Adam Dolezal und Lily Trienens.

Charles, Willow und Teddy Frye; Marina Gearhart und der gesamte Gearhart- und Rubin-Clan. Pete Janos und Bruce Fine. Die Familie Ramos, mein Zuhause fernab der Heimat.

Meine Mutter, auf ihre eigene Art eine Kämpferin, die mich anfeuert und beschützt.

Mein Vater, der mir eine Superkraft gab: seine unermüdliche Unterstützung. Meine Schwestern, Jane, Lucy, Claire und Emily, die mein Norden, Süden, Osten und Westen sind. Liz und Rob, die schwierige Dinge möglich machen. Diejenigen, die in mir leben: Chuckdad, Gretchen und Vicki. Chaz, Romy und Neza, die nächste Generation von Kriegern.

Dago, meine Liebe und die Heimat meines Herzens, der mit mir beim Frühstück, auf Hundespaziergängen und im Dunkeln über das Schreiben spricht und dessen beständige Liebe mich dazu gebracht hat, dieses Buch zu vollenden.

Und schließlich an all die inhaftierten Frauen, Expertinnen, Aktivistinnen, Organisatorinnen, Kämpferinnen und anderen Frauen, die mit mir gesprochen haben. Ich danke ihnen. Ich hoffe, dieses Buch wird dem Thema gerecht.

BIBLIOGRAPHIE

Beim Schreiben dieses Buchs habe ich viele andere konsultiert. Die folgende Liste ist unvollständig:

Alderman, Naomi: *Die Gabe*, übers. v. Sabine Thiele. München: Heyne, 2018.

Alexievich, Swetlana: *Der Krieg hat kein weibliches Gesicht*, übers. v. Ganna-Maria Braungardt. Berlin: Hanser Berlin, 2013.

Anand, Mulk Raj: *Der Unberührbare*, übers. v. Joseph Kalmer. Zürich: Unionsverlag 2003.

Beard, Mary: *Frauen und Macht*, übers. v. Ursula Blank-Sangmeister. Frankfurt am Main: S. Fischer Verlag, 2018.

Brown, Elaine: *A Taste of Power: A Black Woman's Story*. New York: Anchor Books, 1993.

Çaglayan, Handan: *Women in the Kurdish Movement: Mothers, Comrades, Goddesses*. London: Palgrave Macmillan, 2020.

Campbell, Anne: *Men, Women and Aggression: From Rage in Marriage to Violence in the Streets – How Gender Affects the Way We Act*. New York: Basic Books, 1993.

Cansiz, Sakine: *Mein ganzes Leben war ein Kampf.* 3 Bde., Münster: Unrast, 2019.

Carter, Angela: *Blaubarts Zimmer. Märchen aus der Zwischenwelt*, übers. v. Sybil Gräfin Schönfeldt. Reinbek b. Hamburg: Rowohlt 1982.

Covington, Dennis: *Salvation on Sand Mountain: Snake Handling and Redemption in Southern Appalachia*. Boston: Da Capo Press, 2009.

Cudi, Azad: *Die Stille vor dem Schuss. Mein Leben als Sniper im Kampf gegen den IS*, übers. v. Gabriele Gockel und Thomas Wollermann. München: Droemer, 2019.

Deacy, Susan: *Athena*. Abingdon-on-Thames, U.K.: Routledge, 2008.

Devi, Phoolan: *Ich war die Königin der Banditen*, übers. v. Theresia Übelhör, Bringfried Schröder, Malte Heim und Sebastian Vogel. Bergisch Gladbach: Bastei-Lübbe, 1996.

Devi, Phoolan; Cuny, Marie-Thérèse; Rambali, Paul Rambali: *The Bandit Queen of India: An Indian Woman's Amazing Journey from Peasant to International Legend*. Guilford, CT: Lyons Press, 2006.

Dirik, Dilar: *The Kurdish Women's Movement: History, Theory, Practice*. London: Pluto Press, 2022.

Estés, Clarissa Pinkola: *Die Wolfsfrau. Die Kraft der weiblichen Urinstinkte, übers. v. Mascha Rabben*. München: Heyne, 2022.

Fraser, Antonia: *The Warrior Queens: The Legends and Lives of the Women Who Have Led Their Nations in War*. Toronto: Penguin Canada, 2009.

Gidla, Sujatha: *Ants Among Elephants: An Untouchable Family and the Making of Modern India*. New York: Farrar, Straus and Giroux, 2017.

Gilbert, Paula Ruth; Eby, Kimberly K.: *Violence and Gender: An Interdisciplinary Reader*. London: Pearson, 2003.

Gillespie, Cynthia: *Justifiable Homicide: Battered Women, Self-Defense, and the Law*. Columbus: Ohio State University Press, 1990.

Gómez-Cano, Grisel: *The Return to Coatlicue: Goddesses and Warladies in Mexican Folklore*. Bloomington, IN: Xlibris, 2010.

Goodmark, Leigh: *Decriminalizing Domestic Violence: A Balanced Policy Approach to Intimate Partner Violence*. Oakland: University of California Press, 2018.

Gowrinathan, Nimmi: *Radicalizing Her: Why Women Choose Violence*. Boston: Beacon Press, 2021.

Greenberg, Imogen: *Athena: Goddess of Wisdom and War.* New York: Harry N. Abrams, 2021.

Guha, Ramachandra: *India After Gandhi: The History of the World's Largest Democracy*. New York: Ecco, 2008.

Hansen, Ann: *Direct Action: Memoirs of an Urban Guerrilla*. Oakland, CA: A. K. Press, 2002.

Homa, Ava: *Daughters of Smoke and Fire*. New York: The Overlook Press, 2020.

Kaba, Mariame: *We Do This 'Til We Free Us: Abolitionist Organizing and Transforming Justice*. Chicago: Haymarket Books, 2021.

Knapp, Michael; Flach, Anja; Ayboda, Ercan: *Revolution in Rojava: Frauenbewegung und Kommunalismus zwischen Krieg und Embargo*, hg v. Rosa-Luxemburg-Stiftung. Hamburg: VSA, 2015.

Lemmon, Gayle Tzemach: *The Daughters of Kobani: A Story of Rebellion, Courage, and Justice*. London: Penguin, 2021.

Light, Caroline E.: *Stand Your Ground: A History of America's Love Affair with Lethal Self-Defense*. Westport, CT: Praeger, 2002.
Mahmoud, Houzan (Hg.): *Kurdish Women's Stories*. London: Pluto Press, 2021.
Malcolm, Janet: *Iphigenia in Forest Hills: Anatomy of a Murder Trial*. New Haven, CT: Yale University Press, 2012.
Marcus, Aliza: *Blood and Belief: The PKK and the Kurdish Fight for Independence*. New York: NYU Press, 2007.
Markandeya: *Devi Mahatmyam*, übers. v. Swami Jagadiswarananda. Los Angeles: Vedanta Press & Bookshop, 1953.
Miller, Susan L: *Victims as Offenders: The Paradox of Women's Violence in Relationships*. New Brunswick, NJ: Rutgers University Press, 2005.
Monroe, Rachel: *Savage Appetites: Four True Stories of Women, Crime, and Obsession*. New York: Scribner, 2019.
Morford, Mark; Lenardon, Robert J.; Sham, Michael: *Classical Mythology*. Oxford, U.K.: Oxford University Press, 2013.
Nisbett, Richard E.; Cohen, Dov: *Culture of Honor: The Psychology of Violence in the South*. Abingdon-on-Thames, U.K.: Routledge. 1996.
Ogle, Robin S.; Jacobs, Susan: *Self-Defense and Battered Women Who Kill: A New Framework*. Westport, CT: Praeger Publishers, 2002.
Ovid: *Metamorphosen. Lateinisch/Deutsch*, übers. u. hg. v. Michael v. Albrecht. Stuttgart: Philipp Reclam jun., 1994.
Palani, Joanna: *Freedom Fighter: My War Against ISIS on the Frontlines of Syria*. London: Atlantic Books, 2015.
Pearson, Patricia: *When She Was Bad: Violent Women & The Myth of Innocence*. New York: Viking Adult, 1997.
Porath, Jason: *Rejected Princesses: Tales of History's Boldest Heroines, Hellions, and Heretics*. New York: Dey Street Books, 2016.
Roiphe, Katie: *The Power Notebooks*. New York: Free Press, 2020.
Rumore, Kori; Mather, Marianne: *He Had It Coming: Four Murderous Women and the Reporter Who Immortalized Their Stories*. Evanston, IL: Agate Publishing, 2020.
Sabio, Oso: *Rojava: An Alternative to Imperialism, Nationalism, and Islamism in the Middle East (An Introduction)*. Morrisville, NC: Lulu, 2015.
Shekhawat, Seema (Hg.): *Female Combatants in Conflict and Peace: Challenging Gender in Violence and Post-Conflict Reintegration*. London: Palgrave Macmillan, 2015.
Shukla, Shrilal: *Raag Darbari*, übers. v. Gillian Wright. London: Penguin, 2012.
Sjoberg, Laura; Gentry, Caron E.: *Mothers, Monsters, Whores: Women's Violence in Global Politics*. London: Zed Books, 2007.

Snyder, Rachel Louise: *No Visible Bruises: What We Don't Know About Domestic Violence Can Kill Us*. London: Bloomsbury Publishing, 2019.

Solnit, Rebecca: *Wenn Männer mir die Welt erklären*, übers. v. Kathrin Razum u. Bettina Münch, Berlin: btb, 2017.

Soundararajan, Thenmozhi: *The Trauma of Caste: A Dalit Feminist Meditation on Survivorship, Healing, and Abolition*. Berkeley, CA: North Atlantic Books, 2022.

Spyer, Jonathan: *Days of the Fall: A Reporter's Journey in the Syria and Iraq Wars*. Abingdon-on-Thames, U.K.: Routledge, 2017.

Strangers in a Tangled Wilderness (Hg.): *A Small Key Can Open a Large Door: The Rojava Revolution*. New York: Strangers in a Tangled Wilderness, 2015.

Tatar, Maria: *The Heroine with 1,001 Faces*. New York: Penguin Press, 2021.

Tax, Meredith: *A Road Unforeseen: Women Fight the Islamic State*. New York: Bellevue Literary Press, 2016.

Thuma, Emily L.: *All Our Trials: Prisons, Policing, and the Feminist Fight to End Violence*. Champaign, IL: University of Illinois Press, 2019.

Wolkstein, Diane; Kramer, Samuel Noah: *Inanna, Queen of Heaven and Earth: Her Stories and Hymns from Sumer*. New York: Harper Perennial, 1983.

Woodfin, Byron: *Lay Down with Dogs, The Story of Hugh Otis Bynum and the Scottsboro First Monday Bombing*. Tuscaloosa, AL: University of Alabama Press, 1997.

Zengel, Carolyn: *Immediate, Direct, Explosive! Basic Self-Defense for Women and Girls*. Kettering, OH: Asian Arts Center Press, 2005.